당신들의 신국

이 저서는 2007년도 정부(교육과학기술부)의 재원으로 한국연구재단의 지원을 받아 수행한 연구 결과
물임(NRF-2007-361-AM0005).

당신들의 신국

성공회대학교 동아시아연구소 기획 | 제3시대그리스도교연구소 엮음

2017년 10월 31일 초판 1쇄 발행

펴낸이 한철희 | 펴낸곳 돌베개 | 등록 1979년 8월 25일 제406-2003-000018호
주소 (10881) 경기도 파주시 회동길 77-20 (문발동)
전화 (031) 955-5020 | 팩스 (031) 955-5050
홈페이지 www.dolbegae.co.kr | 전자우편 book@dolbegae.co.kr
블로그 imdol79.blog.me | 트위터 @Dolbegae79

주간 김수한 | 교정·교열 김옥경
표지디자인 장원석 | 본문디자인 이은정·이연경
마케팅 심찬식·고운성·조원형 | 제작·관리 윤국중·이수민
인쇄·제본 상지사

ISBN 978-89-7199-825-0 (93200)

이 도서의 국립중앙도서관 출판예정도서목록(CIP)은 서지정보유통지원시스템(http://seoji.nl.go.kr)
과 국가자료공동목록시스템(http://www.nl.go.kr/kolisent)에서 이용하실 수 있습니다.(CIP제어번
호: CIP2017026525)

책값은 뒤표지에 있습니다.

성공회대학교 동아시아연구소 기획 / 제3시대그리스도교연구소 엮음

당신들의 신국

한국 사회의 보수주의와 그리스도교

돌베개

차례

7   서문: 보수 기독교와 우파 정치의 결합
     / 양권석

1부 '한국적 기독교'의 탄생

25   '웰빙 우파'와 대형 교회: 문화적 선진화 현상으로서 후발 대형 교회 읽기
     / 김진호

57   이단 또는 한국적 기독교: 통일교, 전도관, 용문산기도원의 종교 운동
     / 김흥수

85   한국 교회의 참을 수 없이 '한국적인 것'들의 목록: 해외 선교 동원 담론을 통해서 본 한국 교회의 정체성 정치
     / 박설희

133 그들이 교회로 간 까닭은?: 박정희 정권기 한국 복지 체제 형성 과정에서 도시 교회의 역할과 기능
     / 정용택

191 복음주의 지성은 근본주의의 인큐베이터인가?: 보수 개신교 지식 담론의 생산과 문화 구조
     / 김현준

2부 한국 교회의 타자 만들기

233 포스트-오이디푸스 시대 한국 교회의 아버지 담론과 신보수주의: 최근 한국 기독교의 아버지 담론에 대한 비판적 성찰
/ 이숙진

263 한국 개신교 우파의 젠더화된 동성애 반대 운동: 개신교 우파의 '새로운 적'과 오래된 불안
/ 김나미

315 그대들의 '색(色)', '계(計)': 차별금지법 반대 투쟁과 '종북게이'의 탄생을 통해 본 기독교 우파의 타자 만들기
/ 조민아

353 그 많던 '부랑아'는 다 어디로 갔을까?: 잔여주의적 복지체제 형성과 기독교 외원 단체의 연관성 탐구
/ 유승태

395 성시화, 템플스테이, 땅밟기: 최근 한국 불교와 보수 개신교의 갈등
/ 이진구

424   필자 소개   428   찾아보기

일러두기

1. 이 책은 성공회대학교 동아시아연구소가 주최하고, 제3시대그리스도교연구소와 우리신학연구소가 주관한 '한국 사회 보수주의 형성과 그리스도교' 포럼에서 발표된 글을 엮은 것이다. 이 포럼은 2011년부터 2013년까지 서울 안병무홀에서 개최되었으며, 단행본으로 엮으면서 각 글의 제목과 내용을 수정·보완했다.
2. 이 책에서 '기독교'는 통상적인 어법에 따라 개신교를 지칭하는 것으로 하고, 개신교와 기독교를 혼용했다. 단, 가톨릭과 개신교를 통칭할 때는 가톨릭 신학자들의 표현을 따라 '그리스도교'라 칭했다.
3. 그리스도교의 신을 표기하는 용어들인 '하나님'과 '하느님'은 통일하지 않고 필자의 표기에 따랐다.
4. 필자에 따라 기독교 보수주의 세력을 지칭할 때 '개신교 우파', '보수 개신교', '기독교 우파' 등으로 달리 표현했으며, 본문의 맥락을 고려하여 그대로 두었다.
5. 성서 표기는 대한성서공회의 최신 한글 번역본인 『한글새번역 성서』 표기를 따랐다.

서문

보수 기독교와 우파 정치의 결합

/

양권석

결합의 다양한 모습들

먼저 이 글은 본문의 다른 글들과는 성격을 달리한다는 점을 밝혀둔다. 이 책에 실린 글들은 보수 기독교 혹은 개신교 우파로 명명되는 집단의 다양한 실천들 중 하나에 초점을 맞춘 분석을 통해 그들이 어떻게 우파 정치와 공모하고 있는지 밝히는 연구들이다. 하지만 이 글은 그와 같은 구체적인 연구들에 대한 일종의 메타 비평적 평가이다. 이 책에 실린 논문들의 성과를 요약하고 평가하면서 향후 보다 발전적인 연구를 위한 과제들을 제시하려는 것이 글의 목적이다.

이 책에 실린 글들은 한국 개신교가 보수적 한국 사회 형성에 기여하고 공모해 온 내용들을 다룬다는 큰 틀에 모두 포함될 수 있겠지만, 그래도 연구 주제 혹은 대상이라는 측면에서 세 가지 범주로 구별해 볼 수 있다. 첫째 범주는 이 책의 기획 의도를 직접적으로 반영하고 있는 것으로 보이는, 1980년대 이후 보수적 기독교와 우파 정치가 결합하는 형태에 초점을 맞춘 연구들이다. 개신교의 동성애 반대 운동에 초점을 맞추면서 개신교 우파 혹은 개신교 뉴라이트의 정치적 등장을 분석하는 김나미와 조민아의 글, 그리고 개신교의 교육 프로그램이 내세우는 아버지 표상을 분석함으로써 개신교가 우파 정치의 의제들과 결합하는 모습을 보여주는 이숙진의 글이 여기에 속한다. 그리고 한국형 대형 교회 안에서 실천되고 있는 교육, 선교, 사목 프로그램들을 분석하여 뉴라이트 정치 경제 담론과 웰빙 담론의 결합을 분석하는 김진호의 글, 보수적 개신교 안에 일종의 개혁 운동으로 전개되어 왔고, 비록 소수이긴 해도 보수 개신교 내에서 지적 헤게모니를 가지고 있다고 보는 "복음주의 지식 담론"을 분석 대상으로 삼은 김현준의 글, 그리고 한국 개신교의 해외 선교 동원 담론인 "한국형 선교 담론"을 분석 대상으로 하는 박설희의 글 역시 한국 개신교의 목회적·교육적·선교적·신학적 실천들 안에서 보수 우파의 정치적 의제들이 어떻게 작동하는지 잘 보여주고 있다.

둘째 범주에는 박정희 시대의 복지 정책 혹은 복지 체제와 그 안에서 이루어진 기독교의 복지 실천에 초점을 맞춘 유승태와 정용택의 글이 포함된다. 유승태는 박정희 시대에 정부의 부랑아 정책의 실패와 그 결과로 외원 단체들이 부랑아들을 위한 사회복지 책임을 감당하게 되는 과정을 분석함으로써, 부랑아를 고아로 재명명하고 이들을 위해 복지를 제공하던 기독교 외원 단체들에 의해, 부랑아를 위한 사회복지가 한국 보수주의의 형성에 기여해 온 측면을 밝힌다. 정용택의 글은 사회복지적 측면에서 박정희 시대의 발전주의 복지 체제론과 한국 교회의 성장주의가 어떻게 공모해 왔는가를 보여줌으로써 한국 사회의 보수주의 형성에 교회가 기여해 온 측면, 그리고 한국 교회가 보수적이고 우파적인 정체성을 형성해 온 측면을 설명해 보려 한다.

셋째 범주에는 김흥수와 이진구의 글을 포함할 수 있다. 우선 김흥수의 글은 한국 기독교에 의해 이단으로 취급 받은 대표적인 종교 운동인 통일교, 전도관, 용문산기도원 운동을 분석하여 한국 개신교가 이들을 어떻게 타자화하고 이단시하였는지 보여준다. 한국 개신교와 우파 정치가 구체적으로 결합하는 양상을 보여주는 것은 아니지만, 순수하게 종교적인 문제로 보이는 이단 논쟁을 통해 역설적으로 한국 개신교의 근본주의적이고 배타적인 성격을 드러내 보여주는 글이다. 이진구의 글은 종교 차별, 템플스테이, 땅밟기와 같은 사건들을 둘러싼 보수 개신교와 불교계 그리고 정부 사이의 갈등과 논쟁이 종교 차별, 종교 자유, 정교분리라는 헌법적 개념을 둘러싼 해석 투쟁의 형식으로 전개되고 있음을 보여준다. 이 글 역시 개신교의 우파 정치와의 결합에 구체적으로 초점을 맞추고 있지는 않지만, 이 책의 기획 의도와 관련해서 중요한 함의를 갖는 글이라고 생각한다. 즉, 성시화 운동이나 땅밟기 사건 등을 둘러싼 불교계의 반응은 오히려 보수 개신교와 보수 정치의 결합을 더욱 선명하게 보여준다는 점에서 중요하다. 보수 개신교가 우파 정치와 결합하여 정치화하는 한 양상이 법적 개념들을 둘러싼 해석 투쟁 혹은 담론 투쟁의 형식으로 전개된다는 점을 선명하게 보여주었다는 점에서 매우 중요한 연구이다.

이렇듯 요약해 보면 1980년대 이후 보수 개신교의 정치적 세력화에 보다 많은 관심을 보이고 있긴 하지만, 전체적으로 볼 때 책의 기획 의도는 한국 개신교와 우파 정치의 결합 혹은 공모 관계를 밝히는 데 있다고 볼 수 있다. 여기서 미리 생각해 볼 것은 연구 대상이나 연구 방법 면에서 이 책이 다루고 있는 범위를 훨씬 넘어서는 다양한 가능성이다. 이미 명시적으로 정치화된 실천이 아니라고 할지라도, 김진호와 이숙진이 교회 교육 프로그램을 대상으로 삼고, 정용택과 유승태가 교회의 사회복지적 실천들을 대상으로 삼듯이, 교회의 대(對)사회 활동이나 교계 활동은 물론이요, 교회의 다양한 목회적·교육적·선교적 실천 활동들이 연구 대상이 될 수 있다는 것이다.

연구 방법 면에서도 다양한 시도를 담고 있다고 생각한다. 우선, 이 책에 수록된 글들이 과거의 신학적 해석들이 보여주던 한계를 많이 벗어나 있다는 점에 주목할 필요가 있다. 과거 한국 개신교의 보수성이나 배타성에 대한 연구는 근본주의 신학 전통과 식민주의적 선교 역사라는 두 측면에서만 해석해 왔다고 볼 수 있을 것이다. 그래서 교회의 보수성과 배타성에 대한 이미 정형화된 특성을 설명할 수는 있었다 해도, 한국의 특정한 시기에 특정한 상황에서 다양한 행위 주체들과의 관계 속에서 교회의 보수성과 배타성이 발현되는 구체적인 현상을 설명해 내지 못했다고 생각한다. 하지만 이 책에 포함된 연구들이 동원하는 사회학적·인류학적·문화 비평적 연구 방법들은 한국 사회의 변화 과정 안에서 다양한 행위 주체들과 교회의 상호작용을 보여준다는 점에서 큰 진전을 이루었다고 생각한다. 하지만 아직도 방법론적으로 훨씬 더 다양화할 수 있는 여지가 있다. 이미 이 책의 글들이 보여주듯이, 특정한 시기에 특정한 형태로 기독교적 실천이 우파 정치와 결합하고 있다고 볼 수 있다. 이처럼 특정한 시기에 특정한 모습으로 종교가 정치화하는 현상을 설명하기 위해서는 신학 교리적·심리적·사회 문화적·정치 경제적 측면들을 함께 고려해야 보다 충실한 설명이 가능할 것이다. 그래서 더 다양한 방법론이 서로 교차하면서 시도되고 적용되어야 할 필요가 있다.

결합의 사회적·교회적 조건들

우선 1980년대 말 이후 한국 보수 개신교가 우파 정치와 결합하면서, "개신교 우파" 혹은 "기독교 뉴라이트"의 형태로 등장할 수 있게 한 사회적 혹은 교회적 조건들은 무엇일까?

사회적 조건이라는 측면에서는 1980년대 말부터 시작된 민주화 그리고 1990년대 경제위기와 신자유주의 지구화 과정으로의 편입이라는 변화 과정에 주목하고 있다. 김진호에 따르면 이 시기의 문제는 민주화가 다양한 행위 주체들 사이에 민주적 의사 조정과 합의가 가능한 정치적 질서를 성공적으로 만들어 내지 못하고, 그 부분적 성취마저도 신자유주의 지구화의 천박한 상업적 자유와 결탁해 버린 데 있다고 해석한다. 그래서 국민은 시민이 되었지만, 그 "시민은 시장화 되어 버렸다"고 본다. 말하자면, 1987년 민주화 이후에 진보 진영은 민주적인 정치 질서를 안정시키고 민주 사회의 시민들을 위한 건강한 주체화 양식을 제공하는 데 실패했고, 그 실패가 만들어 낸 불안정한 상황이 보수 우파들이 통합과 발전이라는 의제를 들고 나올 수 있는 환경을 마련해 주었고, 동시에 권위주의 시대를 향한 향수가 표출될 수 있게 했다는 뜻이 된다. 이 상황은 보수 우파 정치를 위해서는 과거의 정치적 헤게모니를 회복하기 위한 새로운 정치 형식 혹은 주체화 양식을 만들어 내야 하는 상황이 된다.

개신교의 동성애 반대 운동에 초점을 맞추고 있는 김나미와 조민아는 1990년대 동성애 인권 운동과 이반 운동의 등장을 중요한 사회 조건의 변화로 보고 있다. 전체적으로 보면 젠더 위계질서가 흔들리는 이 상황에 대해서 이숙진은 가부장적 젠더 질서를 살아온 아들들이 민주화와 경제위기 과정을 통해 아버지를 살해한 이후에 직면한 거세불안의 공포에 시달리면서 다시 아버지를 소환하는 상황이라는 심리적 해석을 내놓고 있다. 민주화와 경제위기는 권위주의 시대의 젠더 위계질서를 흔들었고, 그래서 새로운 젠더 질서를 향한 가능성을 열기도 했지만, 동시에 형식을 변화시켜서라도 가부장적 젠더 위계질서를 유지하려는 힘을 결집시키는 계기도 되었다는 이야기가 된다.

결국 과거의 독재적·권위주의적 질서를 극복하고 민주적 질서를 더욱 진전시켜야 하는 진보 세력을 위해서도, 또 과거의 헤게모니를 회복하고 유지하려는 보수 우파의 정치적 목적을 위해서도 새로운 주체화 전략이 필요했던 것이고, 이 새로운 주체화 전략은 당연히 새로운 타자화의 대상과 전략들을 필요로 했다고 볼 수 있다. 이처럼 진보와 보수 양측의 다양한 주체화 (혹은 타자화) 전략이 어느 쪽도 확실한 설득력을 갖지 못하고 서로 각축하던 상황이 바로 기독교를 포함한 사회의 여러 영역에서 보수 우파의 정치적 재등장 혹은 재(再)정치화 과정을 가능하게 했던 조건이라고 볼 수 있다.

그렇다면 1990년대 이후 교회는 어떤 변화와 위기 상황에 처해 있었던 것인가? 소위 말하는 개신교 우파의 강화된 정치적 실천은 물론이요, 김현준이 관심을 둔 "복음주의 지식 담론"이나, 박설희가 탐구한 "한국형 선교 담론"의 등장을 가능하게 해 준 교회 내의 조건은 무엇인가? 김현준은 1990년대 한국 개신교 상황을 성장의 정점에 달한 자신감과 동시에 성장의 정체로 인한 위기감이 교차하는 시기로 보고 있다. 조민아 역시 1990년대는 한국 교회가 성장 정체와 사회적 신뢰와 영향력의 약화라는 위기를 겪은 시기이지만, 동시에 이 위기 앞에서 자기 혁신을 수행하기보다는 배타적 근본주의 신학을 강화하고 보수적 정치와 결합함으로써 돌파하려는 세력이 결집했던 시기라고 본다.

하지만 상황은 그렇게 단순하지 않았다. 김진호, 이숙진, 김현준, 박설희는 한국 개신교 내의 속사정을 보다 복잡하게 드러내고 있다. 이들은 1990년대를 단순히 개신교 반동의 시기로 보기보다는, 과거의 권위주의 시대를 주도해 온 근본주의 신학, 교회 성장 모델, 선교와 사목의 표현 방식 등이 문제가 있음을 개신교 자신도 깨달아 가는 과정이었다고 말한다. 나아가 과거의 헤게모니를 회복하기 위해서 새로운 형식의 주체화 전략과 타자화 전략, 새로운 형식의 교회론과 신학을 만들기 위해서 보수 개신교가 능동적으로 노력했던 시기라고 본다. 김현준의 "복음주의 지식 담론"이나, 박설희가 말하는 "한국형 선교"라는 해외 선교 동원 담론 역시 그러한 개신교의 자구 노력의 산물이다. 뿐만 아니라, 김진호가 말하는 "웰빙 우파"의 생산 기지로서 후발 대형 교회나, 이숙진이 말하는 한국 개신교의 교회적·국가적 위기 타개를 위한 새로운 아버지 표상 만들기 역시 그러한 노력의 일부이다. 더 나아가 조민아가 말하듯이 동성애 반대 운동이 "종북 게이"와 같은 개념을 만들어 혐오와 공포의 타자화 정치로 나가게 되는 것도 과거 헤게모니를 회복하기 위한 개신교 자구 노력의 일부로 보아야 한다. 그래야 단순히 무지나 시대착오로 보기보다는 개신교가 자신들의 헤게모니를 위한 용의주도한 노력으로 볼 수 있게 된다.

때문에 1990년대 이후 한국 교회는 단순히 복고적으로 반동적 정치만을 강화한 시기가 아니라, 훨씬 더 세련되게 시민적·소비자적 감수성에 맞게 주체화 전략과 타자화 전략을 구사하기 위해 노력해 왔다. 이처럼 과거의 헤게모니를 회복하기 위한 새로운 방법을 찾는 노력 가운데 개신교 우파 혹은 기독교 뉴라이트라 불리는 보수 정치와 개신교의 결합체들이 등장하였다고 볼 수 있다.

한 시대 특정한 정치 형식 혹은 종교적 실천 형식을 가능하게 해 주는 사회적 조건을 이와 같이 동적으로 파악하고 있다는 점이 이 책에 담긴 글들이 공유하는 매우 중요한 장점이요 특징이라고 생각한다. 자기 집단의 헤게모니를 유지하고 재생산하기 위한 각축 속에서 정치적·종교적 실천들과 그 실천과 관련된 담론들을 분석하는 것은 종교학적 연구는 물론이요 신학적 연구를 위해서도 매우 의미 있는 방법론적 진전이라 하겠다.

결합의 담론 전략: 주체화와 타자화 형식의 진화

그렇다면 개신교 우파의 신학, 선교, 사목, 혹은 교육 담론들 안에서 종교적이고 신학적인 의제들과 우파 정치적 의제들이 구체적으로 어떻게 결합되고 있는가? 민주화와 소비사회로의 변화 과정에서 보수 우파, 그 중에서도 특히 개신교 우파가 자신들의 헤게모니를 재생산하기 위해서 어떻게 국가와 교회와 시민 혹은 신자를 재정체화하거나 재주체화하고 있는가? 그리고 이를 위해 타자 만들기는 어떤 새로운 모습을 보여주고 있는가? 이런 질문들이 이 책에 포함된 연구들의 공통 관심사이다.

필자들은 권위주의 시대 보수 개신교와 군사정권의 관계는 발전과 개발과 성장을 위한 일종의 권위주의 동맹 관계라는 전제에서 출발한다. 보수 개신교를 발전을 위한 총동원체제의 유지를 위해서 필요했던 문화적 장치였다고 평가한다. 그리고 이 동맹 관계의 기본적인 특징은 김나미의 설명을 따르면 "과잉남성적 개발주의"이다. 권위주의 시대 개신교 교회의 빠른 성장 역시 과잉남성적 개발주의가 생산하고 유지하는 젠더 위계질서 위에서 이루어진 성장이다. 민주화와 소비사회의 진전, 그리고 동성애 인권 운동과 이반 운동의 등장은 이 권위주의적 동맹체에게 위기로 다가왔고, 특히 보수 개신교는 보다 강력한 혐오와 공포를 불러일으킬 수 있는 진화된 타자화 전략을 통해서 그 위기를 극복하려 하였다. 이 진화한 타자화 전략을 보여주는 대표적인 상징어가 조민아에 따르면 "종북 게이"라는 용어이다.

"종북 게이"라는 신조어 안에는 반공주의와 호모포비아(homophobia)가 결합되어 있고, 종북과 동성애로부터 순수한 사랑과 가정과 군대와 국가를 지켜야 한다는 우파의 애국주의와 민족주의가 결합된다. 이는 혐오와 배제의 새로운 구성을 통해서 배타적 정체성을 강화하려는 타자화 전략과 주체화 전략이다. 하지만 이러한 전투적이고 근본주의적인 방식의 정체화만 있는 것은 아니다. 보다 전략적이고 그래서 보다 문화적이고 미학적인 접근들도 있다.

이숙진이 말하는 개신교의 아버지 교육 프로그램이 만들어 내는 아버지 표상은, 민주화와 개인화된 시대의 감각에 걸맞은 부드럽고 자상한 아버지 상이다. 하지만 이 표상은 가부장적 가족 판타지를 강화하고, 권위주의 시대 젠더 질서를 표현만 바꾸어 유지하고 있다. 아버지 교육은 차별적인 성별 분업과 젠더 위계질서를 기능적인 차이로 위장하고 은폐할 뿐만 아니라, 가족·국가·교회의 모든 문제를 아버지 품성의 문제로 환원함으로써, 가부장적 권위 질서를 유지시킬 뿐만 아니라 정치 경제적인 구조적 차원의 문제를 보지 못하게 한다. 김현준이 말하는 "복음주의 지식 담론" 역시 보수 개신교의 사회적 역할과 설득력을 강화하기 위해 변화된 시대에 맞는 보다 지적이고 문화적인 표현을 찾으려는 노력으로 보인다. 하지만 근본주의적 문화 코드를 포장만 달리해서 유지할 뿐만 아니라, 근본주의적 타자화 논리도 여전히 유지되고 있다.

박설희의 "한국형 선교"라는 해외 선교 동원 담론 역시, 민주화와 함께 신뢰와 사회적 역할을 잃어 가는 교회와 신자들의 재주체화 전략의 일부이며, 교회 밖의 문화와 사상의 공격으로부터 교회의 권위적인 질서를 방어하기 위한 노력이며, 세계적 사명감을 강조함으로써 현재 교회의 문제를 은폐하면서 오히려 정당성을 확보하려는 시도이다. 국내에서 무슨 문제가 있든, 세계 시장에서 먹히는 것이 답이라는 생각으로, 또 지금까지의 성장의 성과를 세계와 나누어야 한다는 사명감으로, 기업의 세계화 담론과 과거 권위주의 시대의 총동원 담론이 결합해서 만들어진 것이 "한국형 선교 담론"이다. 그래서 다분히 우파 민족주의적으로 해석된 한국적 성취의 경험이 '글로벌 스탠더드'와 결합하고, 서구 선교사 전통과 신학, 친미와 반공주의 그리고 한국 교회의 경쟁적이고 개별 교회 중심적인 성장주의가 절묘하게 결합하여 이른바 "한국형 선교"에서 한국형의 본질을 형성하고, 선교를 위한 해외 동포를 포함하는 민족 총동원 담론이 된다.

소망교회, 온누리교회, 사랑의교회로 대표되는 후발 대형 교회의 목회와 교육 프로그램들을 분석하는 김진호는 이들 교회들을 우파의 새로운 주체화 양식을 위해 뉴라이트 담론과 웰빙 담론의 결합이 진행되는 실험 공간 혹은 인큐베이터처럼 보고 있다. 한편에는 신자유의 시대에 맞게 해석된 보수주의, 그래서 계급 편향성이 강하고 약자와 실패자의 배제를 두려워하지 않는 보수주의가 있고, 다른 한쪽에는 상품화와 시장화와 속도화에 지친 사람들의 웰빙 욕구가 있다. 그리고 이 둘이 결합하여 향후 우파 정치의 중심이 될 수 있는 "웰빙 우파"라는 주체를 생산한다. 그리고 이 주체 생산의 전진 기지 역할을 바로 후발 대형 교회가 하고 있다고 분석한다.

성과와 과제들

다시 한 번 이 책에 담긴 연구의 의도와 목적을 정리하면, 먼저 보수 개신교와 우파 정치가 어떻게 결합해 왔는가, 그리고 그 과정에서 한국 보수 우파 형성에 개신교가 어떤 기여를 해 왔는지 밝히려는 큰 목표를 띠고 있다고 생각한다. 보다 구체적으로는 1980년대 후반의 민주화와 1990년대 후반의 경제위기 이후라는 특정한 상황에서,

보수 개신교와 우파 정치가 결합하는 양상을 교회들의 명시적인 정치적 실천뿐만 아니라, 종교적 담론 혹은 교육적인 실천들을 분석하여 파악하는 데 목표를 두고 있다.

먼저 방법론 측면에서 전체 연구가 보여주는 특별한 기여에 대해서 평가해 본다. 첫째는 가장 구체적이고 가장 지역적이고 가장 특수한 현장 그 자체의 살아 있는 움직임에 시선을 맞추고 있다는 점이다. 김나미와 조민아는 미국 개신교 우파들과 한국의 개신교 우파들 사이에 많은 교류와 공감이 있음을 밝혀 준다. 하지만 김나미는 보수 개신교의 보편적 혹은 지구적 현상으로만 문제를 바라보아서는 특별한 시기와 특별한 조건 하에서 이루어지는 특별한 결합 혹은 정치화 양상을 제대로 파악할 수 없다고 본다. 이러한 김나미의 주장은 지금까지 개신교의 근본주의적 경향이나 반공주의적 경향 혹은 문화적·종교적 배타성이나 공격성들을 평가해 왔던 연구들에 대한 방법론적 비판과 관련된다. 이미 말했듯이 개신교의 근본주의적 배타성에 대한 비판은 주로 두 가지 비평적 틀에 의존해 왔다. 하나는 보편적 개신교 근본주의에 대한 신학적 혹은 심리적 비판의 틀이고, 다른 하나는 피식민지 교회가 서구와 선교 종주국과 맺고 있는 심리적·문화적·정치적 식민주의적 관계이다. 이러한 보편적 접근이 개신교 우파 혹은 기독교 우파의 보편적 특성 혹은 과거 식민지 하의 보수 기독교의 정치적 역할에 대해 이해하는 데 많은 도움을 줄 수 있으리라고 보지만, 구체적인 문제를 탈맥락화하여 맥락과 무관한 진단과 해결책을 제시할 가능성이 충분히 있다. 그런 점에서 구체적 현장에 집중하여 그 현장으로부터 문제를 해석하려는 태도는 방법론적으로 매우 중요한 의미가 있다.

둘째로 구체적인 상황에 초점을 맞추기만 한 것이 아니라, 그 상황에 직접 참여하는 다양한 행위 주체들이 각기 자신들의 헤게모니 구축을 위해 각축하면서, 개념이나 담론 혹은 다양한 정치적 실천을 둘러싸고 경쟁하고 갈등하는 상황을 직시하고 있다는 점이다. 이것이 중요한 까닭은, 더 이상 문제의 원인을 심리적인 요소나 신학적인 요소로 환원시킬 수 없게 만들기 때문이다. 개신교 우파들의 때로는 극우적이기까지 한 정치적 실천을 무지나 불안의 탓으로 돌릴 수도 없고, 그렇다고 교리적 원리를 향한 신앙적 헌신과 열정의 탓이라고만 할 수도 없다는 뜻이다. 위기에 직면하여 자신들의 정치적 이익을 지키기 위해서 서로 각축하는 현장에서 재정체화 혹은 재주체화가 일어나고 새로운 형식의 정치적 표현들을 만들어 내고 있는 것이다.[1]

셋째로 신학의 언어적·담론적 성격에 대해 새로운 시야를 열어 준다는 점을 강조할 필요가 있다. 이 책의 연구들은 헤게모니를 위한 담론 전쟁, 담론을 둘러싼 권력 투쟁이 일어나고 있는 현장으로부터 다양한 정치적 실천과 종교적·신앙적 개념들과 전통들이 해석되고, 또한 새로운 정치-종교적 실천으로 구축된다는 점을 보여주고 있다. 이는 개신교 우파의 신학에만 해당하는 말이 아니다. 진보와 보수를 막론하고 이 현장은 바로 신학이 재해석되고 재전유될 뿐만 아니라 유통되어 어떤 효과를 산출해야 하는 현장의 구체적인 모

---

[1] 우파 종교 운동 혹은 정치적 기독교 우파 운동이 나타나는 원인을 설명하는 방식이 계속 변화해 온 과정은 다음 논문을 참고하라. Michael Lienesch, "Right-Wing Religion: Christian Conservatism as a Political Movement", *Political Science Quarterly*, Vol.97, No. 3(Autumn, 1982), pp. 403~425.

습이다. 신학이 아무리 계시적 성격을 말한다 할지라도 그 계시는 우리 삶의 다른 측면과 관계 맺어야 한다. 때문에 그 계시를 언어적으로 성찰하고 재현하는 과정과 함께 신학은 비로소 시작된다.[2] 그래서 신학은 필연적으로 언어적이고 담론적일 수밖에 없고, 하느님에 관한 어떤 이야기도 언어적 재현의 문제 밖에 있지 않고, 필연적으로 윤리적이고 정치적인 이야기가 된다. 그래서 신학은 자신의 존재 이유는 물론이고 그 윤리적이고 정치적인 영향력마저도 언어적이고 담론적인 각축의 현장에 참여하여 담론의 변혁 혹은 문화의 변혁을 위한 효과로서 입증해야 한다.

마지막으로 부족함에 대한 아쉬움보다는 새로운 과제를 발견하는 기쁨을 나누고 싶다. 이 책은 개신교 우파, 혹은 기독교 뉴라이트의 담론들과 실천들을 분석 대상으로 삼고 그들의 주체화 전략 혹은 타자화 전략의 해명을 일차적 관심으로 한다는 점에서 매우 의미 있는 기여를 하고 있다고 판단한다. 하지만 대상과 관심의 경계가 명료한 만큼이나 배제되고 가려진 영역도 훨씬 선명해 보인다.

정치화한 개신교 우파들의 정치적 행동들을 보다 깊이 이해할 수 있게 되었고, 또 보다 세련된 방식으로 재주체화된 웰빙 우파나, 새 시대의 부드러운 아버지상, 그리고 지성적인 복음주의자의 모습, 그리고 국가와 교회를 위한 충성심으로 가득한 선교사의 모습들 안에 깊이 도사린 우파 헤게모니 정치와의 공모 관계도 볼 수 있었다. 하지만 호르크하이머(Max Horkheimer)의 말대로 비평은 단순히 "설명

---

2 신학의 언어적 성격에 관해서는 영국 신학자 그레이엄 워드로부터 많은 도움을 받았음을 밝혀둔다. 특별히 다음 책을 참고하라. Graham Ward, *Theology and Contemporary Critical Theory* (London: Macmillan Press, 2000).

적"이기만 해서는 부족하다. 현재의 사회적 실재를 설명해야 할 뿐만 아니라, "실천적"으로 그 사회를 변화시킬 행위자들을 재정체화할 수 있는 길을 찾는 노력이어야 한다.[3] 그래서 담론 분석이나 비평은 단순히 유통 가능하고 경쟁 가능한 담론을 만들어 내기 위한 전초전 같은 것이 아니고, 변화와 변혁을 바라는 구체적인 행위자들을 위해서 용기와 격려가 될 수 있어야 한다. 그러기 위해서는 지배 질서의 틀을 설명하되 헤게모니의 유지와 재생산을 위한 전략을 분석하는 것에만 만족해서는 안 되고, 그 질서가 사회적 약자들에게는 고통과 억압의 조건으로 다가온다는 사실을 보다 깊이 분석해 내야 할 것이다. 지배 질서란 곧 사회적 약자들 앞에 펼쳐져 있는 생존 투쟁의 환경 그 자체이며, 그들의 삶을 위해 허용된 선택의 틀이면서 폭이라고 해야 할 것이다.[4] 그래서 우파 헤게모니 담론과 사회적 약자들이 결합하는 양상도 단순히 동원의 개념으로만 설명할 수 없다. 사회적 약자들의 고통을 감수한 선택일 수 있다. 그러므로 민중적 삶의 조건의 일부로서 개신교 우파의 담론이 어떤 역할을 하고 있는지 해명되어야 한다. 그래야 민중의 삶의 실상이 제대로 드러날 수 있을 것이며, 그들의 삶 안에서 새로운 인간 정체 혹은 주체를 향한 희망을 찾고 증언할 수 있을 것이다. 김진호의 표현대로 "웰빙 우파"의 등장과 그로테스크한 민중의 등장이 함께 가고 있는 것이라면, 이제 다음 차례는 "웰빙 우파"의 주체화 전략을 넘어 변화된 조건들

3 Bohman, J. (1996). "Critical theory and democracy". In D. Rasmussen (Ed.), *The handbook of critical theory* (Oxford: Blackwell, 1996), p. 190.
4 감정사회학자 에바 일루즈(Eva Illouz)의 선택의 생태계와 구조에 대한 개념으로부터 도움을 받았다. 다음을 참조하라. 에바 일루즈, 김희상 역, 『사랑은 왜 아픈가 - 사랑의 사회학』, 돌베개, 2013. p. 43-50.

속에서 이 시대의 민중들이 자신의 삶의 선택을 위해서 어떤 고통과 아픔을 감내하고 있는지 읽어야 할 것이다.

1부
'한국적 기독교'의 탄생

'웰빙 우파'와 대형 교회[*]

문화적 선진화 현상으로서 후발 대형 교회 읽기:
소망교회, 온누리교회, 사랑의교회를 중심으로

김진호

머리말: 선발 대형 교회와 후발 대형 교회

한국 사회가 고속 성장을 구가하던 바로 그 시기에 교회도 급격한 성장을 이룩했다. 1960~1990년 사이 한국 개신교의 교세 성장은 연평균 10%가량 증가했다. 이것은 같은 시기 한국 사회의 경제 성장률과 비슷한 수치이다. 양적 성장률만이 아니라, 성장의 양식에서도 양자는 유사성을 보이는데, 가령 교회와 사회는 공히 '가용 자원을 성장을 위해 총동원하는 방식'을 통해 고속 성장을 이룩했다. 그리고 이를 추동한 '명료한 1인'이 그 중심적 역할을 했다. 그 명료한 1인의 통치 양식은 자원 운영에 있어서 독점적 위상을 갖는 '카리스마적 리더십'이라고 할 수 있다.

한데 이러한 양적 성장 과정에서 대형 교회(mega church)들이 탄

---

[*] 이 글은 '한국 사회 보수주의 형성과 그리스도교' 포럼(2011. 4. 25.)에서 발표한 원고를 수정·보완한 것이다.

생했다. 특히, 교인 출석 1만 명 이상의 초대형 교회(giga church) 현상은 전 세계에서 그 유례를 찾아볼 수 없을 정도다.¹ 이것은 한국의 개신교 교세의 급격한 성장 이면에 대형 교회가 있었다는 것을 뜻한다. 그리고 교세가 정체되거나 약화되는 추세에 있는 1995년 이후부터 현재까지도 이런 대형 교회 중심성은 점점 더 강화되고 있는 것으로 보인다.² 즉, 대형 교회들은 수많은 교회들의 욕망의 대상이었

1   교인 수 통계를 매년 조사하는 미국에서 주일 대예배 성년 교인 출석자 수 2,000명 이상의 교회를 대형 교회라고 부른다. 이 기준에 따른 미국의 대형 교회 수는 1,200~1,500개 정도로 추산된다. 한국의 경우 대형 교회의 수는 2004년을 기준으로 880개쯤 된다. 그것은 2004~2005년도 교회성장연구소가 한국의 864개 교회를 유효 표본 삼아 조사했는데(표본오차 ±3.1%, 신뢰구간 95%) 이 중 1.7%의 교회가 대형 교회였다. 교회성장연구소 교회경쟁력연구센터 엮음, 『한국 교회 경쟁력 보고서』, 교회성장연구소, 2006, 37쪽. 한국기독교총연합회(한기총)가 발표한 2004년도 한국 개신교회 수는 5만 1,775개다(http://www.missionmagazine.com/main/php/search_view.php?idx=365). 한기총 조사에서 교인 수 통계는 중복 교인 등이 포함된 통계이므로 실제보다 훨씬 많이 나오지만, 교회당 수는 교단별로 전수조사된 수치를 합산한 것이므로 거의 오차가 없다. 하여 개신교회 총수 가운데 1.7%가 대형 교회라면 한국의 대형 교회의 수는 약 880개라는 추산이 나온다.
    한편 주일 대예배 성년 출석 교인 1만 명 이상의 교회를 초대형 교회라고 부르는데, 미국의 개신교 관련 각종 정보를 소개하는 온라인 네트워크 기관인 처치렐러번스(churchrelevance.com)가 발표한 2011년 초대형 교회 리스트에 따르면(http://churchrelevance.com/top-71-largest-gigachurches-in-america-2011-edition/), 미국에서 70개 정도의 교회가 초대형 교회로 분류되고, 이 중 2만 이상의 교회는 7개입니다. 한편 교회성장연구소의 홍영기 소장이 쓴 『한국 초대형 교회와 카리스마 리더십』(교회성장연구소, 2001)은 13개의 교회를 초대형 교회에 포함시켰고, 이 책에 준해서 『복음과 상황』은 한 교회를 첨가한 14개를 초대형 교회로 분류했다. 이승규, 「한국 대형 교회 세대교체 현주소 진단……장년 출석 인원 1만 명 넘는 교회 기준」(http://pcouncil.net/jboard/?p=detail&code=ilban-aa002&id=3116&page=3)에 의하면, 이 중 주일 대예배 장년 출석 교인 2만 명 이상의 교회는 7~8개나 된다. 요컨대 한국에서 교회 대형화 현상은 미국보다도 훨씬 뚜렷하게 나타난다.
2   1995~2004년의 종교 인구 통계(2005년 인구센서스)와 2005~2014년의 종교 인구 통계(2015 인구센서스)에서 개신교 인구 추세는 상당히 다르게 나타난다. 전자에서 개신교 인구는 소폭 감소(14만 명 정도 감소)했으나, 후자에서는 약 120여만 명 증가했다. 이것은 1995년 이전까지 매년 10% 정도씩 증가했던 추세와 비교하면 이러한 변동은 감소 혹은 정체라고 할 수 있다.

으며 지향 모델이었다. 하여 이 시기 교회의 추세를 나타내는 이념형적 실체를 '대형 교회'로 개념화해도 무방할 것 같다. 뒤에서 좀 더 논하겠지만, 우리는 이 '대성장 시대'의 시대감각과 부합하는 성장 지상적 신앙 제도를 '선발 대형 교회'라고 규정하고자 한다. 여기서 주지할 것은 이것은 이념형(ideal type)적 개념이라는 점이다. 즉, 어느 교회가 이 범주에 속하는지를 말하려는 것이 아니라, 여러 교회들의 제도적 속성을 통해 이념형적 실체를 가정한 것이다. 그 속성에는 '권위주의적 총동원 체제를 체현하는 종교적 장치로서 급부상한 교회적 경향'이라는 함의가 시사되어 있다.

그런데 고속 성장이 저성장 상황으로 전환되고 권위주의적 제도가 민주적 제도로 전환되는 시기에 한국의 대형 교회의 양식도 변화하고 있음이 추적된다. 그러한 변화를 추적하기 위해 나는 '후발 대형 교회'라는 이념형적 개념을 제시하고자 하는데, 이 글은 바로 후발 대형 교회 현상과 한국 사회의 변화를 서로 연계시켜 해석하려는 데 그 목적이 있다.

1990년대 이후 한국 사회와 '웰빙 우파'

미국의 신근대화론자인 애덤 셰보르스키(Adam Prezewolski)의 주장처럼, 경제 성장이 일정한 수준에 이르면 민주화가 제도화의 강력한 요소로서 대두하게 된다. 임혁백에 의하면, 한국은 셰보르스키적 명제의 전형적인 예를 보이는데,[3] 1970년대 이후의 민주화 운동, 그리고 1987년 이후 정치 영역에서 본격적으로 가동되기 시작한 민주적 제도화는 급속한 산업화와 밀접한 관련이 있다고 할 수 있다.

하여 1980년대 말, 특히 1990년대 이후 한국 사회는 급격한 사회적 변동을 겪게 된다. 발전을 위한 권위주의적 동맹이라는 '국민적 주체화 양식'은 더 이상 지배 담론의 위상을 차지할 수 없게 되었다. 이 시기 변동의 주된 축은 민주화와 소비사회화(그 연장의 지구화의 체험)[4]로 요약할 수 있다.

이 두 요소는 전통적 권위를 급속도로 붕괴시켰으며, '국민에서 시민'으로의 주체화 양식의 전환을 야기했다.[5] 그리고 이러한 변동은 '진보' 키워드와 연결된 지배 담론을 구성했다. 그런 점에서 이 시기 한국 사회의 변동을 지칭하는 용어로 '광의의 민주화(즉, 민주화와 소비사회화를 동시에 함축하는)'를 이야기할 수 있다. 이하에서는 '민주화'를 이러한 광의의 의미로 사용할 것이다.

그런데 한국의 민주화, 이 진보주의적 주체화 양식은 안정된 제도를 이룩하는 데 실패했다. 여전히 막강한 물적·인적 자원을 과점하고 있는 전통적인 권위주의 세력과, 민주화 시기에 급성장하여 국가의 통제에서 훌쩍 벗어나 버린, 심지어 국가를 좌지우지할 만큼 막강한 세력을 형성한 거대 자본 세력, 다중적으로 주체화된 시민계층 등 민주화 시대의 주요 행위자 간의 갈등은 전례 없이 심화되었

---

3 임혁백, 『시장·국가·민주주의—한국 민주화와 정치경제이론』, 나남, 1994, 179~196쪽, 제7장 「자본주의, 그리고 전환의 비용—셰보르스키의 분석적 맑시즘」 참조.
4 김진호, 「민주화 시대의 '미학화된 기독교'와 한국 보수주의」, 『더 작은 민주주의를 상상한다』, 웅진지식하우스, 2007, 213~218쪽 참조.
5 여기서 '국민'이 국가의 하위 주체화된 존재를 지칭한다면, '시민'은 국가와 거래, 교섭의 존재로 부상한 집단적 혹은 개체적 주체를 가리킨다. 김진호, 「민주화 시대의 '미학화된 기독교'와 한국 보수주의」, 『더 작은 민주주의를 상상한다』, 웅진지식하우스, 2007, 214쪽 참조.

다. 그리고 국가는 이러한 사회적 경쟁과 갈등의 조정자 역할을 상실하고, 심지어 이 무한 경쟁 상황을 기회 삼아 지대 추구 행위(rent seeking behavior)를 일삼는 도덕적 해이(moral hazard)를 여지없이 드러냈다. 하여 민주화 시기는 대단히 불안정한 양상을 띠게 된다. 무한 경쟁 상황에 놓인 사회적 주체들은 더 이상 과거처럼 동지적 친밀성을 추구하기보다는 '힘에 의한' 타협과 절충에 몰입하게 된다.[6] 이제 수평적인 관계의 공공성은 기대할 수 없게 되었으며, 불균등 관계의 호혜적 성격 또한 옛말이 되어 버렸다.

그런 점에서 한국 사회는 좀처럼 해소되지 않는 분열과 갈등, 부적절한 타협과 절충으로 점철된 민주화의 위기를 넘어서기 위해 사회적 통합을 지향하는 '공화제 담론'을 호출하게 된다. 권위주의 정권에 의해 유린된 주권의 자기 확인, 타인의 이해를 위해 환원될 수 없는 자신의 권리를 추구하는 방식으로 전개된 한국의 민주화 추세에 대해, 이제는 개개인의 주권보다는, 민주적 사회의 통합을 어떻게 구체화할 것인가의 논점들이 이른바 포스트민주화의 주요 의제로 자리 잡는다.[7] 요컨대 한국 사회의 공화제(republic) 담론은 민주화

---

6   고대 이스라엘 사회에서 군주제 이전 시기를 가리키는 초기 이스라엘 부족 동맹 사회는 일종의 원시적 민주제 사회였는데, 이 시기의 법의 작동 양식이 바로 힘에 의한 타협과 절충이었다. 프랑크 크뤼제만, 김상기 옮김, 『토라. 구약성서 법전의 신학과 사회사』, 한국신학연구소, 1995, 148-152쪽 참조. 그런 점에서 오늘 한국의 혼란스런 민주주의는 '새로운 고대(이스라엘)'라고 할 수 있겠다. 초기 이스라엘 부족 공동체 후기에 나타난 혼란 상황은 결국 권력의 집중을 향한 욕망을 낳았고, 이것은 군주제라는 권력 집중적 지배 모델을 수용하는 사회적 열망을 낳았다. 마찬가지로 한국 사회도 민주화 이후 정치화된 자본 세력에 의한 권력 집중을 허용하는 국민적 여론을 제도화하는 결과를 초래했다. 그리고 이러한 체제가 야기한 불평등이 히스기야-요시야의 복지적 군주제를 향한 사회적 실험으로 이어졌던 것처럼, 우리 사회도 최근 복지 사회로의 이행을 요구하는 사회적 열망에 직면해 있다.
7   곽준혁, 「왜 그리고 어떤 공화주의인가」, 『아세아연구』 131, 2008. 봄., 133~163쪽 참조.

보다는 포스트민주화와의 맥락 속에서 회자되었다.

포스트민주화 문제는 참여정부 말기 이후 본격적인 논의가 시작되었고, 같은 시기에 부상한 공화제 논의는 바로 이 논의와 연결되어 있다. 하여 한국에서 공화제는 민주화를 승계하면서도 청산한다는 함의를 담고 있다. 승계라 함은 권위주의적 총동원 체제를 지양한다는 의미이고, 청산한다고 함은 사회 통합을 강조하는 제도라는 뜻이다. 그런 점에서 이명박(MB) 정부의 등장 배후에 활성화되었던 '경제 대통령 담론'은 형식적으로는 권위주의 시대의 강한 대통령에 대한 시민적 욕구를 함축하고 있는 듯이 보이지만, 실은 권위주의적 제도에 대한 향수라기보다는 민주화의 불안정성에 대한 불만을 발전 욕구로 환치(換置)시킨 것이라고 보는 게 적절할 듯하다.

한데 포스트민주화 시대 한국 사회의 공화제 논의를 선도했던 것은 '뉴라이트' 담론이었다. 참여정부 시절부터 MB 정권 초기까지 우파는 쇄신의 물결을 탔고 다양한 논점이 제기되며 경합했다. 이것은 '뉴라이트'라는 표상어를 전유하려는 투쟁이기도 했다. 이러한 우파의 뉴라이트 쟁탈전은 좌파의 재구축에도 영향을 미쳤다. 좌파 세력들도 뉴라이트 담론들이 제기한 의제를 따라가면서 재주체화를 모색했던 것이다. 그런 점에서 적어도 이 무렵에는 '뉴라이트'라는 언표의 다의적 함의가 포스트민주화 담론을 추동하고 있었다고 할 수 있다.

그러나 MB 정권이 탄생하고 얼마 안 돼서 '뉴라이트'라는 기표는 '극우파'에 의해 점유되었다. 신자유주의적 실용정부를 추구했던 MB 정부는 천안함 사건에 대한 부적절한 대응 속에서 극우 프레임에 갇히게 되었고, 그 과정에서 극우파가 우파 내 각 집단 간 헤게모니 경쟁에서 주도권을 쥐게 된 것이다.⁸ 이 극우 세력은 국민의 정부와 참여정부 시대의 좌파의 위기, 그로 인해 제기된 '민주화 너머의 레짐'에 대한 사회적 논점, 즉 포스트민주화의 논점을 퇴행화시켰고, 그 결정판이 박근혜 정권의 탄생으로 귀결되었다. 그런 퇴행성은 결국 박근혜 대통령의 탄핵과 함께 우파 세력 자체를 몰락시키는 데 이르게 된다.

하지만 그 훨씬 이전인 MB 시대 초기 극우파의 득세 자체가 이미 포스트민주화에 대한 우파적 기획으로서의 뉴라이트 담론의 좌초를 의미했다. 그것은 한때 뉴라이트 담론의 한 축을 형성했던 박세일과 '한반도선진화재단'을 중심으로 하는 '선진화 담론'의 좌초이기도 했다. MB 시대 내내 '선진화'라는 말은 끊임없이 메아리쳤지만, 그 소리는 점점 먼 곳에서 들려왔고 어느 순간 들리지 않는 곳으로 숨어 버렸다.

한편, 정치의 영역에서 '선진화' 담론이 몰락한 것과는 달리, 일상의 영역에선 이와 유사한 담론이 점점 가까운 곳으로 다가오고 있었다. '웰빙'은 먹거리를 필두로 하는 생활 습관, 사적·공적 관계 양식에까지 다양하게 번역될 수 있는, 일상의 '중산층 신사화(gentrification of middle-class)' 현상이다.⁹ 한데 흥미로운 것은, 민주주의에 대한 열망이 사그라드는 그 자리에서 '그 이후'의 정치적 상상

8   김진호, 「증오의 메시아 정치, 그 불온함―2012년 이후 한국 사회의 종교성 비판」, 『오늘의 문예비평』 93, 2014. 여름., 38~39쪽.
9   김석수는 현대의 웰빙 문화가 "정치·경제 권력으로부터 해방된 놀이가 아니라 또 하나의 권력놀이, 최소한 문화 계급의 놀이가 되고 있다."고 본다. 김석수, 「현대 웰빙 문화의 발생 원인에 대한 분석과 미래의 새로운 방향에 대한 모색―몸 이미지 무의식 개념을 중심으로」, 『동서사상』 1, 2006. 8., 137쪽.

력들이 등장하고, 그중 우파적 기획으로 선진화 담론이 나타난 것처럼, 일상의 영역에서도 '그 이후'의 상상력들이 스멀스멀 피어올랐는데, 그중 가장 뚜렷한 궤적을 그으며 나타난 것이 웰빙 담론이다.

웰빙은 분명 귀족주의적 취향은 아니다. 오히려 검약하고 실용적이며 미니멀하다. 그러나 이러한 취향을 유지하기 위한 비용은 사치스럽진 않지만, 적지 않다. 그런 점에서 웰빙은 중산층적 취향에 적합하다. 물론 중하위계층에서도 웰빙이 불가능하진 않다. 하지만 만만치 않은 비용으로 인해 웰빙 소비는 주로 중상위계층의 공간에서 활성화된 반면, 중하위계층의 공간에선 낯설다. 하여 비용도 적잖지만 공간의 이질성을 극복하는 특별한 노력이 필요하다는 점에서 이 취향은 중산층 친화적이다. 마찬가지로 담론의 장에서도 중산층 지향성은 일상적으로 실천되지만, 중하위계층에서는 '선망하는 삶의 양식'으로 더 많이 소비된다.

한편 웰빙 담론은 진보와 결합되기보다는 보수와 더 잘 결합되어 있다. 그것은 일상의 취향이 구현되는 장소가 압도적으로 보수주의적 성향이 강하기 때문이다. 왜냐면 대형 교회가 바로 중산층적 일상의 문화가 집단적으로 실행되는 한국 사회의 대표적인 장(field)이기 때문이다. 물론 대형 교회라는 장은 보수주의적이다.

이 글은 바로, 우리 시대의 가장 중요한 보수주의적 웰빙 담론의 장으로서의 대형 교회에 주목한다. 특히, 이념형적 모델로서의 '후발 대형 교회'가 관심의 대상이다.[10] 즉, 보수주의적 웰빙 담론이 삶의 일상적 제도로 선취되고 있는 주요 공간으로서 후발 대형 교회를 읽

---

10 '후발 대형 교회'에 대해서는, 이것과 한 쌍으로 설명해야 할 '선발 대형 교회'와 함께 다음 절에서 더 이야기할 것이다.

어 보려는 것이다.

한국의 대형 교회, 두 가지 주체화 유형

'대형 교회'란 무엇인가

먼저, '대형 교회'에 관한 간략한 개념적 설명이 필요하다. 내가 이 글에서 사용하는 '선발 대형 교회', '후발 대형 교회'라는 표현 외에도, 구미정이 분류한 '강남 대형 교회'와 '강북 대형 교회',[11] 그리고 서우석이 규정한 '중산층 대형 교회'와 '혼합계층 대형 교회'[12] 등의 용어가 통상 대형 교회의 분류법으로 사용되고 있는데, 여기서 '강남 대형 교회'와 '중산층 대형 교회', 그리고 '강북 대형 교회'와 '혼합계층 대형 교회'가 쌍을 이루며 각각 유사한 함의를 갖는다. 이 용어들은 지역성과 구성원의 계층성의 특징적인 조합을 이야기하고 있다는 점에서 대형 교회의 공시적인 특징을 잘 드러내고 있다.

한국 교회사에서 대형 교회의 탄생은 크게 세 가지 요인으로 설명할 수 있다. 1960~1970년대 이후 국가가 주도한 산업화 과정에서 대대적으로 도시로 이주한 이농민들의 신자화 현상이 첫 번째 요인이고, 둘째 요인은 1970~1980년대 빌리 그레이엄(Billy Graham)으로 대표되는 미국식 부흥집회를 통한 도시 중신층의 신자화 현상이

---

11 구미정, 「강남형 대형 교회 여신도들의 신앙 양태에 대한 신학 윤리적 성찰」, 『한국여성철학회 학술대회 발표자료집』, 제2회 여성주의 인문학 연합학술대회, 2008. 4., 89~94쪽 참조.
12 서우석, 「중산층 대형 교회에 관한 사회학적 연구」, 『한국사회학』 28, 1994. 여름., 151~174쪽 참조.

다. 그리고 마지막 셋째 요인은 1970~1980년대 극성을 부렸던 강남권 개발 사업으로 대대적인 이주를 한 강남 중산층의 신자화 현상이다.[13] 이러한 이유로 강북 지역은 중산층과 빈곤층이 혼합된 대형 교회가 발전했고, 강남 지역은 중산층 대형 교회가 발전한 것이다.

하지만 이러한 개념적 틀은 대형 교회가 등장하기 시작한 이후 지금까지의 변화와 재구조화의 측면을 읽어 내는 데는 충분하지 않다. 그리고 그것이 한국 사회의 근대화 양식의 변화와 어떻게 관계 맺어 왔는지를 설명하지 않는다. 특히, 한국 사회가 1990년 어간[14] 이후 민주화와 소비사회화(그리고 지구화)라는 사회 변동 요인들에 의해 급격하게 변화를 체험하고 있다는 사실을 고려할 때, 그리고 사회 각 영역과 주체들이 이러한 변화와 맞물리며 다양한 변화의 계기를 맞고 있다는 점을 고려할 때, 대형 교회를 '시간적 변수'로서 해석하는 작업은 중요한 의미가 있다. 한데 위에서 본 것처럼 공시적인 구분법은 그러한 변화를 읽어 내는 데 유용하지 않다. 이에 우리는 '선발 대형 교회'와 '후발 대형 교회'라는 개념적 틀을 통해 한국 사회의 변화와 대형 교회의 변화를, 그 상관관계를 통해 한국 사회가 변화하면서 교회는 어떻게 변화되고 있는지, 그리고 한국 사회의 변화 과정에 교회는 어떠한 변수로서 개입하고 있는지를 살피고자 한다.

우선 주지할 것은, 앞에서 간략히 언급한 것처럼, 이 용어들은 특

---

13 이에 대하여는 나의 글, 「기독교 우파와 신귀족주의」, 이택광·박권일 외, 『우파의 불만—새로운 우파의 출현과 불안한 징후들』, 글항아리, 2012, 93~98쪽 참조.
14 1988년 서울올림픽을 계기로 하여 산업구조상의 급격한 변화가 일어났는데, 내구소비재 산업의 비중이 크게 늘어난 것이다. 한국의 소비사회의 형성에 관하여는 백욱인, 「한국 소비사회 형성과 정보사회의 성격에 관한 연구」, 『경제와 사회』 77, 2008. 봄., 199~225쪽 참조.

정 교회를 지칭하고 있지 않다는 점이다. 그것은 '이념형'적 개념이다. 사실 대형 교회라는 것은 단지 개별 교회로 실재할 뿐 아니라, 수많은 교회들의 선망의 대상이자 유형무형의 기독교 결속체들의 네트워크적 중심으로 기능하고 있다. 이런 관점에서 대형 교회는, 물리적 실체를 넘어서, 일종의 '기호'적 실체다. 하여 개별 교회로 규정하기보다는, 기호적 실체로 이미지화된 교회로서 이들 대형 교회들이 실재하고 있음을 주목해야 한다는 것이다.

공시적 분류		통시적 분류	
구미정	서우석	백소영	김진호
강남형 대형 교회	중산층 대형 교회		선발 대형 교회
강북 대형 교회	혼합계층 대형 교회	1990년대형 (대형)교회	후발 대형 교회

이러한 기호로서의 대형 교회에서 '선발'과 '후발'이라는 시간적 선후의 용어를 붙였다. 이것은 대형 교회에 관한 신앙적 함의가 시간 변수와 맞물리면서 분화의 계기를 맞고 있다는 뜻이다. 그 시간적 분기점의 요소는 민주화, 소비사회화(그리고 지구화)인데, '선발'이라는 용어는 그 이전 시대, 곧 권위주의적 군부독재 체제의 발전주의와 상응하며 교회적 성공주의 신앙이 제도화되는 양상을 함축하고 있다면, '후발'은 그 이후의 성공주의적 가치와 보다 잘 부합하는 신앙 제도의 양상과 관련이 있다.[15]

15 백소영도 이와 유사한 교회 유형을 '1990년대형 (대형)교회'라는 시간적 함의를 갖는 개념으로 명명했다. 백소영, 「지구화 시대 도시 개신교 신자들의 '의미 추구'—1990년대 이후 수도권 신도시 지역 복음주의적 초교파 교회로 이동한 개신교 신자들을 중

물론 두 유형의 대형 교회는 공통점을 갖고 있다. 성공 지상적 가치를 추구하고 있다는 점에서 그러하고, 반공주의적이라는 점에서도 그러하다. 그리고 이념의 사회적 분포에서 늘 보수주의적이라는 점에서도 양자는 큰 차이가 없다. 그러나 '성공의 내용'에 관해서는 간과할 수 없는 차이가 존재한다. 선발 대형 교회의 시대는 '궁핍에서 풍요로'의 변화를 성공이라고 생각했다. 교회 역시 마찬가지다. 가령 선발 대형 교회적 이념형을 구상해 내는 데 가장 중요한 담론적 위상을 지닌 교회인 (여의도)순복음교회를 보자. 이 교회는 창립 당시 서울 서대문구(지금은 은평구) 대조동의 무허가 판자촌에 입지한 천막 교회였다. 그곳에서 도시 극빈층이었던 신자들이 빠른 계층 이동을 하면서 '무에서 유를 창조'하는 성장의 기적을 신앙화하는 주체가 되어 갔다. 이러한 성장주의적 신앙은 교회의 장소 이동에도 그대로 반영되어 있다. 순복음교회는 대조동에서 서대문 로터리로, 그리고 여의도로 교회당을 옮겨 간 것이다. 이러한 장소 이동 과정에서 많은 이들이 새로 결합했는데, 그들 다수는 중상위층의 대중이었다. 하지만 빈민의 중상위층화를 반영하는 성장의 기적을 그들도 욕망으로 내면화했다. 즉, 순복음 신앙은 무에서 유를 이룩하는 성공의 신화를 내포한다.

한편 이 시기 수많은 개신교회들이 순복음교회적인 성공 지상주의적 가치를 모방하는 신앙 운동에 참여했다. 그 과정에서 무수한 대형 교회들이 태동했다. 선발 대형 교회적 유형은 이러한 교회 현상을 함축한다.

심으로」,『탈경계인문학』2/1, 2009. 2., 77~110쪽.

반면 후발 대형 교회는 '풍요 속에서' 성공의 가치를 재해석함으로써 새로운 신앙의 제도화를 추구한다. 양적인 성공과 더불어 '질적인 성공'이라는 함의를 부가함으로써 성공을 재해석하고 있는 것이다. 즉, 보수주의적인 풍요의 질적 재해석이 후발 대형 교회적 제도의 특징이라고 할 수 있다.[16] 하여 우리는 후발 대형 교회를 '뉴라이트-웰빙'적인 '성숙주의 담론'을 공유하는 교회의 인적·물적·신앙적 네트워크라고 정의하고자 한다.

선발 대형 교회

발전을 위한 사회적 총동원 체제가 중요했던 시기에 한국 사회는 '국민'이라는 포괄적인 포섭의 장치가 필요했다. 그러나 '반공 규율 체제'라는 표현이 보여주듯, 이 시기 국가에 의한 국민적 포섭의 체계는 정교하지 못했다. 해서 '유신체제'라는 억압적인 정치적 규율 제도가 유효했다. 국가가 심어 주고자 했던 '발전에의 꿈'은 적어도 이 시기에는 그다지 일상화되지 못했다.

그런데 이 시기 교회는 국가적 발전 전략의 핵심인, 그러나 여전히 사회적 포섭의 취약 영역인 광범위한 이농자(離農者)들을 대대적으로 흡수하는 데 성공함으로써 고도성장의 신화를 이룩했다. 이들 '이농자들의 성도화(聖徒化)'는 사회적 발전의 위기를 가장 적나라하게 체감하는 사람들의 고통과 분노를 종교적으로 전이시켜 교회 성장의 자원으로 동력화하는 메커니즘의 토대가 되었다. 그런 점에서

---

16 후발 대형 교회 시대의 풍요의 신학에 대하여는 나의 글 「'풍요의 신학', 어디까지 가능한가?—초기 예수 운동의 세 사례를 중심으로」, 대화문화아카데미 엮음, 『성서의 역설적 쟁점』, 동연, 2011, 244~278쪽.

교회와 국가는 발전 동맹의 주역이자 주된 수혜자였다고 해도 과언이 아니다.[17]

바로 이 시기에 한국 개신교회를 상징하는 교회인 '(여의도)순복음교회'[18]는 이러한 발전 동맹의 '의도하지 않은' 정교(政敎) 연대를 살피고자 할 때 매우 유용한 분석 대상이다. (여의도)순복음교회에서 그 정점을 보여준 성장 지상주의적 신앙 제도는 교회의 양적 성장을 가장 중요한 과제로 설정하고 이를 위해 가용 자원을 총동원하는 교회의 제도 형식을 가리키는데, 이는 동시대 한국 사회의 공통 감각과 조응하는 신앙의 주체화 양식이라고 할 수 있다.

한편 (여의도)순복음교회적 성장주의 신앙의 핵심 요소로 해석되어 온 영(靈)은 이중적인 길항적 체험을 제도화하는 매개체로서 재해석되었다. 한편으로는 물질적 효과로서 영이 체험되어야 한다는 믿음 체계를 발전시켜 건강, 사회적 성공, 그리고 신앙적 성공을 구원

---

17 이러한 현상을 한국전쟁을 전후로 하여 지배 담론으로 부상한 반공주의를 사회 형성의 동력으로 전환시키는 양상으로 설명하면, 발전 동원 체제 이전의 '파괴적 증오'와 이후의 '생산적 증오'로 대별할 수 있다. 마찬가지로 교회도 공산주의에 대한 증오와 이농 경험의 공포를 성장의 자원으로 전환시킴으로써 대부흥을 이룩했다. 그런 점에서 한국의 발전 동원 체제에서 교회는 가장 핵심적인 행위자이자 수혜자였다. 이에 대하여는 나의 책 『시민 K, 교회를 나가다—한국 개신교의 성공과 실패 그 욕망의 사회학』, 현암사, 2012., 49~69쪽 참조.

18 조용기의 순복음교회는 대조동에서 서대문 로터리, 그리고 여의도로 교회당을 옮기면서 고속의 성장을 구가했다. 이때 각 지역은 순복음교회의 변화를 특징 짓는 하나의 시금석이라 할 수 있다. 이농민들의 달동네에서 주변적 도심으로, 그리고 사회 정치적 중심부로의 변화이다. 하지만 여기서 강조하는 세속적 성공주의와 영을 결합시킨 성장주의는 세 장소성을 꿰뚫는 공통된 특징이다. 그리고 이러한 성장주의는 한국 교회적 성장주의의 표본이라고 해도 과언이 아니다. 이러한 조용기적 성장주의를 표상하는 용어로 이 글에서는 '(여의도)순복음교회'라는 용어를 사용하고자 한다. 그것은, 말했듯이, 여의도라는 지역성과는 무관하고, 다만 현재 조용기의 순복음교회를 부르는 일반적인 용어이자 한국 사회에서 이 교회의 담론적 효과를 논할 때 흔히 사용하는 용어이기에 선택한 것이다.

받은 삶을 구현하는 하나의 고리로서 해석한다(삼박자 구원론). 다른 한편으로 영은 현실과의 극단적 거리를 체감하게 하는 감각의 장치이다. 여기서 전자가 세속적 성공과 상응하는 신앙적 해석의 장치로서 작동한다면, 후자는 실패 혹은 위기와 상응하는 해석의 장치다. 이 둘은 개념상 서로 상반된 것이지만, (여의도)순복음교회에서 후자는 전자를 위한 인내의 과정으로 해석됨으로써 서로 결합된다.

이러한 이중적이면서도 서로 연동된 길항적 영성 신앙을 이해하기 위해서는 부흥사로서의 조용기의 캐릭터를 고려할 필요가 있다. 조용기는 나운몽의 한국적 기도원 운동의 전통 위에 있는 자다. 나운몽의 기도원 운동은 침묵과 명상의 장소 대신에 열광적으로 감정을 표출시키는 부흥회의 장소로서 기도원 신앙을 불러일으켰는데, 여기에서는 한국전쟁 직후의 몸과 정신이 피폐해진 대중의 고통이 반전되는 기적들이 속출했다.[19]

조용기는 이러한 기도원 운동을 교회 운동으로 바꾸어 계승했다. 즉, 파라처치(para-church) 운동(탈장소적 교회 운동)인 기도원 운동을 로컬처치(local-church) 운동인 교회 운동으로 전화시킴으로써, 영의 제도 해체적 요소를 제어하고 제도 생산적 요소를 강화시킨 것이다. 그런데 이렇게 발전한 (여의도)순복음교회적 신앙은 두 가지 형태를 통합시키면서 형성되었다고 할 수 있다. 나는 그것을 '교회'와 '기도원'이라고 개념화하고자 하는데,[20] 이때 이 두 용어는 (여의도)순복

---

19 나운몽의 기도원 운동에 대하여는 이 책에 수록된 김흥수, 「이단 또는 한국적 기독교—통일교, 전도관, 용문산기도원의 종교 운동」과 나의 책 『시민 K, 교회를 나가다』, 현암사, 2012, 63~67쪽 참조.
20 '교회'와 '기도원'이라는 은유에 대하여는 나의 책 『시민 K, 교회를 나가다』, 현암사, 2012, 79~81쪽 참조.

음교회적 신앙의 함의로 재해석된 것이다. '교회'가 삶의 자원을 총동원하여 성공을 향해 질주하는 진취적인 신앙의 장소로서 성공주의적인 '영적 전쟁의 전방 지대'라면, '기도원'은 삶의 자원이 밑바닥까지 고갈된 이들이 성공을 위한 전장에서 후퇴하여 영적인 위로를 받고 존재의 기를 충전하는 '영적 전쟁의 후방 지대'를 뜻한다. 조용기와 (그의 장모) 최자실은 각각 '교회'와 '기도원'으로 분담된 영역을 이끄는 이원적인 카리스마적인 리더십을 대표하여 상호 연계함으로써, 길항적이면서 동시에 연속적인 신앙 제도로서의 '순복음 신앙'을 창안해 냈다.

이와 같이 세속적 성공주의를 추구하는 데 있어 영적 전쟁의 전방과 후방을 상호 연동적인 것으로 묶어 놓는 신앙 제도적 요소는 (여의도)순복음교회의 신앙적 주체의 양식에서 발견되는 뚜렷한 요소이지만, 동시에 이 시기 대다수 교회들에서 일반적으로 발견할 수 있는 요소이기도 했다. 그런 점에서 (여의도)순복음교회는 이 시기 한국 사회와 연동된 신앙적 주체 양식을 대표하는 상징적 기호로서 이해할 수 있다.

그런데 이러한 발전 동맹은 1970년대 말부터 이미 위기에 직면했고, 1980년대에는 붕괴를 향해 질주한다. 민주화에 대한 정치적인 도전은 '국민의 시민화'를 강화시켰고, 1990년대를 경유하면서 이러한 시민적 주체 담론의 활성화는 '다양한 양상으로 주체화된 시민들'을 낳았다. 그리고 같은 시기에 급부상한 내구소비재 산업의 급속한 확대와 자본에 대한 통제 능력을 상실한 국가의 자본 순응적 정책들을 통해서 한국 사회의 주체화는 급격한 시장적 요소의 침투에 무방비로 노출되었다. 여기에 지구화의 광풍은 사회 전체가 지나치게 시장화되는 추세를 극적으로 강화했다. 여기서 자본 친화성이 극대화된 국가는 시민 사회의 시장화를 심화시키는 주요 요소였다. 요컨대 '시민의 천민적 시장화' 현상은 돌이킬 수 없는 대세처럼 한국의 민주화를 구성하는 요소였다고 할 수 있다.

여기서 우리는 '광림교회'를 주목하게 된다. 우리가 말하는 후발 대형 교회의 보수주의적 웰빙의 요소보다는 '선발 대형 교회의 강남형 버전'처럼 해석될 여지를 보이기 때문이다. 신앙의 성공을 세속적 성공과 연동시키는 강한 지향성이라는 점에서는 크게 보아 (여의도) 순복음교회와 별반 다르지 않지만, 여기서는 실패에 대한 도피구이자 성공주의적인 영적 전쟁의 후방 지대로서의 신앙의 장소가 없다. '적극적인 사고'의 지나친 강조는 세속적인 성공 가능성에 '더 많이' 열린 계층의 욕구를 성찰 없이 신앙화한 결과처럼 보인다. 반면 사회적 실패의 신앙적 장소는 쇠퇴하고, 고독이나 상실감 같은 심리적 실패의 장소가 부각된다. 이른바 '치유목회'라는 개념이 부상한 것이다.[21] 요컨대 이 교회에서는 선발 대형 교회 모델이 민주화 시대를 경유하면서 시대의 변화를 도구적으로 차용하면서 잔존하고 있는 모습이 두드러진다는 것이다.

또한 이런 식의 신앙적 주체화는 공공성이 결핍된 천박한 성공지상주의를 내재화하고 있다는 문제점이 있다. 성공에 집착하는 교회주의와 개인주의의 분별없는 결합을 보여주는 것이다.[22] 과거 권위주의 시대에 애국심과 교회에 대한 충성을 동일시하면서 그 시대적

---

21 서창원, 「김선도 목사의 설교와 신학」, 『조직신학논총』 15, 2005, 145쪽.
22 김홍수, 「김선도 목사의 설교 유형 분석」, 『한국 교회 설교가 연구 1』, 한국교회사학연구원, 2000, 270쪽 참조.

인 공공성을 체화했던, 이른바 권위주의 체제의 부역자(collaborator)[23]적 성격이 퇴화되고, 자기중심적인 천민적 성공주의로 신앙적 주체가 구성되는 이런 현상은 오늘날 많은 교회들에서 발견된다. 민주화 시기 두드러지게 드러난 신앙의 천민성을 지적한 '무례한 기독교'라는 표현은 바로 이러한 현상과 그 메커니즘을 가리킨다.[24]

후발 대형 교회

그런데 이 글에서 읽어 내고자 하는 후발 대형 교회의 주체화는 이상과 같은 선발 대형 교회 모델과 부합하는 교회 운동과는 다른, 새로운 양식에 관한 것이다. 그것은 포스트민주화 시대의 공화주의적 이상이 담고 있는 바, 권위주의적 성공 지상주의도 지양하면서 동시에 시장주의적 민주화 시대의 천민적 성공주의도 지양하는 새로운 형식의 주체화와 닮았다. 일부 교회들에서 두드러지게 나타나고 있고, 점점 확산되어 가는 신앙적 제도화의 추세와 맞물린 주체화 양식에 관한 것이다.

우선 이러한 교회의 주체화 양식에서 공히 발견되는 점은 우리 시대의 공공적 가치 기준에서 볼 때 천박하다거나 구닥다리 같다거나 하는 부정적인 느낌으로 다가오는 것이 아닌, 오히려 호감을 주는 신앙 양식으로 보인다는 점이다. 물론 지난 권위주의 시대에 (여의

---

23 권위주의 시대 독재 체제의 협력자들은 대체로 이처럼 애국주의적 신념을 공유한다. 하여 이러한 협력(collaboration)의 유형을 '협력적 애국주의(collaborationist patriotism)'라고 규정할 수 있다. 박상수, 「중일전쟁기 화북의 대일 '협력자'—국내 정치의 역학 관계를 통해 본 협력 정권의 형성」, 『아세아연구』 126, 2006. 겨울., 86~121쪽 참조.
24 최형묵·백찬홍·김진호, 『무례한 자들의 크리스마스』, 평사리, 2007 참조.

도)순복음교회가 표상하는 교회 운동 역시 많은 이들에게 호감을 주었다. 그러나 이 시기의 호감은 성공주의나 발전주의를 지향하는 전체주의적 지배 이데올로기와의 친화성과 깊이 연관된 현상이다. 요컨대, 개체적 주체가 충분히 성숙하지 않은 사회의 신앙 양식에 대한 호감이라고 할 수 있다.

반면 최근 후발 대형 교회적 현상에 대한 호감은 내구소비재 산업과 민주화의 효과로 시민적 개체성이 매우 활성화된 사회, 더구나 이데올로기적 총화보다는 개체적인 감각이 극도로 활성화된 사회에서 긍정적으로 느끼는 감각에 관한 것이다. 이것은 동시대의 합리적 판단이나 계산적 이해와 교환 가능한 양식이라는 점에서 오는 친근감과는 다른, 개개인의 감각적 선망의 요소들과 상응하는 양식이라는 점에 초점이 있다.

그렇다면 이들 후발 대형 교회 모델의 새로운 미학적 내용은 무엇일까? 우리 사회의 발전주의가 민주화를 전후한 시기에 위기에 놓여 있다는 사실이 이에 관한 우리 해석의 출발점이다. '성장'은 사실상 지체 현상을 드러내고 있는데, '성장 감각'은 여전히 지속되는 상황이 민주화 이후 현재까지 이어지고 있다는 점이 중요하다.[25] 민주화 이후에도 그러한 성장주의적 감각이 지속되게끔 사회가 제도화되어 있고 그렇게 재생산되고 있는 것이다.

이러한 변화 체감은 권위주의의 압축적 성장 시대 이후 계속되어 왔다. 한데 흥미롭게도 이러한 변화 체감이 사회의 집합적 성장과 결합되지 않고도 독자적으로 몸을 규율하고 있다는 점이다. 내구

---

25 Jin-ho Kim, "The Political Impowerment of Korean Protestantism since around 1990", *Korea Journal* 52/3, 2012, pp. 73~79.

소비재 산업은 그러한 변화에 대한 감각적 친화성을 상업화시킴으로써 급속하게 우리 사회의 지배적인 산업적 지위를 획득하게 된다. 즉, 상품의 교환 주기를 극대화함으로써 내구소비재 산업과 소비자의 몸은 점점 일체감을 형성하게 되는 것이다. 하여 이른바 '속도성(velocity)'은 권위주의 시대에 익숙한 감각 체험의 일부를 이루었지만, 소비사회의 활성화와 맞물려서 훨씬 급진화되었다. 급격한 '속도의 사회(society of velocity)'는 공적 담론에서는 국가적 성장주의와 결합되어 있지만, 감각의 차원에서는 몸에 기록된 시대의 기호로서 실현되고 있는 것이다.

그런데 이러한 속도성이 몸에 내장되어 있다고 해서 모든 사람들이 균등하게 속도의 문화에 걸맞게 자신의 행동을 조직화할 수 있는 것은 아니다. 여기서 성별, 연령별, 계층별로 성공과 실패가 차등적으로 나타난다. 그리고 이러한 성공과 실패는 적지 않은 경우 사회적 성공과 실패, 나아가 존재 자체의 성공과 실패에 대한 느낌과 결합된다. 이와 관련해서 스트레스와 피로감이 존재를 감싼다. 물론 이는 성공-실패와 무관하게 거의 모든 사람이 체감하는 현실이다.

이러한 스트레스와 피로감은 속도의 사회 전체에 대한 (의식적이든 무의식적이든) 반대급부적 실천을 낳는다. 이러한 반대급부적 실천들을 언어화(해석)하는 과정에서 '웰빙' 담론이 자리 잡고 있다. 요컨대 웰빙 담론은, 그것이 문명 비판적이든 아니든(성찰적이든 아니든), 속도의 사회에 대한 자기비판적 성찰의 함의를 지닌다. 예컨대 **빠름 대신에 느림, 성공 대신에 성숙, 변화 대신에 안정, 양 대신에 질** 등의 대안적 가치가 속도성과 분리된 새로운 욕망을 해석하는 실마리를 제공하는 것이다.

최근 우리 사회의 소비성향을 통해 분석되는 보보스(Bobos)형 신귀족주의, 이른바 '쿨'한 소시민적 신귀족주의가 이러한 웰빙 담론의 중심축을 이루고 있다. 보보스형 신귀족주의는 부르주아 보헤미안(bourgeois bohemian)의 약어로, 20세기 말 과도한 소비사회로 치닫고 있는 미국 사회에서 지배문화의 천박성을 지양하고 웰빙적 가치를 추구하는 신귀족주의적 라이프스타일을 가리키는 영어인데, 최근 한국 사회의 소비성향에 관한 연구를 통해 이러한 보보스형 삶의 양식이 소비 패턴 속에 뚜렷하게 자리 잡아 가고 있는 현상이 포착되고 있다.[26] 그런데 웰빙-보보스적 삶의 양식은 담론화 과정에서 보수주의적 가치와 결합될 수도 있고 진보주의적 가치와 결합될 수도 있는데, 우리는 전자의 가능성이 뉴라이트 담론의 일상화를 통해서 실현되어 가고 있다고 본다. 그리고 한국의 뉴라이트(박세일식의)는, 말했듯이, 보수주의를 신자유주의적으로 재해석하고자 한다. 즉, 뉴라이트 담론은 계층 편향성을 강하게 내포하고 있으며, 실패에 대해 냉혹하다는 점에서 배타주의적인 요소를 지닌다. 그러나 아직 이러한 뉴라이트 담론은 정치·경제 영역에서 주로 논의되고 있을 뿐 아직 일상 영역에 침투하지는 못하고 있다. 한데 우리의 논지에 따르면, 후발 대형 교회 모델에서 웰빙-보보스적 삶의 양식이 보수주의와 결합되어 제도화되는 현상이 포착된다는 것이다.

우리가 주목하는 몇몇 대형 교회의 주체화 양식의 특이성은 이러한 '웰빙-보보스형 삶의 양식'이 신앙 제도 속에 녹아 있는 모습에서

---

[26] 이해연·김문영·박광희, 「신귀족 성향 소비문화 계층에 관한 고찰—보보스(Bobos)와 포쉬(POSH)를 중심으로」, 『대한가정학회지』 42/8, 2004, 187~202쪽; 김형석, 「웰빙 트렌드와 마케팅 전략」, 『마케팅』 38/7, 2004. 7., 41~45쪽 참조.

발견된다. 소망교회는 강남구 신사동과 압구정동이라는 포스트근대화의 첨예한 속도성을 상징하는 공간에서, 그 반대급부적 신앙 제도를 발전시켰다. 목사를 포함한 예배지기들의 복장 등 의복에서도 오래 지속되는 일관성이 지켜지고 있고, 예배당의 공간 배치도 오랫동안 변함없다. 흑백 2도 인쇄의 검소하면서 깔끔한 주보 역시 오랫동안 변함없는 형식을 고수하고 있다. 이러한 이미지는 그 교회 교인들의 기억 속에서도 나타나는데, 가령 오래된 교인들은 창립 이래 한 번의 예외 없이 정확한 시각에 집회를 시작하고 끝내는 전통(주일 대예배의 경우 11시 30분~12시 35분)을 지켜왔다고 진술했다.

압구정의 풍경은 지하철 플랫폼 계단부터 지상 연결 계단 끝까지 거의 여백 없이 펼쳐진 성형 광고의 파노라마로 시작된다.[27] 끝없는 재건축, 리모델링 등으로 거리며 건물이며 간판이며 10년, 아니 1년이면 모조리 성형하는 그 공간은 그곳을 지나는 사람의 육체까지도 리모델링한다. 시끄러운 시장 같은 분위기가 지양된 고상하고 깔끔한 느낌의 압구정 도심은 밤이 되면 새로운 거리로 변모한다. 즐비하게 늘어선 바(bar)와 카페, 명품 숍 쇼윈도의 몽환적 네온사인은 낮의 깔끔함을 퇴폐적 판타지의 공간으로 전환시킨다. 낮의 공간과 밤의 공간은 마치 회전식 연극무대의 세트처럼 변모하고, 그곳을 채우는 무수한 성형 인간들이 도로 주위를 서성인다. 사랑의교회의 교회당[28]이 서 있었던 강남역의 문화처럼 오늘 한국 사회의 소비사회적 중심지, 그 변화무쌍하고 시끄러운 동적인 정취와는 달리 정적이면

---

27 「지하철역은 거대한 '성형 광고 터널'」, 『경향신문』, 2014. 3. 13. (http://news.khan.co.kr/kh_news/khan_art_view.html?artid=201403130600015&code=940601)
28 사랑의교회는 2013년 강남역 앞에서 현재의 서초동 교회당으로 이전했다.

서도 밤낮이 다르고, 시간의 지속성을 끊임없이 부정하는 공간, 이것이 압구정의 정취라면, 그 한가운데 위치한 소망교회는 그러한 정취의 변화성과는 달리, 굉장히 정적인 양식으로 조직되어 있다.

소망교회의 이러한 모습은 어쩌면 많은 교회들에서 보이는 평범함의 연속처럼 보이기도 한다. 하지만 이것은 다른 대형 교회들이 총천연색의 화려한 주보와 각종 전자악기와 댄스가 서로 얽힌 동적인 예배 문화를 지향하면서 끊임없이 변화에 변화를 거듭하고 있는 것과 대조된다. 이러한 변화에는 소비사회의 키치적 모더니즘이 엿보인다. 밀란 쿤데라(Milan Kundera)는 성찰이 실종된, 낙원에 대한 감각적 환형들로 가득한 세계의 키치적 성격을 이마골로지(imagology)로 표현한 바 있는데,[29] 여기서 키치(kitsch)는 명품의 저급한 모방 같은 표현 형식일 뿐 아니라 속도의 사회를 사는 존재들의 현존 형식이기도 하다. 이러한 현존 형식의 신앙화를 추구하는 다른 교회들과는 달리 소망교회는 이러한 변화 지향성보다는 전통의 친숙함과 안정감을 미학화하는 방식의 신앙 제도를 추구한 듯이 보인다. 그런 점에서 시공간적 경계를 해체하는 포스트근대적 시공간 체험이 벌어지는 현장의 한가운데서 소망교회의 신앙의 미학화는 그것과는 다른 방식의 체험을 조직하는 시공간을 종교성으로 제도화하고 있다.

한편 한 주에 2회씩 거행되는 이 교회의 결혼식을 보면 부자의 경박하지 않은, 소박함의 미학이 여실히 드러난다. 단조롭고 수수한 예식장과, 누구에게도 예외 없이 적용되는 간단명료하고 소박한 결

---

29 김병욱,「포스트모던 이미지와 성스러움의 문제」,『프랑스문화예술연구』 9/3, 2007. 8., 49~54쪽 참조.

혼예전 순서지, 그리고 조사 하나까지도 똑같이 반복되는 목사의 주례 언사들에 이르기까지 어느 하나도 소비사회의 핵심 공간에서 벌어지는 화려함이나 사치스러움이 과시할 자리는 극도로 제약되어 있다. 또한 변화와 도발을 통해 부가가치를 창출하는 소비사회적 이벤트 문화 역시 자리 잡을 곳이 없다. 여기서는 느림과 검약함, 그리고 간단명료한 실용성이 지배한다. 이와 같이 소망교회식의 보보스적 신앙 재화는 스스로를 탈키치적으로 미학화하려는 의도가 엿보인다.

이 점은 우리가 인터뷰한 여러 사람들의 말 속에서도 확인된다. 소망교회 교인이거나 오랫동안 교적을 두었던 이들은 한결같이 자신이 이 교회에 강한 귀속성을 느꼈던/느끼고 있는 이유를 '안정성'과 '편안함'에서 찾고 있었다.

한편 온누리교회는 소비사회의 속도성에 대하여, 빠름을 느림의 가치로서 대응하고 있는 것이 아니라, 빠름의 효과에 대한 해석을 '새롭게' 함으로써 신앙의 웰빙-보보스화를 실현하고 있는 것처럼 보인다. 양적 성취보다는 질적 깊이를 강조하고, 구태적 전통에 매이기보다는 실용적인 예배 공간의 해석, 미디어의 활용이라는 점에서 그렇다. 가령 이 교회는, 많은 교회들처럼 지교회(支敎會)[30]를 여러 곳에 세우고 있는데, 직영 시스템을 최대화하고 있는 (여의도)순복음교회와는 달리 온누리교회는 지교회의 자율성을 강조한다.[31] 이것은 교회 중심주의와 담임목사의 전제(專制)적 지배를 지양하는 효과

---

30 온누리교회는 전국에 9개의 지교회를 갖고 있다.
31 박득훈, 「한국 대형 교회 지교회 어디까지 왔나」, 『뉴스앤조이』, 2003. 10. 28. (http://www.newsnjoy.or.kr/news/articleView.html?idxno=6327) 참조.

가 있다. 교인들은 이러한 탈중심적 지교회 시스템 등을 반복적으로 진술하면서 교인으로서의 귀속 의식과 자긍심을 스스로에게 강화하고 있었다. 그렇게 함으로써 반독점주의적인 과시적 행위는 또 다른 방식으로 우월감에 기반을 둔 교회 중심주의를 생산한다.

또한 흥미롭게도, 교회 대학부를 수백 명 단위의 모임으로 분할하고, 각 모임별로 교회 밖의 다양한 공간을 활용하여 집회를 갖고 있다. 특히 나이트클럽을 주일 오전에 임대해서 예배 장소로 사용한다든가 소극장을 활용한다든가 하는 것은 전통적인 예배의 공간성을 해체시킨 예에 속한다. 심지어는 다른 교회의 대학부를 지원한다는 명분하에, 대학부 지원 신청을 한 교회 중에서 선정된 교회로 한 섹트를 파견하여 봉사하게 하는 독특한 선교 방식이 실행되기도 하는데, 넘쳐나게 많은 청년층의 숫자를 선교 전략으로 활용한 경우로 보인다. 그리고 이는 자교회 중심주의가 지양된 교회 모델처럼 수용되어 회자된다.

이렇게 성공 지상주의적인 교회 양식과는 구별되는 듯이 보이는, 신앙의 웰빙-보보스화는 신앙적 주체를 포스트근대적 삶의 긍정성과 결합시키는 데 성공적인 전략임에 틀림없다. 이것은 과시적이기보다는 검약하고 이기적이기보다는 공공적인 신앙 양식을 통한 '구별 짓기(distinction)'를 성공적으로 구현한 것이다. 하여 교회 내적으로 교인들의 교회에 대한 강한 자긍심을 불러일으켰고, 외부의 많은 개신교 신자들에게 선망과 모방의 대상으로 부상했다. 해서 온누리교회는 사람들이 교회를 선택하게 될 때 기독교 신자들인 주위 사람으로부터 가장 많이 추천되는 교회의 하나로 알려져 있었고,[32] 많은 교회들이 변화와 혁신을 위해 새로운 프로그램을 도입할 때 이 교회를 벤치마킹하고 있다. 즉, 이 교회는 권위주의 시대 이후, 선발 대형 교회 시대 이후의 매우 성공적인 대안으로 기호화되고 있다.

사랑의교회[33]는 선교형 파라처치에서 개발된 제자훈련 프로그램을 교인들에게 강도 높게 실시하여, 교인들로 하여금 신앙의 수동성을 지양하고 자기 계발의 주역으로 부상하도록 했다. 한국 사회에서 선교형 파라처치의 제자훈련 프로그램, 특히 '제자훈련'이라는 개념을 특화시킨 네비게이토선교회와 대학생성경읽기선교회(UBF)의 프로그램은 교회의 목사와 장로 중심적 체제에 대한 청년층의 숱한 도전을 낳았고, 이에 많은 교회들은 제자훈련 프로그램에 대해 부정적이고 배타적인 태도를 취했다. 하지만 이런 배타성은 '신자의 수동적인 성도화'를 조장함으로써, 열정적이고 주체적인 신자들, 특히 열정적인 청년 신자들을 파라처치에 빼앗기는 결과를 초래했다.

반면 사랑의교회는 제자훈련을 교회화하는 데 성공함으로써 열혈 청년 신자층을 대거 흡수하는 데 큰 성과를 거두었다.[34] 제자훈련이 소극적 성도를 적극적 성도로 전화시키는 효과가 있다는 점과 한국 사회의 민주화가 '국민의 시민화' 과정과 맞물려 있다는 점을 유비시켜 해석하면 사랑의교회의 성공은 의미심장하다. 여기서 '국민'

---

32 황영익에 의하면, 이 교회의 교인들의 99%가 타 교회에서 수평 이동한 신자라고 한다. 황영익, 「온누리교회: 맥도널드식 교회, 맥처치 현상」. (http://blog.naver.com/inyouwithyou?Redirect=Log&logNo=10110010842)
33 사랑의교회는 옥한흠이 담임목사로 재직하던 때와 그 후임인 오정현 목사가 재직하고 있는 현재 사이에 커다란 차이가 있다. 이 글은 옥한흠 목사 시대로 한정하여 이야기하고 있다.
34 정용석은 사랑의교회 설립자이자 원로목사인 옥한흠에 대한 설교 비평글에서 그의 제자훈련이 네비게이토선교회의 프로그램에서 영향을 받은 것이며, 그것이 교회 성장의 주된 동력이 되었음을 잘 정리하고 있다. 정용석, 「제자훈련은 가능한가?—사랑의교회 옥한흠 원로목사」. (http://www.dabia.net/xe/comment/9491)

이 국가의 성공을 위해 자신의 존재를 매진시키는, 권위주의 시대의 '탈주체적 주체'로서의 대중을 가리킨다면, '시민'은 국가와 거래·교섭하는 적극적인 주체로서의 국가적 대중을 뜻한다. 즉, 사랑의교회의 제자훈련의 교회화는 민주화 시대의 교회 대중의 상에 보다 잘 부합한다.

한데 한국의 민주화는, 말했듯이, 시민을 통합하기보다는 분열시켜 사회적 갈등을 심화하는 결과를 초래했다. 거기에는 성찰 없는 자기중심주의의 극대화 현상이기도 하지만, 동시에 아직도 사회 구석구석에서 강력한 위세를 떨치고 있는 권위주의에 대해 더 이상 순응하지 않는 시민적 주체의 동력이기도 하다. 반면 사랑의교회의 제자훈련 효과는 교회 중심으로 잘 통합된 공동체를 가능하게 했다. 그것은 제자훈련이 신자들로 하여금 첫 번째 단계에서 교회의 권위주의와 싸움을 벌이게 한 것이 아니라 자기와의 싸움에 몰입하게 하여 개인주의적인 자기 계발에 성공한 주체로 부상하게 했고, 두 번째 단계에서 선교적 주체로서 교회 외부와 싸움(땅밟기 등등)에 매진하게 한 결과다.[35] 이것은 선발 대형 교회의 열혈 신자들의 모습과 외형상 유사하지만, 자기 계발의 덕목이 '빈곤에서 풍요로의 변화'를 추구했던 후자와는 달리 '풍요를 질적으로 성숙화'하려는 변화를 추구했다는 점에서 후발 대형 교회의 성도적 주체화의 구체적 양상은 선발 대형 교회의 그것과는 결정적인 차이가 있다. 이렇게 사랑의교

---

35 오난영의 「제자훈련이 전인격적 영성 형성에 미치는 영향—사랑의교회 사역 현장을 중심으로」, 백석대학교 박사학위 논문, 2010은 사랑의교회 제자훈련 참가자들에 대한 설문을 통해 신앙적 내면의 형성을 통해서 충성스런 교인을 만들어 내는 메커니즘을 보여주고 있다.

회가 추구한 제자훈련은 외부에 대해 더 배타적이며 더 근본주의적인 신학적 가치와 결합되는 양상으로 민주화와 그 이후의 제도 형성에 개입한다. 이에 대하여는 글의 맺음부에서 더 이야기하겠다.

한편 소망교회, 사랑의교회, 온누리교회 등 후발 대형 교회적 특성이 강한 대형 교회들은 공히 '긍정적 사고'를 강조한다. 과거 선발 대형 교회도 이와 유사한 담론 양식을 띠었지만, 선발 대형 교회적 신앙의 전형을 제공했던 로버트 슐러(Robert Schuller, 1926~2015)와 조용기를 잇는 긍정주의적 사고의 코드가 성공이라는 목표를 향한 총력전 신앙, 물불 가리지 않는 결과지상주의적 신앙을 보여주었다면, 미국 최대 교회인 레이크우드 교회(Lakewood Church)의 목사 조엘 오스틴(Joel Osteen)과 (온누리교회가 지원하여 설립한 출판 기업인) 두란노서원을 경유해서 회자되고 있는 이들 후발 대형 교회식의 긍정주의적 사고는 성공을 지향하면서도 그 성공의 과정과 내용을 묻는다. 여기서 주지할 것은 이러한 차이는 슐러와 오스틴의 차이가 아니라, 슐러-조용기, 오스틴-후발 대형 교회의 조합의 차이라는 점이다. 그것은 앞서 언급한 '신앙의 미학화'의 양상과 맞닿아 있다. 전자가 궁핍한 생존 자원을 형성하기 위한 개척자들의 삶의 태도와 연관되어 있다면, 후자는 부족하지 않은 자원을 활용하는 '풍요로운 삶의 미학적 제도화' 맥락과 맞닿아 있다.[36] 그런 점에서 후발 대형 교회 지향은 많은 이들에게서 대안적 모델로서 수용되고 있는 것이다.

그런데 여기서 기업의 변화와 혁신을 위해서 '사고의 긍정성'을

---

36 김진호, 「풍요의 신학, 어디까지 가능한가?―초기 예수 운동의 세 사례를 중심으로」, 252~254쪽 참조.

제도화하는 것에 관한 경험적 연구를 참조할 필요가 있는데,[37] 이 연구에 의하면 변화와 혁신에 대한 긍정적 사고와 실천 동력은 자원의 풍족한 지원과 결합되어야만 실체화된다는 것이다. 이 글에서 자원은 물량적 지원에 한정되고 있지만, 인적인 차원과 심리적 차원을 개입시켜도 같은 결론을 내리는 데 아무런 지장이 없다. 이는 긍정적 사고의 신앙 제도화가 대형화된 교회의 물적·인적·심리적 자원과 결합되지 않을 때는 그다지 효과적이지 않을 수 있음을 시사한다. 그런 점에서 신앙의 미학화 모델이 대형 교회의 대안 모델로서 작동할 가능성은 많지만, 소형 교회의 성장 모델로는 그다지 실효성이 없음을 지적하지 않을 수 없다.

이상에서 본 것처럼 소망교회와 온누리교회, 그리고 사랑의교회는 민주화와 포스트민주화 시대의 중산층적 신앙의 주체화 형식을 선취한 대표적 교회들로, 여기서 후발 대형 교회 모델을 도출하는 것이 가능하다. 소망교회가 보여주는 후발 대형 교회적 양상은 느림의 미학화로서 '다름'을 신앙 제도화했다면, 사랑의교회와 온누리교회는 '더 빠른' 속도의 사회 속에서 '질적 성공'의 요소를 신앙 제도 속에 삽입시키는 데 성공했다. 그런 점에서 전자는 노년적 신앙의 미학화의 요소가 강하며, 후자는 청년적 신앙의 미학화를 엿볼 수 있다.

노년적 신앙의 미학화는 확대가족적 연대성을 강화한다. 그것은 혈연적 가족 외부에 대한 폐쇄성을 수반한다. 한데 이러한 배타성이 노년적인 비공격적 형태로 표현되면 무관심으로 나타난다. 그리고

---

[37] 이석환, 「변화·혁신에 대한 긍정적 사고와 영향 요인에 대한 경험적 연구―조직성과 향상을 위한 성과관리 관점에서의 제언」, 『한국사회와 행정연구』 19/2, 2008. 8 참조.

무관심의 미학적 표현이 '쿨함'이라고 할 수 있다. 반면 청년적 신앙의 미학화는 의사가족주의(qusai-familism)적 연대성을 강화한다. 이때 신앙이라는 유사성의 조건이 연대성의 원리로 작용한다. 이것은 신앙 외부에 대한 배타성으로 나타나는데, 청년적인 배타성은 보다 공격적인 팽창주의를 수반한다. 그리고 공격적인 팽창주의의 미학적 표현은 양적인 개종뿐 아니라 질적인 개종까지 요구하는 선교 담론으로 표현되곤 한다. 교리적 개종을 넘어 윤리적 개종을 추구하는 선교론이 그것이다.

맺는말: 후발 대형 교회의 주체화 양식과 웰빙 우파의 등장

우리는 이 글에서 후발 대형 교회적 신자의 주체화 양식을 중상위계층의 신앙적 자기 해석이라고 보면서 몇몇 교회에 대한 분석을 시도했다. 우리는 그것을 귀족주의적 삶의 미학화, 곧 '웰빙 신앙'으로 해석했고, 그 이데올로기적 성격은 보수주의적이라고 보았다. 그리고 그것이 실행되고 있는 대형 교회를 '웰빙 우파'의 신앙적 장소로서 파악하고자 했다.

앞서 말했듯이 이러한 의미의 후발 대형 교회는 오늘날 대부분의 대형 교회가, 빠르든 늦든, 변화하고 있는 방향을 시사한다. 그럼에도 여전히 선발 대형 교회적 요소가 더 강한 교회들이 많으며, 그런 교회들은 우리 사회의 천덕꾸러기처럼 시대착오적인 모습으로 기독교에 대한 혐오적 이미지를 형성하는 데 한몫하고 있다.

하지만 그러는 사이에도 대형 교회들의 자기 쇄신은 계속되고 있고, 적어도 일부 교회들은 그러한 신앙 양식을 보다 잘 체계화하고 있는 것으로 보인다. 이들 교회들은 우파 내에서 '문화적 선진화'를 선도하고 있으며, 향후 우파의 재구조화의 중심축이 될 수도 있다. 이들 우파의 재구조화는 '웰빙 우파'의 안착으로 귀결될 가능성이 엿보인다. 우파는 이렇게 스스로를 미학화하고 있는 것이다.

그렇다면 웰빙 우파의 등장은 우리에게 어떤 의미가 있는가? 보수주의와 반공주의가 더 견고하게 안착할 가능성이 있음은 물론이다. 사회적 약자에 대한 무배려의 시스템이 더욱 견고해질 것임도 의심의 여지없다. 그러한 우파의 논리를 문제 제기하고 사회 형성에 민중적 요소를 주요 변수로 작동하게 하는 일은 훨씬 더 어려워질 것이다. 여기에, 웰빙 우파의 등장과 아울러, '그로테스크한 민중(오클로스적 민중)'의 등장은 점점 더 현저해지고 있다.[38] 이것은 민중신학의 비평의 자리가 얼마나 난해하고 난감한 영역이 될 것인지를 예기한다.

---

38 나의 글 「민중신학과 비참의 현상학—오늘의 오클로스를 묻다」와 김진호·김영석 편저, 『21세기 민중신학』, 삼인, 2013, 332~366쪽은 지구화 시대의 한국 사회에서 그로테스크한 민중의 등장에 관하여 이야기하고 있다.

이단 또는 한국적 기독교*

통일교, 전도관, 용문산기도원의 종교 운동

김흥수

1950년대부터 널리 알려진 통일교(세계기독교통일신령협회), 전도관(한국예수교전도관부흥협회), 용문산기도원의 종교 운동은 신학이나 의례, 신앙생활에서 전통적 기독교를 크게 변형시켰으며, 이 점에서 보면 실험적 운동이었다. 주류 기독교가 경계하는 한국 기독교의 신비 체험 전통을 중시하고 신종교를 포함한 한국 종교 전통을 폭넓게 수용함으로써 반동적 성격도 강했다. 이 운동은 또한 평신도가 주도하는 그리고 기적을 동반한 부흥 운동이라는 점에서 '이례(異例)의 부흥 운동'이었으며,[1] 처음부터 기성 교회와 대립 상태에 있었다. 이 집단의 창교자(創敎者)들은 무엇보다도 자신을 메시아로 암시하거나(문선명, 박태선), 또는 한국의 전통 종교에 대한 긍정(나운몽) 때문에 주류 기

---

* '한국 사회 보수주의 형성과 그리스도교' 포럼(2012. 4. 30.)에서 처음 발표한 글을 수정·보완하여 『종교와 문화』 23(2012. 12.)에 게재했으며, 이 글은 이를 수정·보완한 것이다. 이 글의 일부 내용은 필자가 쓴 논문 「한국 기독교 이단의 역사적 고찰」, 『대학과 선교』(2007. 6.)에서 이용한 자료 및 내용을 포함하고 있다.
1 김양선, 『한국기독교해방십년사』, 대한예수교장로회총회 종교교육부, 1956, 95쪽.

독교 진영으로부터 이단으로 공격받았다. 게다가 이들 가운데 통일교와 전도관은 등장 초기부터 교회로부터뿐만 아니라 사회로부터도 혼음(混淫)을 일삼는 반윤리적, 반사회적 사이비 집단이라는 비난에 직면했다. 의례 가운데 '피가름'이라 불린 혼음 행위가 들어 있다는 이유 때문이었다.

통일교, 전도관, 용문산기도원이 장로교, 성결교, 감리교 등에서 이단과 사이비 집단으로 규정된 이후 이 집단들에 대한 연구는 대부분 그것들이 어떤 점에서 전통적인 교리와 의례에서 크게 벗어났는지, 어떤 사회적 물의를 일으키는지를 규명하는 차원에서 이루어졌다. 이런 경향 때문에 6·25전쟁 직후 이 집단들에 몰려든 수많은 대중들의 종교적 열망이나 이 집단들의 한국 기독교와의 역사적 연관 그리고 한국 문화를 배경으로 하는 신학적 상상과 종교 실험은 간과되어 왔다.

이 글은 대부분의 기존 연구들처럼 통일교, 전도관, 용문산기도원의 이단 여부를 가리는 데 목적이 있는 것이 아니다. 통일교, 전도관, 용문산기도원이 한국 기독교의 어떤 전통에 기원을 두었는지, 신학이나 의례에서 어떻게 달랐는지, 그 결과 이 그룹들이 교회와 사회로부터 어떻게 비난받았는지 되돌아보는 데 목적이 있다. 그리고 대상이 되는 연구의 시기는 1970년대까지로 제한한다. 왜냐하면 이 그룹들이 주류 교회들로부터 가장 많이 공격당한 시기가 바로 1950년대 중반부터 1970년대 후반까지로, 이때까지만 해도 통일교와 전도관은 기독교로서의 정체성을 강력히 주장했기 때문이다.

통일교와 전도관에 대한 대표적인 연구로는 6·25전쟁과 연관시켜 통일교와 전도관을 비교한 최중현의 박사학위 논문이 있다. 그리고 이성용의 박사학위 논문은 나운몽의 한국 종교에 대한 신학적 해석을 분석하고 있다.[2] 이 글은 통일교, 전도관, 용문산기도원의 종교 운동에서 나타나는 반동적이고 실험적인 내용의 의의를 생각해 보려는, 시론적 성격의 연구이다.

통일교, 전도관, 용문산기도원의 기원

한국 기독교 역사에서 1920년대는 새로운 사상과 신학 사조가 교회 속에 유입된 시기였다. 카를 마르크스의 공산주의를 일부 받아들인 기독교 사회주의자들이 등장하는가 하면, 미국 신학자 월터 라우셴부시(Walter Rauschenbush)의 사회복음이 교회에 소개되고 있었다. 1920년대 후반부터는 에마누엘 스베덴보리(Emanuel Swedenborg, 1688~1772)와 선다 싱(Sundar Singh, 1889~1929)의 신비 체험도 한국 사회에 소개되었다. 스베덴보리는 스웨덴의 과학자였으나 그의 생애 후반에 영계에 출입하며 그 체험을 책으로 간행한 인물이었다. 인도의 선다 싱은 1922년 티베트 전도 길에 기도하던 중 문득 영안(靈眼)이 열리며 천계에 들어가는 체험을 했다. 1920년대 후반은 교회에서 외적인 제도와 조직, 형식과 교권이 증대되던 시기라 스베덴보리나 선다 싱의 신비 체험은 사후 세계나 신비한 신앙 현상에 관

---

2 Joong-Hyun Choe, "The Korean War and Messianic Groups: Two Cases in Contrast", Ph. D. Dissertation, Syracuse University, 1993; 이성용, 「해방 후 한국 기도원 운동에 대한 상황 신학 관점에서의 연구—용문산의 나운몽을 중심으로」, 박사학위 논문, 아세아연합신학대학교대학원, 2005, 123~143쪽.

심을 가진 사람들에게 빠르게 소개되고 있었다. 이 시기에 김익두, 길선주, 이용도는 신앙 체험을 중시하는 부흥회를 인도했다. 특히, 이용도는 부흥집회나 일기 속에서 당시 교권적 교회가 안고 있던 부정적인 현상을 신랄하게 비판했다. 신앙 체험보다 조직과 제도가 중시되는 교회에 대한 비판은 W. N. 블레어(W. N. Blair)나 매리언 B. 스톡스(Marion B. Stokes) 같은 선교사들로부터도 나왔다.

여러 갈래에서 신앙의 내적 체험을 갈망하는 분위기가 고조되는 가운데 교회 일각에서 신비하고 영험한 종교 체험을 고대하는 신령파 그룹이 형성되었다.³ 평안도 철산에서는 김성도, 함경도 원산에서는 유명화의 입신 체험이 사람들에게 알려졌다. 1927년경부터 유명화는 자기에게 예수가 친림(親臨)했다고 말했으며, 그녀를 에워싼 그룹, 소위 원산파가 형성되었다. 1930년경 평양신학교 졸업생 백남주, 명동학교 교사로 일했던 20대의 한준명이 여기에 가담하고, 감리교 목사 이호빈, 이용도 등도 원산파에 참여했다. 이 무렵 한준명, 백남주 등이 스베덴보리 및 선다 싱의 서적을 탐독하고 있었다. 이용도 역시 이들로부터 스베덴보리를 소개받고 그의 저서 『신지(神智)와 신애(神愛)』, 『천계와 지옥』을 읽었다. 이 책들은 이용도에게 새로운 영적 세계를 안내해 주었다.⁴

신비주의적 신비 체험이 확산되자 교회는 반격에 나섰다. 1931년 장로교회의 황해노회는 이용도 초청을 금했다. 1932년에는

---

3 신령파의 역사에 대해서는 최중현, 『한국 메시아 운동사 연구』, 생각하는백성, 1999을, 신령파의 등장 이후 이단으로 몰린 집단의 계보에 대해서는 김홍수, 「한국 기독교 이단의 역사적 고찰」, 『대학과 선교』, 2007. 6., 9~37쪽 참조.
4 이용도의 스베덴보리 책 독서에 대해서는 김형기, 「시무언 신학의 사상적 연관들」, 편집위원회 엮음, 『이용도의 생애·신학·영성』, 한들출판사, 2001, 140~145쪽 참조.

평양노회가 한준명, 이용도, 백남주, 황국주 등을 조사하여 치리(治理)⁵할 것을 결의했다. 결국 이들은 6월 예수교회를 창립하고 이용도 목사를 대표로 선임했다. 곧 10여 개의 예수교회가 이북 지역에서 설립되고, 신자들은 1,000여 명 정도 되었다. 신비주의적 신비 체험 및 이에 대한 반격은 모두 북한 지역에서 일어난 현상이었다.

함경도 원산과 평안북도 철산에서 일어나고 있던 신비 체험 계열의 신앙을 후대에 전해 준 인물은 김백문이었다.⁶ 김백문은 원산의 예수교회에서 머물다 원산을 떠나 백남주와 함께 철산의 김성도를 찾아간 인물이다. 김성도는 1923년 기도 중 예수님을 만났는데, 그때 음란이 죄의 뿌리라는 것, 재림주님이 육신을 쓴 인간의 모습으로 한반도에 온다는 말을 들었다고 한다.⁷ 김성도의 추종자들은 1930년대에 들어서서 그녀를 새 주님으로 고백했다. 결국 김성도 측은 1935년 10월 성주교회(聖主敎會)를 창립했다. 1940년 당시 성주교회의 현황은 교당이 평남, 평북, 함남, 함북에 18개가 있었으며, 교인 수는 120여 명 정도로 파악되고 있었다.

김백문이 철산의 성주교회를 떠나 거주지를 경기도 파주군 파평면 섭절리로 옮긴 것은 1940년대 초였다. 1945년 해방 직후부터 이곳에 야소교이스라엘수도원을 세웠다. 경기도와 서울 지역의 신령파 신도들이 여기 가담하게 되면서 성주교회의 신앙이 경기도와 서

---

5   기독교에서 교인으로서 교리에 불복하거나 불법한 자에게 당회에서 증거를 수합·심사하여 책벌하는 일.
6   김백문과 그의 야소교이스라엘수도원 활동에 대해서는 최중현, 「성약시대(成約時代)의 출발과 이스라엘 총회」, 『한국 메시아 운동사 연구』, 생각하는백성, 1999, 137~185쪽.
7   김성도에 관해서는 최중현, 「새주파 현상」, 『한국 메시아 운동사 연구』, 생각하는백성, 1999, 17~53쪽 참조.

울 일원에 알려지게 되었다. 후일 통일교를 창교하게 될 문선명이 김백문을 찾아간 것은 1945년 후반이었다. 1946년 4월, 문선명은 김백문을 떠나 평양의 신령파들을 찾아 월북했다.

1946년 문선명이 평양에 간 사이, 평양의 신령파 여신도 정득은이 그해 말 월남하여 서울역 앞에서 20여 명의 신도와 함께 집회를 가지면서 김백문의 집회에도 가끔 참석하곤 했다. 해방 당시 50세였던 정득은은 평양에 거주할 때 하나님의 계시를 이유로 한 남성과 성관계를 갖고 이를 기도 끝에 성신(聖神)을 통해서 받은 은혜로 해석한 인물이었다. 그녀는 "손을 잘라 그 피를 김 선생(김백문)에게 먹여라."라는 계시를 받고, 1947년 1월 김백문을 찾아가 그 내용을 이야기하고 자신의 손가락을 자르려고 했다. 그러나 김백문이 만류하여 뜻을 이루지 못했다고 한다.[8] 남한 사회에서는 이른바 성혈 전수(피가름)의 행위가 이런 식으로 시도되고 있었다. 정득은이 어떻게 성혈 전수의 신앙을 전수받거나 체득했는지는 알려진 것이 없다. 피가름을 구원 의례로 체계화시키고 있던 김백문과의 관계 역시 위의 일화 외에는 알려진 것이 없다. 정득은은 평양 거주시 하나님의 계시를 이유로 한 남성과 성관계를 갖고 이를 기도 끝에 성령을 통해서 받은 은혜로 생각한 인물이었다는 것 그리고 이용도 목사의 제자였다는 증언만이 남아 있을 뿐이다.[9]

피가름을 일종의 구원 의례로 여긴 사람 중 하나가 1950년대에

---

8 최중현, 「새주파 현상」, 『한국 메시아 운동사 연구』, 생각하는백성, 1999, 154쪽·193쪽.
9 김종석, 『한국 메시아 운동사 연구—한국의 육신영생신앙』 제3권, 청년사, 2010, 66쪽.

전도관을 만든 박태선이었다. 정득은과 박태선의 관계는 1947년부터 시작된 것으로 보인다. 정득은은 1947년 서울 삼각산에 집회 장소를 마련했는데, 여기서 열리는 집회에 박태선이 모습을 드러내기 시작하면서 두 사람의 관계가 시작되었다. 이들의 관계는 피가름 의례의 실천으로까지 이어져 박태선이 피가름 행위에 참여한 것은 1949년 2월이었다. 이 일은 한 달가량 지속되다 소문이 나자 4월 이후 중단되었다. 성혈 전수의 장소는 서울 수색에 있는 박태선의 집이었다. 새로운 피를 전해 줄 이는 정득은 자신이었다.

통일교의 문선명, 전도관의 박태선, 용문산기도원의 나운몽 중에서 신비주의적 신령파와 가장 직접적인 연관을 맺은 이는 문선명이었다. 그는 원산파와 철산파 양쪽으로부터 영향을 받은 인물이었다. 박태선과 나운몽 역시 신비 체험을 경험하고 그것을 강조했다는 점에서 이들은 다른 주류 교회들과는 달랐는데, 상술한 바와 같이 박태선은 전도관을 설립하기 수년 전에 정득은의 피가름 교리를 수용한 것으로 전해지고 있다. 정득은과 박태선의 관계는 1950년대에도 계속되었는데, 이때 정득은의 관심사는 누가 '두 감람나무요 두 촛대'인가, 즉 누가 말세의 심판주(審判主)이냐에 있었다.[10] 이 시기 박태선은 자신을 감람나무라고 주장했으며, 1947년 이후 두 사람의 관계로 보아 정득은 역시 박태선을 감람나무로 믿었는지도 모른다.[11]

평안북도 박천 출신의 나운몽은 1940년대 초반부터 신비 체험을 했으며, 경북 김천에 용문산기도원을 세우면서 기도원 운동을 시작

10 엄유섭 엮음, 『생의 원리』, 세종문화사, 1958, 86쪽.
11 김종석, 『한국 메시아 운동사 연구—한국의 육신영생신앙』 제3권, 청년사, 2010, 74쪽.

한 인물이다. 그는 6·25전쟁 시기에 입신, 방언, 신유(神癒)[12] 등의 신비 체험을 한 후 각종 부흥회를 이끌며 성령 운동을 일으켰다. 나운몽은 입신, 방언, 신유 등의 신비 체험을 했으나 그것이 신령파의 영향을 받았다는 증거는 없다. 다만, 문선명이 부산에서 활동할 때 문선명 추종자들이 나운몽과의 접촉을 시도한 일이 있다. 나운몽과 박태선의 관계는 1945년으로 거슬러 올라간다. 1945년 가을, 나운몽은 박태선과 함께 서울, 부산, 대구, 대전 등지에서 부흥집회를 가졌으며, 1950년대에도 박태선은 한때 나운몽의 집회에서 찬송을 인도한 적이 있다.[13]

통일교, 전도관, 용문산기도원의 종교 실험

한국 교회사에서 신비주의적 신령파 그룹은 1930년대 초반에 형성되지만, 그 후 20여 년이 지난 1950년대에는 신령파 신앙을 더 짜임새 있는 조직을 통해 전도하는 종교 집단들이 생겼다. 이 시기에는 500여 만 명의 사상자를 낸 6·25전쟁, 자연재해, 전염병 등으로 사회 불안이 끊이지 않았다. 절박한 현실의 위기 속에서 많은 사람들이 문선명의 세계기독교통일신령협회(1954년 설립), 박태선의 한국예수교전도관부흥협회(1955년 설립), 나운몽의 용문산기도원에 몰려들었다. 기존 교회에 대한 실망, 새로운 교리의 매력, 영혼 구원에 대

12 신앙 요법의 하나로, 신의 힘으로 병이 낫는 것을 이르는 말.
13 박태선, 『박태선 장로 설교집』 제2집, 한국예수교부흥협회, 1956, 8쪽; 애향숙, 『용문산운동 반세기』, 애향숙출판부, 1990, 26쪽.

한 관심 등 여러 가지 이유로 사람들은 새로운 종교 집단을 찾았다.¹⁴

상술한 대로, 문선명은 1945년부터 1946년 사이에 김백문을 통해 성주교회의 신비적 신앙을 접하지만, 그보다 앞서 1940년을 전후한 시기에 서울 흑석동 소재 경성상공실무학교에서 공부할 때 명수대교회에서 예수교회의 이호빈, 박재봉 목사 등이 와서 설교하는 것을 들었다. 이때 문선명은 나름대로 '신앙의 오의(奧義)를 터득'한 바 있었다.¹⁵ 야소교이스라엘수도원을 떠난 문선명은 1946년 6월 초 평양에 도착해 그곳에 남아 있던 신령파 신도들을 모아 교회를 개척했다. 신도들의 대부분이 '하늘의 음성을 듣고, 환상을 보고, 몽시(夢示)를 보고, 방언을 하고, 예언을 하는' 교회였다.¹⁶ 문선명의 평양에서의 교회 활동은 길지 않았다. 그는 사회 문란 혐의로 수감되었다가 6·25전쟁 때 유엔군의 북진으로 풀려난 후 부산으로 피난했다. 문선명은 1951년 1월부터 부산을 거점 삼아 활동하다가 자신을 추종하던 사람들을 규합해 1954년 5월에는 서울에서 세계기독교통일신령협회를 설립했다.

1953년 11월에는 부산에 피난 가 있던 김백문도 상경, 종로6가에서 다시 활동을 시작했다. 이 시기에 그는 문선명의 원고『원리원본』을 정리하고 있던 유효원 등 통일교 교도들과 접촉하고, 김성도의 신앙 체험에 근거를 둔『성신신학』(1954)을 출간했다. 이렇게 성주교회의 신앙은 김백문의『성신신학』과『기독교 근본원리』(1958)를

---

14 최신덕,「유사종교의 특이성」,『기독교사상』, 1965. 4., 110쪽; 황신덕,「반도에 있어서의 제신의 변모」,『사상계』, 1959. 8., 472~473쪽.
15 세계기독교통일신령협회,『통일교회사』상권, 성화사, 1978, 21쪽.
16 세계기독교통일신령협회,『통일교회사』상권, 성화사, 1978, 39쪽.

통해 전파되었다. 이 책들에서 김백문은 에덴동산에서 인간 시조가 최초로 저지른 범죄는 루스벨이란 천사의 개입으로 인한 타락이었다고 기술하면서 선악과를 식물성 과수로만 생각해서는 결코 인류 타락의 문제가 해석될 수 없다고 주장했다. 이 문제에 대해 『성신신학』은 에덴동산에서 뱀이 선악과를 하와에게 먹였다는 사실은 하와의 처녀 정조를 뱀에게 빼앗긴 것이며, 이로써 인류는 카인으로부터 뱀의 혈통을 받고 난 뱀의 자손이 된 것으로 설명한다.[17] 김성도의 종교 체험과 김백문의 인간 타락 기원론은, 『성신신학』보다 몇 해 뒤에 간행된 통일교의 『원리강론』에 따르면, '인간과 천사와의 사이에 행음 관계가 성립되었으리라는 것은 쉽게 긍정할 수 있는 것'이었다.[18]

1955년을 전후로 새로운 성서 해석을 앞세운 신령파들이 서울에서 다시 모임을 갖자 사람들이 몰려들었다. 박태선과 나운몽이 자신들이 다니던 교회 밖에서 독자적인 활동을 개시한 것도 이 무렵이었다. 김백문이 종로6가에서 다시 집회를 재개했을 때 30여 명의 신도들이 참석했다고 한다. 이 점에 있어서는 1950년대 통일교의 경우도 비슷했다. 통일교의 교세는 1952년 대구 집회로부터 시작하여 전국을 누비며 심령부흥회의 불길을 일으키고 다니던 용문산기도원의 나운몽 세력과는 상당한 대조를 이루며, 박태선 추종자들과의 차이는 더욱 현격했다. 이것은 전후의 폐허 속에서 고난의 시기를 보내고 있던 사람들이 새로운 성서 해석을 제시하고 그것의 체계화에 열중하고 있던 김백문이나 문선명보다는 나운몽과 박태선의 기적이 일어나는 대중적 부흥집회에 훨씬 더 많이 몰려갔다는 것을 보여

---

17 김백문, 『성신신학』, 평문사, 1954, 362쪽.
18 세계기독교통일신령협회, 『원리강론』, 성화사, 1979, 72~73쪽.

준다.[19]

박태선은 기성 교회의 방해에도 불구하고 신도들이 전도관으로 몰려드는 것을 '형식과 지식적 신앙에서 체험적·신비적 신앙으로 비약'하는 현상으로 보았다. 이는 성경의 이적과 신비성을 한낱 신화로 돌리고 자연과학과 예화를 나열하는 설교가 신도들의 심령을 새롭게 해주지 못하기 때문에 일어나는 현상이라는 것이다.[20] 용문산의 나운몽 장로, 서울의 박태선 장로, 김천의 변계단이 이끄는 부흥회는 입신, 방언, 기적, 안찰(按擦)[21] 같은 새로운 종교 현상들로 가득 찼다. 기적을 사모하는 신자들은 냉랭한 현실 세계를 떠나 용문산이나 박태선의 한강변 집회에 기적을 보려고 모여들었다. 여기서의 집회는 성령에 도취되어 춤추고, 소리 지르고, 방언으로 예배를 드리는 오늘날의 오순절교회들의 예배와 다를 바가 없었다. 안찰은 기도 받는 사람의 몸의 일부를 어루만지는 신앙 치유의 한 형태인데, 안찰기도라는 말이 등장하기도 했다. 전후에 안찰기도로 널리 알려진 사람은 변계단과 박태선이었다. 변계단은 1953년부터 전국 각지의 교회에서 부흥회를 인도하면서 병자들에게 안찰기도를 해주었다. 1950년대 중반 무렵에는 전도관의 박태선도 안찰기도로 널리 알려졌다. 그는 죄로 인해 생긴 병은 배를 안찰하면 낫는다고 주장했다. 전후 안찰기도의 유행은 위기 속에서 목숨을 보존하려는 생존 욕구

---

19 1950년대 통일교와 전도관의 비교는 Joong-Hyun Choe, "The Korean War and Messianic Groups: Two Cases in Contrast", Ph. D. Dissertation, Syracuse University, 1993 참조.
20 박태선, 『박태선 장노 설교집』 제2집, 한국예수교부흥협회, 1956, 14쪽.
21 목사나 장로 등이 병을 치료하기 위해 기도받는 사람의 몸을 어루만지거나 두드리는 일.

의 종교적 표현이었다. 가난한 신도들은 안찰기도를 통해서나마 건강을 회복하기를 염원하고 있었다.

6·25전쟁 시기에는 안찰기도와 함께 방언도 주목할 만한 현상으로 표면화되었다. 교회에서 지나친 신비 체험을 막고 있었으므로 나운몽의 용문산기도원에서 방언이 표면화되었다. 나운몽은 전쟁 시기에 입신, 방언, 예언 등을 체험했으며, 1954년경부터 경북 용문산을 비롯한 전국 각지에서 부흥집회를 인도했다. 용문산기도원의 방언은 교회로 확산되어 갔는데, 이는 성령세례와 방언을 강조한 오순절파 교회를 통해서였다. 후일 나운몽은 용문산기도원 출신 목회자 및 수도자들과 함께 1979년 대한예수교오순절성결회라는 교단을 결성했는데, 이는 방언을 중시한 용문산기도원의 전통을 잘 반영한 것이었다.

안찰기도와 방언이 새로운 종교 현상으로 확산되고 있을 때, 피가름이라는 음란 행위가 전도관과 통일교에서 자행되고 있다는 폭로가 끊이지 않았다. 피가름(피갈음)은 성교를 통해 피를 갈아 바꾼다는 것인데, 그것은 사실과 관계없이 소문만으로도 교회와 사회의 관심을 끌기에 충분했다. 피가름 실행의 사실 여부는 당사자들에 의해서 부인되거나(박태선), 대답되지 않았지만(문선명), 이론적으로는 그것을 필요로 하고 있었다. 김백문은 성부 시대에는 '할례', 성자 시대에는 '세례'로 대표되는 종교의식이 있었다면, 20세기에는 체례(體禮)가 그렇다면서 사탄의 피를 '그리스도의 성체(聖體)'로 교환하는 체례, 즉 성혈 전수의 의식이 필요하다는 논리를 전개하고 있었다.[22]

---

22 김백문, 『기독교 근본원리』, 일성당, 1958, 482~483쪽.

김백문이 『기독교 근본원리』의 집필을 끝낸 것은 1953년이었으며, 『성신신학』이 1954년에 간행된 것으로 보아 1950년대 중반까지는 피의 교환을 뜻하는 체례 신학이 확립되었다고 말할 수 있다. 종교 의례의 일종으로서 피가름의 실행이 사실이라 하더라도 그것이 전도관과 통일교 안에 광범위하게 퍼졌던 것 같지는 않으며, 이것이 당시 전도관과 통일교의 추종자들에게 어떻게 이해되고 있었는지도 알려진 것이 없다. 어쨌든 1950년대의 전도관, 용문산기도원, 통일교는 전후 상황에서 안찰, 방언, 피가름 같은 새로운 종교 현상의 발원지로 종교 체험에 근거하여 독특한 신학과 의례를 만들어 냈으며, 부흥집회를 통해 영적 요구를 충족시켜 주는 민중들의 종교 공간이었던 것만은 분명하다. 이는 전도관과 용문산의 종교 운동에 수십만 인파가 몰려든 것만 보아도 알 수 있다.[23] 이러한 종교 운동이 6·25전쟁 직후의 사회적 조건에서 수많은 사람들의 생존 욕망에 응답하고 위로해 준 것은 말할 필요도 없다.

이때의 새로운 종교 운동들은 대중의 인기를 끌었지만, 반동적인 데다 실험적이어서 주류 교회들과 충돌 요인을 가지고 있었다. 큰 충돌 요인 중 하나는 문선명과 박태선이 자신들을 메시아적 존재와 연관시키는 데 있었다. 문선명에 의하면, 6·25전쟁의 참상을 거친 한민족이 육에 속한 모든 것을 다 잃어버린 지금 이제 남은 길은 자신이 제시하는 길을 따르는 것뿐이었다. 박태선은 천년성(天年城)을 기대하는 신도들을 모아 1957년부터 '신앙촌'이라는 대규모의 신앙 공동체를 만들었다. 당시 입주자는 7,500명 정도였다. 100만 평이

---

23 1960년대 중반 전국에 1,300여 개의 전도관이 있었는데, 전도관은 백만 신도를 주장했다.

나 되는 경기도 소사 범박리 신앙촌에는 50여 개 공장, 아파트와 주택, 초·중·고등학교가 들어섰으며, 여기 공장에서 생산되는 카스텔라, 간장, 형광등, 양복 등 50여 종의 물건들은 모두 '시온'이라는 상표로 출시되었다. 1962년 덕소에 세워진 제2신앙촌은 입주 예정자를 6,000여 명으로 잡고 있었는데, 중공업에 중점을 두었다. 여기서는 철강 제품과 선박까지 생산했다. 1971년부터 100만 평의 부지에 건설을 시작한 '기장신앙촌'은 수출용 공업단지를 목표로 했다. 수많은 실업자들이 호구지책을 얻지 못해서 고통당하고 있는 시기에 생계를 제공하고 구원을 전한다는 박태선과 전도관에 서민들이 호응하는 것은 자연스러운 것이었다.[24]

문선명은 추종자들에게 예수를 영적 구원만을 성취한 그리스도라면서 자신을 육적 구원을 성취할 재림주 또는 메시아로 암시했다. 박태선은 자신을 주의 보혈을 받은 동방의 의인 또는 감람나무로 호칭하고 감람나무가 나타나면 이 세상은 끝이라고 주장했다. 1956년 11월, 전국의 전도관 신도들은 박태선을 감람나무(「스가랴」 4장 3·14절; 「요한계시록」 11장 4절)로 추대하는 행사를 거행했다. 전도관에서 감람나무는 주 앞에 서 있는 존재이므로 예수의 재림 때까지 특별한 사명을 부여받은 메시아적 인물인 셈이었다.

메시아적 인물로서의 자기 이해는, 한국 교회사에서는 황국주, 김성도, 유명화에게까지 소급되며, 한국 종교사에서는 자신을 상제(上帝)로 이해한 강증산으로까지 소급된다. 창시자가 스스로 신이거나 신성의 현현임을 밝힌 시초가 한국에서는 강증산으로부터 시작

---

24 최신덕, 『신흥종교 집단에 대한 비교 연구—통일교회 전도관』, 한국기독교대학연구소, 1965, 22쪽.

되었다. 한국 종교의 역사에서 증산교 이전까지는 종교의 창시자는 신적 존재에 대한 선각자의 지위에 머물 뿐이었다. 하지만 증산교 이후 종교 창시자의 초월성이 강조되었다.[25] 『정감록(鄭鑑錄)』[26]의 예언뿐만 아니라 강증산이 스스로 신이라는 것을 선언한 종교적 자신감은 통일교나 전도관의 경우에서처럼 이후 한국에서 탄생한 기독교계 신흥종교에까지 깊은 영향을 주었을 가능성이 있다. 당시 상황에서는 이해하기 어려웠던 이런 주장들은, 하나님의 말씀 구현의 매개체는 예수 그리스도에게만 국한된 것이 아니라 어떤 문화에서나 어떤 영성을 빌려서라도 구현될 수 있다고 믿는 신학자 송천성(C. S. Song)의 성육신의 신학을 연상시킨다.[27]

통일교, 전도관의 종교 실험이 신학, 의례(피가름), 신앙생활(신앙촌) 등에서 이루어지고 있었다면, 용문산기도원의 경우는 기독교의 관점에서 다른 종교를 이해하는 종교 신학 분야에서 이루어지고 있었다. 나운몽의 종교 신학이 가장 명료하게 문자화된 것은 1963년에 간행된 『나운몽 장로 구국설교집』 제5집의 "진리는 결박되지 않는다."라는 설교였다. 이 설교가 문제가 되자, 나운몽은 1969년에 그 책의 제5판을 인쇄할 때 그 설교에 대한 해명 형식의 글을 부록으로 싣기도 했다. 핵심은 공자나 석가는 하나님께서 보내신 이방 선지자라는 것이었다.[28]

---

25 황선명, 「후천개벽과 혁세세상」, 『한국근대민중종교사상』, 학민사, 1983.
26 조선 중기 이후 백성들 속에 유포된, 나라의 운명과 백성의 앞날에 대한 예언서. 풍수지리상으로 본 조선 왕조 후 역대의 변천 따위를 예언한 것으로, 이심(李沁)과 정감(鄭鑑)의 문답을 기록한 책이라 하나 이본이 많다.
27 김하태, 「현대신학의 흐름」, 송기득 교수 회갑기념논문집 편집위원회 엮음, 『사람을 찾는 하느님 하느님을 찾는 사람』, 한국신학연구소, 1993, 38쪽.
28 신앙세계사 엮음, 『나운몽 장로 구국설교집』 제5집, 애향숙출판사, 1969, 134~139쪽.

이 설교에서 나운몽은 서양 선교사와 목사들의 신학이 기독교 전래 이전에 예수의 이름을 모르고 죽은 우리 조상들을 지옥에 넣어 버리는 무자비한 영혼의 살육이라는 과오를 범했다면서, 순천자(順天者, 하늘의 뜻에 따르는 사람)는 존하고 역천자(逆天者, 하늘의 뜻을 어긴 사람)는 망한다는 높은 진리(順天者存逆天者亡)를 설한 맹자[29]나, 자비의 이름으로 하나님의 사랑을 나타난 석가가 이방 선지자라는 것이었다. 기독교가 들어오기 전에 우리 조상들도 인명재천(人命在天)을 알아 구원받는 길을 알았으니, 다 지옥에 갔다고 말할 수 없다는 것이었다. 그들은 이방 선지자요 몽학선생(蒙學先生)인데, 맹자나 석가는 죄의 값을 대속할 수는 없지만 그들의 가르침은 예수의 십자가 앞으로 인도하는 몽학선생의 역할을 했다는 것이다. 그 밖에도 이 설교에서 나운몽은 기독교의 부활체가 된다는 것이나 불교의 불타, 유교나 선도에서 신선이 된다는 것은 표현한 어구가 다를 뿐이지 구원받은 자들의 동의어라는 것, 그리고 단군도 아브라함의 친족임을 주장했다. 바벨탑 붕괴 이후 노아의 후손 샘족이 동방으로 흘러들어 왔는데 그들이 우리의 조상 단군으로 한민족은 아브라함의 친족이요, 노아의 후손이라는 것이다. 그러므로 한국의 하나님이 이스라엘의 하나님이라는 것이다.

한국의 하나님이 이스라엘의 하나님이라는 나운몽의 주장은 한국 교회사에서 보면 새로운 주장이 아니었다. 헐버트(Homer Bezaleel Hulbert, 1863~1949), 존스(George Heber Jones, 1867~1919), 언더우드(Horace Grant Underwood, 1859~1916) 같은 개신교 선교사들은 한국

---

29 『맹자(孟子)』, 「이루(離婁)」 상편.

고대 종교사를 연구했는데, 이는 원시 일신교의 흔적 혹은 기독교와의 접촉점을 발견하기 위한 것이었다. 이 과정에서 그들은 무교의 하느님을 만났으며 단군이 예배한 천신 환인(桓因)[30]을 성경의 창조주 하나님과 동일시했다. 한국의 하느님이 이스라엘의 하나님이라는 나운몽의 주장과 다를 바 없다. 헐버트는 단군신화에 나타난 한국의 삼신론을 기독교의 삼위일체론과 유비적 관계에 있음을 암시하기도 했다. 곧 환인 제석을 창조주(Creator)로, 환웅을 신(Spirit)으로, 단군을 성령의 숨에 의해 처녀 웅녀에게서 수태되어 태어난 주(Lord)로 번역했다. 헐버트의 단군신화의 삼신론과 기독교 삼위일체론 간의 유비적·상징적 해석은 이후 단군신화를 기독교적으로 해석·수용할 수 있는 전기를 마련했는데,[31] 1960년대에 윤성범이 헐버트의 번역을 인용하면서 단군신화를 기독교 삼위일체론과의 유비로 해석한 바도 있다.[32] 헐버트와 언더우드에게는 한국인들에게 고유한 하느님 개념은 정령이나 자연계에 횡행하는 사신(邪神)과는 거리가 먼 존재로서, 유일신 개념에 가까운 것이었다. 모든 한국인들은 이 하느님이 우주의 최고 지배자라고 믿고 있으며, 이러한 점에서 볼 때 그 개념은 기독교의 여호와의 개념과 동일한 것으로 보였다.[33]

나운몽처럼 한국 교회의 초기 선교사들 중에는 한국 종교의 긍정적인 요소들을 기독교 안에 수용·발전시킴으로써 한국인들에게 적

---

30 단군신화 속 인물. 아들 환웅이 세상에 내려가고 싶어 하자 태백산으로 내려 보내 세상을 다스리게 했다고 한다.
31 옥성득, 「초기 한국 교회의 단군신화 이해」, 이만열, 『한국 기독교와 민족 통일 운동』, 한국기독교역사연구소, 2001, 304쪽.
32 윤성범, 「환인, 환웅, 왕검은 곧 '하느님'이다」, 『사상계』, 1963. 5.
33 H. B. Hulbert, 신복룡 옮김, 『대한제국사 서설』, 탐구당, 1973, 389쪽.

합한 기독교 신념 체계를 전달해 주려고 노력한 이들도 있었다. 선교사 게일(James Scarth Gale, 1863~1937)은 한국 불교에 '온유함과 자비로움'이 있다고 말했으며, 언더우드는 유교가 강조하는 인간의 도덕적 본성과 윤리는 기독교 윤리를 진지하게 실천할 수 있도록 준비시켜 주는 역할을 한다고 보았다.[34]

한국 종교와 관련하여 나운몽의 주장은 통일교의 『원리강론』의 주장과 일치하는 것들이 있다. 기독교의 부활체나 불교의 불타, 도교의 신선 등은 구원받은 자들의 동의어라는 나운몽의 주장은 『원리강론』에서는 "기독교의 중심으로 오실 재림주님은, 결국 불교에서 재림할 것으로 믿고 있는 미륵불(彌勒佛)[35]도 되는 것이고, 유교에서 나타날 것으로 고대하고 있는 진인(眞人)도 되는 것이며, 한편 또 많은 한국인들이 고대하고 있는 정도령도 되는 것이다."로 표현되었다.[36] 여기서 통일교의 재림주는 여타 종교에서 등장하는 메시아들과 동격으로 보인다. 그러나 통일교의 재림주는 다른 종교들에서 등장하는 메시아를 완성시키는 주체이다.[37] 미륵불이나 진인이나 정도령은 재림주의 다양한 현현에 불과하다. 이처럼 나운몽과 문선명은 기독교가 다른 종교를 완성시킨다는 성취론적 입장에서 한국의 다른 종교 전통을 긍정하고자 했다. 기독교를 해석하면서 한국 종교의 개념을 가장 많이 활용한 것은 문선명의 통일교였다. 통일교는 기독교

---

34 김흥수, 「19세기 말~20세기 초 서양 선교사들의 한국 종교 이해」, 연세대학교 국학연구원 엮음, 『서구 문화의 수용과 근대 개혁』, 태학사, 2004, 221~242쪽.
35 내세에 성불하여 사바세계에 나타나서 중생을 제도하리라는 보살.
36 세계기독교통일신령협회, 『원리강론』, 성화사, 1985, 196쪽.
37 이진구, 「통일교의 인정투쟁과 종교 통일 담론」, 『한국기독교와 역사』 20, 2004. 3., 172쪽.

를 모체로 하고 있으나 신학과 의례에서 한국 유교의 틀을 이용하고 있으며, 지상천국론은 동학이나 증산교 등 한국 신종교들의 후천개벽 사상에서 영향을 받은 것으로 보인다.

통일교, 전도관, 용문산기도원의 타자화 과정

1950년대 이후 한국 사회와 교회의 격렬한 비판과 경멸의 포화를 맞은 것은 통일교와 전도관이었다. 방언과 병 치료, 감정적인 예배 분위기가 확산되어 가고 새로운 종교 조직들이 세력을 확대해 나가자 교회들은 이런 현상들에 대해 경계하기 시작했다. 1955년 7월, 한국기독교연합회(한국기독교교회협의회의 전신)는 통일교와 전도관을 '사이비한 신앙 운동'으로 규정했다. 통일교는 '기독교의 명칭만을 딴 단체'로 성경 외의 경전을 창작하고 가정과 사회의 윤리·도덕을 파손시키는 '사교'요, 전도관은 성신과 죄악을 물질화하여 군중에게 향기와 악취를 맡으라고 강조하는 '신앙 도리에 합치되지 않는' 운동으로 규정되었다. 사람의 피를 예수의 피로 자기의 체내에서 직접 바꾸어 넣어야 한다는 것은 기독교 교리에 위반되는 주장이었다. 신앙 운동 중에는 이처럼 집회 예식과 교리에서 전통 교회와는 배치 또는 이탈된 것이 많았기 때문에 이것들은 '사설 운동'에 불과한 것으로 현혹되어서는 안 되는 '사이비한 부흥 운동'이라는 것이었다.[38]

한국기독교연합회가 잘못된 교회 운동의 악영향을 염려하여 성

---

38 김양선, 「한국기독교연합회의 성명서」, 『한국 해방 후 10년사』, 대한예수교장로회 종교교육부, 1956, 97쪽.

명서를 낸 것은 연합회 창설 이후 처음 있는 일이었다. 주로 통일교와 전도관의 문제점을 지적한 이 성명은 '과도한 신앙열에 들뜬 일부 인사들 중에서 신앙 궤도를 이탈한 사이비 신앙 운동으로 교회는 물론이고 일반 사회까지 현혹케 하고 질서를 문란케 하는' 일이 벌어지고 있어서 '국내 주요 기독교 수개 교파 대표들이 연석 토의한 후에' 발표한 것이었다. 대한예수교장로회 역시 1955년 8월 총회 임원과 정치부원이 모여 '특수 부흥'에 대하여 정치, 교리, 예배모범, 신앙 운동 네 영역에서 지침을 공표했다. 교리 부분에서는 직접 계시를 받았다는 주장은 탈선할 우려가 있고, 은혜는 병 고치고, 방언하고, 떠드는 것이 아니므로 교회 질서를 유지하도록 요구했다. 예배모범과 관련해서는 예배는 단정, 엄숙, 경건하게 드려야 하고, 부흥회에서도 박수 치고 북 치는 것, 공연히 안수하는 것을 금하고, 피가름, 악취, 향기 등은 성경에 근거하는 것이 아니므로 현혹되지 말 것을 당부했다.[39]

통일교가 세인의 주목을 끌게 된 것은 1955년에 일어난 이른바 연세대 사건과 이화여대 사건 때문이었다. 기독교계 대학이었던 연세대학교와 이화여자대학교의 일부 교수와 학생들이 통일교에 입교한 사실이 드러나면서 학교 당국이 통일교로부터 탈퇴할 것을 요구했지만 이에 불응하자, 그들을 파면하고 퇴학시켰던 것이다. 이 사건 이후 교회들은 통일교를 기성 교회를 혼란시키고 교회의 기반을 침식하는 이단으로 단정하면서 통일교 반대 캠페인을 전개했다.

전도관은 1955년 7월 한국기독교연합회로부터 사이비 부흥 운동

---

39 대한예수교장로회총회, 『대한예수교장로회총회 제41회록』, 대한예수교장로회총회교육부, 1956, 18~20쪽.

으로 몰렸다. 한국기독교연합회의 성명은 박태선의 말을 빌리면 "신자들에게 비치는 여명의 햇빛을 가리는 검은 구름에 틀림없었다."[40] 그리고 이듬해 2월에 전도관은 대한예수교장로회 경기노회에 의해 이단으로 규정되었다. 전도관은 1957년부터 시작한 신앙촌 건설, 그리고 부정선거와의 관련 등 각종 사건에 연루되면서 심각한 어려움을 겪었는데, 피가름 문제는 1955년 장로교 경기노회가 박태선의 종교 활동을 조사하는 과정에서 내부자의 고발로 드러난 문제였다. 박태선은 이를 부인했으나 박태선이 출석하고 있던 창동교회 당회는 그를 제명시켰다. 피가름 문제는 1957년 3월 『세계일보』의 기사, 6월 월간지 『실화』의 보도에 이어, 7월 김경래의 『사회악과 사교 운동』(1957), 신사훈의 『이단과 현대의 비판과 우리의 생로』(1957)를 통해 계속 폭로되었다. 김경래와 신사훈의 책은 한국기독교연합회와 장로교 총회에 이어 1950년대 후반부터는 이단적 단체를 비판하는 개인 연구자들이 등장했음을 보여준다. 신앙촌 비판에는 경기도 의회까지 가세했다. 1958년 경기도 의회는 탈세, 병역기피, 심지어는 간첩 출몰 가능성을 들어 신앙촌의 문제점을 제기했다. 그럼에도 불구하고 전도관은 추종자를 얻는 데 성공했으며, 한때 수십만 교도에 이르는 교세를 자랑하기도 했다.

    이단 정죄는 문선명, 박태선뿐만 아니라 나운몽을 포함했다. 나운몽은 6·25전쟁 이후 입신, 방언, 신유, 예언, 진동[41] 등의 신비한 체험을 하고 나서 1954년부터 본격적인 부흥 운동을 시작했다. 가장 먼저 제동을 건 교단은 장로교였다. 대한예수교장로회 제40회 총회

---

40 박태선, 『박태선 장노 설교집』 제2집, 한국예수교부흥협회, 1956, 14쪽.
41 몸이 떨리는 현상.

(1955)는 나운몽의 정체를 밝혀 달라는 청원 건에 대해 "그 신분과 거취가 분명하지 않고, 신앙의 기초를 정신 수련 위에 두며, 우리 장로교 신경에 맞지 않는 점이 많으므로 막는 것이 가한 줄 안다."고 결의했다. 1954년에 조직된 경북노회 조사위원회의 보고에 의하면, 수련 방법이 비성서적이고, 수련생들에게 배지를 달게 한다는 것, 그리고 나운몽의 본처가 북한에 있다는 것을 문제로 삼았다. 특히 수련 방법을 문제 삼았으나 그것이 왜 비성서적인지는 설명하지 못했다.[42] 1956년 총회에서도 비슷한 이유로 나운몽을 장로교회 강단에 세우는 것은 물론 엄금할 것이요 기타 장소에서 개최하는 집회에도 교인들의 참석을 금지시키기로 가결했다. 1956년 4월 성결교 총회는 나운몽을 이단으로 규정했고, 1962년 10월 16일 감리교 총리원에서 모인 감리사 회의에서도 부흥사를 초빙할 때는 사전에 그 지방 감리사의 승인을 받아야 할 것이며, 나운몽, 백시웅 씨 등을 초빙하지 못하도록 했다. 그후 1967년 한국기독교장로회의 서울노회는 용문산기도원 운동을 불법 집단으로 단정했다. 1968년 대한예수교장로회(고려 측) 경남노회도 "진리는 결박되지 않는다."라는 설교의 내용을 문제 삼아 규제를 결의했다. 『크리스챤신문』, 『기독공보』 같은 기독교 신문들도 비판에 나섰다. 1967년 4월 이후, 『크리스챤신문』은 「기성 교회에 도전하는 신앙 운동」이라는 글을 네 차례 연재하면서 "나운몽은 동양적 특수 신령 신학을 전수한다고 기독교신학교를 세웠으며, 원래 정체불명의 인물로서 『주역(周易)』으로 성경을 풀이

---

42 이성용, 「해방 후 한국 기도원 운동에 대한 상황화 신학 관점에서의 연구—용문산의 나운몽을 중심으로」, 박사학위 논문, 아세아연합신학대학교대학원, 2005, 221쪽.

하고 있다."고 평했다.[43] 『기독공보』 역시 1976년 11월 6일부터 12월 11일까지 여섯 차례에 걸쳐 「용문산기도원 비판」이란 글을 실었다. 한때 불교에 귀의했던 나운몽은 1960년대 후반부터는 한민족의 아브라함 친족설, 한민족의 원시 유일신 신앙 주장, 몽학선생으로서의 유교와 불교 이해 등 한국의 전통 종교에 토대를 둔 성서 이해가 혼합주의로 몰림으로써 이단시되었지만,[44] 많은 교역자들과 신도들은 총회나 교단의 결정을 따르지 않고 나운몽의 집회에 몰려들었다.

흥미로운 것은 나운몽의 통일교와 전도관에 대한 평가이다. 나운몽은 자신이 이단으로 평가받는 것은 '나와 같지 아니하면 이단'이라고 생각하기 때문이라면서 이단이란 '예수를 부인하거나 성경을 변화시키거나 자기를 신격화시키거나 하는 것'으로 보았다. 그렇다면 자신이 아니라 문선명과 박태선이 이단이라는 것이다. 문선명은 예수를 구주로 믿지 않고 실패자로 보고 선악과를 따먹게 한 뱀을 천사라고 하고, 선악과를 따먹은 것을 간음이라고 하여 성경을 변질시키고 자기를 신격화시키고 있으니 이단이라는 것이고, 박태선은 자기가 감람나무로서 세상을 심판하겠다며 자기를 신격화시키려 하고 있으니 이단이라는 것이었다.[45]

1960년대까지도 신흥 종파들은 부정적인 여론에 밀려 활동이 위

---

43 『크리스챤신문』, 1969. 4. 29.
44 나운몽의 한국 종교사 이해에 관해서는 이진구, 「용문산기도원 운동에 나타난 종교적 민족주의」, 『신종교연구』 18, 2008, 84~90쪽을 참조. 나운몽의 이단성에 관해서는 김홍수, 「나운몽 종교 운동의 이단 문제」, 『신학과 현장』 25, 2015, 37~60쪽 참조. 김찬국 교수는 용문산기도원의 종교 운동에서 심각할 정도의 이단적 요소를 발견할 수 없다고 분석했다. 김찬국, 「용문산기도원 운동의 진단」, 『현대와 신학』 6, 1970, 204쪽.
45 신앙세계사 엮음, 『나운몽 장로 구국설교집』 제5집, 애향숙출판사, 1969, 196쪽.

축되었고, 활동하는 경우에도 극심한 피해의식 속에서 활동해야 했다. 1970년대에 들어와서 대학가의 신종교 붐에 힘입어 통일교의 원리연구회, 정명석의 애천교회 동아리들이 대학 사회에서 활동하기 시작했다. 1970년대에 신흥종교가 급증할 때 이 현상에 관심을 갖고 연구한 이는 문상희 교수와 계룡산 신도안을 중심으로 신종교 단체들을 연구한 탁명환 기자였다. 탁명환은 1973년에 『한국의 신흥종교: 기독교편』(상, 중)을 자신이 설립한 신흥종교문제연구소에서 펴냈다. 전도관과 통일교가 계속 문제가 되자, 통일교의 『원리강론』과 전도관의 활동이 주류 교회의 신학자들에 의해서 분석되어 『신학사상』(1975. 가을)과 『신학지남』(1975. 여름)에 발표되기도 했다. 통일교는 1979년 다시 남대문교회 난동과 관련해서 기독교계로부터 사이비 종교로 규정당해야 했다. 한국기독교교회협의회(1970년까지는 한국기독교연합회)는 1979년 "통일교는 기독교가 아니다."라는 성명을 발표하고, 그 이유로 성서의 불완전성 주장, 기독교와 상이한 삼위일체론, 인간의 타락을 천사와 하와의 행음에서 찾는 원죄론, 예수 그리스도의 십자가 죽음과 부활의 불완전성 주장, 문선명이 메시야임을 암시하는 점 등을 들었다. 이것은 한국기독교교회협의회가 1955년에 이어 두 번째로 통일교 문제에 개입한 사건이었다.

    통일교의 교리와 신학을 이해하려는 노력이 없는 것은 아니었다. 1968년 크리스천 아카데미 주최로 열린 대화 모임이 그 예로, 이 모임에는 30여 명의 신학자들과 통일교 지도자들 10여 명이 참석했다. 이 자리에는 문선명이 직접 참석했고, 통일교의 이론가 유효원이 『원리강론』을 소개했다. 그 후에도 연세대학교 신학대학원 주최의 신학 공개강좌(1969)와 서울대 문리대의 공개토론회(1970)에서 통일교를 논의했다. 이러한 토론의 자리에서 통일교의 신학을 긍정적으로 평가한 이는 연세대학교의 서남동 교수였다. 서 교수에 의하면, '확실히 『원리강론』은 지금까지의 한국 신학계가 산출한 신학서 중에서 그 양에 있어서나 그 조직력에 있어서나 그 상상력과 독창성에 있어서 가히 최고의 것으로 인정됨 직'하며, '한국적인 신학'을 지향하고 있는 점에서도 특이한 것이었다.[46] 이런 평가는 목회자들과 신학자들의 큰 반발을 야기했지만, 상상력과 독창성에서 뛰어나며 한국적인 신학을 지향한다는 평가는 한국의 역사와 종교를 배경으로 하는 『원리강론』의 특이한 신학적 상상력과 성서 해석을 고려하면 수긍할 수 있는 평가였다. 그런데 『원리강론』을 한국 신학계가 산출했다는 말은 적절한 말이 아니었다. 그것은 통일교의 생산품이기는 하지만, 김성도의 종교 체험이 백남주, 김백문, 문선명 등을 통해서 체계화된 것이므로 교회로부터 배척받던 신령파 그룹의 공동의 산물이라고 할 수 있다. 서남동을 제외한 다른 신학자들은 통일교에 대해 비판 일변도의 태도를 취했다. 그 예로 이종성은 통일교의 『원리강론』이 동양의 이원론을 골격으로 성서의 메시지를 살덩어리로 해서 지어진 '혼합 종교의 전당'이며, 통일교는 '기독교의 이름을 빙자한 사이비 종파'라고 혹평했다.[47] 『원리강론』이 한국적인 신학이라거나 혼합 종교의 전당이라는 평가에 대해 통일교는 자신들이 성서에 근거하고 있을 뿐만 아니라 동양 종교와 한국 사상을 일부 수용하여 성서와 전통적 교리를 재해석하고 있는 새 신학이자 새 기독교라고 응답했다.

46 서남동, 「통일교의 원리강론에 대한 비판」, 『기독교사상』, 1970. 5., 58쪽.
47 이종성, 「통일교의 『원리강론』—그 실과 허」, 『신학사상』 10, 1975, 528~529쪽.

통일교, 전도관, 용문산기도원에 대한 부정적인 여론은 언론매체를 통해서도 알려졌다. 1955년부터 1960년대 초반까지 신문에 보도된 통일교, 전도관, 용문산기도원 관련 기사를 보면, 통일교나 용문산기도원 기사보다 전도관 기사가 훨씬 더 많았다. 이것은 전도관이 이 시기에 가장 많은 추종자를 가졌던 집단이었을 뿐만 아니라 그에 따라 교회와 사회로부터의 반발도 가장 많이 받았다는 것을 보여준다. 피가름, 안찰기도, 설교, 신앙촌, 성수, 사기 등을 다룬 전도관 관련 기사는 『동아일보』의 경우 1958년 한 해만 해도 90여 회나 되었다. 통일교, 전도관, 용문산기도원의 타자화에는 교회, 한국기독교연합회, 개인 연구자, 교회 신문, 일간지, 심지어는 정부까지도 가담하는 경우도 있었다.

맺는말

지금까지 통일교, 전도관, 용문산기도원이 등장하여 이단 집단으로 몰리는 과정을 살펴보았다. 그중에서 한국 기독교의 역사적 전통에 가장 깊이 뿌리 내린 종교 집단은 통일교였다. 통일교는 1930년대 전후로 형성된 한국 교회 안의 신령파의 종교 경험, 특히 김성도의 계시 체험에 뿌리를 내리고 있으며, 그 체험이 김백문과 문선명 등을 통해 이론화되고 제도화되었다는 것을 살펴보았다. 기성 교회의 제도화 또는 탈영성화를 비판하며 출발한 이 종파는 성서 해석과 의례에서 전통적인 기독교와 크게 달랐는데 무엇보다도 문선명의 메시야 암시 및 피가름 문제가 이단으로 몰리게 된 가장 주요한 원인이 되었다. 박태선도 비슷한 이유로 문제로 공격을 받았다. 한국 교회사에서 이단 시비는 성서무오설에 도전하는 자유주의적 성서 해석이나 사적 계시 체험이 발단이 되었는데, 문선명의 통일교와 박태선의 전도관은 후자가 문제가 된 경우였다. 나운몽의 경우는 그의 타 종교 이해가 주로 문제시되었는데, 한국 종교의 긍정적인 요소들을 주장한 그를 이단으로 몰아붙인 것은 한국 교회의 신학적 편협성을 보여주는 사례이기도 했다. 이 집단들은 1950년대부터는 한국기독교연합회, 교단, 개인 연구자들로부터 심지어는 언론 기관과 정부로부터 사설(邪說)과 이단설, 광신 상태, 혼음 집단 등으로 공격을 받았다. 이 과정에서 이 집단들의 자유로운 종교 행사가 제한된 것은 말할 것도 없다.

    이 글에서는 이 집단들이 종교 체험을 중시하는 한국 기독교의 신비주의적 전통에 서서 서구 신학의 이론이 아니라 한국인의 신앙 체험을 앞세우며, 주류 교회들과 달리 성서 해석에 한국 종교 사상을 적극적으로 끌어들였다는 점을 살펴보았다. 이런 점들에서 보면, 이 집단들의 반동적인 면과 실험적인 면이 잘 드러나는데, 종교 경험을 개념적 언어로 전환시키려는 시도들은 전문적인 신학 교육을 받지 않은 이들의 것이라서 그 나름의 한계성을 가질 수밖에 없고, 그런 의미에서 통일교, 전도관, 용문산기도원의 신학적 상상이나 진술은 불완전한 것일 수밖에 없었다. 이것을 전통적 기독교의 교리 차원에서 판단하면, 통일교와 전도관의 신학적 상상은 이단의 범주에 속한 것이었다. 그러나 한국 신학이 단순히 서구 신학의 번역이나 전달이 아니라 한국인의 역사적·신앙적 경험을 반영할 수밖에 없는 작업이라면, 6·25전쟁 직후의 사회적 조건 속에서 한국인들의 생존 욕구와 필요를 독특한 성서 해석과 의례로 채워 주려 한 종교 집단들의 신학적 상상과 구성은 평가할 만하다. 이 점에서 보면, 통일교, 전도관, 용문산기도원은 한국 교회사의 신비적 기독교 전통에 기반을 두고 한국의 종교 문화를 배경으로 해서 새로운 형태의 한국적 기독교를 건설하려 한, 실험적 종교 운동의 일면을 지닌 종교 운동이라고 할 수 있다.

한국 교회의 참을 수 없이 '한국적인 것'들의 목록*

해외 선교 동원 담론을 통해서 본 한국 교회의 정체성 정치

박설희

성조기와 함께 등장한 이스라엘 국기

좌익으로부터 나라를 구하고 대통령을 지켜 내자는 일부 단체들의 구호는 태극기와 함께, 성조기와 함께, 심지어는 이스라엘 기와 함께 아스팔트 거리를 휘감았습니다.[1]

지난 3월 1일, 서울 광화문 광장에서 한국기독교총연합회와 한국교회연합이 주최한 '3·1만세 운동 구국기도회'가 대표적이었다. 이 날은 박근혜 대통령 탄핵 기각을 위한 국민총궐기 운동본부('탄기국') 대변인 정광용 박사모 회장이 군복을 입고 함께하는 등 탄핵 기각

---

* 이 글은 '한국 사회 보수주의 형성과 그리스도교' 포럼(2011. 11. 28.)에서 「한민족 청년 선교 동원 운동과 정체성 정치: '선교한국'의 민족화 담론 형성에 대해」라는 제목으로 발표한 원고를 크게 수정·보완한 것이다.
1 「태극기에 다시 빛을 찾아 줘야 할 때」, 『JTBC 뉴스룸』 앵커 브리핑 멘트, 2017. 8. 14.

촉구 집회의 사전 집회 성격으로 열린 행사였다.[2] 초대형 사이즈로 제작된 성조기와 태극기, 그리고 이스라엘 국기가 나란히 집회 현장의 선두에 놓이거나 마치 출병하는 '십자군'처럼 행진하는 군중들 위로 펄럭거렸다.

외신을 비롯한 언론과 네티즌들은 그간 보수 집회에 자주 등장하던 성조기와 태극기에 이어 이번에 새롭게 등장한 이스라엘 국기를 접하면서 이해하지 못하겠다는 반응이 많았다. 이 깃발들의 조합을 자연스럽게 받아들이는 사람들은 누구인가 하는 부분에서는 대부분이 보수 개신교 집단을 지목한다.

> 관련이 없어 보이는 깃발을 왜 들고 나오냐고 하면서 무엇보다 한국의 정치 상황과 관련된 집회인데 성조기가 왜 나올까 하면서 미국이 한국의 우익 보수, 특히 노년층에 대해서 갖는 의미에 대해서 진단을 합니다. 많은 한국인들에게 미국이 힘들게 쟁취한 자유주의적 민주주의의 상징으로 여겨지고 있고, 거기서 더 나아가서 북한의 위협에서 한국을 보호해 준 구원자, 이렇게 여겨지고 있다는 거죠. (……) 한국전쟁 중에 태어났다는 한 노인은 너무 가난하고 먹을 것이 하나도 없었는데 그 어려운 시절 우리나라를 도와 민주주의를 세우고 부유하게 해준 것이 미국과 백인들이라고 얘기합니다. (……) 한국의 보수주의자들은 진보주의 또는 자유주의자들에 대해서 군사 행동보다 협상과 포용을 선호한다는 이유로 친북으로 보고 있으며 그렇기 때

---

2 권종술, 「박근혜 탄핵 반대 시위대가 이스라엘 국기를 흔드는 까닭은?」, 『민중의소리』, 2017. 3. 4.

문에 성조기를 들고 다니는 사람들 중 일부는 동시에 종북 척결 팻말을 들고 있다는 거죠. (……) 이스라엘 국기는 도대체 무슨 관계가 있냐라고 할 텐데요. (……) 충실한 기독교인이라고 스스로를 칭하는 사람들이 자신들의 신앙을 상징한다는 의미로 나무십자가와 이스라엘 국기를 들고 나온다는 거죠.[3]

집회가 진행되는 무대 앞에 국기가 놓인 순서도 의미가 있는데, 이스라엘과 미국 그리고 한국으로 이어지는 이러한 조합은, 후술하겠지만 노골적이고 공격적인 모습을 보인 보수 개신교인들의 집단적 행위가 가지는 자기 인식을 대단히 압축적으로 보여주는 상징적인 장면이다.

'개신교 문제'에서 뜨거운 논쟁을 일으켰던 이슈를 하나 더 꼽으라면 단연코 개신교의 해외 선교 운동과 관련된 사건들이 떠오를 것이다. 이는 2004년 6월의 '김선일 피살 사건'과 2007년 7월의 '아프가니스탄 피랍 사태'와 같은 충격적이고 굵직했던 사건뿐만 아니라, 인터넷을 중심으로 동영상이 퍼지면서 논쟁을 불러일으켰던 '봉은사 땅밟기 사건'과 같이 일상생활에서 빈번이 벌어지는 일들이 새롭게 체감되면서 화제가 되는 사례들도 포함된다. 그리고 최근에는 이슬람국가(IS)에 납치돼 살해된 것으로 알려진 중국인들이 실은 한국계 선교 단체에서 활동했다는 소식이 전해지면서 한국에 대한 비난 여론이 대두되었다. 중국 매체들은 '한국식 선교 활동'이 중국인들을

---

3   CBS 라디오 〈시사자키 정관용입니다〉 2017년 3월 2일 방송분이 정리된 「외신도 궁금한 태극기 집회의 성조기와 이스라엘 국기」, 『노컷뉴스』, 2017. 3. 2. 이 기사는 많이 인용되고 공유되었다.

위험에 빠뜨리니 조심하라는 태도를 보이고 있다. 그와 관련하여 일부 한국 교회들이 중동에서 선교 활동을 하다가 납치, 피살 등으로 활동이 어려워지자 중국인들을 동원하기 시작했다는 의혹을 받고 있다.[4] 이처럼 여전히 갈등 양상이 반복해서 나라 안팎으로 발생하고 있다. 그래서 '개독교'와 같이 보수 개신교의 공격적이고 노골적인 행태를 일컫는 별칭이 인터넷상에서 널리 사용되는 상황이다.

보수 개신교 문제를 진단하는 작업은 특정 그룹의 문제로 협소화하여 '악마화' 하는 손쉬운 방법보다 한국 사회와의 긴밀한 역학 관계 속에서 재생산되는 실천과 관련 있는 것으로 보는 관점이 필요하다. 종교 영역은 다른 사회 영역으로부터 '분화된' 것이 아니며, 특정 교회와 교단, 개별 목사의 선동이나 신앙적 실천을 넘어선 구조적이며 사회적인 현상이기 때문이다.

이 글은 한국의 보수 개신교에서 도드라지는 정치적인 집단 행위를 이해하는 데, 소위 비정치적인 영역으로 분류되는 해외 선교 동원 운동을 분석하는 우회적인 방법을 통해 보수 개신교의 집단적 실천이 어떻게 정치적 의미를 생산하는 행위자들을 구성하고 지속적인 응집력을 만드는지 살펴볼 것이다. 또한 정체성 정치의 효과로서 공격성과 배타성이 어떻게 언어적으로, 혹은 담론적으로 배태되는지 확인하고자 한다.

---

4   김외현, 「IS에 피살된 중국인들, 한국계 선교 단체 활동했다」, 『한겨레』, 2017. 6. 11.

'한국형 선교'라 이름 붙이기

한국 개신교의 집단적 행위에는 그 형식적 논리 속에 한국의 다양한 정치적 현실의 흔적이 등록되어 있다. 선교 동원 담론이 공유하는 상식에는 아무리 자연스럽게 보일지라도 항상 미래 전망에 대한 암시뿐만 아니라 과거의 흔적에 해당하는 일련의 역사와 구조를 담고 있다. 또한 말해지지 않은, 그래서 드러나지 않는 무의식적인 어떤 전제들도 작동하고 있다. 한국 교회의 '성장'과 '세계 선교사 2위 파송국'이라는 성과는 세계화 시대 한국형 경제 민족주의가 작동하는 또 다른 하나의 지형이다.

1970~1980년대 이래 전 지구적 차원의 현상으로 부활한 근본주의가 전반적인 세속화 속에서도 종교 운동으로 성공할 수 있었던 주된 요인으로는, 이 운동이 "사회의 총체적 위기와 이데올로기적 공백 상황에서 단순하면서도 총체적인 논리로서 배제된 세계의 정체성 위기에 답하였다."는 것을 들 수 있다.[5] 단적으로 근본주의는 배제된 사회 집단의 유토피아이자 현세 지향적 종교 운동이고 반개혁적 성격을 지닌 사회 통합 기제의 성격을 띤다.[6] 한국의 근본주의 선교 운동은 남·북미, 아프리카, 아시아에서의 복음주의의 급성장, 일본의 신종교 운동, 세계 각지의 이슬람 근본주의 현상, 인도의 힌두교 근본주의자들의 현대적 부상과 궤를 같이한다. 주요 분석 대상으로

---

5 엄한진, 「왜곡된 근대화의 산물로서의 이슬람 근본주의」, 『종교연구』 29집, 2002. 12., 147~167쪽.
6 엄한진, 「왜곡된 근대화의 산물로서의 이슬람 근본주의」, 『종교연구』 29집, 2002. 12., 85~86쪽.

삼고 있는 개신교 내 근본주의 성향의 선교 운동 또한 1920년대 중반 이후 급속히 쇠퇴한 미국(식)의 근본주의가 1970~1980년대 전 지구적 차원의 종교 현상으로 부활한 역사적 맥락 안에 있다.

한국 개신교의 해외 선교의 역사는 그리 길지 않다. 현지인들을 상대하는 선교 활동이 본격적인 성장 궤도에 오른 것은 1970년대 후반에서야 이루어진 일이다. 1980년대 후반부터 1990년대는 한국 개신교가 가장 많은 선교사를 파송하며 양적으로 급성장하던 시기였다.[7] 이와 관련해서 특히 1989년 당시 '해외여행 자유화'의 영향으로 불어닥친 '해외여행 열풍'이 겹쳐 보인다. 그리고 2000년대 들어서서는 한국 교회가 파송한 해외 선교사의 숫자가 무려 2만 445명에 달해 '한국 선교사 2만 명 시대'가 열렸다는 보도가 잇따랐다. 한국 교회는 '미국에 이어 해외에 가장 많은 선교사를 파견하는 세계 제2위의 선교 강국, 선교 대국'이 되었다.[8] 최근 10년 전부터는 '한국형 선교'를 모색하는 시도들이 한국의 개신교와 선교계에서 여러 가지 형태로 진행되고 있다. 한국 교회는 1990년대 후반부터 형성되고 있는 '한류 열풍'을 통해 동아시아와 세계화에 대해 자신감을 보여

---

7 전호진, 「해방 후 한국 교회의 성장과 해외 선교」, 『한국기독교와 역사』 4, 1995; 박용규, 「한국 교회의 해외 선교: 복음주의적 고찰과 평가」, 『신학지남』 258, 1999; 이태웅, 「한국 교회 선교 25년에 대한 평가와 미래에 대한 전망」, 『제4회 한국선교지도자 포럼 핸드북』, 한국기독교총연합회·한국세계선교협의회, 2004.

8 「한국 교회, 해외 파송 선교사 2만 명 시대 도래」, 『크리스천투데이』, 2010. 1. 12; 한국선교연구원의 「한국 기독교 선교 운동의 방향과 과제」에 따르면, 문상철은 '2만 명 선교사'라는 수치가 한국이 미국에 이어 제2위의 선교 국가를 의미하는 것이라고 말한다. 실제로 한국은 1년에 1,100명 이상(2006년 당시)의 선교사들을 해외로 보내고 있으며, 이것은 한국이 홀로 매년 서구 전체를 합한 것보다 많은 선교사를 해외에 파송하고 있음을 보여주는 것이라고 보고한 바 있다. 최근에 발표된 2012년 통계는 해외 파송 선교사 수를 총 1만 9,798명으로 집계했다.

왔다. 또한 여기에 2001년 미국에서 벌어진 9·11테러 사건의 충격이 복합적으로 작용하면서 스스로를 서구와 비서구 국가들 간에 '가교적 지도자'로 생각하게 되었다. 선교 전문가들은 한국형 선교 모델이 제3세계 교회에게 기존의 서구식 선교의 한계를 극복한 새로운 선교 모델이 될 것이라는 전망을 서둘러 제출했고, 선교 동원가들은 '전 세계 한인 교회에서 배출되는 선교 인력들을 발굴하여 세계 선교 1위를 향한 도약'을 준비하자고 촉구했다.[9]

한국을 비롯한 아시아 교회의 성장은 소위 세계화 시대를 맞이하여 세계 개신교의 주도권의 변화를 반영한다. 세계 교회는 입을 모아 19세기 서구 기독교식 '위대한 선교'의 시대가 끝났다는 평가를 내리며, 이제 21세기 세계 기독교를 대표할 '선수 교체'가 일어날 것이라고 예측한다. 예전에는 선교사 하면 의례히 떠올리는 이미지가 백인 선교사였는데 이것이 서서히 바뀌고 있다. 선교사를 '보내는' 나라와 선교사를 '받아들이는' 나라라는 구분법도 적용이 어려워졌다. '모든 대륙에서 모든 대륙으로, 모든 민족에서 모든 민족으로 나아가는 다극화된' 상황으로 빠르게 바뀐 것이다.[10] 즉, 제1세계에서 파송되는 선교사들의 수보다 제2, 제3세계에서 파송되는 선교사들의 수가 훨씬 더 많아진 것이다. 서양 선교사들의 숫자가 예전만큼 유지되지 못하는 것도 사실이지만 무엇보다 한국과 중국, 인도 출신 선교사들이 활발히 활동하고, 싱가포르에서도 선교에 대한 열정이

---

9 「한국 교회가 선교로 2/3세계와 선구 교회 연결해야」, 『아이굿뉴스』, 2010. 1. 28과 「가장 핵심적인 한국형 선교 모델은 '복음'―제5차 세계 선교 전략 회의 개최, 한국형 선교 모델 찾기 나서」, 『아이굿뉴스』, 2010. 7. 6 참조.
10 문상철, 「21세기 글로벌 선교의 리더: 한국 선교의 현황과 과제」, 한국선교연구원, 2006.

일어나고 있으며, 아프리카 교회도 이런 흐름에 동참하고 있다.

새로운 현실을 말할 때 빼놓을 수 없는 것이 기독교를 반대하는 정서가 강해졌다는 것이다. 물론 이와 같은 현상은 전통 종교의 새로운 부흥과 관련이 있다. 인터넷과 언론매체를 통해 전 세계로 퍼진 미국 주도 전쟁 소식들과 이에 대항해 형성된 반미 정서도 중요한 역할을 했다. 2000년대 초반에 일어난 미국 부시 정권의 이라크와 아프가니스탄 침공은 기독교와 이슬람 간의 문명 충돌과 종교 전쟁으로 해석되면서 기독교 전반에 대한 거부감을 증폭시킨 대표적인 사건이었다. 이것은 당시 현지 기독교인들에 대한 테러로 이어지기도 했다. 전반적인 현실이 이러하다 보니 선교 현장에서 선교의 대상이 되는 현지인들의 문화와 정서에 반(反)기독교적 기류가 형성되는 것은 당연한 수순이었다. 기독교 쪽에서도 기독교 자체가 소수자의 종교가 되어 갈 것이라는 위기 인식을 갖게 되었다.[11] 백인 선교사에 대한 반감이 선교를 어렵게 하고 있다는 진단은 비교적 반감이 적을 수 있는 한국인이나 비서구인이 선교사로 접근하는 것이 효과 면에서 훨씬 좋을 것이라는 판단으로 이어졌다. 이제 더 이상 기존의 '유럽과 북미 주도의 선교' 방식은 유효하지 않게 되었다. 그리고 인적·물적 조건 면에서 상대적으로 준비되었다고 평가받는 '한국 교회의 입장에서는 흥분할 만한 시대'가 열린 것이다.

'한국 선교사 2만 명 시대'가 도래했다는 양적 성장의 결과는 자동적으로 한국 교회가 21세기 선교의 '글로벌 리더'가 되었음을 담보하는 것으로 의미화되었다. 한국 교회가 자신의 압축적이고 역동

---

11 이문장, 「선교 패러다임의 변화와 뉴패러다임」, 제1차 설악포럼, 2005.

적인 성장세를 세계 속에 과시한다는 것 자체에는 별로 새삼스러울 것이 없다. 그러나 한국 교회가 서구 선교사들과 세계 선교의 주도권을 겨루는 과감성을 보인 것은 비교적 최근의 일이다. 한국 교회 선교 동원가들이 생산하는, 한국 교회가 세계 선교의 주도권을 승계 혹은 이양 받은 것으로 해석하는 일련의 움직임들은, 그러나 한국 개신교가 세계 선교의 리더로서 역량과 발언권에 질적인 신장을 보였기 때문은 아니다.

선교 현장에서 체감하는 현실은 긍정적인 보고도 있지만 부정적인 보고도 많다. 실제로 한국이 세계 2위의 선교 대국이라고 하지만 국제적 선교 공동체를 위한 기여도는 상대적으로 아주 낮다. 예를 들어서 선교사 자녀에 대한 교육은 대부분 서구 선교 단체 출신 선교사들의 도움을 받는다. 또한 국제 선교사 공동체에 참여하여 정책을 제시하거나 연합 모임을 주도하는 비율도 낮다. 이에 대한 원인으로 여러 가지를 찾을 수 있겠지만 한국 선교사들의 상대적 폐쇄성이 주요 원인일 가능성이 많다.[12]

(……) 선교사가 매년 500명씩 줄고 있다고 한다. 아시아 선교사들이 이를 메꾸어 주면 좋겠다는 요청이 있다. (……) 우리가 서구 선교사들을 대체할 수 있는 부속품은 아니다. 옛 기계에 새로운 부속만 끼우면 되는 것은 아니지 않는가?[13]

백인 형제들이 예수 그리스도의 이름으로 세계를 경영하던 시

12 성남용, 「한국 선교의 국제화와 자민족 중심주의 극복」, 제2차 설악포럼, 2007.
13 손창남, '선교한국 2004 선교사 포럼' 토론 내용 중 일부 수록.

대는 급속히 막을 내리고 있는 것이다. 이러한 어려운 시기에 비서구 교회, 특히 한국 교회의 세계 선교가 그 어느 때보다 중요하다. (……) 이제 바야흐로 Global Christian Leadership, 즉 세계 교회에서 리더십은 공히 한국 교회로 이전되고 있다. 우리 한국과 한인 교회들은 하나님의 세계 경영, 즉 세계 선교에 더욱더 헌신해야 할 것이다.[14]

'한국형 선교' 담론은 마치 본질적이고 특수한 실체적인 것에 기인하여 발생한 것처럼 말해지지만, 서구 선교사들이 선교지로부터 불리한 처지에 놓이게 되자 자신들을 대신할 '부속품'으로 비서구 선교사들을 기능적으로 배치하면서 작동하게 되었다고 보는 편이 정확하다. 사실은 서구 선교사들의 운신의 폭이 좁아짐에 따라 생긴 '비어 있는 공간'에서만 작동 가능한 것이다.[15] 이것은 순수하고 자기 충족적이며 통합적인 민족 개념 및 민족 정체성과 끊임없이 긴장 관계를 형성하는 혼종성(混種性)[16]의 공간이다. '한국형 선교'가 작동하고 있는 지점은 바로 이 차원이다.

'한국적인 것'을 가장 포괄적으로 표상하는 것이 바로 '민족'이라는 범주일 것이다. '민족'은 여전히 논쟁적인 개념이다. 이 글에서 말하는 '민족' 담론은 상상적 동일시와 관련한 문화인류학자 아파두라

---

14 최바울, 「이라크 전쟁의 배경과 선교적 전망」, 2007. 9. 4.
15 권성찬, '선교한국 2004 선교사 포럼' 토론 내용; 문누가, 「한국 선교의 국제화와 자문화 중심주의 극복에 대한 소고」, 제2차 설악포럼, 2007 참조.
16 '혼종성'이란 이질적인 문화가 섞여 새로운 문화를 만들어 내는 현상을 가리키는 탈식민주의 이론과 문화 연구에서 사용하는 개념어.

이 식의 탈국가적 정서적 공동체를 의미한다.[17] 그러나 우리가 궁극적으로 가지고 있어야 할 이해는 기존의 '글로벌'을 단일하고 동질화하는 힘으로, '로컬'을 특수하고 이질화하는 힘으로 단순하게 이분하여 대립적으로 파악하지 않는다는 것에 있다. 이는 전자에는 '경제'를, 후자에는 '문화'를 할당하는 데 불과하다.[18] 세계화 속에서 각 문화의 고유성에 따라 세계가 분열하는 것이 아니라, '고유의 문화'라는 개념 자체가 세계화에 의해 중층적으로 분열하는 형상이라는 것을 유념해야 할 것이다. '한국적인 것'이라는 민족 정체성이 세계화 이전에 어떤 형태의 강압적 동질화 과정을 이미 전제하며, 세계화 이후 민족 담론은 그것이 다른 것으로 대체되는 것이기보다 다의적인 것으로, 자본과 노동의 유연화와 이민 경로의 다양화 등과 같은 물질적 조건과 함께 윤리, 종교 등의 여타 담론들이 절합(articulation, 節合)하는 담론 과정 속에서 국면에 따라 '전화'하는 것이다.[19]

한국 교회와 한국 선교의 압축적 성장을 특수한 유형의 '한국적인 것'으로 의미화하는 과정에서 만들어지는 '한국형 선교' 담론은 1990년대 초반 김영삼 정권 때부터 본격화된 세계화 담론이 정부와 기업들을 중심으로 내걸었던 '글로벌 스탠더드'의 가치와 민족주의

17　문화인류학자 아르준 아파두라이(Arjun Appadurai)는 역사적·언어적·정치적 상황과 연관되어 있는 다국적 기업이나 국민 국가에서부터 디아스포라 집단이나 가족, 개인에 이르기까지 크고 작은 다양한 수준의 주체가 자리하고 있는 위치에 따라 세계화의 경관이 다른 방식으로 굴절해서 구성되는 것임을 강조한다. 아파두라이의 논의는 글로벌/로컬이라는 이항대립적 모델에서 벗어나게 하는 유익한 시사점을 갖고 있지만, 한편으로는 각 경관의 운동을 자율적인 것으로 간주함으로써 경관들 사이에 작동하는 권력관계를 이론화하지 못하는 취약성도 내포하고 있다.
18　강상중·요시미 순야, 임성모·김경원 옮김, 『세계화의 원근법: 새로운 공공 공간을 찾아서』, 이산, 2004, 40쪽.
19　염무웅, 「'국제화 시대'의 민족문화」, 『역사비평』 29, 1994. 겨울., 11쪽.

적 가치를 동시에 표방하던 모습과 흡사하다. 1990년대 이후 한국 사회에 도래하는 민족 담론은 역설적이게도 세계화와 무한 경쟁 시대의 물결 속에서, 특히 IMF 이후 위기론과 '고통 분담론' 등과 함께 더욱 강력하게 작동했다. 세계화 담론은 시장과 자본의 개방화, 자유화라는 세계화의 물결이 본격적으로 밀려오면서 여러 가지 강조점을 가지면서 변형되어 왔다.[20] 세계화는 한국 사회가 더욱 '경쟁적'이 되도록 하는 정치적 언어였다.[21] '한국형 선교' 담론은 세계화 담론과 한국형 경제 민족주의의 의미 체계들을 매우 적극적으로 전유한 것으로, 한국 교회가 가지는 특유의 개교회주의적 세력 확장을 반복하는 것에 다름 아니다.

교인 수, 건물의 크기, 최첨단 수준, 지교회의 수로 '하나님의 축복'을 겨루었던 보수 교단은 이제는 해외 파송 선교사의 수로, 그리고 '몇 명이 위험 지역으로 갔는가'로 교세를 과시한다. 세계화 시대를 맞이하여 이제는 어느 정도 규모의 '선교 강군'을 보유했는지로 교회의 '영성'을 측정하고, 서로 겨루기를 시작한 것이다. 과거의 국가 민족주의의 구호였던 '수출 역군'이 선교사 '수출 경쟁'으로 이어지면서 '선교 역군'의 시대로 다시 말해지고 있는 것이다. 기존과 다른 점이 있다면 한국 교회가 자신감을 가지고 해외 지향성과 성장 지향성을 공개적으로 드러내고 있다는 것이다.[22]

세계화의 영향 아래 한국 교회가 지향하는 '글로벌 스탠더드'는

---

20 강명구·박상훈, 「정치적 상상과 담론의 정치: 신한국에서 세계화까지」, 『한국사회학』 31/1, 1997과 권혁범, 『민족주의와 발전의 환상』, 솔, 2000 참조.
21 신광영, 『한국 사회와 지배 이데올로기: 지식 사회학적 이해』, 녹두, 1991, 158쪽.
22 강인철, 「수렴 혹은 헤게모니: 1990년대 이후 개신교 지형의 변화」, 『경제와 사회』 62, 2004. 여름.

이미 구성되어 있는 세계화 담론의 효과 투쟁을 반영하면서 동시에 종교 근본주의적 대응의 면모를 보인다. '한국적인 것'과 '선교사적인 것'을 추출하고, 이를 중층적으로 그러나 항상 '해외 지향성'과 '성장 지향성' 등과 같은 강조점을 가지고 구성하며 동원하는 담론 과정을 수행하고 있다.

한국 교회의 '한국적인 것들'의 목록

선교 동원가들의 연설과 사고에서 자연스러운 숙어처럼 구사되고 있는 '상식'은 검토나 의심의 대상이 되지 않는다. 그냥 '당연시'되고 모든 대화가 시작되는 출발점을 이룬다. 이들의 이야기를 따라가 보자. 2010년은 우리가 나라를 잃은 지 100년이 되고, 또한 에든버러 세계선교회의가 100주년이 되는 해였다. 1910년 당시 한국은 '미전도 종족 국가'였고, 나라를 잃은 정처 없는 국가였다. 그러나 100년 후, 하나님의 은혜로 교회 성장과 세계 선교사 2위 파송국이 되는 위업을 이루었다. 그런데 2010년에는 한국 정부가 G-20 정상회의의 의장국으로서 개도국과 선진국의 가교적 지도자 역할을 하는 해이기도 했다.[23]

한국은 1910년만 해도 피식민지 역사를 가진 해외 원조 수혜국이자 개도국이었으며 '미전도 종족 국가'였다. 하지만 '하나님의 은혜'로 압축적인 성장을 이루었고, 지금은 해외 원조 지원국, G-20 정

---

23 「한국 교회가 선교로 2/3세계와 서구 교회 연결해야」, 『아이굿뉴스』, 2010. 1. 28.

상회의의 의장국, 세계 선교사 2위 파송국이 되는 위업을 이루었다. 여기서 핵심은 한국 교회가 '지속적으로 부흥하고 성장한 열매'이자 '하나님의 은혜와 큰 축복이 임한 결과'로 21세기 선교의 '새로운 주도 세력'이자 '글로벌 선교의 대표 주자로서의 위상'을 가지게 되었다는 것이다. 그리고 이것이 한국 개신교에게 의미하는 바는 과거 서구 백인 선교사들이 가졌던 선교 과업에 대한 사명감이다. '한국형 선교' 담론은 한국 선교사 2만 명 시대를 살고 있는 교회와 단체에 속한 대부분의 개신교인에게 자신들이 세계 선교에 크게 공헌하고 있다고 생각하게 한다는 것이다.

'한국형 선교' 담론에서 이데올로기 기호들은 끊임없이 재절합(re-articulation)을 반복하며, 종교적 삶과 세속적 삶 모두에 적용할 수 있는 '맞춤형' 의미를 구성한다. 어떤 것이 '한국적인 선교'에 해당하고, 누가 그러한 속성을 갖추었다고 주장할 수 있는지, 또 누가 그렇다고 할 수 없는지에 대한 관념을 형성한다. 이러한 의식의 재료들은 정치적 실천과 충성 행위에도 영향을 준다. 대중들을 결집시킬 수 있는 새로운 명분을 제공하거나 새로운 유형의 사회를 건설하는 수준으로 개신교인들을 고양시키는 것까지도 가능하게 한다. 담론 안에서 자신의 위치를 확인하고 구체적인 일상생활 속에서 평범하고 실제적인 설명력을 제공하며, 일상적인 계산 방식의 틀을 형성하기 때문에 교회 대중들의 신념은 그 자체로 물질적인 세력이다. 다음의 평가문은 1988년에 발표된 것으로, 청년 학생 선교 동원 운동 차원에서는 처음 열린 대규모의 전국 단위 대회인 '선교한국'과 관련하여 작성된 것이다. 당시 '해외 선교 운동'을 주도하는 세력들이 어떻게 해외 선교라는 새로운 명분과 선교사라는 주체를 촉발하게 되었는지 잘 돌아보고 있다.

첫째로는 복음주의 학생 단체와 교회의 대학생, 청년들이 1980년대의 극단적이고 행동적인 학생 운동에 의해 기가 꺾여 있었다. 이런 상황에서 세계 선교의 비전을 주고 헌신적 행동을 촉구하는 대회를 통해 기독교가 관념적인 것만이 아니라 지극히 세계적이고 행동적이라는 사실을 가시적으로 확인해 줄 수 있는 계기가 되었다. 이것은 결국 학생과 젊은이들에게 다시 한번 생기를 주게 되었다. 그리고 하나님의 복음을 믿고 사는 것이 구시대의 산물이 결코 아니며, 인간의 힘으로 인간의 욕구만을 만족시키려는 인본주의 사상에 대처할 수 있는 정신적 자산임을 복음주의 학생들이 되찾게 하는 계기가 될 것이다. 둘째로 조그만 한반도만 보지 않고 세계를 보는 그리스도인 젊은이들이 나타나 이 시대에 필요한 세계 선교의 주역이 되는 것은 물론 국내에 남아 있는 사람들도 세계를 품고 그 생애를 살게 하는 계기를 마련해 줄 것이다.[24]

1980년대 한국의 보수 교회는 전두환의 군사독재 횡포가 점점 더 심해지는 가운데 정교분리, 전도, 반공 등의 논리에 기대어 사회 참여를 하지 않는 데 대한 신학적 '명분'을 찾고 있었다. 그리고 1980년대 중반 이후 한편에서는 한국 사회의 정치 경제적 상황에 대해 발언하고 참여하기 위해 집단적 움직임도 일기 시작했다. 이런

24 이태웅, 「선교한국 운동에 부쳐서: 선교한국88 대회를 마치고」(선교한국 공식 홈페이지). 이태웅은 선교한국 지도위원으로 전 한국선교훈련원(GMTC) 원장이다.

맥락에서 보수 교회는 '사회 참여'의 구체적인 실천 양식으로서 해외 선교를 채택한다. 이는 암울한 한국의 당시 '학생과 젊은이들에게 다시 생기를 주었던' 성공적인 사례로서 기억되고 있다. '복음주의 학생 단체와 교회의 대학생, 청년들이 1980년대의 극단적이고 행동적인 학생 운동에 의해 기가 꺾여 있'던 상황에서 '세계 선교의 비전을 주고 헌신적인 행동을 촉구하는' 대회 형식을 통해, 특히 '기독교가 관념적인 것만이 아니라 지극히 세계적이고 행동적이라는 사실을 가시적으로 확인해 줄 수 있는 계기'가 되었다는 설명이다. 당시 대규모의 전국적인 해외 선교 운동의 열풍을 촉발시킨 배경에 당대의 정치적 상황으로 인한 압박감이 상당 부분 작용했음을 짐작하게 하는 대목이다. 개신교는 선교 운동을 통해 사회적 평판과 위신을 높일 수 있었다. 그 효과는 곧바로 교회 자체의 성장에 영향을 주었으며, 교회 내적 구성원의 충성도를 높이는 것으로까지 이어졌다. 해외 선교 운동, 특히 선교한국(Mission Korea)과 같은 선교 동원 운동은 내적으로 성장의 한계에 부딪힌 한국 교회에 적절한 타개책으로 등장한다.[25]

이들에게 선교의 열정을 뒷받침하며 신학적 명분을 제공한 것은 '하나님 나라' 개념이다. 1970년대 이후 국내에 소개되어 내세 지향적 복음 전파에 대한 새로운 해석으로 연결되었던 '하나님 나라' 개념은 하나님이 창조한 모든 세계와 미래를 포함한 모든 시간 속에 구체적으로 실현되는 것이다. 이는 곧 역사를 주관하는 하나님의 역사에 동참하는 '복음 전파'가 곧 하나님 나라의 확장을 위해 일하는

---

25 김진호·최형묵 외, 『무례한 복음』, 산책자, 2007 참조.

것이 되게 해주었다.²⁶ 즉, '개인 구원'의 전통적인 원리를 고수하면서 그것을 적용하는 영역들을 확장해 가는 방식이라 할 수 있다. 이는 세계교회협의회 내의 보수 진영이 선교 신학이 진보적으로 전개되는 데 대해 불만을 가지게 되면서 '개종과 교회 성장'이라는 전통적인 전도 개념을 포함시키도록 애써 온 것과 같은 맥락이다. 선교의 개념을 현대화하려는 여러 가지 움직임에 대해 가지는 거부감과 그 내용은 로잔언약과 서울선언이 잘 보여주고 있다.²⁷

로잔언약 이외에 한국 교회의 선교에 결정적인 영향을 미친 것이 1970년대에 들어온 풀러신학교의 교회성장학이다. 한국 교회의 상황에서 볼 때, 특히 1980년대 교회성장학은 분열된 한국 보수 교단 교회들을 하나로 만나게 하는 접촉점을 제공해 주었으며, 동시에 한국식 교회 성장과 결합하여 일치된 선교 전략을 찾게 도와주었다.²⁸ 1970~1980년대 교회가 급성장하는 과정에서 한국 교회가 적극적으로 확산시킨 교회성장학은 교회를 성장시켰다는 결과론적인 정당성 앞에 목회 현장에서 가장 유용한 신학이라는 믿음을 형성하고 있다.²⁹ 교회 자체의 성장과 유지를 목적으로 하는 실용적인 교회론을 전제한 다음, 신앙 운동을 교회를 위한 봉사와 충성으로 축소시킨 개교회 중심의 목회는 점차 교회와 관련된 모든 신학과 실천을

26 이종철, 「80년대 기독학생운동사 I」, 『복음과 상황』, 1992. 9., 57~58쪽과 류대영, 『한국 근현대사와 기독교』, 푸른역사, 2009, 303~324쪽 참조.
27 김종열, 「민족 복음화와 군중집회」, 『기독교사상』, 1974. 10., 73·78쪽과 '엑스플로 '74'에 대한 대담인 「엑스플로 '74를 말한다」, 『기독교사상』, 1974. 10., 82~91쪽 참조.
28 이수인, 「1987년 이후 한국 시민 사회의 변동과 개신교의 정치사회적 태도」, 『경제와 사회』 56, 2002. 겨울., 287~288쪽 참조.
29 노치준, 「한국 교회와 개교회주의」, 『한국 교회와 사회』, 나단출판사, 1996과 김명혁, 「복음주의 운동과 한국 교회」, 『선교와 신학』 5, 2000, 101~106쪽 참조.

규정하는 강력한 힘을 가지게 되었다. 더구나 대형 교회와 신학대학에 막강한 영향력을 가지게 되면서 성장 지상주의 혹은 번영 신학을 광범위하게 재생산했다.[30]

해외 지향적인 선교 운동에 적극적인 세력은 한국 교회 보수 분파이다. 한국 개신교의 선교 신학 그리고 세계 선교에 대한 열정은 개교회의 성장을 단순하게 국외로 확대 재생산하는 방식으로 개교회주의적 해외 지향성을 강화하고 있다. 교회성장학이 제시하는 교회 성장과 선교와의 관계는 비교적 단순하다. 교회 성장은 하나님께 대한 '충성'이며, 이를 위해서는 하나님의 명령인 전도의 긴박성을 '깨우쳐야' 한다는 것이다. 교회성장학은 기본적으로 권위주의적이다. 이들의 선교 전략은 한국의 보수 교회 신학에 크게 영향을 미친 미국 선교 단체의 선교관을 그대로 이어받은 것이며, 이는 현재 한국 교회의 모습을 그대로 다른 선교 현장에 이식하는 방식으로 선교 전략이 이루어질 수 있다는 점에서 비판의 여지가 많다.

1990년대 중반 이후 대형 교회가 급성장하면서 대형 교회의 지교회들이 설립되었다. 그리고 지역의 영세 교회들과의 극단적 양극화는 한국 교회의 '대형 교회병'을 더욱 부추기고 있다. 이는 기존 소형 교회들에 대한 재정 후원, 해외 선교사의 파견 및 후원과도 관련이 깊다. 이는 1980년대 급증한 해외 파송 선교사들의 경우에도 선교사를 파견하고 재정적으로 지탱할 능력이 대형 교회들로 한정되어 있는 데다, 이들이 해외 선교를 마치고 귀국한 이후에도 대형 교회 담임목사의 영향권 하에 놓이기 쉽다는 점에서 인적 종속 효과를

30 김동선, 「한국 교회와 선교 신학: 제한된 교회론 극복을 향한 실천적 접근」, 제2차 설악포럼, 2007.

낳게 마련이다.³¹ 이러한 인적 종속은 이들을 중심으로 한 파벌을 발달시킨다. 젊은 목회자들은 빠르게 성장주의 이데올로기에 감염되어 대형 교회 목사들을 존경과 선망의 대상으로 인식하도록 만든다. 신학대학 역시 사회적 인지도가 높은 '큰 목사'들과 대형 교회의 영향으로부터 자유롭지 못하다. 심지어 선교 신학자들조차도 선교의 본질은 신학이 아니라 운동이므로 신학의 지나친 간섭을 배제해야 한다고 생각한다.³² 이러한 접근이 말해 주는 바는 그들의 '신학'은 선교를 단순히 교회 확장과 동일시하고 있다는 것이다. 선교 현장의 실질적인 필요나 다양한 목소리들이 특정한 방향으로 재단되고 있는 것이 현실이다.

신학이 제 역할을 하지 못하는 동안 보수 교단들의 선교 활동은 성장과 성공 지상주의를 선교 현장에 공격적으로 이식하는 성격의 활동이 되기 십상이다. 대형 교회들의 이러한 확장성은 교회의 자본력에 따라 점점 기업화되어 자체적으로 출판사, 학교, 사회복지 시설, 서점, 식당, 커피숍, 기념상품점들을 고루 갖추는 데까지 나아간다. 대형 교회는 점점 자본가 친화적으로 변형되며, 정치적으로도 체제 친화적이고 우경화되는 길을 향해 빠르게 내달리고 있다. 한국 교회의 선교 동원 담론은 이러한 구조 위에서 작동하고 있음을 기억해야 한다. 담론은 실제 존재 조건에 대한 가상의 관계, 즉 이데올로기적 관계에 따라 선택과 조합이 결정되기 때문에 언제나 특정한 입

---

31 강인철, 「수렴 혹은 헤게모니: 1990년대 이후 개신교 지형의 변화」, 『경제와 사회』 62, 2004. 여름.
32 서정운, 「한국 교회와 선교」, 『세계 선교와 한국 교회의 역할』, 세계선교협의회보고서, 1995, 58쪽; 김승호, 『10년 후 한국 교회』, 에큐메니칼연구소, 2005, 65~68쪽 참조.

장에서 특정한 필요에 의해 특정한 방식으로 비어 있는 공간에 스며들면서 구체화된다.

　한국 개신교 해외 선교 운동의 성과에 대한 평가와 '한국형 선교'를 논하는 언술들에 대해 그 진위 여부를 가리며 그것을 어떤 실체로서 다룰 수도 있지만, 이 글은 담론적 이데올로기 분석을 통해 이를 다양한 세력들의 복합적인 결합에 의해서 끊임없이 구성되고 있는 의미 투쟁의 산물이자 담론적 실천이 만드는 전략적이고 정세적인 의미의 공간으로 포착한다.

'한국형 선교' 담론의 정체성 정치

문화 이론의 선구자로 불리는 스튜어트 홀(Stuart Hall)에 따르면 정체성 정치는, 타자들의 배제를 통해 공동 전선을 취하며 특정 공동체에 대한 절대적이고 완전한 헌신 및 그것과의 동일시로 규정된다. 선교 동원 운동은 기본적으로 동일자와 타자와의 관계에 기반을 둔 '정체성 정치'의 면모를 가진다. 동일자란 개인의 정체성을 구성하는 핵심적 특성이나 속성을 공유하는 이들의 집단이다. 그리고 동일자는 자신과 다른 특성이나 속성을 가진 이들을 타자로 규정하면서 양자 사이에 뚜렷한 '경계'를 설정한다. 집단 정체성이 만들어지는 과정은 자기 발견적이며 문화 정치적이다. 선교 동원 운동가들에 의해서 말해지는 '한국적인 것'과 '선교사적인 것'에 대한 기호들의 절합은 사회 문화적 과정 속에서, 특정한 방향으로 분절되며 차이들을 생산하고 자리매김한다. 주체는 자신과 타자와의 관계를 통해 자신의 위치를 끊임없이 확인하는 존재이다. '한국형 선교사'라는 주체가 형성되는 방식에서도 마찬가지이다.

동일자 집단: 내부 동원적 민족 담론

민족 담론은 사회 구성체를 '민족화'하는 과정으로서 내부와 외부라는 경계를 형성한다. 타자화가 외부를 생성한다면, 내부 동질화는 동일자 집단을 형성한다. 내부 동질화의 과정은 '민족'의 서사가 역사, 문학, 미디어의 대중적 확산을 통해 '다시 말해지는' 과정이며, 이 과정에서 이야기와 이미지들, 풍경, 시나리오, 역사적 사건들, 민족의 상징과 재현물, 경험, 감정들을 제공한다. 그리고 서사들에 대한 기원과 연속성, 전통, 무시간성에 대한 동의를 전제한다. 가장 빈번히 동원되는 것이 동일시 집단이 소유한 영광의 역사와 영웅적 서사의 재현이며, 이는 상징적 계보의 구성과 관련이 깊다.

선교 동원 담론에서 '선교사'의 정체성은 서구 선교사와 동일한 줄거리의 서사를 부여받음으로써 재생산된다. 선교한국을 비롯한 동원 운동의 대부분은 세계 선교 역사에서 청년 학생들로부터 선교적 활력의 기원을 찾는다. '백인들의 묘지' 아프리카 대륙으로 떠났던 '19세기 선교의 위대한 세기'를 열어젖힌 청년 학생 선교사들의 이야기(혹은 역사가의 시선)는 한국 선교사들에게는 한국 교회사의 시초가 된다. 모라비안 운동, 캠브리지 7인, 영국 학생 선교 운동, 건초더미 기도회, 학생 자원 운동(SVM) 등은 선교 동원 운동의 역사의 계보에서 중요하게 다뤄지는 그룹 혹은 사건들이다.

교회가 새롭게 힘을 공급받고 세계 복음화의 추진력을 얻게 된 것은 대학생들의 비전과 노력의 결과다. 젊은이들은 역사 발전의 중요한 원동력으로 (……) 결정적인 영향을 미쳤다. 개신교의 복음 전파에 있어서도 독일 할레 대학의 프랑케 교수와 진젠도르프로부터 비롯된 모라비안 운동, 웨슬리 형제들과 캠브리지 7인으로 기억되는 영국의 학생 선교 운동, 건초더미 기도회, 학생 자원 운동(Student Volunteer Movement, SVM), 미국의 기독학생회(Inter-Varsity Fellowship, IVF)에서 섬기는 어바나 대회 등으로 대표되는 북미의 학생 선교 운동은 오늘날까지도 세계 복음화에 중요한 역할을 했다.[33]

세계 선교의 역사 속에서 선교사로 나선 청년 학생들은 선교지를 변화시키고, 사명에 대한 열정과 비전을 충실하게 순종한다. 그들의 고난과 희생이라는 대가 지불을 통해 위대한 선교의 세기가 열렸고, 영광된 선교 역사가 이루어진 것이다.

종교 담론과 민족 담론의 결합은 현대의 종교 변동에서도 주된 양상을 이루는데 이것은 계보의 재구성 작업이라는 형태를 띤다.[34] 즉 자연적인 것으로 간주된 혈연과 지역에 근거를 둔 계보 또는 신화나 창조 설화와 같은 상징화된 계보가 현대의 주된 사회 통합 기

---

33 이대행, 「1988년부터 2000년까지의 선교한국 대회 역사 회고와 21세기 방향」, 총신대학교 선교대학원 선교학과 석사학위 청구논문, 2000 참조.
34 사회학자 에르비외 레제르(Hervieu-Léger, 1947-)는 이 현상을 다음과 같이 설명한다. "집단의 정체성은 공통의 기억을 자원으로 해서만 형성·유지될 수 있다. 그런데 보편적이고 일회적인 가치가 지배하는 근대 사회에서는 이 공통의 기억이 사라지는 경향이 있다. 최근 한 집단의 연속성을 입증해 주는 역사적 사실과 전통문화에 대한 관심의 증대는 바로 공통의 기억이 약화되는 경향을 극복하거나 은폐하려는 기도로 볼 수 있다." 엄한진, 「종교의 민족화 현상과 한국 종교」, 『일상문화 읽기』, 나남, 2004 재인용.

제로 작용하게 되는 것이다. 이것은 공히 연속성과 공통의 기억에 기반을 두는 이 두 요소 간의 친화성으로 설명될 수 있다. 서로 공통의 과거와 공통의 미래를 지닌다고 믿는 사람들의 집합은 이렇듯 언어나 관습 등의 공통적인 문화적 특징이나, 분명하게 정의된 지리적 영역, 공통의 역사나 기원에 대한 믿음뿐만 아니라 민족 구성원이 외부인보다 더 가까운 유대감을 지닌다고 생각하는 믿음, 외부 집단에 대한 공통의 적대감 등에 의해 그 신념이 강화된다.[35] 선교 동원 담론에서 '한국형 선교'의 정체성을 구성하는 방식도 그렇다.

> 하나님은 항상 민족 단위로 역사하셨습니다. 한 사람 아브라함을 향하신 하나님의 약속도 "너로 큰 민족을 이루고, 열왕이 네게로 좇아 나리라."라는 것이었습니다(창17:6). (……) 한국 민족을 통하여 모든 민족 구원의 역사를 완성하고자 하는 의지가 분명하십니다. 이것은 한국 교회에 속한 우리 모두에게는 하늘의 왕이 주시는 최고의 특권이며 영광입니다."[36]

한 사람 아브라함이 하나님의 약속으로 성취한 '큰 민족' 이스라엘과의 암묵적 동일시를 통해 성서의 상징적 계보와 공통의 미래를 공유하고 있다. '한국 민족을 통하여 모든 민족 구원의 역사를 완성한다'는 약속의 성취는 선택받은 민족에 의해서 역사가 이루어진다는 선민의식으로 작용하고 있다.

---

35 엄한진, 『일상문화 읽기』, 나남출판, 2004. 247~248쪽.
36 강요한 선교사, 「BTJ 군대의 영성」, 2010. 7. 1. 칼럼. 인터콥 홈페이지(현재는 회원 가입한 사람만 칼럼을 볼 수 있도록 설정되어 있음).

나에게 가장 감명 깊게 들어온 묘비명은 켄드릭이라는 여자 선교사의 묘비명이었습니다. 그녀는 1907년 9월, 미국 남감리회의 파송으로 한국에 와서 황해도 개성에서 여학교 교사로 봉사하던 중 급성 맹장염으로 25세의 젊은 나이에 세상을 떠난 분입니다. 한국에서 비록 8개월 동안 머물다가 이곳에서 죽었지만, (……) 루비 켄드릭 선교사의 묘비에는 이렇게 기록되어 있습니다. "내게 줄 수 있는 천의 생명이 있다면 나는 그 천 번의 삶 모두를 조선을 위해 바치겠습니다(If I had a thousand lives to give, Korea should have them all.—Ruby Kendric)." 무엇 때문에, 왜 이곳에 와서 묻혀야 하는지 많은 깨달음을 주고 있습니다. 하나님의 복음은 생명도 불사한다는 진리를 깨달았습니다.³⁷

계보와 줄거리를 재생산하는 대표적 장소로서 서울시 마포구 합정동에 위치한 양화진외국인선교사묘원이 있다. 면적 1만 3,224제곱미터에 현재 417명(선교사 가족 145명이 포함됨)이 안장되어 있는 곳으로, 한국 개신교회의 성지이자 한국 교회사의 기념비적인 장소로 보존되고 있다.³⁸ 이곳은 개신교인들에게, 특히 선교 단체 및 선교 관련 모임들에게 중요한 성지 순례 코스로서 인식되고 선호되는 장소이며, 양화진외국인선교사묘원 견학은 대부분의 선교 단체들의 교육 훈련 프로그램에서 중요한 커리큘럼이기도 하다. 베네딕트 앤더

---

37 로테이, '영락교회전폭팀—양화진 견학'에서 인용. 포털 사이트 네이버에서 '양화진 견학'으로 검색하여 가장 상단에 보이는 개인 블로그 글에서 인용함.
38 '한국 기독교 100주년 기념사업협의회'는 양화진외국인선교사묘원을 관리하고 그 정신을 계승하기 위해서 '100주년기념교회'를 세워 관리하고 있다.

슨은 민족이라는 상상된 공동체(imagined community)의 문화적 기원에 누군가의 죽음이 있음을 주목했다. 128년 한국 교회의 역사가 시작되는 이곳에는 외국인 선교사의 죽음이 있다. 그리고 한국 개신교인들은 해외 선교의 사명과 당위를 말하기 위해 그들의 묘비를 찾아간다.

서구의 청년 학생 선교사들은 미전도 종족인 한국인들의 '새 생명의 역사를 이루기 위해 희생과 존귀한 죽음'으로 모든 장벽을 뛰어넘어 달려간 영웅으로 묘사된다. 과거의 한 청년 학생은 선교 역사(mission of history)의 줄거리를 부여받음으로써 비로소 세계 선교 역사 속의 인물이 된다.[39] 양화진외국인선교사묘원의 수많은 선교사들의 묘비명에 얽힌 내러티브의 메시지는 한국의 청년 학생들도 외국인 선교사들로부터 동일한 메시지를 받아안고, 한국 교회사는 물론이고, 세계 교회사를 이루어 나가는 무한히 반복되는 선교 역사의 개체로 편입돼라는 것이다.

다음은 또 다른 해외 선교 동원 운동 단체인 '인터콥'의 홈페이지에서 인용한 칼럼의 일부이다. 인터콥은 특유의 공격적인 선교 방식으로 '선교한국' 내에서 회원 단체 제명과 관련하여 논란이 있었고 이단 시비에도 끊임없이 노출되어 교계의 지도 아래 있다. 최근까지도 인터콥은 상주열방센터에서 2,400여 명의 청년들이 참석한 '2017 겨울 청년대학생선교캠프'를 주최하는 등 한국 교회에서 여전히 큰 영향력을 행사하고 있다.[40]

---

39 선교 다큐 〈양화진, 눈물의 이야기〉, 선교한국, 2004.
40 인터콥은 수년 간 교계의 뜨거운 감자 중 하나였다. 주요 교단 총회에서 이단 문제를 다룰 때마다 거론되어 "해지하자"와 "결의하자"는 총대들의 의견이 팽팽히 맞서 왔

전주 예수병원 2대 원장을 지낸 포사이드 선교사는 미국 전역을 다니며 아시아의 복음화가 조선에 달렸기 때문에 지금 당장 조선 땅에 1,000명의 선교사를 보내야 한다고 외쳤다고 합니다. 그래서 지금 한국 교회는 2만 명 이상의 선교사를 파송하며 세계에서 가장 열심히 선교하는 교회가 된 것입니다. 그런 한국 교회에 작년에 있었던 아프가니스탄 피랍 사건과 같은 고난은 너무나 당연한 것입니다. 그러나 아직 끝나지 않았습니다. 이제 시작입니다. 우리는 우리를 재 가운데서 일으키신 하나님의 은혜를, 이 땅에 20대의 젊은 나이에 찾아와 피와 땀을 흘리며 자신들의 가족을 이 땅에 묻으며 섬긴 선교사들의 사랑의 빚을 이제야 조금씩 갚기 시작했습니다. 세계 선교를 위해 이 땅에 교회를 세우신 하나님의 은혜를 우리는 절대로 잊어서는 안 됩니다.[41]

위에서 보이는 바와 같이 인터콥은 2007년 여름, 샘물교회 교인 23인이 탈레반에 의해 피랍되어 한국 사회를 충격으로 이끌었던 '아프가니스탄 한국인 피랍 사건'을 세계 선교의 사명을 위해서 이겨내야 할 '당연한 고난'으로 여기고 있다.

선교한국 파트너스의 선교 동원가 한철호 위원장은 '기독교 근본

다. 2017년 현재 인터콥은 예장합동, 통합, 고신, 합신에서 교류 단절, 참여 자제, 참여 금지 등으로 결의하고 있다. 하지만 결의가 무색하게 인터콥의 활동은 여전히 왕성하다. 그 이면에는 "오해를 받아 왔다. 문제가 있다고 지적받는 것은 고쳐 왔다"는 인터콥의 입장이 깔려 있다. 지난 몇 년간 인터콥을 둘러싸고 벌어진 일련의 논란들은 『뉴스앤조이』와 『현대종교』에서 확인할 수 있다.

41 임이스마엘 선교사, 「십자가의 예수님, 십자가의 그리스도인」, 2008. 2. 21. 칼럼 인터콥 홈페이지(현재는 회원 가입한 사람만 칼럼을 볼 수 있도록 설정되어 있음).

주의자들도 다양한 그룹으로 나뉘지고 그 그룹에 따라서 신학적 생각과 행동 유형이 다르기 때문'에 모두 싸잡아서 부인되어서는 안 된다고 말한다. '전투적이며 분리주의적 성격을 띤 세대론적 근본주의 운동'과 '좀 더 개방적이면서 비분리주의적 태도를 취하는 복음주의'는 다른 것이기 때문이다. 그들은 극단적인 선교 행태로 비난을 받은 그룹들과 차이를 두며 '근본주의'라는 용어에 담긴 역사적 맥락과 정치적 효과를 버리지 않는다. 극단적인 근본주의를 분리하며, 순수한 본질을 담지한 분파로서 '복음주의'를 구성한다. '극단적인 것이 아닌 것'으로서의 '좋은' 근본주의자로 배치된다. 타자와의 차이를 먼저 배치하고 자기 정체성을 부여받는 이런 식의 근본주의 신학의 전통은 '근본주의'는 본래 나쁜 것이 아니며, 진정한 모습으로 회복된다면 좋은 것이 된다고 말한다. 그것은 '한국형 선교' 행위자들을 '좋은' 근본주의자, 사랑'의 담지자로 위치시키고, 도덕적 우위에 놓음으로써 성립된다. 비판에 대한 답변은 선교 운동이 지속되어야 할 당위와 선교의 과제와 함께 제시·지연된다.

근본주의, 즉 복음주의 신학의 전통은 그들의 정체성과 교회의 본질을 규정하는 중요한 것이기 때문에 동원 담론에서도 매우 중요한 부분이다. 본래 기독교 근본주의는 '기독교 신앙의 핵심적인 믿음'을 '세상의 자유주의적 생각으로부터 보호하고 지켜나가기 위해 시작'된 반발이다. 이들이 보호해야 하는 '변할 수 없는 근본 요소'란, '성경의 절대적 권위와 무오성(無誤性), 예수 그리스도의 완전한 신성과 이성, 대속적 사역, 하나님의 심판과 재림' 등이다. 이는 기독교의 '본질'로서 규정된다. 보수 교회의 시각은 선교사들이 전해 준 신앙과 실천의 전승을 교리화한 것이다. 이러한 접근은 한국 교회의 산재한 문제들에 대해 풍성한 해법을 제시하지 못하게 한다. 이들의 답변은 매번 '기원'이라는 가져보지 못한 과거로 돌아가거나 "본질을 회복해야 한다."는 구호로 대체된다. 즉, 선교사들이 물려준 전승의 회복을 통해 해결할 수 있다는 환원주의적 주장 말이다.[42]

노벨 경제학상을 수상한 경제학자 아마르티아 센(Amartya Sen, 1933~)이 분석한 이슬람 근본주의의 사례를 소개하는 것이 도움이 될 것이다. 그는 무슬림이 정체성을 재정의하려는 시도에서 과거 이슬람과 아랍의 여러 풍부한 유산 중에 종교를 독보적으로 우선시하는 경향을 비판한 바 있다. 이는 사람들을 '순수성'과 '본질'을 추구하면서 단일한 정체성 안에 감금해 버리는 데 중요한 역할을 했으며, 이슬람의 과학과 수학의 전통은 '서구 과학'의 바구니에 담아 버리고 사람들이 종교적 믿음과 종교적 심원함 속에서 자부심을 찾도록 방치했다고 평했다.

선교 동원 담론은 한편으로는 스스로를 사회적 세력으로 만들어 가는 과정이며 또 다른 한편으로는 사람들이 겪는 갈등에 대한 이해('일반인들의 시선')를 돕는 것이다. 또한 새로운 사회적 위치와 정치적 위치, 새로운 사회적·정치적 주체들을 등장시키기 위한 이데올로기와 세계관들, 그리고 이것들을 절합시키고 연결시키는 성격을 갖는다. 이데올로기적 비전이 생겨야 집단도 생겨난다는 점에서 예비 선교사들은 그러므로 모두 근본주의 신학을 공유한다. 그리고 이를 위협하는 '진화론적 접근, 성서비평학, 이성주의 또는 다양한 자유주의적 현대주의의 도전'에 대해서는 단호한 입장을 펼치며 뚜렷한 당파

---

[42] 장성배, 「한국 복음주의 신학과 선교」, 『한국적 선교학의 모색』, 성서연구사, 1998. 81쪽.

성을 보인다.

다시 정리해 보자면, 선교 동원 논리와 근본주의 신학 전통의 담론 복합체에는 정체성을 구성하는 요소로서 이미 역사적으로 구성된, 동일시의 코드와 반(反)동일시의 코드들이 내재되어 있다. 역사적인 의미에서 '기독교적인 것'의 목록이라 부른 것을 '한국형 선교' 담론에서 언어적으로 확인하는 방식이 되는 것이다.

타자와의 경계: 세계선교지도

문화 정치적 세계에서 차지하는 객관적 위치들이란 '타자'와 '나'의 위치들이다. 정체성의 정의는 '의미 있는 타자들'과 관련하여 형성된다. '의미 있는 타자들'인 선교 대상 국가 및 종족들은 세계의 가치, 의미, 상징들, 즉 문화를 주체와 매개하는 것들이다. 한국 선교사라는 '내부' 동일자와 선교 대상자인 '외부' 타자들이 상정되고 나면, 타자는 동일자에 비하여 결함이나 결핍을 가진 존재로 규정된다. 동일자에 의해 타자가 구별되고 그리하여 타자가 결핍과 결함을 가진 존재로 규정되는 과정을 통해서 동일자는 정상적이고 규범적인 존재로 규정된다. 이런 과정을 통해 정상적이고 규범적 존재인 동일자와 결함과 결핍을 안고 있는 비정상적 존재인 타자라는 관계의 쌍이 설정된다. 이 관계에서 동일자는 타자에 대해서 우월한 존재가 되고, 타자는 동일자가 보기에 열등한 존재이자 문제 있는 존재가 된다. 역사적으로 나타난 동일자와 타자의 관계는 항상 정상/비정상과 같은 권력관계로 나타났다. 이러한 비정상적 타자들은 정상인들의 교정 작업을 통해 정상화되어야 할 존재로 규정된다. 선교 동원 운동에서 교정 작업의 당위는 개신교인들의 전도·선교를 의미하는 '복음화', '재복음화'를 통해 수행된다.

    선교 운동이 공유하고 있는 '세계선교지도'는 종교적 이슈를 중심으로 타자와의 관계 설정과 국가 간 경계에 대한 공통 감각을 생산한다. 그것은 관계 지표를 통해 측정 가능한 종류의 것이 된다. 가령 '세계선교지도 제4판'(2011)의 표에는 기독교와 주 종교 데이터를 포함하고, 개신교 복음화율을 10단계로 구분한다.[43] 각종 통계 지표(아홉 가지) 50순위국(지역)이 포함되어 있으며, 아홉 가지 통계 지표는 '개신교 인구 하위국, 무슬림 인구 상위국, 무종교 인구 상위국, 기대수명 하위국, 영아사망률 상위국, 식자율 하위국, 국민총소득(GNI) 하위국, 살해사고율 상위국, 종교 박해국'이다. 이들 지표는 소위 복음 전파에 장애가 되는 국가 지표의 표시다. 선교하기 어려운 국가와 지역인 동시에 선교사 파송이 시급한 국가이기도 하다.[44]

    타자화의 유형은 한국 사회가 역사적으로 경험하는 외부 세계에 대한 경험에 근거한 것이다. 한국의 선교 담론에서 상대를 타자화하는 유형 중 가장 배타적이고 공격적인 감정을 드러내는 대상은 '이슬람'이다. 타자를 항상 위협적인 존재로 인식하면서, 위협적 타자에 대한 공포를 치유하기 위해 타자에 대한 공격성을 정당화한다. 기독교 박해 국가들은 이슬람 국가, 힌두교 근본주의자들, 전통 불교 국가 등 각 국가별 전통 종교와의 갈등으로 인한 것이 대부분이다. 개신교 성장을 제한하는 거의 모든 상황이 열거되는데 단지 저개발국가로 묘사되지는 않으나, 이러한 상황이 인간화를 위한 진지한 성찰로 나아가기보다는, 이미 가지고 있는 문화적 코드로 단순하게 표

---

43 한국컴퓨터선교회 홈페이지 참조. (http://kcm.kr/map2011/)
44 「한국컴퓨터선교회, 세계선교지도 제4판 발행」, 『크리스천투데이』, 2011. 7. 11.

준화되는 방식으로 구성된다. '세계선교지도'와 '기독교박해지수'에서 가장 '최전방' 국가들로 분류되는 나라들은 교회 개척과 같은 직접적이고 노골적인 선교 활동뿐만 아니라 지역 개발과 구제 활동을 위한 여타 다른 활동의 진입 장벽도 높다는 것을 공통적인 특징으로 한다.

진입 장벽이 높은 이슬람 국가나 최전방 국가를 제외한 소위 '아시아'로 호칭되는 국가들은 외국 자본과 인력의 유입에 대해서 비교적 개방적인 태도를 보이는 저발전 국가들이 해당된다. 아시아 지역은 문화적으로도 유사성이 높으며, 역사적으로나 물리적으로나 근접한 지역으로 인식되고 있으며 따라서 서구와 비서구 국가를 잇는 '한국형 선교'를 가능하게 하는 전략 기지로 활용되도록 구상된다. 특히, 중국 교회는 한국 교회와 함께 '아시아적' 선교 운동의 주도권을 겨루는 막강한 경쟁자로 의미화되어 있다. 일본은 한국보다 경제 성장을 이루었지만 동일한 교회 성장의 결과들은 따라오지 않은 까닭에 한국 교회와 선교의 성장에 특수적인 의미를 부여하는 데 적절하도록 배치된다.

역사적으로 한국 교회와 가장 근접한 관계를 형성하는 타자는 미국이다. 한국은 제3세계 국가들이 일반적인 서구 식민지 경험과는 다른 일본 제국주의에 의한 식민지를 경험함으로써 서구 세력에 대한 직접적 피해의 경험은 없다. 한국이 미국이라는 외부 세계를 인식한 시점부터 지금까지 미국은 이미 절대적 우월성을 갖는 우호적 존재이다.

오픈도어선교회(Open Doors International)의 칼 묄러(Carl Moeller) 회장은 '기독교가 여전히 전 세계에서 가장 박해받는 종교'라면서

'국제 경찰의 역할을 감당하는 미국이 수백만의 생명을 억압과 옥살이, 죽음의 위협에서 건져내는 역할을 감당해야 할 것'이라고 주문했다. 그리고 몰러 회장은 '어느 국가건 개인의 믿음을 존중하는 마음을 가진 사람들이 있을 것'이라면서 '미국이 적극적으로 기독교 박해 완화에 나서줄 것'을 촉구했다.[45]

한국 교회는 여전히 미국 교회와 동일시하는 경향을 강하게 가지며, 오히려 신학적으로 더욱 종속되어 가고 있다. 그러나 한국이 미국과 같을 수 '없는' 다른 민족이라고 하는 '분절'은 선망하는 감정을 갖게 하고, 한편으로는 일방적 동일시를 망설이게 한다. 이러한 미묘한 양가성은 미국의 제국주의적인 면모와 지역 이기주의, 그로 인한 전쟁과 테러의 위협 등으로 재현된다. 한국 교회는 미국 교회에 비해 도덕적 우위에 서는 것으로 의미화된다.

또 다른 서구의 타자로서 통합적 유럽은 서구의 문명적 우월성을 찬란한 기독교 문명의 과거로 회상하며 선망하는 동시에 현재는 타락하고 쇠락한 소수자로서 재현한다. 한국 교회와 선교의 역사에서 시초이자 조상으로 배치되는 유럽은, 종교 개혁은 물론 경건주의와 대각성 운동, 그리고 현대 신학 연구의 발원지였으며, 특히 인도에서 사역한 영국 선교사 윌리엄 캐리(William Carey, 1761~1834) 이후 현대 선교 운동의 모체로 위대한 선교의 세기를 이끌었던 선교 전진 기지의 역할을 수행해 온 대륙이었다.[46] 기원적인 기독교로 재현될 때 등장하는 유럽은 '서구'로 통칭되어 구체적인 장소성은 삭제된 채 자리매김되며, 이때 등장하는 한국 교회의 모습은 저개발국가 조선

---

45 「오픈도어 몰러 회장 '기독교, 세계에서 가장 핍박받아'」, 『크리스천투데이』, 2012. 5. 7.
46 최종상, 「유럽 재복음화의 필요성과 전략」, 코담넷자료집, 2010. 2. 23.

의 모습으로 서구 선교사들의 눈물과 희생, 사랑에 빚을 진 주체로 표상된다. 이는 노스탤지어적 정서와 함께 배치된다.

그리고 다음은 현재 유럽 교회가 주로 표현되는 방식이다. 가치 판단적 서술과 함께 '급속한 세속화와 신학의 좌경화 때문'에 '텅 빈 교회, 문 닫는 교회, 술집과 디스코장과 모스크(mosque)[47]로 변하는 교회'로 묘사되고 있다. '영국의 교회들이 자체적으로 조사한 결과 1980~2009년까지 30년 동안 9,000개의 교회가 문을 닫았으며, 2000년대에 들어와 매주 평균 4개의 교회가 문을 닫고 있어 매년 220개의 영국 교회들이 폐쇄되고 있는 것이 현실'이라고 밝히고, "문 닫은 교회들은 팔려서 술집이나 디스코장, 식당, 주택, 공장, 사무실, 창고, 심지어 모스크로 변했다."고 밝혔다. 이 같은 영국 교회의 쇠락 요인에 대해 정완진 장로는 '교회의 세속화와 좌경 신학 때문'이라고 진단했다. 그는 "교단적으로는 성공회나 스코틀랜드 교회가 동성애자들을 교회에서 정식 부부로 인정할 뿐만 아니라, 동성애자들을 신부나 목사로 안수 주기로 법을 통과시켰다."고 비판했다. 그가 소개한 2007년 대영도서관이 의뢰한 여론 조사 기관 입소스 모리(Ipsos MORI)의 조사 결과는 영국 교회의 전망을 더욱 어둡게 한다. 그 조사에 따르면 10대들의 절반이 무신론자인 것으로 밝혀졌다. "오늘날 영국을 비롯한 유럽은 물질적 번영에 취해 영적·정신적으로 구심점을 상실하여 더 이상 남을 선교하는 땅이 아니라, 지금은 우리가 선교해야 할 땅으로 전락하고 말았다."며 '영적으로 꺼져가는 영국과 유럽의 영적 현실을 알리고 계몽해 성령의 능력을 경험할 수

---

47 모스크란 이슬람교에서 예배를 드리는 건물을 가리키는데, 이곳은 집단 예배를 보는 신앙 공동체의 중심지로 군사, 정치, 사회, 교육 등 공공 행사가 이루어진다.

있도록 한국 교회가 복음으로 유럽을 도와야 할 것'이라고 말했다.[48]

한국 교회의 성장주의와 개교회주의적 관점에서 유럽의 이러한 현상은 매력적이지 않을 뿐더러 뚜렷하게 경계의 대상이다. 이 모든 것이 타락과 죄악의 결과이며, 기독교 복음의 본질을 회복하면 해결될 것으로 단순하게 해석된다. 이 논리를 따라가다 보면, 결국 복음의 본질을 회복했느냐의 여부는 '교회 성장'으로 증명된다는 격이다. 이들은 유럽 교회가 세상과 타협한 결과로 '유럽 사회의 급속한 세속화와 신학의 좌경화'가 이루어졌다고 해석하고 있는데 세속화와 신학의 좌경화는 성찰적 언어가 아니며 오히려 문화적 코드에 따라 자동적으로 뒤따라오는 교리적 가치 판단이 내재되어 있는 표현들이다. 이는 오랜 전통의 유럽 신학에 대한 불신과 함께 교회성장학 등 미국 신학에 대한 한국 신학의 종속성을 강화하는 효과를 가진다. 반면 정교회나 가톨릭 국가로 흔히 알고 있는 동유럽과 남미는 마약과 성매매와 미신 등의 이슈들과 함께 등장하면서 일관되게 기독교의 영적 전쟁 차원에서 무력한 국가로 묘사된다.

한국 사회에서 민족은 국가를 포괄하지만 국가는 민족을 포괄하는 단위가 되지 못한다. 한국의 민족 담론에서 북한은 단일 언어, 단일 인종이라는 민족적 상징을 공유함으로써 경계의 내부이지만 타자의 영역에 위치한다. 북한은 세 가지 분절점을 가지고 재현된다.

첫째는, 북한의 '형제' 기독교인들에 관한 것이다. 북한은 옛 조선의 성지이자 역사적인 대부흥 운동의 진원지이며 한때 '동방의 예루살렘'이라고 불리던 평양이 있는 곳이다. '북한 정부의 박해 수위

---

48 김철영, 「영국 교회, 향후 40년 내 문 닫는다」, 『뉴스파워』, 2011. 10. 24.

가 높아짐에도 불구하고 늘어나는 북한의 형제 기독교인'의 '정금같이 단련된 신앙'과 '기독교인 40만 명'이 존재하고 있는 땅인 것이다. 이들 신앙은 3~4대 걸쳐 있는 것으로 그들은 여전히 가정 교회와 지하 교회를 통해서 신앙을 지키고 있으며, 북한 기독교인들의 신앙은 북한 정부가 그들을 체제 붕괴를 불러일으킬 매우 위협적인 존재로 의식하게 할 만큼 강력한 것이며, 남한의 기독교인들의 신앙과는 다르게 매우 순수할 것이라고 판단한다. 북한은 '동포'로 불리기 전에 갖은 핍박과 생명의 위협에도 불구하고 '어렵게 신앙하는 기독교인들'로 구성된다. 단련된 신앙의 소유자로 장차 한국 교회의 소중한 선교 자원이자 민족 복음화를 위한 파트너인 북한, 이는 한국의 개신교가 북한을 사유할 때의 특징을 반영하는 것이다.[49]

두 번째는 북한은 남북 긴장 관계 개선과 평화 통일을 함께 이루어야 하는 파트너이다. 선교한국 기도합주회 기도정보지에는 남북 관계 개선과 평화 통일에 대한 언급이 자주 등장한다. 한반도 평화 구축을 위해서 탈북자를 비롯한 북한 인권 개선과 개혁 개방과 민주화가 이루어져야 하며, 개성공단이나 금강산 관광, 이산가족 상봉을 위한 협상은 중요한 이슈가 된다. 그리고 이들에게 '순수한 인도적 차원'의 식량 지원과 구제 사업 활동은 지속적으로 진행되어야 한다. 선교한국 기도합주회 기도정보지에는 '평화와 통일을 위한 기도'가 중요한 카테고리로 따로 존재하고 있으며, 매호마다 북한이나 남북 관계가 언급된다.

세 번째는 근본주의적 성향의 선교 단체들일수록 도드라지게 구

---

49 「북한, 이란, 모리타니 등 기독교인 박해 심화—한국오픈도어선교회 '北 지하 교인 40만 명 중 4만 명이 수감'」, 『기독일보』, 2010. 2. 22.

별되는 층위로서 중국의 공산주의와 함께 북한의 공산주의에 대한 경계의 시선이 존재한다. 이들 공산주의는 무신론으로 종종 표현되며 이는 과격한 이슬람교와 힌두교 근본주의자들에 대한 태도와 비슷한 수위로 나타난다. 한국 교회의 뿌리 깊고 넓게 퍼져 있는 반공주의 경향을 감안해 본다면 이는 충분히 예상 가능한 것이라 할 수 있다. 선교한국 기도합주회 기도정보지에 나오는 가장 두터운 층위는 두 번째로 북한은 궁극적인 '민족 복음화'와 '한반도 평화 구축'을 위한 중요한 단위이자 과제로서 민족의 범주에 속하는 타자이다.

요약하면, 한국 교회와 타자와의 차이는 그것을 비본질과 본질적인 것으로 규정하고, 한국형 선교 등 비서구권 선교 모델이 지금의 문제를 정상화할 것이라고 전망하게 한다. '한국형 선교' 모델은 지금까지의 서구 선교사들의 지배적인 선교 운동의 비본질적인 측면들과 결핍들 그리고 비정상성을 회복해 나가는 사명을 지니는 것으로 배치된다.

세계 경쟁을 위한 경계의 재설정: '한인 디아스포라'

세계화 이전의 이민 경로는 주로 국가 간 역사적 배경과 지리적 접근성과는 관련이 깊었다. 그러나 세계화 내지는 세계화의 조건은 이민 경로를 다양화하면서 '새로운' 국면의 이민 현상을 나타나게 했다. 그리고 이 과정에서 발생하는 새로운 조건들이 이주 현상을 지속시키는 요인으로 작용하게 된다.[50] 이주민들의 네트워크 확산, 초국적 이동의 활성화를 촉진시키는 제도적 요인, 이민 수용국에서의

---

50 엄한진, 『다문화사회론』, 도서출판 소화, 2011.

노동 변화가 가져오는 사회적 효과들이 그 대표적인 예이다. '한국형 선교' 담론 또한 이민 경로의 다양화와 함께 진행될 수 있었다. 사회적 연결망 이론에 따르면, 국제 노동력 이동이 지속됨에 따라 이주 노동자들이 연결망을 결성하고, 이 연결망은 이동 비용과 위험을 낮추고 기대 순이익을 증가시키므로, 재차 국제 노동력 이동의 가능성을 증가시키는 효과를 발휘한다고 한다.

한국형 선교 담론은 한민족 디아스포라 네트워크 선교 시대를 열어야만 한국 교회가 보다 효과적으로 세계 선교를 감당할 수 있다고 말한다. 세계화 시대에서 국가적·인종적 경계선을 초월하는 일은 너무나 시급한 일이고, 선교 운동에서는 더욱 그렇다. 이전까지 디아스포라는 거의 영구적으로 한 나라에 사는 한인들을 지칭하는 말이었다. 그러나 선교 동원 운동에서 그것은 '관광, 유학, 기러기 가족, 비즈니스, 장단기 거주 등'으로 매우 다양한 이주 형태를 포함한다. 한인 디아스포라의 '80%' 이상이 한인 교회를 중심으로 형성되어 있기 때문에 이들은 모두 개신교인들로, 그리고 예비 선교사로 자리매김된다.

선교 전문가들은 '현재 600만 명으로 추산되는 전 세계 한인 디아스포라 가운데 한인 기독인들은 최소 20~30%에 달할 것'이라며 "국내 교회의 성도들에 비해 선교지 언어와 문화의 장벽을 뛰어넘을 수 있는 등 상대적으로 '국제화 지수'가 높은 이들을 세계 선교에 동참하도록 적극 유도해야 한다."고 강조한다.[51] 이들은 한국 선교사들의 가장 고질적인 문제인 영어 등 언어 문제와 국제 사회로부터 자

---

51 한철호,「디아스포라의 시대가 열리고 있다!」, 선교한국, 2004. 2. 21.

주 지적받고 있는 배타적이고 자문화 중심주의 문화를 훌륭하게 극복할 '건강한 이중 문화권자로서의 정체성과 자질'을 가진 자들로 호명된다. 이들을 활용하여 국내 청년 학생들을 교육시키는 것은 선교 동원 운동에서 또 다른 매우 중요한 사안으로 다루어진다. 그렇기 때문에 한국 교회와 이민 교회 안에 있는 한인 디아스포라에게 세계 선교의 열정을 불어넣는 것은 매우 효율적인 새로운 돌파구로 작용할 것이라 기대한다. 세계화와 지역화가 중층적으로 얽히면서 증가하게 된 디아스포라 네트워크는 '영적인 차원의 놀라운 선교 자원들'로 묘사되고 있다. 여기서 한국 교회는 좀 더 자주 '한인 교회'로 불리고 있는데 이는 세계 곳곳에 퍼져 있는 이민 교회들과 한인 디아스포라 그룹들을 의식하는 말이며, 그들을 선교 자원화하고자 하는 언술이다.

다음은 한철호 선교한국 파트너스 상임위원장의 설명에 근거하여 정리한 것이다. 이것은 앞 절에서 살펴본 '최전방'과 '아시아', '미국'과 '통합적 유럽'으로 경계 지어진 세계선교지도 위에 한인 교회와 '한인 디아스포라'의 역할론을 중심으로 다시 강조되는 전략적 지도인 셈이다. 한인 교회들은 자신이 있는 나라가 어느 지역에 해당되는지 파악하면 어떤 선교적 참여가 일어나야 할지 가늠할 수 있다.

- F지역(frontier area, 전방 개척 지역): 복음 전파가 요청되거나 지금 활발하게 진행되고 있는 지역이다. 즉 중국, 베트남, 인도네시아, 인도 등 대부분의 아시아와 중앙아시아 지역과 아프리카 지역이 여기에 해당된다고 볼 수 있다. F지역에 있는 한인 교회들은 선교사들의 전진 기지 역할을 하면서 한인 사회

복음화와 선교 참여를 동시에 해왔다.

- R지역(revival area, 재복음화 지역): 대부분의 서유럽 지역과 같이 과거 기독교 국가로 선교에 큰 역할을 했으나, 오늘날 후기 기독교 사회로 들어가면서 교회가 줄어들고 오히려 재복음화가 필요한 지역을 말한다.

- O지역(open area, 개방 지역): 일반적으로 선교사를 보내는 나라 지역을 말한다. 즉 미국, 캐나다, 홍콩, 싱가포르 등과 영국 등 일부 유럽 국가가 이에 해당된다. 일반적으로 O지역의 한인 교회들은 선교사를 파송하고 지원하고 후원하는 역할이 교회의 주된 역할이었다. 전통적으로 미주 한인 교회가 이 역할을 담당했다.

- M지역(multi-ethnics, 다민족 지역): 다민족 사회 지역을 말한다. M지역은 최근에 등장하는 지역이나 국가로 세계화와 이민으로 인해 한 지역 안에 여러 나라나 민족들이 함께 사는 지역을 말한다.

그러나 오늘날 세계화의 급속한 진전과 의사소통의 발전 혹은 반대로 전쟁과 난민의 발생 등으로 인해 대부분의 나라들에서 교회들은 위 네 가지 요소 중 한 가지 형태만 나타나는 것이 아니라, 네 가지 형태가 한 나라 안에서도 복합적으로 나타나고 있음을 다음 인용문을 통해서 확인할 수 있다.

미국의 경우 전통적으로 O지역이었지만, 현재는 O·M지역(개방/다민족 지역)으로 급속히 변해 가고 있다. 급속한 세계화로 인해서 오늘날 미국 사회는 다양한 민족들이 함께 어울려 사는 사회로 발전했고, 그 결과 O·M·F지역의 성격이 다 나타나는 지역이 되어 버렸다. (……) 최근 미국 교회들은 이러한 문턱 선교(mission on our door steps)로 급속히 전환되고 있다. 즉, 단지 해외로 나가는 선교사를 지원하는 것에서 그치는 것이 아니라 미국이 선교지라는 인식을 하고 그 사회 안에 있는 다민족들에게 다가가는 것이 중요한 선교적 과제가 된다. 영국의 경우 전통적으로 O지역이었고 그래서 아직 일부 교회는 선교사를 파송하는 역할을 하지만 대부분의 영국과 유럽은 재복음화가 필요한 R지역이다. 그런데 이런 지역이 최근 급속한 다민족화로 인해서 이 지역에는 O·R·M지역(개방/재복음화/다민족 지역)의 현상이 동시에 일어나는 지역이다. 이런 지역에서 한인 교회의 역할은 현지 교회와 협력하여 현지 교회에 부흥을 가져다주고 그 지역 안에 있는 다민족들에게 복음을 전하는 형태로 나타나게 될 것이다. 한편 전통적인 선교지로 F지역이었던 인도네시아와 중국과 같은 나라는 최근 교회가 성장하면서 O지역에서 볼 수 있는 현상들이 현지 교회들에게서 나타나고 있다. 즉, 그 나라 안에 자생적 교회가 수립되면서 이제는 자민족 안에 스스로 복음을 전할 수 있는 자생적 교회가 만들어졌을 뿐만 아니라 그 교회들이 선교사를 파송하기에 이르게 된 것이다.[52]

---

52 한철호, 「디아스포라 교회의 선교 프로그램에 대한 제안」, 선교한국 파트너스, 2013. 2. 19.

선교 동원 운동은 한인 교회를 중심으로 이 두 그룹을 어떤 형태로 연결하고, 동원할 것인가에 초점이 맞추어져 있다.[53] 선교 동원가들이 '한국형 선교' 모델을 구축하기 위해 합의되고 있는 전략은 크게 두 가지 정도이다. 먼저, 선교적 교회, 선교사의 정체성을 강화하는 것이다. 선교 동원 운동에서 한인 디아스포라의 정체성은 중요한 사안이 된다. 이중 문화권 및 다중 문화권에서의 한인의 정체성, 세대 간의 의사소통, 세대 간의 리더십, 한인 공동체의 위상과 정체성 문제 등이 구체적인 사안이 된다. 선교 동원 운동은 세계화 시대의 특징인 인구 이동의 특징을 감안하여 '디아스포라'를 재개념하는 동시에 한인으로서의 정체성이 절실하지 않은 기존의 영구 거주 디아스포라에게 '한국 선교사'라는 정체성이 무엇이어야 하는지 답하고자 한다. 한국형 선교 모델을 위한 또 다른 중대한 사안은 해외 한인 교회가 가진 영세성의 극복이다.[54] 이를 위해 선교 동원 네트워크와 한인 교회 및 디아스포라 네트워크를 촘촘히 조직하고 강화하자는 전략을 제시하고 있다. 한국형 선교를 가능하게 하기 위해 우선적으로 고려하게 되는 대안들은 주로 '한인 교회들'의 물적 자원과 인적 자원을 얼마나 효과적으로 연결하는가와 관련이 깊다.

현재 선교한국 이외에도 선교 동원만을 목적으로 특화된 교단 및 선교 단체들 간의 연합 그룹들이 주목을 받으며 등장하고 있다. 이들은 선교적 사명을 미처 깨닫지 못하고 흩어져 있는 디아스포라 '선교 자원들'을 선교사로 이끌고 훈련하기 위해 움직인다. 이들은 '선

---

53 한철호, 「디아스포라 동원 3: 새로운 출발점 만들기」, 선교한국 파트너스, 2007. 6. 29.
54 함태경, 「디아스포라 네트워크 선교 시대 열자/국내-해외 선교 동원 연대해야 시너지 효과」, 『국민일보』, 2004. 9. 19.

교 동원가'라는 또 다른 양태의 선교사인 셈이다.[55] 선교 동원가의 역할은 미래 선교 자원의 핵심인 젊은이 디아스포라 선교 동원을 활성화하여 청년 학생들을 선교사로 동원하는 것과 선교 지향적 교회, 다른 말로 하면 '선교사적 삶'을 공유하는 교회를 조직하는 것이다. 여기서 선교사적 삶을 강화한다는 것의 의미는 앞서 언급된 기독교 근본주의자들의 본질적 요소들에 대한 철저함이다.

한국형 선교 담론은 청년 학생 동원을 중요하게 인식하고 있다. 이는 상징적 계보와 서사 작업 부분에서도 확인되는 바이다. 선교한국과 함께 일어나고 있는 한인 디아스포라 청년 동원 운동은 크게 중국과 필리핀을 비롯한 아시아 지역과 영국 및 유럽 지역, 미주 한인 교회와 호주의 캠퍼스를 중심으로 구축되고 있다. 각각의 네트워크는 각 국가별 조건에 맞추어 조금씩 다른 형태를 취하고 있다.

한국형 선교의 청년 학생 선교 동원은 두 가지를 강화하는 면모를 보인다. 하나는 '한국적인 것'이라는 특수성과 한인 교회를 포함한 '한인 디아스포라'라는 경계를 재설정하는 것이며, 또 다른 하나는 개신교인들에게 글로벌 리더로서의 '한국 선교사'의 정체성을 강화하는 것이다. 하지만 이 모든 것, 즉 한국적 리더십, 한국적 선교 모델이 가능하게 하기 위해서는, 한국 교회와 미주 한인 교회의 풍부한 물적·인적 자원의 효율적 활용 방안이 그 실제적 내용이 된다. 사회 경제적 차원이 종교 담론에 근거하여, 보다 정확하게 말하면 종교와 민족 정체성을 도구화해서 새로운 연대 의식과 일체감을 구

---

55 이와 관련된 선교한국 파트너스 내에 개설된 네트워크 커뮤니티는 청년선교동원가 네트워크, 교회목회자동원가네트워크, 세계청년선교동원네트워크(Student Mission Mobilizer' Network, SMMMR), 단기선교동원네트워크 등이 있다.

성하는 정체성의 문화적 차원으로 전환된 것이다. 이들은 모두 동일한 기원과 조상을 공유하며 제1의 선교 강국이 되기 위한 경쟁에서 승리하고자 하는 공통의 미래를 성취해야 한다. 이들의 공통 운명은 선교사라는 정체성으로 결집하여 기독교 근본주의적 믿음과 실천을 수행함으로써 동일화되는 것이다.

'한국적인 것'의 장소

지금까지의 논의를 바탕으로, 해외 선교 운동을 가로지르는 '한국적인 것'이란 무엇이 될지 진지하게 질문하지 않을 수 없다. 한국 개신교회의 해외 선교 동원 운동이 수행하는 담론적 실천에는 다양한 물질적·정치적 현실의 흔적이 등록되어 있다. 구자본주의적 전망의 관점에서 보면, 선교 동원 운동 차원에서의 로컬, 즉 '한국적인 것'은 해방의 장소가 아니라 '조작과 감금의 장소'가 될 가능성이 농후하다. 다른 식으로 말하자면, 그것은 그 안에 살고 있는 사람들이 스스로 자신들의 정체성을 벗어던지고 세계 선교 운동을 가능하게 하는 전 지구적 자본의 유통망에 동질화되어야만 해방될 수 있는 장소인 것이다. 이는 로컬의 곤경을 의미한다. 국제적 기준 등과 같은, 구체적이지 않은 글로벌한 혹은 국제적인 것을 자신의 비전으로 삼아 한국적 선교 모델을 구상하는 것은 전 지구적 자본주의 속에 조작당하기가 쉽다. 로컬한 장소에 대한 이해관계와 권역별 한인 교회의 힘의 차이들은 한국 사회 내에서 작용하고 있는 중대형 교단 및 지교회 체제의 권력과 자본에 따라 재편될 가능성이 높다. 한국적이면서 세계적인 선교 운동에 대한 이러한 상상의 공동체에 대한 감각은 공동체 내부로는 균질성을, 외부로는 타자화를 요구하는 것이기도 하다. 민족/국가라는 권역 공간의 근거는 세계 지도와 전쟁을 통해 나타나는 타자에 대한 인식에도 기인하는 것이다. 이렇듯 '차이의 재발명', '민족의 재발명'은 세계화 시대의 또 다른 하나의 현상이다.

근래 한국 선교사 파송 현황을 살펴보면, 선교 동원 운동의 민족화 담론은 과거 권위주의 정권과 이해관계가 일치할 수 있었던 기본적인 조건을 그대로 안고 가는 방식으로, 한국 개신교의 반공주의와 친미주의는 물론 보다 상관성이 밀접한 조건인 보수 분파의 근본주의적 성향의 확장판이 될 가능성이 높다. 한국 선교사를 가장 많이 파송하는 교단은 가장 보수적인 교단과 단체들로 이루어져 있다. 1위 교단은 대한예수교장로회(이하 '예장합동') 총회세계선교부(101개국, 2,129명)로 나타났으며, 2위는 기독교대한하나님의성회(이하 '기하성') 여의도순복음교회(57개국, 1,359명)이다. 순복음 계열 교단 기하성은 전년도까지 65개국 710명을 파송하여 4위였던 것이 크게 약진했다고 한다. 선교사 파송 1위 선교 단체 역시 몇 년째 마찬가지로 대학생성경읽기선교회(UBF, 92개국 1,722명)였으며, 전년도까지 27개국 540명을 파송하여 4위였던 인터콥(26개국, 677명)이 2위로 뛰어올랐다. 기하성 여의도순복음교회와 인터콥의 눈에 띄는 선교사 파송 수 증가와 관련하여 한국세계선교협의회(The Korea World Missions Association, KWMA) 한정국 사무총장은 '여의도순복음교회는 지난 한 해 해외 한인 개척 교회가 활성화되어 선교사 수가 증가했고, 인터콥은 기존 단기 선교에서 1년 이상 언어를 배우며 체류하는 장기 선교사들이 늘어난 결과'라고 설명했다.[56] 가장 보수적인 교단 및 선교 단체가 해외 선교 운동에서 가장 많은 동원력을 보인다는 것은 의미하는 바가 크다. 특유의 강력한 동원력을 보여줌으로써 과잉 대표되어 왔던 보수 교단들은 세계 선교를 향하여 영향력을 뻗어 나가려는 '한국형 선교'를 구성하는 데 있어서도 물적·인적 자원에 대한 장악력을 높여 가며 기존의 구조들을 재생산할 가능성이 크다.

아마르티아 센은 그의 저서 『정체성과 폭력』에서 종교와 문명으로 단순화되는 분류법이 호전적인 왜곡의 원천이 될 수 있다고 경고한 바 있다. 그는 이슬람 분파주의자들을 예로 들면서 세계가 종교들 혹은 문명들의 집합으로 자주 간주되며, 계급, 젠더, 직업, 언어, 과학, 도덕, 정치 등 인간이 가지고 있는 다른 정체성들과 가치는 무시되는 경향을 분석한 바 있다. 독보적인 방식으로 편을 가르는 것은 실제 세계가 형성하는 다원적이고 다양한 분류 체계보다 훨씬 더 대결적이며, 폭력을 극복하고자 하는 세계적인 시도가 곤경에 처하게 된다고 보았다. 종교에 기초한 폭력은 시민 사회의 강화를 통해서 해결되기보다는 결국 '온건한' 교파의 지도자들이 나섬으로써 저지되거나 해당 종교의 요구들을 적절히 재정의함으로써 종교 내 논쟁에서 극단주의자들을 물리치는 임무가 주어질 것이며, 외관상 자비로운 전략을 써서 표면적으로 더 고상한 비전을 제시하는 방법이나 광의의 정치적 언어로 '진정한 개신교'란 무엇인지 정의하려고 드

---

56 (사)한국세계선교협의회(KWMA, 대표회장 강승삼 목사, 사무총장 한정국 목사)가 9일 열린 제22회 정기총회에서 한국 선교사 파송 현황을 발표했다. 조사는 KWMA 회원 교단 및 선교·산하 단체를 중심으로 진행되었으며, 23개 비회원 교단과 70개의 비회원 단체가 추가되었다. 조사에 따르면, 2011년도 실제 파송 선교사 수는 169개국 2만 3,331명으로, 전년(2만 2,014명)에 비해 1,317명이 증가된 것으로 나타났다. 신태진, 「선교사 파송 숫자, 기하성·인터콥 '대약진'」, 『크리스천투데이』, 2012. 1. 9.

는 것에 대해서, 그런 정의가 유용한지 심지어 가능하기는 한지 질문해 봐야 한다고 주장한다.

'위클리프 아시안 디아스포라' 책임자 정민영 선교사는 이 시대의 주요한 특징을 '세계화와 지역화의 공존, 공생', 그리고 흔히 '빈익빈 부익부'로 불리는 '불균형 발전'으로 꼽았다. 그리고 선교사를 가장 많이 파송한 교회가 어쩌면 가장 비선교적 교회가 될 수밖에 없는 현실을 두고 한국 선교계의 자성을 촉구했다.[57] 그 또한 현재의 '한국적인 것'에 대한 관심이 한국 선교사 2만 명 시대를 가능하게 한 압축적 성장을 과시하는 한국 교회의 모습이 아닌, 한국전쟁 이후 '피폐해진 강토를 맨손으로 개척해 가며 보릿고개를 극복했던' 빈곤의 경험으로부터 다시 시작해야 한다고 주장한다. 한국 선교계에도 그간의 교회 성장과 선교 운동에 대해서 충분히 다른 해석과 성찰이 존재해 왔다. 그러나 이러한 흐름이 있다는 것을 확인하는 것과 한국 교회가 기존의 지배적인 흐름과 그것에서 파생된 한계점을 인지하고 선교 동원 운동 내에 좀 더 다양한 전통을 진지하게 성찰하는 대항 담론을 구축할 수 있는 것인가는 질적으로 다른 차원의 문제이다.

지금까지의 논의들을 살펴보고 내리게 되는 '한국형 선교' 담론에 대한 잠정적 결론은, 한국 교회가 기존의 성장주의와 근본주의, 그리고 권위주의의 한계 및 비판을 넘어가는 데 있어 거쳐야 할 지난한 과정을 여전히 충분히 직면하지 않고 있다는 것이다. 오히려 현재 선교 동원 운동에서 말해지는 '한국형 선교' 담론은 세계화에

---

57 정민영, 「한국 선교의 유통 기한을 걱정한다」, 『선교타임즈』, 2010. 2. 9.

따른 한국 교회의 중심부 역할에 대한 열망과 기대를 부추기면서 이러한 권력관계 내지 종속과 불균등 관계를 확장시키고, 공고히 하는 효과를 가져올 것으로 보인다.

그들이 교회로 간 까닭은?[*]

박정희 정권기 한국 복지 체제 형성 과정에서 도시 교회의 역할과 기능

정용택

"복지국가란 '자본주의 사회에서 노동력의 재생산을 조절하고, 비노동인구를 관리하기 위한 국가권력의 사용'이다." ― 이언 고프(Ian Gough)

복지국가에서 복지 체제로

김대중 정부의 복지 개혁에 대한 평가를 중심으로 구성된 『한국 복지국가 성격논쟁 I』이 2002년에 출간됨으로써 한국 사회과학계에서 복지국가 및 복지 체제론을 둘러싼 본격적인 학술 논쟁의 장(場)이 출현했다. 당시는 김대중 정권의 말기로서, 집권 전부터 이미 맞닥뜨렸던 외환위기를 극복하고자 임기 내내 재벌, 공기업, 금융 개혁과 함께 복지 개혁을 추진해 온 것이 비로소 그 결과를 드러내기

---

[*] 이 글은 '한국 사회 보수주의 형성과 그리스도교' 포럼(2012. 11. 26.)에서 발표한 원고를 수정·보완한 것이다.

시작하던 시점이었다. 학계는 김대중 정부가 제안한 '생산적 복지'의 성격을 어떻게 볼 것인지, 나아가 복지 개혁의 성과는 무엇인지를 두고 의견이 첨예하게 엇갈렸다. 특히, 새롭게 막 태동한 한국 복지국가의 성격이 에스핑-안데르센(G. Esping-Andersen, 1947~)의 국가별 복지 체제 유형론에 입각했을 때 사회민주주의인가, 자유주의인가, 보수주의인가, 또는 자유주의와 보수주의의 혼합형인가를 두고 치열한 논쟁이 전개되었고, 그 결과물이 『한국 복지국가 성격논쟁 I』로 나타났던 것이다(김윤태, 2010, 35~37쪽). 그러나 이 책이 나온 후로 에스핑-안데르센의 복지 체제 유형론이 갖고 있는 일반화의 위험성, 역사적 인과성이 결여된 유형 귀속, 동아시아 국가들과 같은 새로운 유형의 발견 및 미시적 다양성과 변화에 둔감한 정태적 해석의 문제점이 지속적으로 제기되었다. 결정적으로는 서구의 선진 자본주의 국가들의 역사와 경험에 기초한 이론과 변수들이 모순적·압축적·우발적인 한국 사회의 복지 정책 및 복지 정치의 복합성을 설명하는데 부족하다는 비판이 확산되면서, 결국 『한국 복지국가 성격논쟁 I』의 한계를 보완하는 새로운 해석과 논쟁을 담은 『한국 복지국가 성격논쟁 II』가 2009년에 출간되기에 이르렀다(김수정, 2010, 292쪽).

그런데 이러한 일련의 풍부한 학술적 토론 및 성과에도 불구하고 여전히 학자들의 관심은 복지국가 황금기의 선진 자본주의 국가들을 대상으로 하는 에스핑-안데르센의 복지 체제 유형론에 고정되어 김대중 정부 이후의 한국 복지국가의 성격을 규정 짓는 데만 주안점을 두었을 뿐, 정작 그런 선진 자본주의 국가의 이념형을 직접 적용하기조차 어려운 김대중 정부 이전 시대의 한국 복지 체제의 성격 및 형성 과정, 그리고 그 현재적 유산에 대한 관심은 상대적으로 부족한 편이었다.[1] 아마도 김대중 정권을 기점으로 했을 때 적어도 형식적으로나마 한국이 비(非)복지국가에서 복지국가로의 전환에 성공했다고 판단하고, 그 이전 시대에 대해선 굳이 에스핑-안데르센의 복지 체제론을 적용하여 연구할 필요성을 못 느꼈기 때문일지도 모른다.

일반적으로 널리 사용되어 왔던 기존의 복지국가(welfare state) 개념이 시민들에게 사회적 위험에 대해서 최소한 혹은 그 이상 일정 수준의 사회보장을 사회적 권리로서 제공하는 국가라는 규범적 정의를 담고 있는 경우가 많은 반면, 에스핑-안데르센이 말하는 복지 체제(welfare regime)는 '일정 수준'이라는 기준보다는 '국가와 시장, 그리고 가족 사이에 복지가 생산되고 분배되는 상호 의존적으로 결합된 방식'으로 정의된다(에스핑-안데르센, 2006, 83쪽). 그리고 이 '방식'은 일시적인 형태라기보다는 역사적으로 형성되어 온 제도적 축적의 결과물로 이해된다(최영준, 2011, 9쪽). 그는 복지국가 혹은 복지 체계(welfare system)라는 일반적 용어 대신 복지 체제라는 새로운 개념을 제시하면서, 이것은 한 국가의 사회복지 제도의 법적·제도적 특성이 국가와 경제의 관계, 즉 특정 사회의 정치·경제적 맥락을 반영하여 결정됨을 강조하기 위한 것이라고 설명한다(에스핑-안데르센, 2007, 18쪽). 복지 체제는 한 사회의 특정 시점에서 사회복지를 둘러

---

[1] 하지만 이러한 판단은 복지 체제와 복지국가를 개념상으로 동일시하고 있거나, 혹은 복지국가에 대한 어떤 규범적 기준을 전제로 하여 복지 체제를 복지국가의 하위 개념으로 오해한 결과로 보인다. 다시 말해, 에스핑-안데르센은 OECD에 속한 선진 자본주의 국가들로 한정하여 각 국가별 복지 체제를 비교 분석하고 유형화를 시도했던 것인데, 문제는 그것이 은연중에 복지 체제란 경제적으로나 정치적으로 일정 수준 이상 발전된 몇몇 복지 선진국들만이 갖추고 있는 제도적 배열의 조정 메커니즘이라는 식으로 오해될 소지가 있다는 것이다.

싼 계급 타협 내지는 복지 동맹의 이해와 가치를 구현하고 있으며, 이는 결국 사회복지의 공급을 둘러싼 각 공급 주체들이 분담하는 역할 및 책임을 통하여 나타난다는 것이다(신동면, 2009, 75쪽). 피어슨은 에스핑-안데르센의 이러한 복지 체제론적 설명 방식이 복지국가 발달에서 구조(복지국가)와 행위자(공급 주체) 사이의 관계를 매개하는 제도의 역할을 중시하는 역사제도주의(historical institutionalism)에 이론적으로 기반을 두고 있다고 평가한다(Pierson, 2000, 809쪽).

그런데 한국의 독특한 복지 혼합 구조의 맥락에서 이 개념을 분석틀로 활용할 때 주의해야 할 지점이 있다. 그의 복지 체제론에서는 복지 재화와 서비스를 제공하는 공급 주체를 '국가-시장-가족'에만 한정하고 있을 뿐, 한국의 복지 현실에서 이들 못지않게 상당한 기여를 하고 있는 다양한 민간 복지 부문의 주체들이 제대로 반영되지 않고 있다는 사실이다. 다시 말해, 에스핑-안데르센 본인은 또 다른 주체로 추가되어야 한다고 언급만 할 뿐 실제 분석에는 활용하지 못했던 제3섹터, 즉 종교 기관이나 복지 시설·시민 단체·모금 기관·사회복지협회 등으로 구성된 '비영리 민간 복지 부문'과, 동일한 민간 복지 부문에 속하지만 복지 서비스의 공급 방식에 있어서나 영리 추구 방식에 있어서 시장 영역과는 명확히 구별된 특징을 갖고 있는 기업복지, 그리고 여타의 민간 복지 부문에 해당하는 '공제회'나 '자원봉사'에 이르기까지, 이런 다양한 복지 공급의 주체들이 다양하게 상호작용하고 있는 복지 혼합 구조의 지평 위에서 한국의 복지 체제를 분석해야 한다는 것이다(김교성 외, 2007; 김진욱, 2009). 따라서 한국적 복지 혼합 구조의 현실과 에스핑-안데르센의 복지 체제 개념이 갖는 본래의 역사제도주의적 문제 설정을 종합적으로 고려하여 복지 체제 개념을 한국적 맥락에서 재정의한다면, 그것은 '복지(welfare)'라는 사회적 공간을 둘러싼 국가와 시장, 가족, 기업, 제3섹터, 공제회, 자원봉사 등 여러 다양한 행위 주체들의 상호작용이 복잡하지만 일정한 특성을 따라 얽혀 있는 관계의 제도적·문화적 형태 그 자체를 의미하는 것이라 할 수 있겠다.

한편, 제도적·정책적 수준에서 복지 발전이 비약적으로 이루어진 김대중 정부를 기점으로, 나아가 노무현-이명박-박근혜 정부를 거치는 동안에 정당을 중심으로 복지 정치 논의가 급진전되면서, 현재 한국은 비복지국가에서 복지국가로의 이행 과정 막바지에 이르렀다는 평가가 복지국가 연구자들 사이에서 지배적이다. 이러한 해석의 근거는 무엇인가? 저명한 복지국가 연구자인 크리스토퍼 피어슨(Christopher Pierson)의 기준이 근거로 많이 인용된다(최영준, 2011, 29쪽). 그는 서구의 복지국가 연구에서 복지국가 시작의 세 가지 조건으로 포괄적인 사회보험제도의 도입, 시민권/사회권으로서의 복지 정책의 시행, 그리고 3~5%의 공적 사회 지출을 제시한다(피어슨, 2007, 149~150쪽). 이 기준으로 볼 때 한국에서 4대 사회보험(산업재해보상보험, 건강보험, 연금보험, 고용보험)의 도입이 1995년 고용보험으로 비로소 완성되고, 1998년 초에 그 적용 범위가 1인 이상 고용하는 전 사업장 혹은 자영업자로 확대됨으로써 명실상부 4대 보험의 틀이 형식적으로는 갖추어졌다. 개별적으로 보더라도, 국민연금은 1999년에 도시 자영업자에게까지 확대되어 전 국민 연금 시대가 열렸고, 산재보험도 2000년에 1인 이상 전 사업장으로 확대 적용되었다. 적어도 형식적으로는 모든 자격 있는 국민들이 사회보험의 보호막으로 들어오게 된 것이다. 또한 IMF 경제위기를 겪으면서

5% 사회 지출을 기록하게 되며, 마지막으로 국민기초생활보장법이 1999년 8월에 제정되어 2000년 10월부터 시행됨으로써 최소한 법적으로는 모든 이들에 대한 빈곤의 책임과 복지를 국가의 기본적인 역할로 받아들이게 되었다.[2]

물론 그러한 이행 양상과 더불어, 과거 개발독재 시대의 발전주의적 복지 체제의 유산과 흔적이 아직도 상당 부분 잔존하면서, 한국 복지 체제의 변동에 강한 경로의존성(path dependence)을 부여하고 있다는 평가 역시 공존한다. 따라서 그러한 이행의 과도기적 현실을 고려할 때, 지난 시대 발전주의적 복지 체제 형성의 근간을 제공한 박정희 정권기의 복지 체제에 관한 역사적 연구는 현재 한국 복지 체제의 구조와 문제점, 그리고 향후의 진로를 모색하는 데 있어서도 여전히 중요한 과제라 할 수 있다. 최근 들어 몇몇 연구자들을 통해 그 시기 복지 체제의 특성에 관한 고찰이 이루어지고 있음에도 불구하고, 정작 그러한 '문제적'인 복지 체제가 유지될 수 있었던 당시의 구체적인 사회적 조건이나, 그러한 국가 주도의 복지 체

---

2   그러나 2009년 조사가 이루어질 때까지도 전체 국민의 8.4%에 해당하는 410만여 명이 부양 의무자 기준으로 인해 국민기초생활보장제도의 사각지대에 놓여 있는 것으로 나타났다는 점에서, '국민 최저 생활' 보장이라는 복지국가의 최소한의 기준을 충족시키고 있는가에 대한 논란이 끊이지 않았다. 그러다 2014년 2월에 발생한 이른바 '세 모녀 동반자살 사건'을 계기로 복지의 사각지대 문제가 전 사회적인 이슈로 부상하게 되면서, 정부와 국회는 국민기초생활보장법 개정을 통해 2015년 7월부터 새로운 '맞춤형 기초생활보장제'를 시행하게 되었다. 하지만 기존의 사각지대 400만 명 중 고작 9%도 되지 않는 35만 명의 빈곤층이 신규 수급 자격을 얻었을 뿐, 빈곤의 사각지대 문제는 그대로 남아 있는 실정이다. 이는 부양 의무자 기준을 교육 급여에 대해서만 폐지했을 뿐 생계 급여에 대해서는 유지하고 있기 때문이다(김윤영, 2016, 19~20쪽; 이창곤, 2016). 그럼에도 불구하고 어쨌든 형식상의 기준으로 볼 때, 비록 서구의 선진 자본주의 국가들이 보여주는 사회국가 또는 복지국가의 수준에 한참 미달할지라도, 김대중 정권 3년차인 2000년을 기점으로 한국이 복지국가의 초기 단계로 진입한 것은 분명해 보인다.

제에 대한 대중들의 다층적인 반응 내지는 포섭과 저항의 복합적인 양상에 대해선 충분한 설명이 제시되지 못하고 있다. 즉, 국가에 의한 공적인 복지 공급의 현저한 결핍을 다양한 민간 영역(가족, 기업, 공동체, 제3섹터)의 민간 복지 부문을 통해 효과적으로 대체할 수 있었던 당시의 혼합적인 복지 구조의 현실에 기초하여, 그러한 독특한 복지 체제가 형성되고 작동하는 데 기여한 국가 이외의 제도적 변수들에 대한 심도 있는 고찰이 부족했던 것이다. 이 글은 바로 그와 같은 이론적 공백에 대한 신학적 차원의 개입으로서, 특히 당시의 한국 경제와 더불어 급성장한 한국 교회가 도시에서 수행한 비공식적 복지 활동의 실태 및 그 이면의 사회적 효과를 살펴봄으로써, 관련 쟁점들에 대한 민중신학적 해석의 가능성을 모색하고, 나아가 복지라는 사회적 공간을 매개로 하여 한국 사회의 보수주의 형성과 교회의 역할 간의 관계에 대한 새로운 접근을 시도해 보고자 한다.

박정희 정권기 복지 체제 연구 동향: 발전주의 복지 체제론을 중심으로

에스핑-안데르센의 복지 체제 유형론이 학계에서 영향력을 행사하게 되면서, 그의 분석에서 누락되었던 동아시아 국가들의 복지 체제를 어떻게 유형화할 것인가에 대한 여러 논의가 진행되어 왔다. 이러한 논의들은 그 정도의 차이는 있으나 대체로 동아시아에서의 복지 정책이 경제 발전을 위한 요구와 필요에 종속된 형태로 발전되어 왔음을 인정하는 것에서 출발한다(Deyo, 1992, 289~290쪽). 즉, 동아시아 국가들의 복지 체제는 그 나라들에서 공통적으로 발견되는 국가의 독특한 역할과 성격을 전제로 하여 파악해야 한다는 것이다. 한국의 복지 체제의 성격에 대한 논의 역시 이러한 동아시아 복지 체제 논의의 연장선상에서 이루어졌는데, 그 과정에서 제도주의 정치경제학자들에 의해 제시되었던 발전국가론(Johnson, 1982; Amsden, 1989; Wade, 1990; Evans, 1995)[3]에 기초하고 있는 발전주의적 복지 체제(developmentalist welfare regime) 모델이 국내 학자들에게도 큰 영향을 주었고(Kwon, 1999; 손호철, 2004; 문병주, 2005; 정무권, 2007; 양재진, 2008), 또 그와 유사한 방식의 설명을 공유하는 홀리데이(Holliday, 2000)의 생산주의적 복지자본주의(productivist welfare capitalism) 내지는 고프(Gough, 2004)의 생산주의적 복지 체제(productivist welfare regime) 모델 역시 설득력 있는 것으로 수용되어 박정희 정권기 한국의 복지 체제를 분석하는 주도적인 분석틀로 자리매김했다.

대체로 국내 학자들은 발전국가론을 이론적 전제로 공유하면서 발전주의와 생산주의를 개념적으로 그리 엄밀히 구별하지 않은 채 혼용하고 있는데, 특히 박정희 정권기의 한국의 복지 체제를 분석하는 내용면에선 그 둘을 대동소이한 분석틀로 활용하고 있다. 발전국

3   기본적으로 발전국가(developmental state)는 강력한 국가 자율성을 바탕으로 하여 국가가 경제 발전을 최우선의 국가 목표로 설정하고, 이를 위해 사회 전반을 동원한 동아시아 국가들의 공통된 발전 유형으로 정의되는데(김윤태, 1999, 147~148쪽), 동아시아 발전국가론의 연구 성과를 집약한다면 다음과 같은 이론적 명제를 도출할 수 있다. 첫째, 동아시아 국가들은 소비 및 분배와 구분되는 성장, 생산성, 경쟁력의 측면들, 즉 경제 발전에 정책의 최우선권을 두었다. 둘째, 이 목표를 성취하기 위하여 국가는 적극적으로 시장에 개입했고, 자원의 전략적 할당과 다양한 정책 도구를 통해 민간 부문을 지도하고 규율 및 조정했다. 셋째, 국가의 전략적 개입과 성공은 정치적·사회적 압력으로부터 자율적인 합리적이고 유능한 관료들에 의해 보증되었다(윤상우, 2001, 159~160쪽).

가론에 따르면, 한국의 발전국가는 박정희 정권이 1960년대 이후 국가주도형 산업화를 추구하면서부터 본격적으로 수립되었고, 1972년 11월 유신체제라는 강성 권위주의 체제의 등장과 함께 그 이듬해부터 중화학공업화가 강력하게 추진되면서 그 절정에 달했다고 한다. 이러한 발전국가론에 기초하여, 국내의 복지국가 연구자들은 박정희 정권이 등장한 1960년대 초부터 1970년대 초까지를 발전주의적 복지 체제가 확립된 시기로서, 복지에 대한 대중들의 욕구가 국가에 의해 강압적으로 억제되었던 시대로 설명한다.

발전주의 복지 체제론에 따르면, 이 시기에는 파이 이론으로 대표되는 '선성장, 후분배', '성장을 통한 복지', '낙수효과' 등의 발전주의 이데올로기가 한국 사회를 지배했다. 나아가 민주화 이후 한국 복지국가의 발전 과정에서도 성장 우선주의와 노동시장에의 근로 유인 등 발전주의적 성격이 강하게 나타난다는 점에서 박정희 정권의 복지 정책의 유산은 한국의 복지 체제의 원형질로 계속 기능하고 있다(한준성, 2012). 특히, 박정희 정권기의 발전국가는 재정 문제로 사회보장의 민간화 혹은 시장화를 적극적으로 도모했지만, 경제 분야와 같은 국가의 직접적인 재정적 기여는 하지 않으면서도 가부장주의에 입각한 사회보장제도의 수립을 적극적으로 유도하는 소위 '불개입의 개입' 방식으로 국민들의 복지 수요를 충족시키고자 했다(양재진, 2008, 332쪽).

그리하여 박정희 정권기에는 사회보험제도를 중심으로 한 현재 한국의 복지 체제의 제도적 기틀이 마련된 것인데(손호철, 2004, 174쪽; 문병주, 2005, 159쪽; 정무권, 2007, 283~284쪽),[4] 학자들은 이러한 사회보험 중심의 복지 정책의 정착과 성장이야말로 한국의 복지 체제가 발전주의적 성격을 가지고 있다는 가장 강력한 증거가 된다고 주장한다. 왜냐하면 조합주의적 원리에 의해 대기업 중심으로 도입된 이러한 사회보험제도들은 국가의 사회 지출을 최대한으로 낮추기 위해 국가의 재정 부담 없이 노·사의 기여금으로만 비용이 충당되도록 처음부터 설계되었기 때문이다. 즉, 사회보험의 재원은 해당 기업과 노동자가 부담하고 국가는 이를 관리하는 행정 비용만 부담하는 형식을 취하게 되는데, 이는 당시의 경제 성장 기조를 저해하지 않으면서도 국가의 재정적 개입은 최소화할 수 있는 가장 이상적인 복지 정책이었다는 것이다(남지민, 2009, 283쪽). 따라서 노동비용 상승을 불러오는 각종 사회보장제도의 도입은 최대한 늦춰지고, 부득이하게 그것을 도입할 때조차도 기업의 편의를 최대한 고려하여 단계적으로 시행되었다. 물론 이때도 복지 수혜의 자격 요건은 사회권의 차원에서 '무상으로' 모든 시민에게 보편적으로 주어졌던 것이 아니라, 노동시장에 고용된 상태에서 기여를 하는 이들에게만 보상적 급부로 수급권이 주어지는 고용 연계 수급권의 원칙이 강하게 적용되

---

4 4대 사회보험제도 중 고용보험제도를 제외한 세 개의 사회보험제도가 모두 박정희 정권기에 제정되었다. 물론 이 가운데 도입과 동시에 시행된 사회보험제도는 노동력 재생산 문제와 밀접히 연결된 산재보험 하나뿐이었고, 그마저도 적용 대상이 매우 제한적이었다. 즉, 산재보험 시행 당시에 500인 이상의 노동자를 고용하고 재정 능력을 갖춘 광업과 제조업 분야의 기업체만을 강제 적용 대상으로 지정했던 것이다. 실제로 산업재해가 더 많이 발생하는 중소기업은 제외되었고, 보상 수준이 재해 정도에 비해 현저히 낮게 책정되었다. 이후 산재보험제도는 그 적용 대상 업체의 범위를 1965년 200인 이상, 1966년 150인 이상, 1969년 50인 이상, 1974년 16인 이상, 1982년 10인 이상으로 계속 확대되어 왔지만, 낮은 보상 수준은 현재까지도 줄곧 문제가 되고 있다(김태성·성경륭, 2000, 381쪽).

었다(양재진, 2008, 332쪽).[5]

　이처럼 박정희 정권은 정부의 직접적인 재정 지출이나 광범위한 조세를 통한 공적인 복지 공급을 최소화하고, 대신에 고용주와 피고용인의 기여로 움직이는 사회보험을 한국의 복지 정책의 기본 틀로 고안해 냈으며(최영준, 2011, 14~15쪽), 다양한 재정과 규제 수단을 통한 비국가 부문의 복지 급여를 장려하는 동시에 공적부조와 사회복지 서비스 부문에서의 강한 가족책임주의(보족성의 원칙 견지)를 관철시켜 나갔던 것이다.

　그런데 이렇게 국가의 성장주의 이데올로기와 그에 상응하는 취약한 복지 정책 위주로 당시의 복지 체제의 특성을 설명하고 있는 발전주의적 복지 체제론이 과연 온전한 '복지 체제' 분석인가에 대해서는 여전히 의구심이 남는다. 앞서 지적한 바 있듯이, 기본적으로 복지 체제론이란 정부의 복지 정책 설계와 운영에만 중점을 둔 복지 '국가'론과 달리, 국민 국가와 같은 인민의 특수한 정치적 공동체 내에서 기본적으로 '인간의 건강과 번영, 안녕(well-being)의 상태'로 정의되는 '복지'에 대한 대중들의 본능적인 욕구가 어떠한 사회적 균열 위에서 생성되고 표현되어 수용되는 것인지, 또한 그러한 복지 욕구의 충족 방안을 둘러싸고 각 행위 주체들의 복잡다단한 이해관계들이 어떠한 갈등과 교섭의 정치적 지형 위에서 전개되는 것인지, 나아가 그것이 잠정적으로 어떠한 방식과 형태로 상호 분담 및 결합

5　한편 이처럼 국가가 전반적으로 강력한 힘을 가진 상황에 비해서, 복지 재정에 참여하는 것은 꺼리고 대신에 규제자(regulator)로서의 역할만을 선호했다는 점에서 권혁주는 당시의 한국을 '사회보험국가(social insurance state)'라고 명명한다(Kwon, 1999).

되어 제도화되는가를 총체적으로 규명하기 위한 분석틀이다. 설령 발전주의 복지 체제론자들이 주장하듯이, 박정희 정권기에는 경제 성장이 다른 어떤 가치들보다 우선시되었고, 권위주의적인 사회 통제로 인해 국민들이 정부에 사회 정책과 관련한 무엇인가를 요구할 수 있는 길 자체가 차단된 상황이었으며, 재야 운동권은 물론이고 야당 정치권에서조차도 유의미한 복지 정치 논의가 사실상 부재했음을 인정할지라도, 그러한 발전국가적 복지 체제 형성의 유일한 설명 변수를 '강한 국가(strong state)'의 일방적 동원으로만 한정하는 것은 문제가 있다는 것이다.[6]

물론 기존의 많은 연구들은 박정희 정권기에는 국가를 제외하고 다른 복지 생산 주체들이 보여준 유의미한 실천이나 성과는 거의 없었다는 입장을 공유하고 있다. 그래서 박정희 정권기의 복지 체제 연구를 자처함에도 불구하고 사실은 발전국가론에 입각한 복지'국가'론을 되풀이하고 있는 것이다. 그러나 제한적으로 추진된 소수의 국가 정책과 제도들에 근거하여 그 시대의 복지 체제는 정부의 전략적 소극주의에 의해 유지되었을 뿐이라고 결론 내리기 전에, 과연 그런 취약한 복지 체제가 도대체 어떠한 물질적 토대 위에서 구축된 것인지, 또한 그러한 국가 주도의 매우 취약한 복지 체제가 형성되는 데 있어서 국가 이외의 다른 부문들은 어떠한 기여를 했는지 등

---

6 예컨대, 발전주의적 복지 체제론은 박정희 정권기에 국가가 직접 개입하는 국가복지는 취약했지만, 국가복지의 축소에 대한 반작용으로 점차 국가 강제적 기업복지가 발전했다고 설명한다(문병주, 2005, 172~173쪽). 즉, 발전국가 하에서는 대기업을 중심으로 일정 규모의 경제와 지불 능력을 바탕으로 하는 기업복지가 확장되었으며, 국가는 이를 법적·제도적으로 지원했다고 보는 것이다. 따라서 이때도 복지 체제 결정의 주요 변수는 기업에 대해 강한 통제력을 지닌 국가였지, 자율성을 지닌 기업 자신은 아니었던 것이다.

에 대한 보다 폭넓은 분석이 이루어져야만 비로소 온전한 복지 '체제'론이라 할 수 있을 것이다.

박정희 정권기 복지 체제의 물적 토대와 대중들의 복지 욕구

발전국가 이론을 전제로 하면서, 박정희 정권기의 복지 체제를 가능하게 했던 다양한 물적 조건에 대한 의미 있는 분석을 시도한 대표적인 학자는 생산주의 복지 체제론을 견지하는 최영준이다(최영준, 2011). 그는 1960~1980년대까지의 시기 동안 생산주의 복지 정책과 복지 정치가 형성되고 각인된 것으로 규정하고 있는데, 그가 설명하는 한국 복지 체제의 특징은 기존의 발전주의적 복지 체제론과 크게 다르지 않지만, 당시의 생산주의 복지 체제를 가능하게 했던 물적 조건을 제시한 것만큼은 내용에 대한 동의 여부를 떠나서 일단 그 자체로 주목할 만하다.

그에 따르면, 첫째, 안정적이고 높은 경제 성장이 생산주의 체제에 대한 지지를 가능하게 했으며, 이면에는 권위주의적 발전주의 정부를 지지할 수 있는 우호적인 국제적 환경이 존재하고 있었다. 둘째, 국내적으로 안정된 경제 성장을 바탕으로 안정된 노동시장을 유지할 수 있었다. 즉, 일본과 유사하게 평생고용·완전고용 노동시장을 추구했으며, 매우 낮은 실업률을 기록하고 있었다는 것이다. 마지막으로, 매우 젊은 인구구조를 가지고 있었다. 65세 이상의 노인이 전체에서 차지하는 비중이 5%에 이른 것이 1990년이다. 이러한 물적 토대에 관한 최영준의 논거는 발전국가의 절정기였던 박정희 정권 시대의 한국에서는 고도의 경제 성장에 따른 완전고용 노동시장, 젊은 인구구조, 풍부한 전일제 노동과 이에 더하여, 남성 중심적 가족구조, 활발한 사회적 이동으로 인해 빈곤을 개인적 책임으로 돌리는 사회적 분위기가 강했고, 실업 급여나 근로 가능한 이들에 대한 공공부조의 필요성은 심각하게 논의되지 않았으며, 노령화 비율이 낮고 평균수명이 높지 않은 상황에서 연금을 비롯한 국가복지에 대한 사회적 요구가 상대적으로 약할 수밖에 없었다는 주장으로 완결된다. 요컨대, 생산주의 체제가 제공하는 비교적 풍부한 물적 토대와 권위주의라는 정치적 토대 위에서, 당시 한국 대중들의 복지에 대한 사회적 요구가 충분하지 않았기 때문에 역으로 그러한 직위 차별적이고 노동 배제적이며 잔여주의적인 성격이 강한 생산주의 복지 체제가 별다른 저항이나 불만 없이도 성공적으로 지배를 관철시킬 수 있었다는 것이다.

그러나 이러한 설명은 여러 측면에서 심각한 난점들을 포함하고 있다. 우선, 기본적인 전제와 논리 전개 방식의 문제를 지적할 수 있는데, 공식적인 복지 정책이나 복지 제도 마련에 대한 대중들의 사회적 요구 또는 일반적인 공론화가 없었다는 지극히 단편적인 사회 서비스 중심의 논리에 입각하여, 그러한 요구의 부재는 곧 당시 사회의 풍부한(?) 물적 토대 때문이라는 매우 단순한 답변을 내놓고 있다는 것이다. 과연 다층적인 형태로 표현될 수밖에 없는 복지에 대한 대중들의 욕구를 공식적인 복지 정책의 마련에 대한 일반적 요구의 차원에만 제한하여 해석하는 것이 정당할까? 이에 대한 답을 얻기 위해서는 자본주의 사회에서 '복지'란 대체 무엇인가부터 다시 따져봐야 할 것이다.

'복지'에 관한 기존의 추상적인 수준의 개념 정의('삶의 안녕(well-being) 상태', 또는 '안녕을 위한 물질적·사회적인 전제 조건')를 자본주의 사회의 물적 토대인 임금노동이라고 하는 생산관계의 맥락에서 재정식화한 것이 바로 에스핑-안데르센의 상품화/탈상품화 개념이다. 그에 따르면, 상품화(commodification)란 자본주의적 시장의 보편화 이후, 개인들이 자신의 노동력을 자본가에게 판매함으로써만 생존할 수 있게 된 것, 그리하여 개인의 복지가 전적으로 화폐적 교환관계에 의존하기 시작한 것, 즉 노동계약 밖에서 사회적 재생산을 보장해 주던 제도적 수단들을 시장의 지배하에 강제로 상실당한 조건을 말한다. 반대로 탈상품화(de-commodification)는 근대적 사회권의 도입을 통해 순수한 상품 지위를 완화하는 것, 즉 어떠한 사회적 서비스를 권리로 얻게 됨으로써, 시장에서 자신의 노동력을 상품화하지 않고서도 생계를 유지할 수 있게 되는 것, 다시 말해 한 개인이 자신의 복지 욕구를 충족시키기 위해 노동시장에 의존하지 않아도 되는 삶의 조건을 의미한다(에스핑-안데르센, 2007, 53~54쪽).

그런데 상품화의 현실에서 곧바로 탈상품화에 대한 요구가 자동으로 발생하진 않는다는 점을 유념해야 한다. 즉, 임금노동 이외에는 사회적 재생산의 수단이 부재하는 노동력 상품화의 현실에 놓인 노동자들이 겪을 수 있는 고통의 양상은 임금 수준, 노동 강도, 노동 속도, 노동 시간, 기업 형태, 노동 환경, 고용 조건, 분업 체제 등과 같은 노동 현장 차원의 문제에서부터, 주거, 보육, 교육, 보건의료, 문화, 금융 등의 여러 사회적 삶의 현장에 이르기까지 다양한 차원을 망라할 수밖에 없다. 따라서 그들이 상품화의 현실적 조건에서 본능적으로 갖게 되는 탈상품화의 욕구는 반드시 단지 특정한 사회적 서비스, 가령 고용보험, 연금제도, 재해보험, 가족수당, 공공부조, 의료보험 같은 공식적인 사회복지제도나 사회보장 정책에 대한 일반적 요구에 한정된 형태로만 표현되지 않는다고 볼 수 있다.

한편, 모든 자본주의 사회 구성체의 물적 토대가 생산양식, 즉 생산력과 생산관계의 총체로서 규정된다고 했을 때, 그렇다면 박정희 정권기 한국 자본주의 체제의 물적 토대 역시 이러한 생산력의 수준과 생산관계(즉, 계급관계)가 어떻게 조응하고 있는가의 측면에서 살펴봐야 할 것이다. 실제로 그 시대의 노동계급이 처해 있었던 역사적 현실들을 살펴보면, 그들이 생산현장에서 맞닥뜨린 일차적인 고통은 저임금과 장시간 노동과 산업재해와 같은 가장 기본적인 노동조건의 문제와 관계된 것들임을 알 수 있다. 이는 다시 박정희 정권의 집권 기간 자본주의 부문에 편입된 임금노동자, 그중에서도 특히 전체 산업별 노동자 구성의 추이로 봤을 때, 1960년 19.7%를 차지했으나 1980년 43.3%로 2배 이상 증가해 전체 노동자 가운데 최대 집단으로 떠오른 제조업 노동자들에게 당시 가장 절박했던 사안이 무엇이었는지를 진지하게 재검토해야 한다는 것을 함축한다.

박정희 시대의 노동시장의 특성 중 가장 중요한 것은 1970년대 후반을 제외한 대부분의 시기에 걸쳐 노동자들의 저임금이 지속되었다는 사실이다. 이는 생산성 측면과 생계비 측면 양쪽 모두에서 그러한데, 윤진호에 따르면, 전 시기에 걸쳐 제조업 실질임금은 연평균 7.0% 상승한 반면, 제조업 생산성지수는 연평균 11.5% 상승해 후자가 전자를 압도했다. 즉, 박정희 시대 전 기간 생산성 향상률을 하회하는 임금 상승률과 이에 따른 노동소득 분배의 저하 현상이 관찰된다는 것이다(윤진호, 2012, 233~234쪽). 뿐만 아니라 생계비 측면에서도 박정희 정권기의 저임금은 증명되는데, 가구 전체의 취업자가 벌어들이는 임금을 모두 합해도 박정희 시대 대부분의 기간에 가구 전체의 생계비를 충족하는 데는 턱없이 부족한 실정이었다. 도시근로자 가계의 생계비 충족률은 1963년에 60% 정도에 불과했으며, 1970년에는 다소 개선되기는 했지만 여전히 생계비 충족률은 88.8% 상태에 머무르고 있었다. 1970년대 중반 이후가 되어서야 비로소 가구당 임금 총액이 실태생계비를 초과하기 시작했다. 그러나 이론생계비는 1980년에도 여전히 충족되지 못하고 있었다. 이와 같이 생계비 측면에서도 박정희 정권기 동안 일관된 저임금이 확인된다(윤진호, 2012, 236쪽). 물론 그것은 국가의 적극적인 임금 억제 정책에 의한 산물이었다.

한편, 저임금 못지않게 장시간 노동과 산업재해 역시 열악한 노동 현장의 상황을 보여주는 대표적인 지표이다. 당시의 수출 주도 공업화 전략 아래에서 수출 기업들은 비용 절감과 납기 준수 등을 위해 노동자들에게 초장시간 노동을 강요했고, 산업재해 역시 빈번하게 일어났다. 노동 시간의 경우 한국의 제조업 노동자의 주당 노동 시간은 1963년의 50.3시간에서 1967년 58.8시간까지 증가했다가 이후 다소 하락해 1969년 56.3시간을 기록한다. 이는 필리핀, 싱가포르, 태국 등 당시 아시아의 다른 개발도상국에 비해서도 훨씬 긴 노동 시간이었음을 알 수 있다. 1970년대의 노동 시간 통계는 대체로 주당 50시간 내외에서 등락하고 있다. 그러나 이러한 공식 통계는 근로기준법에 명시된 주당 48시간, 그리고 최대 12시간까지의 초과근로 규정을 명목적으로 지키기 위해 각 기업이 노동부에 보고한 공식적 노동 시간일 뿐, 실제로는 일부 대기업을 제외한 대부분의 중소·영세기업에서는 하루 10시간 이상의 노동이 이루어졌고, 휴일 특근도 빈번했던 것으로 각종 실태 조사에서 나타난다. 이를 주당 평균으로 환산하면 적어도 주당 60~70시간 이상 노동이 이루어진 셈이다(윤진호, 2012, 239쪽). 공장 노동은 노동자들에게 여가 시간을 주지 않을 뿐만 아니라, 휴식을 취하거나 자기 유지에 필요한 최소한의 시간도 충분히 허락하지 않았다. 혹독한 공장 노동은 너무나 큰 육체적 고통과 신체의 훼손을 가져왔으나 그 훼손을 치유할 시간조차 충분치 않았다. 이 시대 한국 공장의 노동 환경은 노동력 재생산에 필요한 최소한의 조건조차 보장하지 못했다(구해근, 2001, 90쪽).

덧붙여, 산업화에 따른 노동 강도와 노동 속도의 증가로 인한 산업재해와 직업병의 증가 역시 노동자들의 건강과 안전을 위협하는 심각한 요인으로 작용했다. 공식 통계만 보더라도, 박정희 정권 말기가 되면 매년 13만 명의 노동자가 재해를 입고, 그 가운데 1,500여 명이 사망하는 것으로 나타난다(윤진호, 2012, 241~222쪽). 특히, 1976년 한국의 산업재해율은 미국과 영국의 5배였고, 일본의 15배였다. 대부분의 산업재해는 노동자들의 부주의한 작업 습관에 따른 결과가 아니라 노동자들이 위험한 작업 환경에서 일하도록 강요당한 결과였다. 한국 제조업자들은 공장의 안전 조치를 위한 투자를 거의 하지 않았다(구해근, 2001, 90~91쪽). 그리고 적정한 근로 시간과 안전한 작업 환경 유지를 위해 근로감독을 할 의무가 있는 정부도 이러한 열악한 노동 현장의 현실을 외면했다(윤진호, 2012, 239쪽). 뿐만 아니라, 노동집약적 산업의 공장에서 일하는 것 자체가 장기적으로는 노동자들의 건강에 심각한 해를 끼치게 된다. 대부분의 공장

노동자들은 기준치를 넘는 소음, 먼지, 열, 가스 때문에 많은 직업병을 앓았다. 구해근에 따르면, 1975년 고려대 연구팀이 작업 조건에 관한 조사를 실시한 결과 울산의 41개 제조업체의 250개 산업 프로젝트 가운데 절반이 넘는 53.6%가 최저 안전 기준을 위반했다는 것을 발견했다(구해근, 2001, 91쪽). 또한 1977년 한국노총이 실시한 여성 노동자들에 대한 조사에서는 '현재의 주된 걱정거리'에 관해 응답자의 35%가 건강과 관련된 문제라고 응답했고, 그 뒤를 이어 경제 문제(30.6%), 직업 안정(15.1%) 순으로 답했다고 한다(구해근, 2001, 91쪽).

이처럼 최저생계를 이어가기에도 빠듯한 저임금, 따라서 최소한의 생계를 유지하기 위한 잔업, 특근 등 장시간 노동의 반복, 작업 현장에서의 감독자나 관리직 등에 의한 폭행, 폭언, 차별, 안전 장치가 미비한 작업 환경 하에서의 산업재해와 직업병 등이 실제 노동 현장에서 노동자들이 직면해 있었던 박정희 정권기 한국 자본주의의 노동력 상품화의 현실이라면, 그러한 현실에서 비롯된 노동자들의 삶의 욕구가 과연 어떤 형태의 정치적·사회적 요구로 표현될 수밖에 없었는가는 충분히 짐작 가능하다. 바로 임금 상승과 노동 조건의 개선, 그리고 작업 현장에서의 기본권 보장 및 안전대책 마련이었다. 노동자들의 복지 요구가 표현되는 주된 방식이 노동쟁의 혹은 노사분규라고 했을 때 박정희 정권기 노동쟁의는 임금, 수당, 퇴직금 등 주로 임금 인상과 같은 경제적 이익분쟁의 이유로 발생한 것이 압도적으로 높았다는 것이 당시의 공식 통계에서도 나타난다(문병주, 2005, 168쪽). 물론 1970년대 들어오면 기초적인 이익분쟁에 따른 사유가 점점 줄어들고 경제 상황 악화에 따른 임금체불, 휴폐업 및 해고 관련 사유가 크게 늘어났지만, 어쨌든 당시 노동자들의 복지 욕구를 파악할 수 있는 노동쟁의의 요구 조건에서 공식적인 사회보장제도와 관련된 항목들은 찾아보기 어렵다는 것이다. 아울러 이 시기 조직 노동의 복지 관련 정책 참여의 빈도수를 살펴봐도, 노동계는 기본권 개선을 위하여 총 390건, 연 16.3회의 참여를 보인 반면, 사회보장 분야 관련 참여는 총 107건(6.4%)에 불과했던 것으로 나타난다(문병주, 2005, 166~167쪽). 박정희 정권기에는 임금이 곧 복지라는 인식이 일반적이었음을 감안하더라도 노동계가 복지 정책을 위해 국가 기관에 참여하는 것은 당시 일반 노동자들에게조차도 그리 중요한 이슈가 되지 못했던 것이다.

그러므로 박정희 정권기 한국 사회의 물적 토대에 관한 최영준의 설명은 그 시대 노동 현장의 상황(저임금·장시간 노동·기본권 유린·산업재해·직업병)이나, 그러한 열악한 상품화의 현실을 조건으로 한 노동자들의 복지 요구(임금 인상·노동 조건 개선·기본권 보장)의 진실을 제대로 포착하지 못한 것이라 볼 수밖에 없다. 완전고용 노동시장, 젊은 인구구조, 풍부한 전일제 노동과 이에 더하여, 남성 중심적 가족 구조, 활발한 사회적 이동과 같은 물적 토대가 이 시기의 상대적으로 약한 사회보장 정책 요구의 사회적 조건이었다는 그의 해석은 풍부한 전일제 노동과 활발한 사회적 이동이라는 미사여구 뒤에 숨겨진 '계급의 숨겨진 상처', 즉 낮은 임금과 열악한 노동 조건의 문제에서 비롯된 노동자들의 복지 욕구나 복지 요구의 실상과 완전히 괴리된 부적절한 설명인 것이다. 따라서 당시 노동자들의 복지 요구를 일반적으로 우리가 생각하는 사회보장 제도나 사회복지 서비스와 같은 차원의 문제로 이해해서는 곤란하다. 그들이 처해 있었던 열악한 노동 현장의 상황에 입각하여 그들이 갖게 된 본능적인 복지 욕구(welfare need)와 그것이 공식적으로 언어화되어 외부로 표현된 복지 요구(welfare demand), 그리고 이러한 복지 욕구와 복지 요구의 불일치로 인해 생겨나는 복지 욕망(welfare desire)을 각기 구별하여 접근해야 한다.[7]

그렇다면 1970년대부터 노동자들의 자연적인 복지 욕구에서 전화되어 나타난 복지 요구가 과연 국가와 기업에 제대로 전달되고, 또 충분히 만족할 만한 결과를 얻어냈을까? 박정희 정권이 노동자들의 복지 요구에 어떻게 답변했는가를 살펴보려면, 박정희 정권의 노동 통제 정책, 그리고 다른 한편으로는 노동의 사회화와 노동 운동의 성장 과정이 1960년대에서 1970년대로 넘어가면서 적대적·모순적 관계를 심화시켜 가는 구체적인 역사적인 흐름부터 짚어야 한다. 바로 그 과정에서 복지 욕구가 복지 요구로 전화되는 동시에, 유신 체제의 성립과 더불어 좌절되며, 그렇게 직접적인 복지 요구의 표현이 국가권력에 의해 철저히 억압된 현실에서 생겨난 복지 욕망이 새로운 공간에서 활성화되는 일련의 사태들이 전개되기 때문이다. 말하자면, 발전주의적 복지 체제의 틀이 노동 및 복지의 영역을 넘어 전체로서의 사회 안에 착근되기 시작한 것이다.

---

7 복지 '욕구'가 상품화로 세계의 현실을 조건으로 하여 발생하는 기본적인 층위의 사회적 삶의 필요들을 의미한다면, 이것을 국가 및 기업, 시민 사회 등을 향해 공식적인 언어로 표현해서 개인적 차원에서건 집단적 차원에서 공론화하는 것이 바로 복지 '요구'라 할 수 있을 것이다. 이는 일반적인 복지 이론이 아니라, 라캉주의 정신분석학에서 사용되는 욕구와 요구의 논리를 복지 이론의 복지 개념에 결합시킨 것이다. 뒤에서 복지 욕구와 복지 요구의 불일치로 파악되는 복지 욕망에 대해서도 논의할 것이다(라캉주의 정신분석학의 욕구/요구/욕망 개념에 대해선 홍준기(2002) 참조).

유신체제하 대중사회의 역설: 복지 욕망의 탄생

주지하다시피 1960년대부터 일어난 산업화의 결과로 1970년대에 한국은 이미 전 인구의 50%가 도시에 몰려 사는 도시형 국가로 탈바꿈했다. 나아가 1960~1970년대를 통해 경제활동인구와 취업자가 급속하게 증가하고 제조업 생산직 노동자를 중심으로 한 임금노동자 계급이 급속하게 증가했으며 이들이 대도시와 공단에 집중되고 규모가 큰 사업체에서 결합노동자로 함께 일하는 등 '노동의 사회화'가 크게 진전되었다. 이러한 산업화, 도시화, 노동의 사회화로 이어지는 일련의 변화는 박정희가 견인한 근대화의 성과로 선전되었지만, 다른 한편으로는 심각한 사회 정치적 위기를 초래하는 것이기도 했다. 적어도 1960년대에만 해도 박정희 정권의 경제 개발 추진은 상당한 성과를 거두어 급속한 도시화, 대중사회의 형성을 보여주었고, 한편으로는 선거에서 정권에 대한 지지율 상승으로 나타나기도 했다. 그러나 이러한 '발전'의 성과는 박정희 체제에게 당장의 승리를 가능케 했지만, 그것이 영구 집권을 보장하리란 확신은커녕 패배를 걱정해야만 하는 양상이었다. 그것은 곧 현재의 승리가 미래의 패배일 수 있는 역설적인 것이었다. 1970년대 들어 도시를 중심으로 한 대중사회의 형성과 함께 사회적 균열의 조짐이 도처에서 나타나고 있었기 때문이다.

특히, 대통령 선거가 진행되고 광주대단지 사건[8]이 발생한

---

8 1971년 8월 10일, 경기도 광주대단지(현재 경기도 성남시) 주민 수만 명이 정부의 무계획적인 도시 정책과 졸속행정에 반발하며 도시를 점거했던 역사적 사건. 도시 하층민들이 일으킨 저항적 대중 운동, 즉 '도시 봉기'로서 이 사건의 역사적 배경 및 함

1971년은 박정희 본인조차도 그해에는 "정치인의 무책임한 선동, 과격한 노동쟁의, 학생 데모, 집단 난동 등이 안보 체제를 크게 약화시켰음"을 강조했을 정도이니(황병주, 2012, 38쪽), 특기할 만한 연도였다. 전태일 분신 사건의 여파로 1970년 165건에 불과했던 노사분규 발생 건수가 1971년에는 무려 1,656건으로 10배나 폭증했다. 또한 8월에는 광주대단지 사건, 9월에는 한진상사 파월 노동자들의 KAL 빌딩 방화 사건이 일어났다. 자본주의적 사회구조, 즉 자본-노동 관계의 전면화와 그에 따른 새로운 사회적 적대 관계의 출현은 계급/계층의 불평등 문제이자 도시/농촌의 격차 문제였다. 발전의 효과가 도시로 집중되었음에도 노동자들을 중심으로 한 도시의 대중들은 박정희 정권에 그리 우호적이지 않았다. 노동자들에게 도시는 새로운 기회의 공간이기는 했지만, 그만큼 치열한 경쟁과 가혹한 삶의 조건을 강요하는 폭력적인 공간이었기 때문이다. 도시 주민의 대다수를 이루는 하층민들에게 발전의 효과는 쉽게 느껴지지 않았고 불평등한 재분배 메커니즘 속에 상대적 박탈감이 더욱 강렬했다. 이처럼 지난 1960년대의 발전 과정 속에서 소외되었던 도시 노동자들의 불만이 매우 폭력적인 방식으로 터져 나온 사례가 바로 전태일 분신 및 뒤이어 폭발적으로 증가한 집단적 노동쟁의들, 그리고 광주대단지 사건과 같은 도시 하층민들의 봉기였다.

결국 1971년 12월 6일, 박정희는 '국가비상사태'를 선포하기 이른다. '북한의 남침 위협'과 '중국의 유엔안전보장이사회 진출'을 비롯해서 국내외 정세가 극도로 불안한데 학생들과 일부 언론이 향토

의에 관한 자세한 분석은 김원(2008)을 참조하라.

예비군이나 교련에 대해 무책임한 언동을 일삼고 있으므로 '국가가 비상한 위기'에 처했다는 명분에서였다. 곧이어 12월 21일에는 '국가보위에관한특별조치법(국가보위법)'을 국회에 제출했다. 그 법안은 '안보 위기'에 대응하기 위해 대통령에게 비상대권을 부여하며 대통령이 안보를 위해 언론을 통제할 수 있고, 노동자의 단체교섭권과 단체행동권을 제약할 수 있다는 온갖 극단적인 독재 조항들을 모두 담고 있었다. 물론 그것은 바로 다음 해인 1972년에 맞이할 '10월 유신'의 전주곡에 불과했다. 1970년대 박정희 정권은 두 번에 걸친 경제개발계획이 성공한 것에 고무되었고, 그래서 지난 10년간의 경제성장을 통해 국민소득을 증대시킴으로써 빈곤 문제에 효과적으로 대처할 수 있다는 믿음이 강했다. 그리하여 1970년대 들어 급격하게 늘어난 노동자 및 도시 하층민들의 지속적인 복지 요구를 철저히 묵살하면서 급기야 1971년에는 국가보위법에 의해 합법적 노동쟁의 행위 자체를 금지시키는 극단적인 노동 탄압으로 나아가게 된다.

적어도 노동조합과 단체협약 체제 등 정상적인 노사관계가 형식적으로나마 성립될 수 있었던 1960년대의 경우에는 노사분규가 정부의 개입 없이 노사 간의 자율적인 단체교섭을 중심으로 전개되며 설혹 단체교섭이 결렬된다 하더라도 정상적인 법률의 테두리 안에서 단체행동과 조정 중재를 통해 해결이 가능했다. 그러나 국가보위법과 유신체제로 상징되는 1970년대의 폭압적인 법률과 행정, 그리고 극단적인 저임금과 개선되지 않는 노동 조건과 인권 탄압 하에서의 민주적 노동 운동은 이제 정상적 노사관계의 틀에서는 보기 힘든 초법적이고 극단적인 양상을 띠게 된다(윤진호, 2012, 269~270쪽). 국가가 억압적인 노동 정책과 노동행정으로 대응할수록 노동자들 역시 극단적인 방법으로 저항투쟁을 벌이게 된 것이다. 이는 수출제일주의의 공업화가 가져온 자본의 문명화 작용과 노동의 사회화 과정에서 노동자들의 객관적 힘과 주관적 인식의 증대가 나타난 결과로도 볼 수 있는데, 국가는 노동자들의 복지 요구로 나타난 이러한 변화를 올바로 인식하고 그들의 요구에 대한 적절한 조치를 취하기보다는 억압과 통제로 일관했다. 중화학공업화를 통한 경제 성장에 열중한 박정희의 유신정부는 사회보장제도가 노동자들의 근로의욕을 떨어뜨려서는 안 된다는 인식을 고수하면서 '선성장, 후분배' 원칙을 더욱 강하게 밀어붙였던 것이다.

1970년대 도시의 노동자 대중들의 적극적인 복지 요구는 1971년의 국가비상사태 선언, 국가보위법 제정, 그리고 1972년의 유신과 1973년의 노동관계법 개선(단체교섭권 및 단체행동권 전면 금지) 등으로 일관한 유신정권에 의해 번번이 좌절되었다. 그렇게 유신정권은 노동자들의 직접적인 요구는 무시하면서도, 한편으로는 지배 체제의 도덕적 정당성을 확보하기 위해 중화학공업의 성공과 더불어 형성된 일부 재벌 대기업 중심 생산 체제의 요구에 부합하는 최소한의 사회보장제도였던 의료보험을 시행했다. 결과적으로 본다면, 정책 결정 과정에서 제도의 당사자인 노동자들의 목소리는 지속적·체계적으로 배제되었던 것이다. 요컨대, 박정희 정권의 출범과 더불어 한국 사회에 급속한 산업화가 시작되었고, 산업화는 필연적으로 도시화 및 노동의 사회화를 수반했다. 물론 여기서 노동의 사회화는 도시의 노동자 대중들이 놓인 처절한 상품화의 현실을 가리키는 것이다. 이와 같은 자본주의적 관계의 전면화 속에서 산업화는 새로운 사회적 적대의 문제 설정을 초래하면서, 박정희 정권에 대한 비판/

비협조 세력의 광범위한 결집으로 이어지게 된다. 그리하여 1960년대 한국 자본주의의 물적 토대 위에서 노동자들의 생존권 투쟁과 같은 근본적인 복지 욕구가 점차 생성되어 나갔으며, 1970년대 들어 집단적인 복지 요구로 발전되면서 마침내 전태일 분신으로 상징되는 노동쟁의 및 광주대단지 사건과 같은 도시 봉기로 폭발하고 말았다. 그러한 일련의 역사적 흐름 속에서 박정희 정권은 권위주의적 독재 체제를 더욱 강화한 '10월 유신'으로 민중에게 응답했고, 바로 그 유신체제하에서 앞서 살펴본 발전주의적 복지 체제의 실질적 틀이 잡혀나가게 된 것이다.

따라서 1970년대 유신체제하에서 국가에 의한 일체의 법률적·정책적·행정적 보호를 받지 못할 뿐만 아니라 오히려 극히 억압적인 노동 정책과 노동행정에 눌려 있던 노동자들의 복지 욕구는 분신자살과 같은 개인 차원의 극단적인 방식의 항거, 합법적 테두리 밖에서 폭력적 양상을 띤 과격한 시위, 또는 민주적인 노조 건설을 위한 조직적인 투쟁, 그밖에 기존 노동조합의 임금 및 노동 조건 개선 투쟁, 휴폐업과 해고 반대 투쟁의 형태로 다양하게 전개되었다고 할 수 있다. 이러한 현장 노동자들의 투쟁을 지원하고 조력했던 일단의 그룹 가운데는 도시산업선교회나 한국가톨릭노동청년회와 같은 진보적 교회 단체들이 존재했다. 뿐만 아니라 유신체제 수립 이후 침체되어 있었다가 1974년 세계경제공황의 여파로 국내 경제가 불황에 직면하자, 경제 문제와 복지 정책에 관한 민주화 운동 세력의 비판과 요구도 강하게 일어났다(허은, 2010, 237쪽).[9]

9   세계경제공황, 두 차례에 걸친 석유파동은 성장 정책의 한계를 명료하게 드러내고, 또한 증폭시키는 계기로 작용했던 것이다. 교계를 비롯한 민주화 운동 세력은 박정

그러나 이처럼 적극적인 저항과 성명의 형태로 복지 요구를 전화시켜 나갔던 노동자들과 민주화 운동 세력의 다른 한쪽에는 그러한 요구가 극심한 탄압에 부딪혀 번번이 좌절되는 것을 직간접적으로 확인하면서 욕구와 요구 사이의 간극을 체험하고 있었던 다수의 평범한 노동자들 및 도시 대중들이 엄연히 존재하고 있었다. 사실 유신체제 기간 동안 아무리 많은 아래로부터의 저항이 도시 노동자들을 중심으로 일어났다 해도, 여전히 도시 사회의 다수를 차지하는 도시 빈민들과 중간계급은 박정희 정권을 묵시적으로 지지하거나, 또는 지지하지 않더라도 저항에는 동참하지 않는 경우가 더 많았다. 물론 그들이 적극적으로 자신들의 복지 요구를 저항의 형태로 표현하지 않았다고 해서, 그들에게 복지 욕구조차 없었다고 볼 수는 없을 것이다. 박정희 정권기의 물적 토대를 고려해 보건대, 도시에서 살아가던 노동자 대중들의 복지 욕구가 충만했다는 것은 의심의 여지가 없다. 그들의 복지 욕구는 어떻게든 공식적인 복지 요구를 통해서 표현되고 충족되어야 하는 것이었지만 권위주의적인 지배권력 하에서 그 충족은 늘 불충분한 상태였다. 그리하여 복지 욕구와 복지 요구 사이에 메울 수 없는 간극이 존재하고 있었다.

그렇게 복지 욕구와 복지 요구 사이의 간극이 지속될 때, 복지 요구로 충족되지 못한 복지 욕구는 점차 복지 욕망으로 변해가기 마련

희 정권의 민생 관련 사업의 왜곡 및 복지 정책 부재를 강도 높게 비판하며, 근본적인 개선책을 요구했다. 1974년 9월 22일, 12개 선교 단체들은 합동 기도회를 개최하고 민주주의를 위한 결의를 천명했는데 여기에는 '서민들을 위한 복지 정책의 조속한 확립'과 '노동삼권 보장'을 위해 전력을 기울인다는 내용이 포함되었다(한국기독교교회협의회, 1987, 402쪽). 이 시기 민주화 운동 세력이 유신정권에 요구한 내용은 '경제적 난국'에 대한 책임을 분명히 인정하고, '국민생존권 보장'과 '국민복지'를 위해 총력을 기울여 달라는 것이었다(허은, 2010, 237쪽).

이다. 이미 도시 사회의 노동자 대중들은 농촌 사회의 봉건적 성격으로부터 해방되어 훨씬 더 개인화·자율화된 인간, 평등한 권리의식 및 주권자적 의식을 지닌 시민으로 변해가고 있었기 때문이다. 이러한 변화가 단기간에 일어난 것은 결코 아니지만, 적어도 산업화 과정에서 자본주의 질서로의 편입이 대중들로 하여금 이러한 방향으로의 변화를 추동했음은 부정할 수 없다. 더욱이 고도성장 과정에서 국가와 자본은 생산력의 발전을 위해 노동자들을 교육·훈련시키고 그 능력을 개발하게 만들었는데, 이 과정에서 다면적인 욕구와 능력을 가진 '사회적 인간'이 출현하게 된다. 노동자들의 성격도 변화해 핵심 연령층 노동자가 증가하고 교육 수준도 상승하는 질적인 발전이 이루어졌다(윤진호, 2012, 247쪽). 그리하여 노동 현장에서의 경제적 이익이나 생존권과 관련된 복지 욕구와는 전혀 다른 종류의 복지 욕구들, 이를테면 주거나 출산, 교육, 의료, 젠더, 노후, 문화, 자산 형성 등 말 그대로 사회적 삶에 대한 다양한 욕구들이 끊임없이 생겨나게 되었는데, 이는 자본 축적에 따른 '자본의 문명화 작용' 및 '노동의 사회화' 과정에 필연적으로 동반되는 현상이었다.

상품화의 현실이 노동 현장의 위기 조건으로 나타나는 가운데 생성된 복지 욕구가 노동쟁의와 같은 사회적 언어의 형식을 띤 복지 요구로 전환되었지만, 그 요구는 국가나 기업에 가로막혀 좌절될 수밖에 없었다. 하지만 이렇게 본능적으로 생성되는 복지 욕구와 현실에서 억압된 복지 요구 사이의 괴리 혹은 분열로 인해 복지 욕망이라는 것이 나타날 수 있었다. 박정희 정권이 발전주의 복지 체제를 포기하지 않는 한 노동자들의 복지 욕구와 복지 요구의 불일치는 피할 수 없는 것이었고, 그들은 결국 이 분열을 존재의 결핍으로 체험하게 된다. 복지 요구가 국가와 기업에 가로막혀 충족되지 않은 채로 남게 되면서 그 잔여가 복지 욕망을 생성하게 된 것이다. 억압과 통제 앞에서 요구의 형태로는 더 이상 표현될 수 없게 된 복지 욕구는 그렇게 소외되고 좌절된 상태 그 자체로 고착되어 대중들의 무의식 속에 자리 잡았다. 그렇다면 복지 요구로 표현하는 것이 좌절된 복지 욕구의 잔여로서 복지 욕망이 그 이전의 복지 요구와 다른 점은 무엇인가? 복지 욕망이 갖는 진정한 본성은 그것이 더 이상 특정한 충족의 대상을 찾아다니지 않게 된다는 데 있다. 사회적인 요구로 표현할 수도 없고, 표현해서도 안 되며, 설령 금지와 통제를 뚫고 표현하는 데 성공해도 돌아오는 것은 가혹한 억압뿐이며, 그래서 끝내 충족될 수 없다는 것을 알아 버린 좌절된 복지 요구의 찌꺼기는 이제 그 대상을 국가나 기업이 아닌 자기 자신으로 되돌려 운동하게 된다. 복지 욕망은 복지 요구처럼 '충족되기'를 기대하며 표현되는 것이 아니라, 요구와 욕구 사이의 영원한 분열을 유지하면서, 욕망을 끊임없이 재생하는 활동 그 자체에서 실현되는 것이다. 그렇기에 대중들에게 이제 남은 선택지는 복지 욕망을 활발히 재생할 수 있는 새로운 공간을 찾아 끊임없이 배회하는 일뿐이었다.

물론 복지 욕구와 복지 요구 사이의 충돌로부터 생겨난 그 심리적 찌꺼기가 좌절된 욕망의 형태로 계속 남아 있었던 도시의 노동자들 혹은 대중들에게 복지 요구의 형태는 아니면서도, 복지 욕망을 다른 생산적인 에너지로 전화하여 마음껏 발산할 수 있도록 허용한 공간이 당시 그리 많진 않았다. 박정희 정권은 대중매체를 통한 히피문화의 확산으로 청년문화가 유행하자 그것을 사회윤리와 건전한 국민정신을 파괴하는 퇴폐풍조로 규정해 단속을 가해 버렸을 정도

이니, 과연 당시 대중들이 자신들의 복지 욕망을 긍정적으로 표현할 수 있는 공간이 얼마나 있었겠는가. 대중문화조차도 국가의 개입과 검열을 당해야 했다는 사실은 박정희 정권이 얼마나 대중들의 복지 욕구가 복지 요구로 전화되는 것을 두려워했는가를 잘 보여준다. 그렇게 복지 요구는 물론이고 복지 욕망의 실행조차도 국가에 의해 끊임없이 검열당하고 통제받아야 했던 곳, 그래서 적절한 투입의 대상조차 찾지 못한 욕망들이 끊임없이 부유하고 있었던 곳이 바로 도시라는 공간이었다. 교회는 이러한 도시 세계에서 새로운 욕망 충족의 공간으로 대중에 의해 재발견된다.

신앙을 통한 복지 욕망의 활성화와 구원을 향한 복지 요구의 전환

종교사회학자 강인철은 박정희 시대의 교회-국가 관계가 보여준 복합성과 관련하여 흥미로운 주장을 펼친 바 있는데, 그것은 박정희 정권기 국가에 대해 일관된 저항과 협력의 입장을 취한 개신교 세력은 '상대적으로 소수'였다는 사실이다. 다시 말해, 비교적 일관되게 '갈등' 내지는 '저항'의 태도를 취한 한국기독교교회협의회(KNCC) 내에서의 진보적 소수파 일부와 역시 비교적 일관되게 '협력' 내지는 '적극적 동조'의 태도를 취한 국제기독교연합회 한국지부(ICCCK)와 한국예수교협의회(KCCC) 산하의 교회들을 전부 합치더라도 국가에 대해 일관된 저항과 협력의 입장을 취한 개신교 세력은 사실상 전체 개신교 인구에서 극히 소수에 지나지 않았다(강인철, 2007). 그에 따르면, 박정희 정권기에는 국가에 대한 저항 혹은 협력이라는 어느

한 극단으로 확연히 쏠리지 않는 두터운 개신교 신자층, 즉 갈등과 협력이 공존하면서 정치적 태도의 일관성을 찾기 힘든 넓은 '회색 지대'가 존재했다는 것이다.

이처럼 적극적 저항과 적극적 협력의 양극단 사이의 회색 지대에 존재하던 한국 교회의 일반적인 도시 신자들은 박정희 체제에 대해 명시적으로 동의하지도 저항하지도 않으면서 단지 '신앙'과 '구원'이라는 거룩한 가치에 몰두하는 모습을 보여주었고, 국민의 일원으로서 정권의 노동 및 복지 정책에 간혹 때로는 불만을 느끼기도 했지만 기본적으로 그 실상을 잘 알지도 못했고, 또 알려고 노력하지도 않았다. 하지만 그러한 무관심으로 표현되는 신자 대중들의 '부정적 동의'조차도 당시의 복지 체제에 대해 대중들이 보여준 반응의 일부였다. 좀 더 적극적으로 해석하면, 정치에 대한 신자 대중들의 무관심은 박정희 정권의 발전주의 프로젝트가 초래하고 있는 모든 사회적 고통과 삶의 위기에 대해 그 어떤 정치적 언어로도 이의를 제기하거나 해결을 요구할 수 없었던 상황에서, 침묵 가운데 쌓여만 가던 욕구와 불만을 다른 대상에 전가함으로써 얻게 된 심리적 자유의 다른 이름일 수도 있다. 또 달리 보자면, 그러한 무관심은 정치적인 복지 요구에 대해서는 회피일지 모르지만, 본능적인 복지 욕구에 대해서는 대안적인 해소의 방법을 찾은 것일지도 모른다. 어쨌든 결과적으로는 그러한 대중들의 무관심을 기반으로 하여 박정희 정권기의 발전주의 복지 체제가 작동할 수 있었다는 사실이 중요하다. 이 글 역시 강인철의 주장을 좇아서 넓은 '회색 지대'의 개신교 신자층 및 개신교회들을 주로 염두에 두고 도시 사회의 한국 교회의 복지적 기능을 살펴보려 한다.

한국 교회의 사회복지 선교의 역사를 기술할 때 일반적으로 박정희 정권기는 해방 이후부터 1960년대 후반까지 이어지는 외원 단체에 의한 해외 원조기와 1970년대와 1980년대 중반까지의 자립기 혹은 발전 준비기에 모두 걸쳐 있다(차옥연, 1999; 노치준, 2000; 김은섭, 2008). 이러한 시기 구분에 따르자면, 유신체제 성립 이전의 1960년대와 유신체제 성립 이후의 1970년대를 모두 합쳐서 보더라도, 박정희 정권기에는 아직 교회 바깥의 공간을 중심으로 전개되는 교회의 사회복지적 실천이 지극히 미미한 수준이었다는 것이다. 물론 도시산업선교회나 KNCC 내부의 진보적 소수파를 중심으로 한 일부 교회들이 적극적인 사회 선교를 수행하고 있었던 것도 사실이다. 그러나 위에서 언급한 한국 교회의 다수를 차지하는 회색 지대의 교회들이나 국가에 대해 적극적인 협력의 태도를 취했던 보수적 소수파들은 교회 성장 중심의 선교 전략을 취했지, 아직 교회 자체의 자원을 동원한 사회복지 실천이나 사회 선교 활동에 적극적으로 나서지는 않고 있었다. 1970년대 들어 외원 단체들이 한국에서 철수하기 시작하면서, 그동안 외원으로 운영되던 사회복지 시설들이 국가로부터 공비 지원을 받을 수 있고, 국가에 의한 복지조치 위탁에 대한 수탁 의무가 있으며, 국가의 특별감독을 받는 특수법인, 즉 사회복지법인으로 발전하게 되었다. 그런데 이 과정에서 과거 외국 교회나 외국 선교 단체와 협력하여 사회복지 사업에 참여해 왔던 교회들이 서서히 사회복지 선교의 현장에서 물러나게 된다.

그리하여 1970년대 중반에 이르면 한국의 사회복지 사업의 주역은 정부의 통제를 받는 민간 사회복지 단체들이 되고, 한국 교회는 사회복지 현장에서의 제대로 역할을 못하고 있다는 인식이 일반 사회나 교회 내부에서 팽배하게 된다(차옥연, 1999, 72~73쪽). 박정희 정권기 개신교인들의 사회봉사의 주된 참여 방식은 정부나 민간 단체의 사회사업 기관에 개인적으로 참여하는 봉사였지 교회 조직이나 교회가 설립한 사회복지 기관을 통한 공식적인 의미의 사회복지 선교는 아니었던 것이다. 그러나 이러한 평가가 곧 박정희 정권기 발전주의 복지 체제의 형성에 있어 한국 교회의 역할이 상대적으로 미미했다는 것을 의미하지는 않는다. 오히려 이 시기 한국 교회의 다수가 교회 외부의 공간에서 별다른 복지적 활동을 전개하지 않았다는 것이야말로 당시의 발전주의 복지 체제 형성 과정에 교회가 깊이 관여했음을 역설적으로 시사하기 때문이다. 다시 말해, 이 시기 한국의 발전주의적 복지 체제가 작동하는 과정에서 교회라는 집단 자체가 하나의 복지 공급의 주체이자 복지 생산의 공간으로 기능하고 있었다는 것이다.

그렇다면 한국 교회는 어떤 활동을 통해 대중들의 복지 욕망을 충족시키는 '대안적' 복지 생산의 역할을 담당할 수 있었을까? 두 가지 측면에서 해석이 가능하다. 첫째로, 앞 절에서 살펴본 것처럼 유신체제 이후 도시 사회의 노동자들을 중심으로 한 대중들이 복지 욕구와 복지 요구의 충돌로 인해 갖게 된 복지 욕망을 새롭게 활성화시키는 사회적 공간으로 교회가 기능했다는 점이다. 교회가 대중들의 복지 욕망을 신앙적 욕망으로 전환시킴으로써 어떠한 복지적 기능을 수행했는가는 심리적 복지감 또는 주관적 안녕감의 충족이라는 관점에서 해석해 볼 수 있을 것이다. 그리고 둘째로, 당시 한국 교회는 도시 사회에서 새롭게 형성된 연결망을 매개로 하여 '사회자본(social capital)'의 축적과 확장이 일어났던 공간으로서, 동창회나 향

우회와 같은 다른 연고 집단이나 여타의 자발적 결사체처럼 대중들의 복지 욕구를 교회 공동체라고 하는 연결망을 통해 충족시키는 이른바 '연결망 복지(network-based welfare)'의 생산 주체 중 하나였다는 것이다.

일단 먼저, 한국 교회가 실현의 대상을 찾지 못해 부유하던 대중들의 복지 욕망을 신앙적 욕망으로 전환시켜 욕구 해소의 새로운 계기를 제공한 측면부터 살펴보자. 농촌의 경제 몰락과 피폐화를 대가로 하여 추진된 산업화의 물결이 일기 시작했던 1960년대, 도시로 몰려든 이농민들의 대부분은 산동네나 무허가 판자촌에 집단적으로 거주하며 생계의 터전을 닦게 된다. 박정희 정권의 발전주의 프로젝트의 직접적 피해자인 이농민들이 도시 빈민으로 전환된 것이다. 저학력과 미숙련 상태에 있었던 중장년층 이농민 가장들은 근대적 산업화에 필요한 노동력에 적합하지 못했다. 더욱이 1960년대 제조업에서도 신규 노동력을 모두 흡수할 만한 여력이 없었다. 이농민 가구의 젊은 연령층에 속하는 일부 사람들만 산업노동자로 취업할 수 있었고, 이농민 가장들은 소규모의 영세상이나 행상·노점상·건설 노동과 같은 비공식 부문에 종사하며 생계를 유지할 수밖에 없었다. 그러나 이때의 국가경제의 정책 방향은 내부적인 성장이나 서민경제의 안정화보다는 수출 위주의 고도성장에 맞춰져 있었다(최인기, 2012, 38쪽).

기초생활을 위한 최소한의 조건조차도 갖추어지지 않은 주거지와 노동 조건 속에서 혹독한 삶을 살아가야 했던 사람들, 학대와 폭력이 난무한 야만적 도시 생활 속으로 내던져진 사람들에게 국가는 거의 아무런 기회도 제공하지 않았고, 단지 그들을 산업예비군으로 삼는 저임금 체제를 유지하는 데만 급급했다. 바로 이들에게 교회가 다가간 것이다(김진호, 2012, 75쪽). 물론 대중들 역시 불공평한 경제구조 속에서 느끼는 욕구불만을 해소하기 위해서 자기 발로 직접 교회를 찾았을 것이다. 국가가 주도하는 발전주의 프로젝트에 동원되고 있으면서도 정작 그 발전의 성과에 대해 합당한 대가를 받지 못하며 살아가던 대중들에게 분출구가 필요했기 때문이다. 하지만 그런 억눌린 복지 욕구의 분출구는 결코 국가에 직접적으로 도전하는 정치적인 언어나 행위로 제공되어선 안 되었다. 바로 이때, 한국 교회는 복지 욕구와 복지 요구가 결코 일치할 수 없는 현실로부터 발생한 당시 대중들의 내면적 결핍을 정확히 간파하고 있었고, 이러한 대중들의 욕구불만과 억압된 분노를 분출시킬 수 있는 다양한 담론과 기술적 장치들을 대중전도집회나 부흥집회에서 활용했다(하도균, 2011).

1970년대, 흔히 유신시대라고 불리는 폭압적인 독재의 시대였던 박정희 정권 후반기는 역설적이게도 한국 교회의 역사에서 부흥운동이 가장 활발하게 일어난 시기이기도 했다. 이때 각 개교회(個敎會), 지방회나 노회, 그리고 교단이 경쟁적으로 부흥전도집회를 열었다. 그리고 초교파적인 대규모 집회도 서울과 지방에서 여러 차례 개최되었다. 1973년 5월 16일부터 6월 3일까지 지방 주요 도시와 서울에서 '5천만을 그리스도에게'라는 주제로 개최된 빌리 그레이엄 전도집회와 1974년 8월에 열린 한국대학생선교회(CCC) 주최의 '엑스플로 '74', 그리고 1977년 8월에는 32개 교단이 연합하여 600여 명의 강사를 동원했던 '77민족 복음화성회'는 각각 참가자가 연인원 수백만 명에 달한 대규모 대중 동원 이벤트였다.

1970년대 고도성장기의 한국 교회의 주류가 이러한 대중전도집회나 부흥집회를 통해 대중들에게 선사했던 '구원'과 '신앙'의 축복은 경제 이외에 이익의 분배가 충분히 이루어지지 않아 상대적 박탈감을 느낀 사람들에게 현세적·물질적 축복을 약속하며 강력한 보상적 기제로 작동했다. 그래서 물질적 차원에서 상대적 박탈감을 느끼는 사람들을 위로하고 성공하도록 동기부여하며, 그들에게 물질적 축복을 약속했던 교회일수록 더 많은 사람들을 유인할 수 있었다. 적극적 사고, 성공의 복음, 번영의 신학 등 자본주의적 욕망을 극대화하는 축복의 메시지는 이 시기에 크게 성장한 교회에서 공통적으로 들을 수 있는 설교 내용이었다. 이처럼 박정희 체제하의 도시 사회 속에서 급성장한 한국 교회는 그 시대 노동자들 혹은 도시 하층민들의 억압된 복지 욕망을 격려하고 자극하여 신앙적 열정으로 전환시키는 데 성공함으로써, 대중들의 에너지를 자기 성장의 동력으로 흡수했던 대표적인 집단이었다. 한국 교회는 당시 어떠한 체제 비판적 복지 요구로도 전화되지 못한 채 억압된 형태 그대로 남아 고착되어 버린 대중들의 복지 욕망을 '삼박자 구원' 및 '오중축복'과 같은 신앙적 욕망으로 전환시켜, 교회 생활을 통해 마음껏 발산할 수 있는 길을 제시했던 것이다.

 그런데 1970년대 유신정권의 발전주의 담론 전략과 한국 교회의 성장주의 담론 전략이 아무리 유사한 논리구조를 갖고 있었다 하더라도, 국가가 선전하던 발전주의 이데올로기를 교회가 세속의 언어 그대로 반복하여 신도들에게 전달했다고 볼 수는 없다. 아무리 노골적인 지배 이데올로기를 반영하고 있을지라도, 가급적이면 교회의 메시지는 기독교적 언어로 번역되거나 신앙적 가치로 재해석되는 과정을 거쳐서 대중들에게 전달되었다. 아마 그러한 번역 및 재해석의 대표적인 인물이 바로 박정희 정권기의 도시화 현상에 가장 성공적으로 적응한 목회 모델로 평가받는 조용기 목사일 것이다(박종현, 2009, 278쪽). 그의 사상의 핵심이 되는 '삼박자 구원'과 '오중축복(오중복음)'이 박정희 정권기의 발전주의 이데올로기와 깊이 상통한다는 것은 이미 일반화된 상식이다. 특히, 조용기의 '긍정의 신학'이 주창했던 "하면 된다, 할 수 있다, 해보자."의 메시지는 박정희 정권의 대표적인 대중 동원의 정치인 새마을운동의 핵심적인 슬로건, "잘살아 보세." 혹은 "잘살 수 있다." "우리도 할 수 있다."로 직결된다는 것도 익히 알려진 사실이다.

그러나 한편으로, 조용기가 신앙의 효과를 경제적 축복에만 배타적으로 한정해서 주장하지 않았음을 유념해야 한다. 예컨대, 그의 삼박자 구원의 내용은 영혼의 축복, 범사의 축복, 육체의 축복으로 구성되는데, 여기서 언제나 다른 두 축복의 전제가 되는 것은 영혼의 축복으로서, 그러한 하나님 중심의 신앙적인 삶이 전제가 되어야만 나머지 범사의 축복과 육체의 축복도 따라오는 것으로 설명된다. 기존의 보수적 신앙이 후자를 기복주의라는 이름으로 경원시했지만, 조용기는 육체적 치유와 물질적 풍요로 상징되는 사회·경제적 안전에 대한 대중들의 순수한 욕구를 전면적으로 긍정했다. 그럼에도, 전인적 구원이라는 논리 하에 신앙적 영역의 종교적 성취(영혼의 잘됨)에 집중할 때 언제나 그러한 욕구들의 충족도 자연스럽게 따라오는 축복인 것처럼 설명함으로써, 대중들의 '구원'에 대한 몰두를 극대화시키고 그 몰입이 표현되는 공간으로서 교회에 대한 헌신까지 유도하는 데 성공했다. 조용기는 복지 욕구와 복지 요구의 충돌로 인해 생겨난 대중들의 복지 욕망이 그 에너지를 적극적으로 투입할 수 있는 새로운 대상과 논리를 제시했던 것이다. 말하자면, '하나님'이라는 이름의 무조건적인 축복의 제공자와 '삼박자 구원'이라는 이름의 철저히 비정치적인 경제적 욕망을 신자들에게 권장했던 셈이다.[10]

아울러 그의 사상을 최종적으로 압축한 4차원 영성론에서 제시된 '바라봄의 법칙'과 그 실천 방법도 주목할 만하다(조용기, 2010). '바라봄의 법칙'이란 자신의 소망을 구체적으로 상상하며 그것을 실체적으로 기도하고 묵상할 때 반드시 실현된다는 논리이다. 이는 박명수가 지적한 것처럼 중세의 관상 기도의 현대판이라고 할 수 있다(박명수, 2003). 그러나 중세 수도원의 관상 기도가 그리스도를 닮기 위해 영적인 가치를 주시했던 반면에, 조용기의 4차원 영성에서 바라봄은 종교적 요소 외에도 현실적 욕구를 포괄하는 자기 성취를 바라봄을 의미했다. 요컨대 조용기의 관점에선, 종교적 욕구이건 물질적·현실적 욕구이건 그 종류와 관계없이 모두 '바라봄'이라고 하는 기도의 형태로만 표현될 수 있었다. 욕구가 요구로 전화될 수 있는 유일한 방법은 종교적 형태의 '바라봄'이지, 여타의 그 어떤 정치적인 행위도 될 수 없다는 것이다.[11]

10 그런 점에서 박명수의 조용기의 영성에 대한 설명은 주목할 만한데, 그는 조용기를 시대적 요구에 탁월하게 대응하는 영성 운동가로 본다. 다만, 그것이 전통적 기독교가 지향해 온 것처럼, 필요(욕구)를 채우며 그 이상의 것은 공적인 환원에 기여하는 청지기 사상과는 다르다는 점을 지적한다(박명수, 2003, 265쪽). 실제로 조용기의 설교와 글에서 청지기 사상과 자발적 청빈은 언급되고 있지 않다고 한다. 박종현은 그래서 조용기가 공략한 대중들의 마음은 적정 수준의 요구가 아닌 욕구나 욕망이라고 볼 수 있다고 주장하는데(박종현, 2009, 296쪽), 더 정확히 말하자면, 조용기는 예언자적인 사회 개혁의 요구를 기복신앙적 차원의 요구로 바꿨다고 봐야 할 것이다.
11 앞에서도 복지에 대한 대중들의 본능적인 욕구가 '사회적인 언어(요구)'로 표현될 때 억압에 부딪혀 불가피하게 어긋나는 부분이 발생하면서 이것이 곧 복지 욕망을 이루

이처럼 조용기의 삼박자 구원과 4차원 영성론은 신자들의 경제적 풍요와 육체적 치유 등에 정향된 본능적인 복지 욕구를 결코 폄하하거나 정죄하지 않으면서도, 그 욕구의 표출과 충족에 대한 갈망을 내용적으로나 방법론적으로 특정한 차원에 한정시킨 신학 담론이라 할 수 있다. 즉, 대중들의 복지 욕구가 내용의 차원에선 신앙적 욕망(삼중축복)으로, 방법적 차원에선 종교적 요구(바라봄의 기도)를 통해서만 표현되도록 제한함으로써, 그동안 복지 욕구와 복지 요구의 불일치로 인해 발생한 심리적 결핍을 '신앙적 열심'이라는 새로운 에너지로 채우는 효과를 낳은 것이다. 이처럼 조용기의 '순복음 영성'으로 상징되는 박정희 정권기 한국 교회의 성장주의적 신앙 담론은 경제적 풍요나 질병의 치유, 신분의 상승과 같은 대중들의 일상적인 삶의 욕구들을 억압하지 않으면서도, 그것을 철저하게 신앙적 욕망과 종교적 요구의 형태로 필터링함으로써, 그들이 겪고 있었던 복지 욕구와 복지 요구의 괴리를 극복할 수 있는 '심리적 복지감'[12]을 제

게 된다고 주장했는데, 이처럼 복지 욕망이 복지 요구에서 복지 욕구를 뺀 차이로 정의된다는 것은 그것이 욕구나 요구처럼 적극적으로 실체적으로 파악할 수 있는 상태로서가 아니라 영원히 채워질 수 없는 결여의 관점에서 부정적으로 비실체적으로 접근될 수밖에 없음을 의미한다. 즉, 대중들의 복지 욕망은 복지 욕구와 복지 요구가 완전히 일치할 수 없다는 사실로부터 발생하는 결여의 체험에서 생겨나고 유지된다. 따라서 복지 욕망은 복지 욕구와 복지 요구를 통해서는 결코 충족될 수 없으므로 끊임없이 새로운 무언가를 찾아야 하는 대중들의 결여 상태를 지칭한다. 종교는 그러한 결여를 더 이상 부정적인 의미의 결핍이 아니라 신의 은총이 기대되는 가능성의 기회 구조로 활용하는 것이다.

12 주관적 안녕감으로도 번역되는 심리적 복지감(psychological well-being)은 개인이 자신의 생활에서 경험하는 객관적인 상황에 대한 주관적이고 긍정적인 정서로서 삶의 질에 대한 행복 또는 만족 정도를 의미한다(김강호, 2010, 83~84쪽). 심리적 복지감의 개념에 대해서는 분야나 학자마다 조금씩 다르게 규정하고 있지만, 대체로 인간이 느끼는 감정에 대한 주관적 판단에서 비롯된다는 데 동의가 이루어지고 있다. 사회복지학 분야에서는 심리적 복지감에 영향을 미치는 변인으로 공식적인 복지 제

공했다. 한국 교회는 시대의 고통을 담지한 이들에게 축복과 희망을 제공해 줌으로써, 많은 이들에게 주관적 차원의 행복감과 자기실현의 기회를 줄 수 있었던 것이다(김진호, 2012, 79쪽).

그런데 이러한 결과가 비록 현상적으로만 보면 교회 안에서 행복을 찾았던 대중들이 개발독재 체제의 헤게모니 프로젝트에 완전히 포섭된 듯 보이나, 실제로 확인되는 경향은 체제에 대한 대중의 '무관심'이었다는 것을 상기할 필요가 있다. 예컨대, 순복음교회에서 발간한 평신도 잡지 『신앙계』에 수록된 신자들의 간증들을 연구한 박명수에 따르자면, 박정희 정권기 조용기의 설교에 감화되어 순복음교회에 입교한 사람들의 동기는 대부분 육체적 질병이나 사업의 실패와 같은 현실적인 위기에서 그 위기를 해결하려는 것이었다(박명수, 2004, 184쪽). 그는 이런 입교 동기가 신앙생활을 사회 개혁의 수단으로 보고 입교한 것과는 구별됨을 보여준다고 주장하지만, 반대로 그만큼 삶의 위기를 정치적 요구나 사회 운동과 같은 방법으로 해결할 수 있다는 희망 자체를 대중들이 상실했다는 증거로 해석할 수도 있다. 즉, 원래부터 순수하게 신앙적 희망만 갖고 있었기 때문에 그들이 순복음교회를 찾은 것이라기보다는, 자신들이 갖고 있는 문제가 복지 제도나 사회 정책의 차원에선 요구될 수도 해결될 수도 없다는 좌절감이 결국 신앙을 통한 문제 해결 외에는 다른 어떤 방식에 대해서도 '관심'을 끊을 수밖에 없는 비정치 태도를 내면화시켰

도가 아닌 비공식적 복지 부문, 예컨대 가족, 생활모임, 자조집단, 공동활동, 사회적 지지, 여가활동, 사회적 관계망, 자아존중감 등을 거론한다. 최근에는 보다 일반화된 사회과학의 개념으로서 '사회자본'과 심리적 복지감의 관계에 대한 연구들이 제출되고 있다(한세희 외, 2010).

고, 그것이 결국 적극적인 교회 중심의 신앙생활을 추동해 나간 '정치적 무의식'이라 볼 수도 있을 것이다.

사회자본의 형성과 축적을 통한 교회의 복지 기능

한국 경제가 고도성장을 구가했던 박정희 정권기, 즉 1960~1970년대에 한국 교회, 특히 도시 지역의 교회는 교회 수와 교인 수 모두에서 괄목할 만한 양적 성장을 기록한다.[13] 이런 거대한 성장이 그 시대에 진행된 도시화와 산업화로부터의 직접적인 수혜라는 것은 누구도 부인할 수 없는 역사적 사실이다. 박정희 정권의 산업화 프로젝트가 급속하게 진행되는 동안 농어촌 사람들은 도시가 주는 경제적, 교육적, 문화적 기회에 이끌려 대거 도시로 이주했다.[14] 1963년

---

13 1993년도 한국종교사회연구소 통계에 의하면, 1950년에 3,114개였던 교회가 5,011개로 증가하더니, 1970년에는 1만 2,866개, 1980년에는 2만 1,243개, 그리고 1990년에는 3만 5,819개로 증가했다(한국종교사회연구소, 1993). 10년 단위의 증가율을 살펴보면, 1960년과 1970년 사이에 157%, 1970년과 1980년 사이에 65%, 그리고 1980년부터 1990년 사이에 약 69%가 증가한 것으로 나타났다. 전체적으로 본다면, 1960년에서 1980년 사이에 교회 수의 증가율이 가장 높게 나타나고 있는 것이다. 한편 신뢰도에 문제가 있고 수치가 서로 일치하지 않기는 하지만, 다양한 기관에서 이루어진 교인 수 통계 조사는 1960년대부터 1980년대에 걸쳐 개신교인의 수 역시 크게 증가했음을 일관되게 확인시켜 준다. 특히, 1970년대야말로 교회 수와 더불어 교인 수도 폭발적으로 증가한 시기였다. 그런데 이 시기에 교회 수와 교인 수가 함께 늘어난 것은 맞지만, 자세히 살펴보면 교인 수의 증가 폭이 교회 수의 증가 보다 훨씬 더 컸다는 사실이 눈에 띈다. 이것은 한국 개신교가 양적으로 성장하는 가운데 개별 교회의 규모가 점점 더 커졌다는 것, 즉 여의도순복음교회로 대변되는 단일 교회로 조직된 대형 교회들의 출현이 증가했음을 시사한다.
14 보다 정확히 말하자면, 박정희 정권이 노동자들의 임금 억제 정책을 유지함으로써 경제 성장을 도모했기 때문에, 이를 위해 농산물의 저가격 정책과 양곡 수입이 지속되었고, 따라서 농가 소득은 도시에 비해 현저히 낮아졌다. 이러한 소득 격차와 비농

에 전국 15세 이상 인구 가운데 농촌이 차지하는 비중은 57.7%에 달했으나, 1970년에는 절반 이하인 46.7%로 떨어졌고, 다시 1975년에 41%, 그리고 1979년에는 약 3분의 1 수준인 34%로 떨어졌다. 반면 비농가 인구의 비중은 같은 기간 42.3%에서 66%로 증가했다.[15] 그래서 이러한 급속한 산업화·도시화를 배경으로 한 박정희 정권의 발전주의 프로젝트가 심각한 아노미(anomie) 현상을 낳았고, 도시 속에서 소외감과 정체성의 위기를 느낀 사람들은 자연스럽게 종교를 통해 소속감과 정체성을 회복하고자 했다는 해석은 그 자체로는 이론의 여지가 없다(한국기독교역사학회, 2009, 123쪽). 특히, 그중에서도 개인의 구원을 강조하며 근대적 개인주의와 잘 어울렸던 개신교는 비교적 전통사회와 더 연결되어 있는 불교, 유교, 무교보다 도시인들에게 더 좋은 안식처를 제공해 줄 수 있었을 것이다. 실제로 도시화가 진행될수록 개신교인의 수도 함께 증가하는 현상이 나타났다. 즉, 농어촌보다는 도시, 도시 가운데서도 서울과 같은 대도시일수록 개신교인의 비율이 높아진 것이다. 1985년의 인구센서스에 따르

업 부문의 고용 기회 확대로 인해 비자발적인 이농 현상이 나타났다고 볼 수 있다.
15 통계청 자료에 따르면, 경제활동인구 및 취업자 비중 역시 비슷한 추세를 보이고 있는데, 비농가 부문 경제활동인구 비중은 같은 기간 39.1%에서 62.0%로 증가했고, 비농가 부문 취업자 비중 역시 35.6%에서 60.8%로 증가했다. 이 기간 동안 실업자 수는 66만 7,000명에서 54만 명으로, 그리고 실업률은 8.1%에서 3.8%로 하락해 주로 농촌의 방대한 잠재적 과잉인구가 도시의 자본주의 부문에 흡수되었다. 이러한 산업화 및 도시화와 더불어, 임금노동자의 비중도 급속하게 증가했는데 1963년만 해도 전체 취업인구 가운데 31.5%에 불과했던 것이 1970년에는 39%, 1975년 40.6%, 그리고 1980년에는 47.2%로 전체 취업자의 절반에 가까운 비율로 증가했다. 절대 수로만 따진다면 1963년의 238만 명이었던 임금노동자가 1980년에는 646만 명으로 2.7배 이상 늘어난 것이다. 물론 임금노동자의 내부 구성에서도 비교적 고용이 장기적인 상용 노동자의 비중이 18.8%에서 37.7%로 2배 정도 증가한 반면, 일용 노동자의 비중은 12.7%에서 9.5%로 감소했다.

면, 전국의 개신교 인구는 약 650만 명으로, 전체 인구의 약 16%였다. 그런데 개신교 인구 비율을 시·읍·면 단위로 세분해서 살펴보면, 각각 18%, 13.6%, 11.6%로 나타났다. 이것은 도시화가 더 진행된 지역일수록 개신교인 비율이 높다는 사실을 잘 보여주는 통계로서, 도시화가 개신교의 성장에 끼친 영향을 짐작케 해준다(한국기독교역사학회, 2009, 123~124쪽).

한데 이러한 박정희 체제하에서 한국 교회의 성장 과정에 대한 종교사회학의 일반적인 해석을 복지 체제론의 관점에서 약간 다르게 서술해 볼 수도 있을 것이다. 위의 단락에서는 단순히 한국 교회가 개발독재 시대 대중들에게 '소속감'과 '정체성'을 제공했다고 말했는데, 그것은 이미 앞 절에서 살펴본 주관적 차원에서의 '심리적 복지감' 형성과 관련된 것이고, 교회가 공동체 차원에서 수행한 복지 기능은 특정한 관계적 속성의 발현이라는 측면에서 별도의 논리로 접근되어야 할 것이다. 그것은 연결망 복지 또는 사회자본 형성의 측면에서 분석될 수 있으리라 본다. 앞서 이미 복지 체제의 개념을 다룰 때도 지적한 바 있지만, 우리가 살아가는 사회에서는 국가가 제공하는 사회보험, 공적부조, 사회복지 서비스 등과 같은 공적인 복지 항목 외에도 민간 부문에 속하는 다양한 복지 생산 주체들에 의해 제공되는 '복지 항목들'이 존재한다. 예컨대 가족 및 친지에 의한 가구 내에서의 혹은 가구 간의 사적인 소득 이전부터, 가족 안에서 주로 여성들에 의해 제공되는 돌봄노동, 종교계 복지 기관으로 대표되는 제3섹터, 즉 비영리 부문에서의 복지 지출, 고용 여부와 고용상의 지위에 따라 그 수혜가 결정되지만 분명히 급여상의 복지 혜택을 수반하고 있는 기업복지, 생명보험이나 손해보험처럼 개인들이 예측 불가능한 위험에 대처하기 위해 가입한 사보험(민간 보험)을 통해 이전되는 시장의 복지 상품들에 이르기까지, 다양한 복지 자원들이 존재하는 것이다.

그런데 여기에 추가적으로, 이른바 '제3섹터'로 분류되는 자조적 공동체와 비공식·공식적 자발적 결사체들, 교회와 같은 종교 조직 내에서 자신들의 고유한 사회적 연결망(social network)을 통해 그 구성원들에게 제공하는 소위 '연복지(緣福祉, network-based welfare)', 즉 '연결망 복지'의 영역도 엄연히 존재한다고 볼 수 있다(홍경준, 2000, 257쪽). 물론 이렇게 사회적 연결망을 통해 생산되는 복지란 점에서 이때의 복지 자원은 사실상 일반적인 사회복지 이론에서 말하는 '복지 재화'나 '복지 서비스'보다는 오히려 다양한 사회학 이론 전통에서 발전된 '사회자본' 개념에 더 가깝다고 봐야 할 것이다. 기존의 사회복지학 이론 체계에서는 사회복지 자원의 개념을 '사회적 욕구를 충족시키고 사회적 위험에 대비하여, 사회 문제를 해결하기 위해 필요한 모든 유·무형의 서비스와 물질적 요소'라고 정의함으로써(김교성 외, 2007, 321쪽), 복지 자원의 범위를 서비스와 재화에 한정시키고 있지만, 좀 더 넓은 시각에서 본다면 사회자본 역시 사회적 욕구를 충족시키고, 사회적 위험에 대비할 수 있는 '복지'의 본래적 기능을 동일하게 수행한다고 볼 수 있다.

사회자본은 기존의 복지 재화나 복지 서비스와도 다르고, 그러한 복지 재화나 복지 서비스를 생산하거나 그것들의 효용성을 높이는 데 들어가는 물적 자본과도 분명 다른 형태를 띤다. 하지만 사회자본은 물적 자본과 유사하게 복지 재화나 복지 서비스의 창출을 촉진하는 기능을 수행하는 사회적 관계의 구조 및 그 구조의 내재적 속성을 갖고 있다. 따라서 사회자본은 복지 재화나 복지 서비스 못지 않게 그 자체로, 즉 사회적 관계의 연결망을 통해 얻을 수 있는 실제적이고 잠재적인 자원으로서, 특정한 상황에선 분명히 그 연결망 내의 구성원들에게 '복지'의 효과를 제공할 수 있는 것이다. 만일 그렇다면, 지금은 물론이요 사회적 위험이나 사회 문제에 대한 공적인 사회안전망이 지금보다 훨씬 더 취약했던 박정희 정권기에 다른 여타의 사회적 연결망과 마찬가지로 도시의 교회들이 그 자체로 대안적인 복지 기능이 활발하게 일어나고 있는 현장이었다는 해석 역시 타당성이 충분할 것이다.

이미 잘 알려진 것처럼 사회자본은 신고전파 경제학에서 생산 요소로, 마르크스주의에서는 생산수단으로 파악되던 전통적 의미의 '자본' 개념을 현대적으로 확대시켜 사회적 연결망에 배태된 자본(신뢰, 호혜성의 규범, 유대감 등)을 포착하기 위해 고안된 개념이다(최종렬, 2008). 사회복지 분야에서도 최근 들어 사회자본의 개념을 활용한 연구들이 많이 제출되고 있다(정연택, 2003; 홍현미라, 2006; 류석춘·왕혜숙, 2007; 박세경 외, 2008). 그러한 연구의 흐름에서 본다면, 교회 공동체 역시 일종의 연결망 복지의 기능, 예컨대 호혜성의 규범이나 신뢰, 의무와 기대, 감정의 공유, 정서적 유대, 사회적(인지적) 연결망과 같은 사회자본을 생산함으로써 구성원들이 처한 사회 문제나 사회적 위험을 해결할 수 있도록 하는 '복지'의 기능을 수행하는 것으로 볼 수 있다. 비록 이 글이 다루는 박정희 정권기를 직접적인 배경으로 삼고 있진 않지만, 현대 한국 교회의 직분이 사회자본 형성과 어떻게 관련되어 있는지를 실증적으로 분석한 연구에 따르면, "교회는 종교적 교리에 기반한 호혜성과 상호 신뢰의 규범을 내면화하고, 그것을 통해 구성원 간에 이타적인 관계 맺음이 이루어지며, 파편화된 개인들이 '완성적 동기'에 의해 연결망을 구축할 수 있는 사회적 공간으로서 역할한다."고 볼 수 있다(정재영·장정호, 2008, 296쪽). 특히, 사회자본의 이론적 지평에서 볼 때, 교회는 상호 신뢰의 구축, 규범의 내면화 그리고 연결망 형성을 가능하게 하는 조건으로 인식할 수 있다. 즉, 교회에 참여하는 것은 개인들을 종교 공동체에 통합시키고, 그 규범을 내면화시키며, 다른 구성원들과 공유하는 다양한 활동에 참여시키게 되는데, 이러한 과정에서 여타의 자발적 결사체와 마찬가지로 사회자본의 형성과 확장의 기능을 수행한다고 볼 수 있는 것이다.

예컨대, 박정희 정권기 순복음교회를 위시하여 한국 교회 일반의 고도성장을 견인한 교회 내부의 대표적인 하부구조라 할 수 있는 구역(속회) 조직이 정서적 연결망으로서 기능한 지점을 살펴보자. 조용기 자신이 증언하고 있듯이, 순복음교회의 성장사에서 구역 조직은 단순히 '성공주의 신앙'의 담론적 공유 장치로만 기능하지 않았다. 보다 중요한 것은 정서적 연결망으로서 구역 조직 자체가 갖는 복지적 기능인데, 비록 과장된 측면이 없진 않겠지만, 사회적으로 열악한 처지에 있는 사람들의 겪은 고통을 덜어주는 완화적 기능, 스스로 자립할 수 있는 능력을 키워 준다든가 빈곤의 악순환을 단절시키는 노력의 치유적 기능, 앞으로 닥칠 사고나 고통들을 미리 준비함으로써 그에 따른 문제를 대비하는 예방적 기능이 바로 이 구역 조직 안에서 일어났다고 한다(김은섭, 2008, 168쪽). 아마도 이는 구역 조직 안에서 구역원들 간에 신앙적 규범이나 도덕적 의무감에 바탕을 둔 재화의 교환이나 선물의 증여, 또는 봉사나 도움 등의 나눔의 활동이 이루어진 것을 말할 것이다. 아울러 정기적인 심방이나 기도회, 구역예배, 기타 모임 등을 통해 강한 유대를 형성하면서 필요에 따라 위로나 돌봄의 활동들도 수행되었다고 볼 수 있을 것이다. 물론 교회 내에서 사회자본의 축적을 가능케 함으로써 연결망 복지를 생산한 것은 비단 구역 조직만이 아닐 것이다. 그것과 조직 편제 방식은 다르지만 남전도회, 여전도회, 청년부, 대학부, 성가대, 찬양단, 교회학교 등과 같은 다양한 신도회 조직들 역시 연결망 복지의 기능을 활발히 수행하고 있기 때문이다. 중요한 것은 이러한 교회의 연결망 복지가 아무리 많은 유용성을 지닌다 해도 여전히 그것은 시혜적 차원과 온정주의적 측면이 강하며, 복지에 대한 사적·비공식적 해결 방식을 고착화시킨다는 사실이다. 그래서 오늘날까지도 만연한 한국 사회의 연결망 복지가 국가복지 혹은 복지국가의 확대를 가로막는 조건으로 작용한다는 지적이 계속되고 있는 것이다.

굳이 교회 공동체가 아니어도 오늘날 우리 사회의 도처에서 발견되는 다양한 정서적·사회적 연결망이 수행하는 중요한 기능 중의 하나가 바로 그 구성원들의 복지 욕구를 충족시켜 주는 것임은 분명해 보인다. 사회적 위험으로 인해 소득이 상실되거나 중단될 때, 혹은 생애주기에 따른 중요한 의례(관혼상제)에 대한 원조 제공은 주로 이러한 연결망이 담당한다는 것이다. 혈연집단의 도움이 일차적으로 제시되며, 학연이나 지연으로 연계된 사람들도 중요한 역할을 수행한다. 모든 정서적·사회적 연결망은 그 구성원들에게 심리적 복지감을 제공하기도 한다. 그래서 한국 사회에서는 개인이 혼자 힘으로 해결하기 곤란한 문제가 발생했을 때, 우선적으로 찾는 조언자는 사회복지사나 복지 정책 담당자가 아니라 언제나 자신들의 연결망 내에 있는 구체적인 타자들인 것이다. 사회적 위기에 처함으로써 복지 욕구가 발생할 때, 그러한 욕구 충족을 복지 요구로 전화시켜, 사회 운동과 같은 정치적 행위나 기존의 전문화된 사회복지 시스템을 통해 해결하기보다는 자신이 속한 다양한 연결망들을 통해 가족이나 친족, 동료, 교우 등의 도움을 먼저 얻고자 한다는 것이다. 또한 그렇기 때문에 사회자본의 구성 요소인 호혜성의 규범이나 신뢰, 유대 등은 타자와의 직접적인 접촉 및 교류가 가능한 특정한 사회적 관계나 조직 집단 안에서만 작동하고 있는 것이다. 그런 점에서, 사회자본은 보편주의적 복지국가 건설의 토대가 되는 '연대(solidarity)' 개념과는 다른 성격을 지닐 수밖에 없다. 적어도 연대는 타자와 주체 사이에 어떠한 정보의 상호 교류나 직접적인 접촉이 없다 하더라도, 타자의 존재 양상에 대한 주체의 지적 자각만으로도 혹은 내가 직접적으로 알지 못하는 익명의 타자와 주체의 차이를 추상하고 공통성을 지각하는 지적·정서적 작용만으로도 충분히 형성될 수 있고, 또 그래야만 하는 규범적인 차원의 것이다. 반면에 사회자본은 언제나 구체적 타자들이 연계되어 있는 특정한 사회적 관계 내지는 모종의 멤버십이나 동일성을 공유하는 조직 및 집단 안에서만 형성될 수 있을 뿐이다(김종엽, 2008, 266쪽).

이처럼 박정희 정권기 이전이나 그 당시에나 또 그 이후에나, 그리고 교회 안에서나 교회 밖에서나 한국 사회의 대중들이 자신들의 복지 욕구를 연결망 복지 또는 사회자본을 통해 해결하는 것에 익숙한 문화적 관행은 분명 박정희 정권기에 형성된 발전주의 복지 체제가 남긴 거대한 유산이라 할 수 있다. 발전주의적 복지 체제 하에서 형성된 복지 인식 및 복지 태도가 박정희 정권의 파산 이후에도 계속해서 잔존하면서 사회적으로 복지에 대한 사회적 요구, 즉 복지 정치가 발전하지 못하도록 오랫동안 제약하고 있는 것이다. 즉, 연결망 복지 또는 사회자본을 중심으로 한 복지 욕구의 충족이 '상징적인 원조 기능을 수행함으로써 시민들이 복지 요구를 국가에 집중시키는 것을 억제함과 동시에, 계급적 균열 구조에 따른 정치적 동원을 방해함으로써 복지 정치의 작동을 막는 데 기여한' 것이다(홍경준, 1999, 319쪽). 결국 공적인 국가복지가 제 기능을 다하지 못하고 있다는 점이 한국 사회에서 폐쇄적인 연결망 복지의 효율성을 크게 만든 이유라고 볼 수 있다. 박정희 정권이 추진한 압축적 근대화에 대응한 시민 사회의 형성은 국가권력의 강제와 경제 성장의 강박 속에서 더딜 수밖에 없었으며, 그 결과 사회자본의 폐쇄적 유대를 뛰어넘어 보편주의적 복지 동맹을 구축할 수 있는 시민 사회의 연대가 마련되기 어려웠다. 신뢰할 만한 공적 제도가 없는 상황에서 한국인에게 너무도 익숙한 연결망 복지가 취약한 국가복지를 기능적으로 대체해 왔다. 체계화된 보편적 국가복지의 시스템에 기초하되, 일상적인 영역에서 제3섹터나 가족 공동체가 그 결핍을 보완하는 것이 아니라, 오히려 제3섹터나 가족 공동체가 복지 공급을 주도하고, 국가는 그 한계를 보완하는 수준에 그치는 전형적인 보수주의 복지 체제가 형성되어 온 것이다.

　더욱이 김대중 정부 이래로 '민간 복지 제도의 활성화'라는 이름 하에 복지다원주의가 추진되면서 사적인 영역에서의 자가(自家) 복지는 더욱 확대되어 왔고, 그 결과 자신들과 가족들의 근로소득과 민간 보험에 의존해 삶의 안정을 도모하는 복지 구조가 여전히 지속되고 있으며, 신자유주의 체제로의 전환 이후 시장이 주는 위험을 시장의 복지로 대처하는 삶의 양식이 강화되면서 오히려 민주화 이후에도 국민복지의 탈상품화 수준은 큰 발전이 없는 상황이다(남찬섭, 2012). 그리하여 민주화 이후 지속적으로 복지 개혁이 이루어져 왔음에도 불구하고, 실제 그 내용에 있어선 잔여주의(최소한의 국가 개입), 보충성(공적 개입의 최소화), 복지 개혁의 점진주의, 미약한 조세 정책, 민간 복지 부문 의존, 노동 배제, 직위 차별적 선별주의 등 여전히 박정희 시대 복지 정치의 유산으로부터 자유롭지 못함이 드러난다. 이 글은 바로 그러한 작금의 한국 복지 체제가 형성되는 과정에서 한국 교회는 과연 어떤 역할을 해왔는가에 대한 답을 찾고자 박정희 시대에 그 기원을 두고 있는 두 개의 거대한 제도적 유산, 즉 발전주의적 복지 체제와 성장주의적 교회 체제 상호간의 긴밀한 조응 관계를 분석했다.[16] 이제 마지막으로, 그 둘의 관계가 빚어낸 현재

---

16 박정희 정권기 전반에 걸쳐서, 특히 유신체제 시기에 들어 더욱 강화된 지역 간, 산업 간, 계급 계층 간, 성별 간 불균등 산업화 전략은 한편으로는 기존의 고착된 불평등한 질서를 유동화시킨 측면이 있지만, 다른 한편으로는 평등의 문제 설정을 경쟁의 문제로 치환함으로써 새롭고도 장기적인 차원에서 불평등을 구조화하는 결과를 낳았다. 그리하여 그 시기에 정치의 영역에서는 자유주의를 배제한 철저한 독재 체제가 강화되고 있었지만, 적어도 경제적·사회적 영역에서는 이미 그때부터 경쟁과 효율성의 가치를 중심으로 사회를 재편하는 신자유주의적 사회로의 전환이 시작되고 있었던 것이다(황병주, 2013). 그렇게 본다면, 1997년 IMF 외환위기를 거치면서 공식적으로 한국 사회가 신자유주의적 전환을 실행했을 때, 왜 그것이 별다른 사회 문화적 저항 없이 손쉽게 관철될 수 있었는가에 대해서도 일정 부분 납득할 수 있게 된다. 즉, "외환위기 이후 한결 두드러진 신자유주의화가 쉽게 사람들의 일상적 담론과 행위 태도에 관류해 들어간 점을 연대의 자원과 문화가 빈곤한 우리 사회의 특성과 무관하게 이해하기 어렵다."(김종엽, 2010, 83쪽)는 것인데, 이 글은 그러한 '연대 없는 평등주의'(김종엽, 2010, 82쪽) 사회의 특성이 박정희 정권기에 공고화되는 데 보수 개신교회가 어떤 식으로 기여했는가를 살펴보고자 했다. 참고로, 1960~1970년대 박정희 정권이 추진한 복지 정책 또는 사회 개발 전략을 대상으로 삼은 연구들 역시 공통적으로 '조국 근대화를 지상과제로 설정하고 대대적인 근대화 기획을 전개한'(허은, 2010, 213쪽) 바로 그 시기에, 이미 우리는 신자유주의적 사회 체제 및 주체성의 맹아(萌芽)를 발견할 수 있다는 점을 지적한다(백승욱·이지원, 2015; 정무용, 2017).

의 결과가 무엇인지를 간단히 살펴보자.

지난 2010년 1월 기독교윤리실천운동(기윤실)이 발표한 『2009년 한국 교회의 사회적 섬김 보고서』에 따르면, 사회복지법인, 종합사회복지관, 지역아동센터, 자원봉사 활동 등 비영리 민간 복지 부문의 거의 모든 부분에서 개신교는 다른 종파 및 일반 NGO에 비해 압도적인 운영 및 활동 현황을 기록하고 있다(기독교윤리실천운동, 2010). 그러나 이처럼 개신교 계열의 사회복지 기관들이 비영리 민간 복지 부문 안에서 가장 큰 비중을 차지하면서 많은 기여를 하고 있다 할지라도, 전체 한국의 복지 지출 구조에서 그것이 차지하는 비율은 여전히 극히 낮은 수준에 불과하다(김교성 외, 2007; 김진욱, 2009). 물론 그렇다고 해서 한국 교회가 제3섹터에서 수행하고 있는 사회복지 활동의 가치와 의의를 폄하할 수는 없을 것이다. 그것은 단순히 양적인 복지 지출의 규모만으로 평가할 수 없는 중요한 사회적 가치를 지니고 있음이 분명하다. 하지만 정말 중요한 지점은 그와 같은 민간 복지 부문에서의 기여에도 불구하고, 복지 정치의 담론장에서 한국 교회는 어떤 경우에도 보편적 복지국가 건설을 위한 복지 동맹의 연대 세력으로 고려되지 않는다는 사실이다. 오히려 민간 복지 부문에서의 활약과는 별개로 복지 정치의 지형에서 한기총과 대형 교회로 대표되는 한국 교회의 주류는 보편주의적 복지 정치 노선에 가장 강력한 적대 세력으로 자리매김하고 있는 것이 현실이다. 여러 가지 이유가 있겠지만, 한국 교회가 자신들의 대(對)사회적 복지 활동의 의미를 복지 정치의 관점에서 성찰하지도 않았을 뿐더러, 복지 동맹의 연대 세력으로 스스로를 내세운 바도 없기 때문일 것이다.

물론 지금까지 논의한 바에 기초해서 본다면, 공적인 국가복지의 강화에 대한 신자 대중들의 욕구를 교회 공동체가 하나의 사회적 연결망으로서 기능하는 과정에서 연결망 복지·사회자본의 제공을 통해 대리만족시켜 주는 심리적 효과를 낳음으로써, 그 의도와 관계없이 공공적 대응을 수반하는 복지 욕구를 가족이나 친족, 혹은 교회 공동체를 통해 충족되어야 할 것, 즉 사적인 자원이나 수단을 통해 획득되어야 할 것으로 인식시키는 데 앞장서왔기 때문으로 볼 수도 있겠다. 한국 교회에서 흔히 들을 수 있는 '자조 노력', '자기 책임', '가족애', '가족의 유대' 등이 바로 그러한 탈정치화된 연결망 복지의 활성화를 위해 곧잘 동원되는 수사(rhetoric)이다. 현재 한국 사회에서 복지 정치 논쟁의 기본적인 대립 구도는 생명의 어떠한 필요를 공공적으로 대응해야 할 욕구로 해석하는 담론과, 그러한 필요를 개인/가족/기업/결사체 등에 의해서 충족되어야 할 것으로 '재개인화하는' 담론 사이에서 만들어지고 있다. 물론 한국 교회는 후자의 담론을 대변하는 집단이다. 결국 진보적인 복지 정치의 발전이라는 견지에서 본다면, 교회 자체적인 연결망 복지의 효과가 성공적으로 지속될수록 신자 대중들이 보편주의적 복지국가로의 전환을 요구하는 시민적 주체로 변화되기란 요원할 뿐이다. 발전주의적 복지 체제와 친화적인 교회의 신앙 담론은 대중들의 복지 욕구를 공공적 공간에서 추방하는 탈정치화의 효과를 낳을 수밖에 없기 때문이다.

이렇듯 복지 정치와 복지 체제 사이에서, 또는 폐쇄적인 연결망 복지와 활발한 대사회적 복지 활동 사이에서, 한국 교회는 진퇴유곡(進退維谷)의 난처한 지경에 놓여 있다. 복지 사업의 가장 주도적인 민간 대행자인 동시에 가장 반동적인 복지 정치의 행위자라고 하는 자기모순과 더불어, 내부적으로 복지 생산이 활발하면 할수록 한국 복지국가의 전체적인 진보에는 부정적 외부효과를 끼치게 되는 딜레마적 상황에 처해 있는 것이다. 문제는 한국 교회가 그러한 자신들의 분열적인 정체성 혹은 모순적인 위상을 전혀 성찰적으로 인지하지 못하고 있다는 사실이다. 따라서 그러한 성찰이 전제되지 않은 상황에서, 한국 사회를 함께 살아가는 정치적 존재자로서 한국 교회가 '공공적인 삶'을 사는 모습을 대사회적으로 보여주기를 기대하거나, 좀 더 나아가 보편주의적 복지국가를 향한 시민 사회의 정치적 연대를 이끌어 내는 복지 동맹의 주체가 되기를 희망하는 것은 현재로서는 무리라고 본다. 오히려 지금은 한국 교회 자신이 한국 사회의 보수주의 형성 과정에서 복지를 매개로 어떤 역할을 해왔는지, 그리고 그러한 교회의 역할이 교회의 자기 정체성 규정에 어떤 의미를 지니는지를 철저히 되돌아보는 것이 가장 먼저 해야 할 일이다.

참고 문헌

강인철. 「박정희 정권과 개신교 교회」. 『종교문화연구』 제9호. 2007.
구해근. 신광영 옮김. 『한국 노동계급의 형성』. 창비. 2001.
기독교윤리실천운동. 「2009년 한국 교회의 사회적 섬김 보고서」. 기독교윤리실천운동·교회신뢰회복네트워크. 2010.
김강호. 「사회적 자본이 심리적 복지감에 미치는 효과: 도농 간 비교」. 『농업교육과 인적자원개발』 제42권 2호. 2010.
김교성·김종건·안현미·김성욱. 「우리나라 사회복지 자원총량 추계에 관한 연구」. 『한국사회복지학』 제59권 4호. 2007.
김수정. 「한국 복지국가 성격, 끝나지 않은 논쟁의 성취와 과제」. 『경제와 사회』 제85호. 2010.
김원. 「1971년 광주대단지 사건 연구: 도시 봉기와 도시 하층민」. 『기억과 전망』 제18호. 2008.
김윤영. 「개정기초생활보장제도 1년 평가 및 개선과제」. 『맞춤형 개별 급여 1년, 국민기초생활보장제도 평가와 개선과제 토론회』. 2016.
김윤태. 「발전국가의 기원과 성장: 이승만과 박정희 체제에 관한 역사사회학적 연구」. 『사회와 역사』 제56집. 1999.
_____. 「복지국가의 발전과 도전」. 김윤태 엮음. 『한국 복지국가의 전망』. 한울. 2010.
김은섭. 「사회 변동에 따른 한국 기독교 사회복지의 역사」. 『교회사학』 제7권 1호. 2008.
김종엽. 「개념의 신자유주의화: 사회이론에서의 자본 개념 확장 비판」. 『민주사회와 정책연구』 제13호. 2008.
_____. 「87년 체제론의 관점에서 본 사회 체제 논쟁」. 『민주사회와 정책연구』 제17호. 2010.
김진욱. 「한국의 복지 혼합과 복지 체제」. 정무권 엮음. 『한국 복지국가 성격논쟁 II』. 인간과 복지. 2009.
김진호. 『시민 K, 교회를 나가다』. 현암사. 2012.
김태성·성경륭. 『복지국가론』. 나남. 2000.

남지민. 「발전국가의 전환과 복지 정책: 김대중 정부의 복지 정책을 중심으로」. 영남대 정치외교학과 박사 논문. 2009.

남찬섭. 「한국, 왜 복지국가 전환이 어려운가」. 윤홍식 엮음. 『우리는 한배를 타고 있다』. 이매진. 2012.

노치준. 「사회복지를 향한 개신교의 사회봉사」. 숭실대 기독교사회연구소 엮음. 『한국 사회발전과 기독교의 역할』. 한울. 2000.

류석춘·왕혜숙. 「한국의 복지 현실, 사회자본 그리고 공동체 자유주의」. 『현대사회와 문화』 제1집 1호. 2007.

문병주. 「한국의 산업화 시기 노사관계와 복지 체제의 성격: 생산레짐론적 시각에서의 재조명」. 『한국정치학회보』 제39집 5호. 2005.

박명수. 「조용기 목사와 여의도순복음교회의 성장에 관한 연구」. 『카리스&카리스마』. 교회성장연구소. 2003.

_____. 「한국 오순절 운동의 영성: 『신앙계』에 나타난 순복음교회 신자들의 신앙분석」. 『한국기독교신학논총』 제34집. 2004.

박세경·김형용·강혜규·박소현. 「지역복지 활성화를 위한 사회자본 형성의 실태와 과제」. 한국보건사회연구원 연구보고서. 2008.

박종현. 「한국 교회 성장과 정치·경제 이념: 여의도순복음교회의 영성과 성장을 중심으로(1960~1990)」. 『문화와 신학』 제5집. 2009.

백승욱·이지원. 「1960년대 발전 담론과 사회개발 정책의 형성」. 『사회와 역사』 제107집. 2015.

손호철. 「한국의 산업화가 노동과 복지 체제에 미친 영향」. 『사회과학연구』 제12집 2호. 2004.

신동면. 「생산레짐과 복지 체제의 선택적 친화성에 관한 이론적 검토」. 정무권 엮음. 『한국 복지국가 성격논쟁 Ⅱ』. 인간과 복지. 2009.

양재진. 「한국 복지 정책 60년: 발전주의 복지 체제의 형성과 전환의 필요성」. 『한국행정학보』 제42권 2호. 2008.

에스핑-앤더슨, 고스타. 박시종 옮김. 『복지 체제의 위기와 대응』. 성균관대학교 출판부. 2006.

_____. 박시종 옮김. 『복지 자본주의의 세 가지 세계』. 성균관대학교 출판부. 2007.

윤상우. 「동아시아 발전국가론의 비판적 검토」. 『경제와 사회』 제50호. 2001.

윤진호. 「노동 정책과 노동 운동의 성장」. 유종일 엮음. 『박정희의 맨얼굴』. 시사IN북. 2012.

이창곤. 「맞춤형 기초생활보장제 1년… '수급자 늘었지만 사각지대는 여전'」. 『한겨레』. 2016. 7. 4.
정무권. 「한국 발전주의 생산레짐과 복지 체제의 형성」. 『한국사회정책』 제14집. 2007.
정무용. 「1960~70년대 증대하는 유동성과 불안, 그리고 위험 관리로서의 사회개발」. 『역사문제연구』 제37호. 2017.
정연택. 「사회 정책 연구의 분석틀로서의 사회적 자본: 기능성과 한계」. 『사회과학연구』 제14권. 2003.
정재영·장정호. 「교회 내 사회자본의 형성과 축적」. 류석춘 외. 『한국의 사회자본: 역사와 현실』. 백산출판사. 2008.
조용기. 『4차원의 영성』. 교회성장연구소. 2010.
차옥연. 「한국 교회 역사 속에 나타난 교회의 사회봉사에 관한 연구」. 서울신대 사회복지학과 석사 논문. 1999.
최영준. 「한국 복지 정책과 복지 정치의 발전: 생산주의 복지 체제의 진화」. 『아세아연구』 제54권 2호. 2011.
최인기. 『가난의 시대』. 동녘. 2012.
최종렬. 「신뢰와 호혜성의 통합의 관점에서 바라본 사회자본」. 류석춘 외. 『한국의 사회자본: 역사와 현실』. 백산출판사. 2008.
피어슨, 크리스토퍼. 현외성·강욱모 옮김. 『전환기의 복지국가』. 학현사. 2007.
하도균. 「박정희 시대의 교회 전도 활동(1961년 5월~1979년 10월): 대중전도집회를 중심으로」. 『성결교회와 신학』 제25호. 2011.
한세희·김연희·이희선. 「사회자본과 주관적 안녕감의 관계: 서울시민을 대상으로」. 『한국행정학보』 제44권 3호. 2010.
한국기독교역사학회. 『한국 기독교의 역사 Ⅲ』. 한국기독교역사연구소. 2009.
한국기독교교회협의회 인권위원회. 『1970년대 민주화 운동 Ⅰ: 기독교 인권 운동을 중심으로』. 한국기독교교회협의회. 1987.
한국종교사회연구소. 『한국종교연감』. 고려한림원. 1993.
한준성. 「'박정희가 만든 집': 초기 복지 정치의 유산」. 『동아연구』 제62집. 2012.
허은. 「박정희 정권하 사회개발 전략과 쟁점」. 『한국사학보』 제38호. 2010.
홍경준. 「복지국가의 유형에 관한 질적 비교분석: 개입주의, 자유주의 그리고 유교주의 복지 체제」. 『한국사회복지학회 학술대회 자료집』. 1999.
_____. 「연복지의 논리, 실태, 그리고 가능성의 탐색」. 『사회복지연구』 제16호. 2000.

홍준기. 「자끄 라깡, 프로이트로의 복귀: 프로이트·라깡 정신분석학—이론과 임상」. 김상환·홍준기 엮음. 『라깡의 재탄생』. 창비. 2002.

홍현미라. 「지역사회 관계망을 활용한 자원 개발 경험의 유형에 관한 근거 이론 연구: 사회자본 관점 적용」. 『한국사회복지학』 제58권 4호. 2006.

황병주. 「유신의 파산, 유신의 유산」. 『내일을 여는 역사』 제48집. 2012.

_____. 「유신체제기 평등—불평등의 문제 설정과 자유주의」. 『역사문제연구』 제29호. 2013.

Amsden, Alice H. *Asia's Next Giant: South Korea and Late Industrialization*. New York: Oxford University Press. 1989.

Deyo, Frederic C. "The Political Economic of Social Policy Formation: East Asia's Newly Industrialized Countries." in R. P. Appelbaum and J. Henderson (ed.). *States and Development in the Asian Pacific Rim*. Newbury Park, Calif.: Sage Publications. 1992.

Evans, Peter. *Embedded Autonomy: States and Industrial Transformation*. Princeton: Princeton University Press. 1995.

Gough, Ian. "Welfare regimes in development contexts: a global and regional analysis." in Ian Gough (ed.). *Insecurity and welfare regimes in Asia, Africa, and Latin America: Social policy in developmental contexts*. Cambridge: Cambridge University Press. 2004.

Holliday, Ian. "Productivist welfare capitalism: social policy in East Asia." *Political Studies* 48(4). 2000.

Johnson, Chalmers. *MITI and the Japanese Miracle: The Growth of Industrial Policy, 1925~1975*. Stanford: Stanford University Press. 1982.

Kwon, Huck-ju. *The Welfare State in Korea: the Politics of Legitimation*. London: Macmillan. 1999.

Pierson, Paul. "Three Worlds Of Welfare State Research." *Comparative Political Studies* 33(6/7). 2000.

Wade, Robert. *Governing the Market: Economic Theory and the Role of Government in Taiwan's Industrialization*. Princeton: Princeton University Press. 1990.

복음주의 지성은 근본주의의 인큐베이터인가?*

보수 개신교 지식 담론의 생산과 문화 구조

/

김현준

보수 개신교의 지적 헤게모니?

일반적으로 복음주의는 근본주의의 비판적 계승이다. 주지하다시 피, 미국의 (신)복음주의는 세속주의와 자유주의에 대한 저항과 대안으로서 근본주의 안에서 출현했다. 한국의 경우, 주로 미국 근본주의와 복음주의의 영향으로 미국과 유사한 종교 지형이 형성되었지만 한국 복음주의 발전 과정에서 근본주의와의 관계는 거의 조명되지 않았다. 복음주의는 현대성에 적응하는 과정에서 근본주의와 달리 지적 특성을 강조하게 되었다. 근본주의보다 적극적으로 변증을 시도하고 지식 담론을 개발함으로써 근본주의의 한계를 어느 정도 벗어나게 된 것이다. 특히, 비교적 보수적인 한국의 복음주의 운

---

* 이 글은 '한국 사회 보수주의 형성과 그리스도교' 포럼(2012. 8. 27.)에서 「순수한 신앙의 폭력성: 보수적 개신교인들의 종교적 성향(인지구조)에 대한 하나의 추론」이라는 제목으로 발표한 글을 수정·보완한 것이다.

동에서도 상대적으로 진보적이라고 여겨지는 복음주의 지성 운동은 미국 복음주의뿐만 아니라, 영국 복음주의 및 로잔언약의 영향을 수용했고, 체계적인 대학생 선교(지성 사회의 복음화)와 기독교 세계관 운동—기독교 학문 연구와 기독교 시민 단체(사회 참여)—을 통해 보수적인 개신교계 내에서 교회 성장과 안정적인 제도화도 이루며 지적 헤게모니를 갖게 되었다. 특히, '복음주의 지성(intellectual evangelicals)'을 자처하는 '종교 엘리트(목회자와 학자)'들은 자신들을 근본주의와 구별하고자 하지만, 복음주의 지성들이 유용하는 지적 담론들은 여전히 진보적인 담론들을 방어하기에 급급하고, 사회적·종교적 보수성을 재생산하는 것으로 보인다.

이 글의 질문은 바로 이것이다. 한국 복음주의는 근본주의로부터 얼마나 자유로울 수 있는가? 한국 복음주의는 근본주의를 극복한 것이라기보다는 그 한계를 여전히 내장하고 있는 것은 아닐까? 그동안 복음주의는 우리가 알게 모르게 근본주의의 안전한 재생산소, 즉 인큐베이터(incubator) 노릇을 한 것은 아닐까?

이 속에서 '복음주의 지성'과 '복음주의적 지식'이란 투쟁 과정에 개입하는 동시에, 그러한 투쟁의 산물이기도 하며, 근본주의-복음주의 네트워크를 확장함으로써 헤게모니에 공모하는 행위자인지도 모른다. 다시 말해, 한국에 (근본주의와 근본적으로 단절된) 복음주의란 과연 존재하는가? 실제로 존재하는 것은 복음주의를 자처하는 근본주의자들의 변증이나 자기변호의 논리들이나 조직체뿐인 것은 아닐까?

필자는 이러한 복음주의의 지적 신앙 양식의 출현이 '보수 헤게모니 확장'(강인철, 2004)의 담론적 측면을 설명해 줄 수 있다고 생각한다. 한국의 복음주의는 민주화(그로 인한 대중문화 발전 및 시민 사회의 개방)와 교회 위기 담론(교세와 문화적 위기)에 반응하여 나타난 사회 참여 신앙 운동일 뿐만 아니라(이 과정에서 해외 로잔언약 등의 복음주의 신학이 이론적으로 기여함), 근본주의적인 보수 개신교 내부에서 진정한 '복음(주의)'에 대한 독점적 해석권을 놓고 벌어진 '상징 투쟁'과 개념 투쟁의 산물이다. 그리고 이 과정에서 근본주의 세계관은 교회 위기 담론, '기독교 학문', '기독교 세계관'을 통해 복음주의적 담론의 장과 실천에 지속적으로 영향을 미쳤다.

이 글은 한국 복음주의의 지식 담론을 인지 체계와 문화 구조 차원에서 분석함으로써 복음주의와 근본주의의 관계를 규명하고 복음주의의 지적 한계를 평가한다. 결과적으로 이 글은 복음주의 지성 운동이 근본주의 세계관을 벗어나지 못하고 그것을 재생산하는 기능을 하고 있다고 주장한다. 이것은 복음주의 지식 담론이 단순히 근본주의와 동일한 지식 체계에 불과하다는 주장이 아니라, 복음주의 지식 담론이 근본주의와 거리를 두려고 하면서도 결국엔 근본주의 세계관이라는 중핵을 유지시키는 보호대 역할을 함으로써 근본주의의 영향력 하에 놓여 있게 되었다는 것이다. 다만, 복음주의 지식 담론은 결과적으로 근본주의를 기각시키지 못함에도 불구하고 자신의 근본주의 전통을 은폐함으로써만 복음주의권 내에서 상대적 수월성을 주장할 수 있다. 근본주의적 습속의 은폐는 복음주의를 세련된 신앙 양식으로 보이도록 만든다. '복음주의 지성'이라고 불릴 때의 지적 세련됨의 뉘앙스는 복음주의자가 근본주의를 무시하고 부정하는 구별 짓기를 수행할 때에나 가질 수 있는 기표인 것이다. 다시 말해, 복음주의 지식 담론은 근본주의 세계관을 내파하면서 자신의 고유한 지식 체계를 만들기보다는 근본주의 에토스(ethos)에 발목 잡혀 복음주의의 급진화 가능성을 상쇄시키고 만다.

이 글에서는 구체적으로 '복음주의 지식 담론'을 살펴볼 것이다. 먼저, 복음주의 지식 담론이란 복음주의 지성인들이 생산에 참여한 담론으로서, 복음주의 지성인으로서의 정체성을 구성하면서 복음주의적 행위를 추동하고 설명하는 의미의 재생산 구조라고 정의할 수 있다.[1] 여기서는 주로 한국 보수 개신교 내의 복음주의-칼뱅주의 분파 내에서만 유통되는 '기독교 세계관'이나 '기독교 문화관' 등을 중심으로 구성된 담론을 의미한다.[2] 그리고 의미 구조로서의 담론은 복음주의 지식 생산장(intellectual discourse of evangelicals field)이라는 담론장에서 생산된다. 여기에서 '복음주의(evangelicalism)'란 단순히 신학적으로 정립된 이론 체계를 지시하는 것이 아니라, 복음주의라는 자의식을 갖는 신자들의 집단적 실천의 중앙값(median)

---

[1] 뒤르켐(E. Durkheim, 1858~1917)에 따르면, 이 의미 구조는 성과 속의 이항대립적 집합 표상의 상징 질서이며, 막스 베버(Max Weber, 1864~1920)와 클리퍼드 기어츠(Clifford Geertz, 1926~2006)에 의하면, '행위를 인도하는 의미의 망'이라고 할 수 있다. 제프리 알렉산더(Jeffrey A. Alexander)도 이러한 상징적 문화 코드가 행위의 동기를 추동하는 '내적 힘'이라면서, 도덕적 규범의 토대를 제공하고, 공적으로 통용되는 자원을 구성하며, 이를 배경으로 특정한 개인의 행위가 전형화되고, 도덕적으로 해명된다고 보았다. 피에르 부르디외(Pierre Bourdieu, 1930~2002)는 상징적 의미 구조를 '신체에 각인된 분류 도식'인 '아비투스(habitus)'로 이해했고, 이러한 관점에서 오토 마두로(Otto Maduro)는 종교가 신자들에게 환경에 대한 이해 수단이자 인간 활동의 필수 조건인 표상을 제공하고, 종교적 세계관은 이 신자 집단의 차후 활동을 제한하고 방향을 짓는다고 주장했다. 이때 표상은 생각할 수 있는 것과 없는 것, 바람직한 것과 그렇지 않은 것, 유익한 것과 해로운 것, 중요한 것과 부차적인 것, 금지된 것과 용인된 것, 절대적인 것과 상대적인 것 등의 코드로 전형화되고 사회화된 것이라고 할 수 있다(Maduro, 1988, 198~199쪽).
[2] 일반적인 의미에서 그리스도교의 세계관이나 크리스천의 생활세계의 '암묵지(tacit knowledge)'를 지칭하는 것이 아니라 규범적인 이론(신학) 담론을 의미한다.

을 추론할 수 있는 복음주의적 감각(habitus)에 지배되는 복음주의자들의 일상적·실천적 삶의 양식을 의미한다. 다시 말해, 복음주의는 '복음(주의)'라는 용어 사용의 정당성을 평가할 수 있는 기독교적 실천 감각의 지배를 받는 장의 산물 또는 효과라고 말할 수 있다. 따라서 이 장(field)으로서의 복음주의는 내부에서 복음의 올바른 사용과 정의에 대한 독점권과 정당성을 놓고 상징적 언어 투쟁이 벌어질 수밖에 없다. 즉, 주지하다시피 '복음주의'라는 개념이 상당히 모호한 까닭이 바로 이 개념이 명확한 신학적 정의에 의해 선험적으로 규정되는 것이 아니라, 행위자들에게 체화된 실천 감각의 지배를 받기 때문인 것이다.[3] 소박하게 보자면, 한국의 복음주의는 진보 개신교와 보수 개신교의 사이에 위치한 중도 진영일 수 있다(김명배, 2007; 김명룡, 1988). 이 글에서 주로 살펴보고자 하는 한국의 복음주의는 1970~1980년대 이후 보수 개신교 내부에서 '기독교 세계관'이나 '로잔언약' 등으로 호출되어 근본주의와는 단절하려고 노력하는 일단의 집단(의 표상)을 의미한다. 그러나 복음주의(미국 신복음주의)가 근본주의의 후손으로서 근본주의 교리를 계승했고, 한국 개신교

---

3   한국의 복음주의는 때로는 개혁주의(칼뱅주의)와 혼동되거나, 심지어 근본주의와 구별 없이 사용되기도 하며, 다양한 하위 범주를 갖고 있다(정재영, 2008, 48쪽). 예컨대 근본주의적 복음주의자, 개혁파 복음주의자, 재세례파 복음주의자, 오순절파 복음주의자, 성공회 복음주의자, 가톨릭 복음주의자 등의 규정이 가능하다. 양희송(2005)은 복음주의를 정교한 이념 체계(ideological system)라기보다는 역사적 정황에 따라 발전해 온 '복음주의 운동(evangelical movement)'으로 보는 것이 더 적절하다고 주장한다. 그리고 복음주의 흐름을 특징짓는 키워드는 '소그룹 성경 공부', '경건의 시간(quiet time, QT)', '제자 양육', '강해 설교', '기독교 세계관' 등이다(양희송, 2005, 4쪽). 복음주의를 운동으로서 보는 관점은 투쟁을 통한 참된 복음을 구현하고자 하는 동기와 실천에 대한 강조를 함축하는 입장으로서 복음주의를 '개념 투쟁'으로 보는 이 글의 관점과 일정 부분 공명한다.

역시 근본주의적 성향이 강한 것은 주지의 사실이다. 그래서 복음주의 지식 담론장은 '보수 계열에서 유래한 개신교 운동'(이수인, 2002), '온건 개혁 세력', '신복음주의(neo-evangelicalism)', '교회 갱신 운동 그룹'(강인철, 2012)으로 평가되면서, 이를 표방하는 교회, 대학생 선교 단체, (칼뱅주의) 기독교 세계관 학술/기독교 학문 운동, 기독교 사회 참여 시민운동 등이 중첩된, 자원 동원력이 집중된 연결망일 수 있다. 그리고 '복음주의 지성'들은 이러한 공간에서 담론을 생산하고 분배에 참여하지만 동일한 사회적 위치로 환원하기 어려운 개신교만의 특수한 정체성 집단이라고 할 수 있다. 이를테면 복음주의-지식인-중산층 개념을 결합한 '기독 지식 중산층'(이국운, 2004)이라는 사회계급적 범주는 복음주의 지식인을 특정화할 수 있는 가능성을 보여준다. 아울러 복음주의 지식 담론은 담론장에서 생산되고 작동하는 기독교 세계관, 기독교 문화관, 기독교 사회 윤리, 사회 참여의 신학, 제자훈련 등이 공유하는 일종의 '패러다임'이라고 할 수 있다.

'복음주의 지식 담론장'이 규모 면에서 전체 개신교계 내에서 비교적 협소한 공간임에도 불구하고 필자가 주목하는 이유는 이 공간에서 생산되는 담론이 보수 개신교의 지적 헤게모니를 갖고 있기 때문이며, 근본주의적인 종교 엘리트와 그 이론을 재생산하는 조건이자 수단이 되기 때문이다. 필자는 여기에서 생산된 복음주의 지식 담론의 일부분을 통해 문화 구조를 분석하고 타자에 대한 감수성을 포착하고자 한다. 그리고 이러한 근본주의적 문화 구조가 복음주의 지식 장에서 복음주의와 부분적으로 공명하는 양상을 추적하고자 한다.

복음주의 지식 담론(장)의 탄생[4]

'복음주의 지성 운동'은 성장의 한계치까지 축적된 인적·물적 자원을 가진 보수 개신교 내부의 자신감이 사회와 개신교의 위기 국면에서 지적인 운동으로 전화된 것이다. 이 운동은 개신교 성장 과정에서 잃어버린 사회적 영향력과 공신력, 상징적인 권력을 회복 또는 강화하기 위한 노력의 일환이다. 이 과정에서 탄생하고 발전된 '복음주의 지식 담론'은 사회구조적 외적 압력과 축적된 내적 능력의 상호 작용 속에서 교회와 신앙, 사회의 위기를 해결하고 더 나아가 적극적으로 상황을 통제하고자 신앙적 동일성(identity)과 운신의 폭을 조절·적응하려는 균형 감각의 산물이다. 한편으로 근본주의적 성향으로 '표준화(standardization)'된 보수 개신교 내에서 부분적으로 차별성을 갖는 '제한적 분화(marginal differentiation)'의 노력이라고 볼 수 있다.[5]

개신교 성장 정체와 공신력의 위기

개신교 보수 진영이 사회 참여에 관심을 갖게 된 일차적인 원인은 주지하다시피 권위주의 국가의 압력으로부터 1987년 민주화가 열어젖힌 시민 사회의 토대에서 진보적 노동·민중 운동에 대한 구별 의식과 개신교의 '사회적 영향력'이나 '공신력'의 저하에 있었다(강인철,

---

4   이 장은 제4회 심원청년신학포럼에서 발표된 필자의 「사회적 실천으로서의 복음주의」에 부분적으로 의지하고 있음을 밝힌다.
5   표준화의 사례로는 성령 운동, 장로 제도를 들 수 있다.

2001; 2002; 2012; 신재식, 2012; 조창연, 2009; 최종철, 1992).[6]

1970~1980년대에 고속 성장을 거듭했던 한국 개신교는 1980년대에 들어와 한국의 대표적인 종교로 성장했음을 과시하고 자축했다(강인철, 2012, 339쪽). 예컨대 1984년 '개신교 선교 100주년' 기념행사들이 그것이다. 1980~1990년대는 교회 성장이 최고조에 달한 시대였고(신재식, 2012), 권위주의 국가의 압력으로부터 자유로워진, 그야말로 제도 종교의 황금기라고 할 수 있다. 그럼에도 불구하고 개신교는 1980년대부터 나타난 신도 증가율의 둔화가 1990년대에 들어서면서 뚜렷해지기 시작했다(이원규, 1997; 강인철, 2012, 340쪽).[7] 따라서 1990년대 교회 성장의 최절정기(최대치)는 교회 내부적으로는 정체로 해석될 수 있고, 이전 시기에 보수 개신교가 가파른 성장세를 주도해 왔기 때문에 교세 정체로 인한 심리적·실제적 충격은 보수 교단들에서 훨씬 크고 심각했다고 볼 수 있다(강인철, 2012, 365쪽).[8]

게다가 1990년대 들어 한국 교회에 대한 비판적 시각이 본격적으로 나타나기 시작했다. 이 시기를 전후로 목회자의 비도덕성, 교회 세습 등과 같은 사건들은 한국 사회의 거센 비판에 직면했고, 개신교에 대한 부정적 이미지를 강화시켰다(신재식, 2012). 특히, 근본주

---

6 한 종교의 사회적 영향력(social influence)이란 '특정 종교가 다른 사회 부분에 변화를 초래하거나, 그 변화를 저지할 능력'이고, 사회적 공신력(social credibility)은 '종교에 대한 긍정적인 사회적 인식과 평가'이다(강인철, 2001, 146쪽).
7 연평균 신도 증가율이 1960~1970년대에는 41.2%에 달했으나, 1970~1980년 사이에는 그 비율이 12.5%로 크게 감소했고, 1980~1990년 사이에는 또다시 4.4%로 감소했다. 이 증가율 감소 추세는 1990년 이후에 더욱 심해져 교인 증가율이 연평균 3% 수준으로 떨어지고 있었다(이원규, 1997).
8 반면 '진보적 성향의 교단들은 신자 규모의 양적인 성장이 보수 교단만큼 큰 중요성을 부여하지 않았기 때문에' 위기의식을 크게 갖지 않았다고 볼 수 있다(강인철, 2012, 365쪽).

의자들에 의한 불상이나 단군상 같은 타 종교의 상징물 훼손 사건은 사회나 공공 영역 속에서 개신교의 신뢰성의 위기를 불러왔다.[9] 또한 1999년 '옷 로비' 사건처럼 '기독 지식 중산층'의 치부와 위기를 단적으로 드러낸 사건도 있었다(이국운, 2004).

내부 개혁 세력의 등장은 양적 성장에 비해 질적 성숙(사회적 공신력)을 상실한 교회의 위기 상황을 방증(傍證)한다. 1980년대 후반 이후 개신교 인구 성장 정체와 개신교(특히, 보수적 개신교)의 사회적 공신력 하락은 보수 교단 내의 개혁 세력이 등장한 요인이다(강인철, 2012, 365쪽). 교회 성장의 부작용이라고 할 수 있는 사회적 공신력 상실은 보수 개신교 내부의 상대적으로 개혁적인 종교 엘리트들에게 위기의식을 불러일으킴으로써 대안적인 행동들을 촉발시켰다고 볼 수 있다.

> 지금까지 보수주의 교회들은 교회 내부 문제와 양적 성장에만 치우쳐 사회적 공신력을 잃게 되어 교회의 성장 지체로 연결되고 있다는 인식을 하게 되었으며, 물량주의적이고 기복적이며 사회 책임에 대한 무관심, 교회 내의 비합리적이고 비민주적 요소에 대해 비판의 소리가 높아지게 되었다. 그리하여 사회적 정당성을 높여 사회적 공신력을 추구하기 시작하였다(조창연, 2009, 261쪽).

---

9   이러한 일들은 과거부터 지속적으로 발생한 일이기는 했지만, 특히 1990년대에 들어서는 대중매체를 통해 '사회 문제화'되었다(이진구, 2004).

신학적 위기: 근본주의, 반지성주의에 대한 비판

복음주의 지성인들은 보다 근본주의적인 복음주의자들에 대립함으로써 자신들의 차별적 입장을 구축하려고 했다. 이 집단은 1950년대 이후 한국 개신교가 지나치게 분리주의, 반지성주의, 폐쇄주의로 흐르는 것에 반발하여 신학의 보수주의(근본주의)를 계승하면서도 기독교인의 사회 문화에 대한 책임을 수행하려는 공동체 형성으로 이해할 수 있다(박용규, 1998, 292쪽). 표면적으로는 정교분리를 주장하면서도 실제로는 정권 친화적이었으며 개인의 영혼 구원과 복음 전도만을 강조하고 현세적 위로와 내세 구원을 얻는 대신 사회 문제에 대한 무관심한 태도(전[前] 천년왕국주의)를 가졌던 보수 개신교의 근본주의 신앙에 대한 반발은 '복음주의'를 보다 강하게 표방하는 집단을 탄생시켰다(류대영, 2009, 117~118쪽). 일례로 복음주의를 표방하는 1990년대 한국기독학생회(IVF)는 한국기독학생회출판부(IVP)와 함께 '기독교 세계관' 이론을 보급하고 대중화하는 데 기여했다(양승훈, 2012, 159쪽).[10] 또한 그들의 모토였던 '지성 사회의 복음화'는 기독교 지성의 책임을 강조하고 한국의 대학(생)과 지식인, 사회 지도층을 대상으로 개신교 복음의 영향력을 확대하려는 전략이었다. 복음주의 지성인들의 이러한 기획은 지금까지도 진행되고 있다. 여전히 복음주의자들은 '복음주의 전통에서는 반지성주의적인 풍토가 강하다고 생각'하고 이를 극복할 '기독교 세계관 교육이 필요하다고 생각'한다(권혁번, 2010).

---

10 정지영(2012)에 따르면, 기독교 세계관이란 말을 본격적으로 사용한 단체는 IVF다. 1970년대 중후반 지성 사역을 목표로 삼은 IVF는 지성 사역을 위해서는 문서 운동이 필수적임을 인식하고, 1980년대 초반부터 출판 사역(IVP)을 본격적으로 시작했다.

복음주의자들은 근본주의적이고 보수적인 개신교인들이 무분별하게 사용해서 무의미해져 버린 '복음주의'라는 용어를 재강조하고 전유함으로써 종교적 진리의 혁신을 꾀하고 신학적·교리적 정통성도 인정받고자 했다. 동시에 기존의 보수 개신교를 '근본주의'와 '반지성주의'로 낙인찍는 차별화 전략을 통해 이른바 '꼴통 보수'의 이미지를 탈피하고, '지적'인 모양새를 취했다. 또 복음주의 개념의 모호함에 힘입어 신앙 전통의 외연을 넓힘으로써 개념 투쟁의 우위를 확보하는 전략을 취했다.

1980년대부터는 넓은 의미의 복음주의 정체성과 지식을 가진 대학 선교 단체 출신 목회자들이 교회로 정착하면서 보수-진보 개념보다 복음주의자라는 자의식을 가지고 이런 정체성을 강조하는 교회와 개신교인들이 등장하기 시작했다(박용규, 1998; 양희송, 2005). 즉, 복음주의적 지식을 학습한 기독 학생들과 대형 교회는 선순환적 구조 속에서 복음주의 주류를 형성하기 시작했고 복음주의 지성의 모판이 되었다.

문화 욕구 증대와 문화적·이념적 위기감

보수 개신교인들이 느끼는 위기에는 '세속화'나 이데올로기적인 차원도 있다. '세상 문화'나 이데올로기적 위협은 종교 엘리트(지식인)에게 더욱 중요한 문제로 인식되고 다른 위기 담론들과 인과관계를 찾아내게 된다. 이들은 내외부적 위기의 요인을 비기독교적인 사상이나 문화에서 찾으려는 경향이 강하다.

'87년 체제'의 절차적 민주주의의 달성은 문화적 욕구의 증대로 이어졌고, '대중문화의 발전'과 '소비문화의 확산'(이수인, 2002), 여가 산업과 같은 '대체 종교'의 발달(이원규, 1992)은 세속 문화에 대한 신앙적 관심을 더욱 증대시켰다. 또한 이러한 권위주의 국가의 민주적 이행이라는 정치적 상황의 변화는 시민 사회의 활성화와 더불어 이에 자극된 측면으로서 사회 참여에 대한 보수 교회의 관심을 증가시켰다(김성건, 1997; 이수인, 2002). 소비문화의 확산과 대중문화의 발전은 종교적 호소력을 저하시켰고, 이로 인해 신비주의적 신앙관의 쇠퇴를 가져와 보수 교회는 종교 시장에서 '기회 영역'을 상실했는데(이수인, 2002), 이러한 상황이 보다 근본주의적인 보수 진영으로부터 부분적으로 분화를 시도한 복음주의자들에게는 일면 성찰과 새로운 성장의 기회로 활용되었다. 복음주의자들은 이른바 '시민윤리 운동'이나 '기독교 문화관' 등을 통해 위기를 돌파하려는 의지를 나타냈고, 이는 직간접적으로 어느 정도 효과가 있었다.[11] 많은 교회들이 '타락한 문화' 회복을 기치로 '문화 선교'[12]에 나섰고, 문화는 목회의 새로운 코드로 자리 잡았다(최소란, 2005, 15쪽). 한편으로 문화 선교는

11 기독교윤리실천운동(기윤실)의 문화 소비자 운동은 개신교의 (선한) 사회적 영향력의 확대를 목적으로 했다는 점에서 개신교의 사회적 공신력을 회복하려는 '문화 선교' 의지와 동일하다. 즉, 세상을 변혁하려는 복음주의적 기획과 동기라는 점에서 동일하다. 물론 시민 단체인 '기윤실'이 교회의 양적 성장에 직접적으로 기여했다고는 보기 어려울 것이다. 문화선교연구원 정재후 목사의 대안 제시가 문화 선교의 목적을 잘 보여준다. "비기독교인들도 보고 좋아할 수 있는 보편적인 감동을 담은 작품들을 만들자. 기독교 세계관을 가진 작품들이 일반 만화계로 진출하여 선교적인 영향력을 발휘하는 날이 오면 얼마나 좋겠는가?"(정재후, 2000, 30쪽)
김영일(2001)은 대형 교회로 옮긴 청년들의 인터뷰를 근거로 청년들은 보수 진영의 '딱딱한' 신앙 양식을 답습하기엔 너무 젊었다. 세상의 대중음악 형식을 빌려 교회음악에 접목시키려 했고, 설교 못지않게 찬양에 비중을 두고 싶었다고 증언한다.
12 '선교'라는 단어가 가져오는 '강한 기독교적 색채'에 대한 일반인들의 거부감을 줄이기 위해 '문화 선교'라는 용어보다 '문화 사역'이 선호되었다(이정석, 2006, 27쪽)는 증언에서 문화 사역이 선교(전도)의 효율성을 증대하려는 의도된, 그러나 문화 선교의 본래 목적에 부합하는 전략의 산물임을 알 수 있다.

'대중문화 양식들을 교회에 잘 접목'(이수인, 2005, 287쪽)하는 것이며, '소비사회적인 대중문화의 일부 감각적 측면을 목회에 도입하여 신앙의 상품으로서 가치를 강화하는' 이른바 '문화 목회'(김진호, 2007)라고 볼 수 있다.[13]

이러한 분위기 속에서 복음주의 지성인들은 '활발한 기독교 문화적 활동'이 "이데올로기 비판적인 세계관을 제공함으로써 사회 변동적인 기능도 감당할 수 있다."고 보았다(임성빈, 2011, 178쪽). 그리고 그들은 개신교의 위기를 사회 전체의 도덕적이거나 사상적인 위기로 해석했고, 이 위기의 극복을 자신들의 '책임'과 '사명'으로 생각했다. 손봉호[14]에 따르면, 개인 윤리를 토대로 하는 사회 참여와 문화 변혁의 목적은 '기독교 문화의 건설'이다(김명배, 2007, 721쪽).

[13] 진보 진영에서도 '문화 선교'라는 개념을 사용하지만 문화와 선교의 결합이나 선교의 문화적 방식으로서 이해하는 보수 진영과 달리, 문화를 '선교의 본질'(김문환, 1997, 155쪽)로서 이해한다. 이국헌은 '문화-프로테스탄티즘' 혹은 '문화종교주의'와 복음주의 진영의 '문화 선교'를 구별한다. 문화 선교의 개념은 문화로 인해 종교적 본질을 잃어버리고 종교적 성찰이 배제된 문화종교주의와는 달리 '종교를 문화의 본질로 승화시키려는 문화 변혁적 세계관을 표방'하고 있다는 것이다(이국헌, 2008, 64쪽). 한편 강남의 개신교 신자들이 보여주는 신앙적 문법을 이국헌은 '문화종교주의'라고 부른다(이국헌, 2008, 63쪽). 그에 따르면, 문화종교주의란 '종교를 개인의 삶을 성찰하는 계기이자 본질로 삼는 영적 체험의 대상으로 이해하지 않고 그저 종교 생활을 일종의 문화적 향유로 여기는 정신'(이국헌, 2008, 63~64쪽)이다. 이러한 관점은 복음주의 집단을 '문화종교주의'를 추종하는 부정적인 집단과 '문화 선교'를 추구하는 긍정적인 집단으로 구분하는 결과를 낳는다. 그러나 이는 문화를 향유하는 신자들의 주관적인 신앙적 진정성을 무시하는 것이자 문화 선교의 선교적 가치를 정당화하고 문화 선교 논리의 문화적 욕구 해소의 기능을 은폐하는 관점일 뿐이다. 다만, 이데올로기화된 '문화 선교'의 신학만이 있을 뿐이다. 이국헌의 '문화종교주의'와 '문화 선교'의 논리는 분리될 수 없다. 왜냐하면 보수 진영의 문화 선교의 논리는 궁극적으로 문화를 수단화하는 문화종교주의와 맞닿아 있기 때문이다.

[14] '기독교윤리실천운동' 창립자(현, 자문위원장), '경실련' 전 공동대표, 복음주의 대형 교회인 '서울영동교회' 설립 장로, '기독교세계관학술동역회(구 기독교학문연구회)' 이사장, '기독교세계관학술동역회'의 잡지 『월드뷰』 발행인, 복음주의 월간지 『복음과 상황』 초대 공동발행인, 서울대 명예교수, 동덕여대 전 총장, 고신대 석좌교수.

이러한 도덕적 우위를 바탕으로 사회 전체를 선한 방향으로 이끌어야 할 책임이 우리 그리스도인들에게 있다. 특별히 오늘날과 같이 급변하는 세상 속에서 우리 그리스도인들이 변화와 개혁의 주도권을 장악해야 한다고 생각한다. 그래야 우리 문화가 기독교적인 문화가 될 수 있다. 만약 우리가 이 기회를 놓쳐 버려 모든 것들이 안정되어 버리면, 그때는 뚫고 들어갈 틈이 없어지게 된다. 지금이 적기라는 사실을 깊이 명심하고 변화와 개혁의 주체가 되어서 우리의 문화를 성경적으로 이끌어야 한다 (손봉호, 1994, 67~78쪽).

이러한 복음주의의 기독교 문화관은 문화적 욕구를 그대로 드러내고 소비하는 것이 아니라 타락한 문화에 대한 변혁 의지를 통해서만 의미를 가지게 된다. 그리고 개신교의 위기는 포스트모더니즘, 뉴에이지, 해체주의, 상대주의, 다원주의 등 이데올로기적이거나 문화·사상적인 적에 기인하는 것으로 그려진다. 기독교 세계관 및 문화관에 대한 여러 저서를 쓴 신국원[15]은 복음주의 대표 잡지 중 하나인 『목회와 신학』 특집 기고문 「포스트모던 시대의 악을 극복하는 영적 부흥의 비전」이라는 글에서 '가치 상대주의', '종교다원주의', '절대 진리의 상실'은 '신앙을 근본에서 흔들고, 공동체를 파괴하며, 거룩한 삶을 방해'하는 '죄악'이라고 규정했다(신국원, 2003). 이러한 문화적·사상적 위기 담론은 1980년대부터 복음주의 지식 담론의 주를 이루었고, 현재까지도 복음주의 지성인들은 지식에 대한 영적 평

---

15 '기윤실' 이사, '기독교세계관학술동역회' 실행위원, 총신대 교수.

가를 통해 복음주의 교계 내에서 상징적 권위를 누리고 있다.

다차원적 위기의 해결책: 신앙의 지성화

복음주의 지식인들은 '근본주의', '반지성주의', '이원론', '승리주의(정복주의)', '공격적 선교' 등의 보수 개신교 내부의 적들을 규정하면서 '신앙의 지성화'를 진행해 나갔다. '기독교 세계관', '기독교 문화관', '사회 참여의 신학' 등의 복음주의 지식 담론은 외적(사회적) 위기와 내적 위기 속에서 그것들을 극복하기 위한 문제틀로서 구성되었다. 즉, 개신교 내부적으로는 근본주의적이고 반지성주의적인 보수 개신교(사실상 평신도 대중)를 '계몽'하고 외부적으로는 적대적 문화·사상에 대한 비판적 '변혁'의 기획을 만들어 나갔던 것이다. 양승훈(2012)[16]은 1980년대 초반에 시작된 한국의 '기독교 세계관 운동'이 일종의 학문 운동으로 시작되었기 때문에 초기에는 한국 사회에 직접적으로 영향을 미치는 바가 미미했으나 차츰 다양한 형태의 사회적 운동으로 나타나기 시작했다고 주장한다. 그에 따르면, 이 지적인 운동은 양적으로 부흥하는 한국 교회의 사회적 책임에 대한 성경적·이론적 기초를 제공하려는 취지였다. 이러한 담론은 '기독교 세계관' 담론 매체들을 통해 유통되었다. 프랜시스 쉐퍼, 제임스 사이어, 리처드 미들턴(Richard Middleton), 브라이언 월시(Brian Walsh) 등 북미주 학자들의 저술들이 1980년대에 번역·출간되면서 한국의 기독교 세계관 운동이 시작되고 확산되는 데 직접적으로 기여했다. 임성빈[17]은 이에 대해 이렇게 말한다.

16 '기독교세계관학술동역회'의 '벤쿠버세계관대학원' 원장.
17 문화선교연구원 원장, 장신대 교수.

복음주의 문화 운동은 개인을 영적으로 변화시키고, 제자의 삶을 살도록 하는데 주안점을 두고 거기에 바탕을 둔 기독교적인 직업 윤리, 윤리 실천 운동, 세계관 형성으로 나아갔다. 복음주의자들은 기독교 세계관, 기독교 문화관, 기독교 철학, 기독교인의 사회 참여, 교회와 정치, 문화에 대한 신학적 이해 등에 관한 괄목할 만한 번역서, 논문, 저서 등이 나왔다. 이러한 가운데 각 대학과 교회 내의 청년과 학생들, 평신도들 가운데서 『빛과 소금』, 『목회와 신학』 등 기독교 사상과 문화를 조명하는 많은 월간지, 계간지, 총서들이 쏟아져 나왔다(임성빈, 2011, 178쪽).

1980~1990년대 개신교에 대한 부정적인 여론이 집중되면서 1990년대에는 선교 전략의 변경을 시도하라는 구조적인 압력이 강화되었다(강인철, 2002, 46쪽). 그래서 '기독교 세계관'이나 '문화 선교'와 같은 복음주의자들의 지적이고 사회 참여적인 담론들이 기본적으로 보수 진영 전반에 걸친 개신교의 성장 정체와 개신교에 대한 부정적인 여론과 사회적 개혁 압력에 대한 대응으로써 대안적 선교 전략을 낳거나 변증적인 담론의 역할을 한 것으로 보인다. 그러나 이러한 사실은 복음주의 지식 담론이 모든 문제의 원인으로 지목했던 '이원론(이중적 신앙)'(강인철, 2001)이나 '포스트모더니즘'이 사실은 보수 개신교의 도덕적 권위 추락 현상에 대한 이름 붙이기에 지나지 않는다는 것을 역설적으로 보여주는 것은 아닐까? 다시 말해, 이들의 포스트모더니즘 비판은 개신교 내부의 문제점에 지나지 않는 것은 아닐까 하는 것이다. 복음주의 지식 담론은 대내외적인 위기 주장과 사회적 압력을 지적 호기심과 신앙적 열정으로 승화한 것이지

만 동시에 지성적 신앙인이 싸워야 하는 적과 싸움의 정당성을 구성해 내기도 했다. 이에 대해 강인철은 다음과 같이 설명한다.

> 특히, 현대사회에서 종교는 문제 상황의 도덕화(moralization)를 통해 공적 영향력을 유지하고 확장해 갈 수밖에 없다는 의미에서(Beyer, 1990), 종교 집단에게 도덕적 권위의 추락은 사회적 영향력을 행사할 가장 중요한 자원이 고갈됨을 의미하기도 한다. 현대사회에서 도덕적 권위를 상실한 종교 조직은 여타의 이익 집단들과 다를 바 없어질 것이고, 이러한 사태는 조만간 종교적 정체성의 근본적인 동요로 이어질 뿐 아니라, 궁극적으로는 신자들의 삶에 대한 도덕적 규제력마저 상실하게 되어 종교 조직 내에 형식적인 신앙, 종교 윤리와 생활 윤리가 따로노는 이중적 신앙을 만연시키게 된다(강인철, 2001, 147쪽).

이런 점에서 볼 때, 공신력 하락을 비롯한 개신교의 다차원적 위기들은 종교 권력을 둘러싼 대립을 심화시켜 교파 분열('배제적 대응')이 나타나거나 내부의 개혁 운동을 수용('포섭적 개혁')하는 방식으로 나타날 수 있다(강인철, 2001). 주로 '기독교 세계관' 이론이나 '사회 참여의 신학(로잔언약)' 등으로 호출된 복음주의 지성은 개신교만이 갖고 있다고 믿는 진리를 '관철할 법적·정치적·군사적·사회적 권위와 강제력뿐 아니라 지적 권위마저 상실한 현대사회에서' 더 이상 도덕적 권위를 주장하기 어렵게' 된 상황 속에서 '포섭적 개혁'의 전략으로 탄생했다고 볼 수 있다(강인철, 2001). 또 그는 지배층의 '헤게모니 전략'에 대응하여 종교 측이 제도적 이익을 증진할 목적으로 정치와 국가에 대한 영향력을 유지하거나 확대하는 전략을 '영향력 전략(influence strategy)'이라고 명명했는데, 복음주의 분파의 '세계관 운동'은 '영향력 전략'의 하위 전략들 가운데 '주로 사회 운동의 방식으로 정치 사회에 영향을 미치거나, 특정 쟁점과 관련된 일시적인 정치적 활동을 조직'하는 '사회 운동 전략'의 일환으로 볼 수 있다. 조금 다른 점이 있다면 '세계관 운동'은 이론(기독교 세계관) 교육을 통해 사회적 실천을 이끌어 내려 한다는 것이다.

이러한 맥락에서 복음주의가 문화(도덕)와 지성을 기치로 내세운 것은 보수 개신교의 부정적인 이미지를 떨쳐 버리는 '보수 세력의 헤게모니 확장'(강인철, 2005) 전략의 하나라고 해석할 수 있지 않을까?

복음주의 지식 담론의 근본주의적 문화 코드

'기독교 세계관'이나 '기독교 문화관'은 사회 참여와 문화 인식의 방법론을 제시하는 이론으로서 모든 사회적 현상(정치·경제·사회·문화)에 대해 기독교적·성경적인 관점이나 원리의 제공을 추구한다. 뿐만 아니라, '기독교 세계관'은 단순한 원리를 넘어 분과 학문의 지위, 예컨대 기독교적(또는 성경적) 정치, 기독교적 경제, 기독교적 과학, 기독교적 예술 등을 구축하고자 한다. 그래서 기독교적·성경적·복음적인 것과 아닌 것의 구별이 중요하고, '복음적' 혹은 '성경적'이라는 수사는 기독교적 가치와 진리를 담보해 주는 수식으로서 중요한 의미를 지닌다. 가령 성과 속, 천국과 지옥, 교회와 세상 같은 이분법적 대립처럼 기독교적(성경적) 정치·문화 대 비기독교적(성경적) 정치·문화의 대결을 통해 세상 정치·문화의 기독교화를 추동하고자 한다.[18] 그럼으로써 적극적인 사회 참여의 동력을 얻는 동시에, 보수 개신교인들이 간과했거나 무지했던 사회·문화적 영역들에 대한 관심을 이끌어 냈다. '기독교 세계관'이나 '기독교 문화관'은 기독교적 정당화가 부족했던 기존의 보수적 신앙에 대한 나름의 반성이자, 문화 변혁적 현실 인식과 신앙 갱신의 동기를 가진 이론 체계라고 할 수 있다.

그런데 이러한 복음주의 지식 담론들은 단순한 신학적 원리나 규범만을 제공하는 것이 아니라 기독교와 타자 간의 경계를 무의식적으로 설정하는 일상적인 방식을 내장하고 있다. 물론 복음주의 지식 담론은 '전인격'을 강조하면서 '지성'과 '신앙', '합리성'과 '비합리성' 등의 이분법을 거부하고 균형 있는 지성을 추구하려고 한다. 기독교적인 지식이란 '합리적으로 진리의 내용과 사실을 정확하게 이해할 뿐만 아니라 그 이해한 것을 바탕으로 인격적으로 믿고 감정적인 결단과 행동이 동반되는 앎'이라는 것이다(성인경, 2004).

이항대립적 세계관을 가진 복음주의자

이러한 기독교적 지식의 특징을 설명할 때 타 종교나 다른 사상들과 대조하는 일은 빈번하게 일어난다. 물론 모든 지식의 학습 과정에서 비교와 대조를 통해 차별성을 인식하는 것은 필수적이고 자연스러운 과정이다. 문제는 비교나 대조에 사용되는 용어는 필연적인 것이 아니라 문화적으로 선택되는 임의적(arbitrary)인 것인데, 이때 가치

---

18 김기현(2003)은 문화 변혁을 모토로 하는 '기독교 세계관'을 칼뱅주의의 제국주의적 '승리주의', '콘스탄틴주의(Constantinianism)'라고 비판했다.

평가적으로 사용된 용어는 전체 맥락 속에서 비기독교적인 대상인 사상을 부정적인 맥락 속에 배치시킨다. 예를 들어, 진정한 기독교적 지성은 '참 진리-듣고 배우고 생각-토론-논쟁-전인격적 변화' 등의 단어를 통해 긍정적으로 계열화되는 반면, 타 종교(불교)는 '열반-도(道)-오도송(悟道頌)-휴레카' 등의 단어들이 '비몽사몽(非夢似夢)-지적 자살(intellectual suicide)' 등의 부정적 단어[19]들과 함께 계열화된다(성인경, 2005). 예컨대 이런 맥락에서 기독교에서 불교로 개종한 어느 스님의 선택은 '지적 자살'을 감행'한 것으로 평가된다(성인경, 2004).

또한 기독교의 탁월성은 '인간적인 것'과의 대비 속에서 획득된다. 근본주의가 '타 종교=사탄'이라는 극단적 도식을 선호하는 반면, 복음주의 지성 담론은 타 종교 사상에 대한 비교적 유보적인 자세를 취하는 듯하기도 하고, 성실한 공부를 강조하는 것처럼 보인다. 그러면서 비교적 '합리적', '논리적', '지적'인 방식으로 나름의 설득력을 가지고 기독교와 타 종교 간의 차별적인 지점을 구성해 낸다.

> 불교는 견성성불이거든요. 내가 깨달아서 구원을 얻어라 하는 것입니다. 인간의 생각에서 인간의 방법을 통해 구원을 받고자 하는 것입니다. 기독교는 인간의 방법으로 구원을 받고자 하는 것이 아니거든요. 그래서 불교 철학을 공부해 보면 그 생각이

---

[19] 물론 '비몽사몽'과 같은 용어들이 단지 부정적인 가치 평가가 아니라 실제로 타 종교 사상을 설명하거나 수행 과정에서 필요한 것일지도 모른다. 그러나 이에 대한 전문적인 지식이 없는 청중은 일반적으로 이것을 일상적인 부정적 용법으로 이해할 것이다.

참 깊다는 느낌이 듭니다. 사람의 생각에 따라서 파고들면 결국 파악이 되고 이해가 돼요. 성경 말씀은 그렇지 않거든요. 결국 불교는 사람의 생각에서 나온 종교라는 것입니다(강영안, 2006).

여기서 우리가 주목해야 할 문제는 불교 교리가 실제로 어떠한가가 아니라, 복음주의의 지적인 세계관이 그것을 어떤 방식으로 구별하고 판독해 내는가 하는 것이다. 기독교의 진리(성육신, 성경)는 '인간의 생각', '방법', '논리' 등으로 이해될 수 없는 '논리를 뛰어넘는' 것이다. 하지만 불교는 '사람의 생각에서 나온 종교'이다. 기독교의 논리 초월은 불교의 '깊은 생각'과 대조되고, 기독교의 이해 불가능성은 불교의 이해 가능성과 대조된다. 결국 진리는 인간적인 것과 대립된다(강영안, 2006). 복음주의 지식 담론의 패러다임 내에서 타 종교에서 인간적인 것이란 신적인 것과 대립되는 것으로 해석된다. '하나님 중심'의 세계관과 '인간 중심'의 세계관을 '엄밀히 구분'해야 한다는 것이다(현승건, 2012, 292쪽). 그러나 불교의 '견성성불(見性成佛)'에서 인간 주체가 기독교에서 말하는 '인간적'인 것과 정확히 동일한 의미인지는 별도의 논의가 필요한 주제이다. 다시 말해, 불교의 '인간' 및 '논리'와 기독교의 '인간' 및 '논리'는 각각 정확히 일대일 대응하는 관계가 아님에도 불구하고, 복음주의 지식 담론에서는 그런 차이가 무시된다. 그리고 이러한 무시는 단지 개인의 입장에서만 끝나는 것이 아니라, 물적 장치(이를테면, 강연이나 종교 집회와 같은 의례)를 통해 에토스의 형태로 대중에게 유포된다. 재생산되는 것은 기독교나 불교에 대한 이론만이 아니라 타 종교에 대한 특정한 인식론적 태도인 것이다.

〈표1〉 복음주의 지식 담론의 문화 코드

기독교적 코드	비기독교적 코드	기독교적 코드	비기독교적 코드
하나님 중심 세계관	인간 중심 세계관	화해	갈등
복음	타 종교	순종	죄
하나님	나	순수	편향
성경	인간		세상
생각	비몽사몽		정치
논리	지적 자살	공동체	계급
지혜	열반	사랑	증오
분별		배려	
비판	이데올로기	성실	
토론		봉사	
논쟁		섬김	
체험		희생	이해관계
	생각	이타심	이기심
비논리	논리	보람	
이해 불가	이해	기쁨	
협조	투쟁	은혜	
평화	강경	신뢰	

기독교적인 코드와 비기독교적인 코드는 다음 〈표1〉과 같이 각각 계열화된다. 여기에서 기독교 세계관은 다른 세계관들에 대해서 특권을 가진 성스러움이다. 즉, '기독교 세계관'은 어떤 대상이나 현상이 성스러운 것인지, 아니면 속된 것인지를 판별하는 곧 '인지하고 평가하는 도식'이라고 할 수 있다. 가령 복음주의자들에게 '논리'는 '복음-하나님-성경-분별' 등과 계열화될 때에만 진정한 논리로서 인정되고 인식될 수 있다. 반면 복음주의자들에게 '논리'가 '투쟁-갈등-나' 등과 함께 계열화될 때 그것은 비기독교적인 것으로 이해

된다.

아래의 〈표2〉는 위 〈표1〉의 이항대립 코드를 보다 단순화한 것이다. 흥미로운 점은 복음주의 지식 담론이 분류하는 성/속 코드 각각에 유사한 속성들이 배치되어 있다는 점이다. 이것은 타자의 사상에 대한 해석과 변증의 원리를 보여준다. 이를테면, 기독교적인 것이 '논리'적이라면, 비기독교적인 것은 '비논리'적이다. 반대로 비기독교적인 것을 '논리'적인 것이라고 평가할 때에, 기독교는 논리가 아니라 '비논리'적인 것이다. 게다가 기독교적인 것은 일견 모순되어 보이는 모든 속성들을 다 포괄하고 설명할 수 있는 체계가 된다. 반면 비기독교적인 것은 기독교적인 것(성스러움)의 완전성에 비추어 볼 때 불완전한 '논리'이고 부정적인 '비논리'가 된다.

〈표2〉 복음주의 지식 담론의 문화 코드

성(순수)	속(오염)
기독교적인 것	비기독교적인 것
생각, 논리	생각, 논리
비논리, 이해 불가	비몽사몽, 지적 자살

이렇게 기독교적 지식(진리)은 부정적인 종교 코드와의 대립적 관계를 통해서 더욱 선명한 긍정성을 획득한다. 따라서 기독교적 지식은 타 종교의 지식을 단순히 비교·대조하는 것을 넘어서 우위에 있는 듯한 인상을 준다. 이러한 이분법적 용법은 개신교의 '계시 종교'의 특성으로 이해될 수 있다.

'타력 신앙'이라는 기준은 '자력 신앙'을 비판하는 무기로 작용한다. 앞에서 언급하였듯이 타력 신앙은 '객관적 계시'에 근거한 신앙이고 자력 신앙은 인간의 '주관적인 의지'에 불과한 것으로 규정된다. 따라서 객관적 계시에 근거한 신앙은 완전하고 절대적인 신앙으로 간주되는 반면, 주관적 의지에 근거한 신앙은 불완전하고 상대적인 신앙으로 간주된다. 그리고 타력 신앙과 자력 신앙의 양분법은 '신본 종교'와 '인본 종교'의 양분법과 연결되면서 '자력 종교'와 '인본 종교'를 비판하는 무기로 작용한다. 따라서 수행과 수련을 중시하는 동양 종교 전통들은 이 분류법에 의해 '자력 종교'와 '인본 종교'의 범주로 설정되면서 '불완전한 종교'로 평가된다. 구체적으로는 도덕적 실천을 중시하는 유교와 수행을 중시하는 불교에 대한 비판이 이루어진다 (이진구, 1995, 145~146쪽).

이렇게 '계시 종교'는 개신교 신앙의 독특성을 강조하기 위해 개신교(의 진리)는 '종교'가 아니라는 '역설적인 주장'을 하기도 한다(이진구, 1995, 134쪽). 이러한 용법은 만일 '종교(religion)'가 '신을 추구하고 발견하려는 다양한 인간의 노력'으로 정의한다면, 그때 기독교는 '종교'가 아니라는 것이다. 다시 말해, 기독교는 '신을 추구하는 인간의 노력'이 아니라 '잃어버린 인류를 찾아 구원하려는 신의 계시'라는 것이다(이진구, 1995, 134쪽).[20]

---

20 물론 이러한 이분법이 칼 바르트(Karl Barth, 1886~1968)의 용법과 동일한 것인지는 별도의 고찰을 요구한다.

복음주의의 지적 기원: 프랜시스 쉐퍼와 영적 전쟁이란 세계관

이러한 해석 틀의 가장 가까운 지적 기원은 미국과 한국에서 근본주의 신앙의 변증가이자 복음주의 지성인의 모델로 추앙받는 프랜시스 쉐퍼(Francis A. Schaeffer, 1912~1984)의 사상에서 찾을 수 있다. 그는 '복음주의 우파의 공식적 지식인'이라고 할 만큼 미국 기독교 신우파의 등장에 신학적·사상적 기초를 제공한 사람이다(류대영, 2009; 김현준·이원석·정정훈, 2009). 그는 인본주의 문화에 의한 미국 사회와 세계의 타락과 오염의 위기를 경고하며, 제리 폴웰(Jerry Falwell, 1933~2007) 등이 만든 '도덕적 다수(Moral Majority)' 운동을 지지했다. 이 운동은 레이건(Ronald Reagan)이 대통령이던 1980년대 기독교 우익계에서 영향력을 크게 끼친 보수주의 단체로 '기독교의 목소리(Christian Voice)' 등과 더불어 낙태 반대, 동성애자들의 시민권 인정 반대, 학교 내 기도 부활, 당시 인종 차별이 존재하던 남아프리카 공화국에 대한 지지, 국방비 증액 요구, 공화당 내 보수 인사 경제 정책 지지, 사회복지 예산 증액 반대 등을 주장했다. 그의 주요 해석 틀은 '유신론(theism, 예를 들면 유대-기독교적 세계관, 헤브라이즘 등)'과 '휴머니즘(humanism)', 자유주의와 물질주의라는 두 가지 범주에 의해 구축되어 있다. 류대영에 의하면, 쉐퍼는 다음과 같이 주장했다.

> 그리스-로마 사상은 근본적으로 휴머니즘적(humanistic)이었다. 여기에 기독교가 등장하여 초월적인 절대 진리를 가르쳤다. 그러나 휴머니즘적 요소가 '원래의(original)' 성경적 기독교의 진리를 타락시켰다. 개신교 종교 개혁이 '원래의' 기독교를 회복시켰지만 기독교 이전의 휴머니즘적 요소가 계몽주의, 공산주

의, 세속적 휴머니즘(secular humanism)으로 이어지며 타락한 문화예술을 통해 현대인의 생각과 삶을 파멸로 몰아가고 있다(류대영, 2009, 48쪽. 외래어 번역 수정함).

그래서 쉐퍼는 휴머니즘과 같은 세속주의를 물리치기 위해 '전투'를 해야 한다고 주장했다. 류대영은 쉐퍼 사상이 가진 문제의 핵심을 완전히 상반되는 두 개의 세계관이 충돌하는 점에 있다고 지적했다(류대영, 2009, 48쪽). 게다가 한국 복음주의 지식 장이 쉐퍼 사상을 수입하면서 'theism'을 '신본주의(神本主義)'로 번역하고, 'humanism'은 '인문주의(人文主義)'로도 번역할 수 있는데도 그렇게 하지 않고, '인본주의(人本主義)'로만 번역함으로써 이항대립적 담론 구조를 증폭시켰다고 할 수 있다. 다시 말해, 이는 모든 현상이나 사상을 이항대립적으로 굴절시키는 복음주의 지식 장의 사유 구조를 시사한다.[21] 이러한 쉐퍼의 신본주의와 휴머니즘이라는 이항대립적 사상은 한국의 복음주의 지식 장에서 사회 참여와 문화 선교의 이론적 근거로 학습되었고, 출판물과 교회와 선교 단체의 교육을 통해 '보수 교회의 세계관 형성에도 지대한 영향'을 끼쳤다(류대영, 2009, 51쪽). 예컨대 '기윤실 문화전략위원회'가 엮고, 대표적인 복음주의 지성들, 즉 강영안, 신국원 등이 공저자로 참여한 『대중문화, 더 이상 침묵할 수 없다』는 쉐퍼식의 '신본주의 대 휴머니즘'이라는 이항대립적 분류 체계가 복음주의 지성의 상식으로 정립되었음을 확인할 수 있다.

21 류대영은 '휴머니즘'을 '신본주의(theism)'와 대립시켜서 '인본주의'라고 번역하는 것은 옳지 않고 '인문주의'라고 번역해야 한다고 주장한다(2009, 47쪽 각주 11번).

(전략) 문화 이론의 근간이 인본주의적 세계관에 뿌리를 두고 있기 때문이다. 기독교 세계관에서 보면 인본주의는 희망과 발전을 바라보지만 결국 태생적인 한계를 지니고 있다. 즉, 하나님의 구원을 전제하지 않는 인간만의 해방 추구는 결국 스스로의 자멸에 이를 수밖에 없기 때문이다. 더구나 문화 이론의 기본 시각이 마르크스주의적 혁명론을 뼈대로 하고 있다는 점에서 사랑과 화합을 이루고자 하는 기독교 세계관과 상치할 뿐만 아니라 근본적으로는 하나님을 전제로 한 신본주의와 그 뿌리와 지향점이 다르다는 점에서 근본이 서로 다르다고 할 수 있다(김연종, 1998, 102쪽).

휴머니즘은 신본주의와 대립되는 사상이라고는 하지만, 미국 기독교 우파들조차도 일치된 의견을 보여주지 못할 정도로 너무나 광범위하고 자의적인 범주이다. 쉐퍼는 '휴머니즘'을 '인간을 모든 것의 중심에 놓고 모든 일의 척도로 삼는' 것이라고 정의하지만, 이는 결국 '주관적'인 것이다(류대영, 2009, 55~56쪽). 하지만 이러한 자의적인 정의와 범주가 한국 복음주의 지식 장에서는 너무나 '당연시된 지식(take-for-granted common sense knowledge)'과 '통념(doxa)'이 되었다는 판단은 너무 섣부른 추측일까? 류대영은 한국 기독교 뉴라이트의 이념과 세계관을 설명하기 위해 미국 기독교 우파의 이데올로그인 쉐퍼와의 친화성을 분석했는데, 이러한 근본주의적 세계관은 단지 기독교 뉴라이트뿐만 아니라 한국 복음주의 세계관을 설명하는 데에도 상당히 부합하는 측면이 있다. 왜냐하면 한국의 기독교 뉴라이트는 '흔히 복음주의자라고 통칭되는 보수적 기독교인들을 현실적·잠재적 기반으로 삼고 있'기 때문이다(류대영, 2009, 15쪽).

〈표3〉 복음주의 지식 담론의 문화 코드
(모든 것이 종교적 세계관이다)

성(선)	vs.	속(악)
신본주의		인본주의
	영적 전쟁 세계관 전쟁	

이러한 복음주의 지식 담론은 모든 문화의 배후에 세계관이 있음을 강조하면서 세계관을 기독교적인 것과 아닌 것으로 구별한다. 그리고 여기에서 '세계관'의 범주로 포섭되는 모든 사상들은 사실상 모두 복음주의자들이 적대해야 할 일종의 '종교'에 불과한 것이 된다.

소위 '기독교 학문'과 같이 일반적으로 '기독교 세계관'에 입각한 논문들의 다수도 "모든 학문들은 암묵적으로 종교적 성격을 띠고 있다."는 주장으로부터 논지를 전개한다. 기독교 세계관을 주제로 다룬 책들은 복음주의권에서 인문학적 지식에 입문하고 복음주의적 지성을 도야하는 거의 유일한 커리큘럼이다.[22] 그런데 그러한 책들에 근거한 담론들은 근현대 철학 이론들의 성과를 반영하는 척하면서 사실은 '모든 사상은 근본적으로 전제, 선택, 종교, 믿음의 문제'라는 단순한 결론으로 쉽게 유도한다. 가령 '과학도 종교'라고 단정된다.[23] 복음주의권에서 기독교 세계관의 대표적인 입문서로 읽히는

---

22 양승훈은 쉐퍼, 사이어, 미들턴, 월시, 월터스(Al Wolters) 등의 북미 학자들의 저술이 한국의 기독교 세계관 운동이 시작되는데 직접적인 방아쇠를 당겼다고 주장한다(양승훈, 2012, 155쪽).

제임스 사이어(James W. Sire)의 『기독교 세계관과 현대사상』(1985)은 근현대 사상들을 나름의 질문들에 입각하여[24] '기독교 유신론', '이신론', '허무주의', '실존주의', '동양 범신론적 일신론', '포스트모더니즘' 등 몇 가지 범주로 구분하는데, 사실상 특정한 사상이나 종교를 염두에 두고 그것들을 '세계관'이라는 철학적 개념으로 치환한 것일 뿐이다. 예컨대 '동양 범신론적 일신론'은 힌두교나 인도 철학을 '세계관'으로서 정의하고 범주화하기 위한 수사라고 할 수 있다. 즉, 상이한 사상들을 모두 '세계관'이라는 철학적이거나 종교적인 신념의 문제의 범주에 놓는다. 그러한 다양한 세계관들은 단 하나의 진정한 세계관인 기독교(칼뱅주의)와 대조했을 때 대척점에 있는 종교적 세계관 '들'에 불과한 것이다. 가령 제임스 사이어가 '해답'을 알기 위해 던지는 '질문들'은 기독교 세계관과 비기독교 세계관을 구별하는 특권적 범주들이다. 기독교 세계관 담론은 특정한 전통의 기독교인들(칼뱅주의자)이 던지는 질문을 다른 사상들을 판별해 내는 절대적 토대로 삼으면서 질문들의 역사적 구성에 대해서는 침묵한다. 복음주의 지식 담론장은 '세계관'이라는 모든 사상과 종교의 공통의 척도(언어)를 '발명'하고 자신들의 신학적(개혁주의)·철학적·정치적·사회적·문화적 입장을 '기독교 세계관'이라고 명명함으로써 자신들의 입장이 신학적이고 종교적인 차원에서의 정당화가 아니라 철학적이고

---

23 이를테면, 복음주의 지식 담론의 장에서 토머스 쿤(Thomas S. Kuhn, 1922~1996)의 '패러다임' 개념이 '과학이 종교'라는 주장을 옹호했다는 식으로 오용하는 것을 종종 확인할 수 있다.

24 제임스 사이어에 의하면, "잘 갖추어진 세계관은 다음의 각 질문들에 대해 근본적 해답을 갖고 있다." 진정으로 참된 실재는 무엇인가, 인간은 무엇인가, 인간의 사망 시에 어떤 일이 일어나는가, 도덕의 기초는 무엇인가, 인간 역사의 의미는 무엇인가(1985, 20~21쪽).

실제적(practical)인 것처럼 보이게 함으로써 공적이고 중립적인 정당성을 획득하게 한다. 사실상 근본주의 분류 도식에 다름 아닌 '기독교 세계관'의 통념은 자명한 세계관이 된다.

따라서 모든 것이 '세계관'이기 때문에 '세계관 전쟁'은 정당화된다. 복음주의권에서 제기되는 인식론의 문제는 믿음(faith)의 문제로 치환되고, 상이한 세계관들 간의 대결 문제가 되며, 심지어 세계관/문화들 간에 선악을 구별하는 '영적 전쟁'의 문제가 된다. '진정한 전쟁은 영적 전쟁이고, 영적 전쟁의 최전선에는 세계관 전쟁'이 있다. "이라크 전쟁도 종교 간의 전쟁이라고도 하고 문명 간의 충돌이라고도 하지만, 사실은 세계관 전쟁이다." '모든 역사와 문화 배후'에 있는 '세계관 전쟁'은 '누가 선이냐 악이냐를 구분하는 전쟁'이다(성인경, 2003). 기독교 세계관은 세상의 잘못된 유행에 동화되지 않고 영적 분별력을 갖는 것이며, 하나님을 대적하는 이데올로기를 무너뜨리고 올바른 이념을 세우는 비판력이라고 주장한다(성인경, 2010, 4~6쪽). 이런 방식으로 한국에서 근본주의적-칼뱅주의적 경향은 보수 개신교 신앙과 제도의 위기 국면에서 단지 극복의 대상으로만 여겨지는 것이 아니라, 종종 성스러운 기원으로 묘사되거나 예언자(갱신 모델)로서 호출된다. 이를테면, 한국 복음주의 지식인들은 쉐퍼의 경고에 미국 복음주의 교회가 제대로 반응하지 않아 더 큰 문제가 드러났는데, 한국 복음주의 역시 이러한 전철을 밟고 있다고 우려한다(이승구, 2006). 그리고 한국 복음주의는 쉐퍼의 경고를 들어야 하고, 그 해결책은 쉐퍼의 사상에서 찾을 수 있다는 것이다.

이렇게 문화를 '문화 전쟁', '영적 전쟁'으로 인식하는 관점은 정도의 차이가 있을 뿐, 1990년대에 많은 영향력을 끼친 문화 선교 단체 '낮은울타리(대표 신상언)'의 관점과 크게 다르지 않다.[25] "사탄이 마침내 대중문화를 선택했습니다."(낮은울타리, 1992)로 대표되는 개신교 문화관은 많은 비판에 직면하여 어떤 면에서는 '퇴조'(양승훈, 2012, 165쪽)했다고 볼 수 있으나, 이후 개신교의 문화관이 모두 이를 극복했다고 섣불리 평가하기는 힘들 것으로 보인다. 왜냐하면 '기독교세계관학술동역회' 월간지 『월드뷰』(발행인 손봉호)를 통해 이러한 담론을 부분적으로 재생산하고 있는 것으로 보이기 때문이다. 예컨대 『월드뷰』의 전신인 『온전한 지성』에는 '혼탁'한 환경 속에서, '공중 권세 잡은 자(사탄—필자 주)'로부터 "빼앗긴 영역을 되찾는다."는 등의 표현이 심심치 않게 등장하는 것을 볼 수 있다(조정민, 2009, 3~4쪽을 보라). 심지어 이러한 '영적 전쟁'의 세계관의 확대는 '이슬람포비아(Islam phobia)' 출현의 가장 중요한 문화적 원인이 된다(김성건, 2011, 137쪽). 가령 근본주의 개신교인들은 아프가니스탄 피랍 사건을 한국 교회에 대한 '사탄의 영적 도전'으로 인식하고 있는 것이다.[26]

25 1989년에 시작된 문화 선교 단체 '낮은울타리'는 『사탄은 마침내 대중문화를』, 『대중문화 최후의 유혹』 등의 단행본과 월간 『낮은울타리』를 통해 주로 대중문화의 뉴에이지적이고 사탄적인 요소를 비판했다. 이러한 문화관은 같은 복음주의권 내에서도 많은 비판을 받았고, 현재 이 단체와 그 운동은 당시에 비해 '퇴조'(양승훈, 2012, 165쪽)한 것으로 보인다. 그럼에도 불구하고, 현재 이 단체는 '뉴에이지에 대한 연구와 대책 지도자 과정'을 주요 사역 가운데 하나로 운영하면서 대중문화의 '뉴에이지' 담론을 교육·유통시키고 있다. 특히, 청소년 문화 교육에 치중하는 것으로 보이는데, 그중에 한 프로그램의 이름은 'CUE 밀리터리'이다. 단순히 군사주의적인 용어만의 문제가 아니라 여기에서는 '문화 전쟁의 상황 속에서', '문화가 영적 전쟁의 장으로 변질되어 가는 포스트모던 시대' 등의 표현이 등장한다. 아울러 월간 『낮은울타리』의 모든 문화 관련 칼럼이나 평론에는 다음과 같은 '티칭 포인트'가 부여되어 있다. "문화와 영적 전쟁이라는 말과 이 내용과는 어떤 연관이 있을까요?"(http://www.wooltari.com) 즉, 이러한 담론은 모든 문화 현상을 영적 전쟁으로 해석한다.
26 김성건(2011)은 근본주의자들로 전호진 한반도국제대학원 교수, 이만석 한국이란인 교회 목사, 인터콥의 최바울 선교사를 들고 있다.

한국 개신교의 사회적 정당성이 최근 계속 쇠퇴하고 있음에도 불구하고, 개신교 내부에서 사실상 실질적 주류를 차지하는 성서적 근본주의자들을 중심으로 자연스런 방어기제로서 심대한 적(敵)을 사탄의 세력으로 동일시하는 것, 곧 '사탄화(satanization)'가 우리들 가운데서 바로 없어지기는커녕 오히려 증가하고 있다(김성건, 2011, 138쪽).

'종교적 근본주의'의 '영적 전쟁의 세계관'이 '심화 및 확대'되고 있다는 김성건의 판단은 소위 복음주의 지성을 자처하는 집단의 인식론적 경향성을 설명하는 데 상당 부분 부합하는 것으로 보인다. 이런 점에서 볼 때 초기 복음주의 지식 담론의 장 형성에 많은 영향을 끼친 '낮은울타리'의 세계관은 쉐퍼의 문화관과도 상당히 친화적이며 '기독교 세계관'의 이름으로 재생산되고 있는 것으로 보인다. 즉, 이러한 이론들을 관통하는 패러다임에서 우리는 '근본주의'라는 복음주의 내부에서 잊혀진 이름을 떠올리지 않을 수 없다.

중립적 세계관?

기독교의 성스러움은 비기독교적인 것에 대하여 '상대적으로' 규정되는 것이 아니라, 중립적이고 절대적인 성스러움이다. 다시 말해, '모든 것이 단지 세계관'이라는 '기독교 세계관'의 가르침은 상대 항을 단순히 종교적 세계관으로 취급함으로써 자신의 세계관을 중립화, 객관화한다. 그리고 복음(주의)적 또는 기독교 세계관적 지식 체계는 세속 학문적 성찰을 부차적인 것으로 치부하거나 무시할 수 있는 예외적이고 배타적이며 중립적인 공간으로서 구성된다. "우리는 좌파도 우파도 아니다. 예수파다.""이념보다 그리스도가 높으시다."
와 같은 언술(言述)들이 바로 그러한 태도의 대중적 분류 도식을 단
적으로 보여준다. 다시 말해, 이러한 논거의 핵심에 모든 종교나 사
상을 세계관이라는 이름의 '신앙'으로 치환하는 논리가 작동한다. 그
리고 개신교에게 있어 '신앙'은 '종교적 전제'로서 학문을 비롯한 모
든 인식 범주들을 분류하고 판단할 수 있는 범주이다. 중립적 세계
관이라는 특권적인 성스러움의 코드는 이런 방식으로 교회의 목회
현장이나 일상적 종교 활동에서 이항대립을 은폐하는 방식으로 계
열화되고 재생산된다.

〈표4〉 복음주의 지식 담론의 문화 코드

성(순수)	속(오염)
중립성	편파성
독립성	의존성
영적인 것	이념적 기초
복음	정치 이데올로기(좌·우파)
기독교적 지식	세속 학문

위와 같은 방식으로 코딩된 복음이란 기호 체계는 교회, 신학교,
선교 단체 등에서 각종 복음주의적 실천과 교육 프로그램들, 의례들
을 통해 신자들에게 내면화된다. 그리고 이렇게 사회적 문제를 신앙
적 담론으로 변형시키는 상대적으로 자율적인 복음주의 지식 생산
장에서 생산된 문화 코드는 사회적 지배 이데올로기에 대한 저항적
실천에 대해 우호적인 이론이나 실천을 중화(neutralization)하거나 유
보하는 방식으로 사회적 헤게모니에 편승하게 만든다. 그리고 이 과

정에서 종교 엘리트들(지식인, 목회자)은 지배계급과 자신들의 권위와 이익에 '무해'한 담론의 생산에 암묵적으로 참여한다(Maduro, 1988, 213쪽).

복음주의 지성은 어디에?

필자는 이 글에서 보수 개신교 장이나 학문 장(scholastic field) 전체의 구조, 물적 생산수단과 네트워크를 다루지 않았고, 그러한 담론의 사회·정치적 효과를 분석하지도 않았다. 하지만 이 글에서 제시한 자료들은 보수적 복음주의 지식 네트워크 내 담론적 차원들의 어떤 특정한 경향성(세계관)을 예시한다.

    복음주의 지식 담론은 보수 개신교에 닥친 다차원적 위기 속에서 해법을 찾아내려는 복음주의 지식인들의 노력의 결과물이다. 그리고 이것은 보수 교회와 사회 문화의 위기를 해석하고 대응하는 논리로서 본래 근본주의적인 개신교 내의 '이론의 빈곤'을 메우는 기능을 수행했다. 특히, 이것은 칼뱅주의-근본주의 신학의 한계라는 '이데올로기적 위기'에 대한 대안적이고 대항적인 문화 담론이기도 하다. 또한 이 지식은 근본주의적 개신교를 보다 지적으로 보이게 해줄 뿐만 아니라 교회 성장과 목회에도 도움을 준다. 그러나 특정한 방식으로 계열화된 이항대립적 문화 코드로 구성된 근본주의적 성향은 복음주의의 저변에서 생산·유지되고 있는 것으로 보인다. 그리고 '복음주의 지성'을 자처하는 '종교 엘리트'들은 이 과정에 기여했다. 근본주의적 성향은 보다 세련되고 가치 평가적인 이항대립적 문화 코드로 복음주의 내부에서 재생산된다. 또한 이들은 문화 코드의 구성에 필수적이었던 타자들을 오염원으로 간주하는 섬세한 배제를 수행함으로써 '절대적인 성스러움'을 유지하려는 결벽증적인 태도를 보여준다. 마치 성스러운 것에는 반드시 오염의 상징물이 필요한 것처럼 복음의 순수성이 강조될수록 타자에 대한 혐오와 도구적인 이용을 동반한다. 보수적인 개신교인일수록 사회 참여의 정당성이나 개신교 윤리의 우월성과 정당성을 타자의 비윤리성에서 찾으려고 한다. 타자는 그 행위와 상관없이 비윤리적인 존재로 간주된다. 개신교 윤리의 우월성과 정당성을 그것의 구체적인 실행자들(기독교인)의 사회적 효과를 통해 증명하는 것이 아니라 사회적 맥락이 삭제된 타자의 윤리적 무능력과의 비교를 통해서 확보한다. 타자가 비윤리적이고 불완전한 존재일수록 개신교 윤리는 거룩해지며, 타자가 오염될수록 개신교인은 그 오염을 제거할 사명을 강하게 부여받는다. 이렇게 복음주의 지식 담론은 근본주의적 이항 분류 체계를 바탕으로 외부적 도전들(위기 담론과 세속 지식)을 인식하는 동시에, 그것들에 대응하여 그 현상들을 설명하고 조정함으로써 자신들의 이론(복음주의 지식 체계)을 발전시켰다.

　이제 우리가 해야 하는 다음 작업은 기독교의 진리 이론 자체를 탐구하기보다는 진리 이론이 어떠한 사회적·문화적 조건과 관계 하에서 생산되며, 여기에서 종교 행위자(특히, 종교 엘리트)가 어떠한 역할을 하는지를 분석하는 것이다. 즉, 종교적 생산수단과 네트워크를 통해 실제로 '진리'를 생산해 내고 있는 생산자(종교 행위자)들의 실천적 '세계관'을 들여다보는 일이야말로 종교가 사회에 주는 영향을 이해하는 데에 필수적인 일이다.

참고 문헌

권혁번. 「기독교 세계관은 삶의 나침반입니다: 산더 흐리휸 등 인터뷰」.『목회와 신학』. 2010. 11. 5.
강영안. 「피자와 짜장면, 무엇을 먹을 것인가」. KOSTA/USA '기독교 세계관' 세미나. 2003.
강영안·신국원·김연종.『대중문화, 더 이상 침묵할 수 없다』. 예영커뮤니케이션. 1998.
강인철. 「'사회 문제'로서 한국 종교: 영향력과 공신력의 변증법」.『종교문화연구』3. 2001. 137~167쪽.
강인철. 「종교와 자본주의: 이데올로기적 동조와 종교의 산업화」.『비평』 7(봄)호. 2002. 214~253쪽.
강인철. 「수렴 혹은 헤게모니?: 1990년대 이후 개신교 지형의 변화」.『경제와 사회』 여름호(통권 62호). 2004.
강인철. 「해방 후 한국 종교-정치 상황의 특성과 변동: 분석틀 구성을 위한 시론」.『종교문화비평』18. 163~203쪽. 2010.
강인철.『민주화와 종교』. 한신대학교출판부. 2012.
김기현. 「개혁주의 세계관 비판과 변혁 모델의 다양성」.『신앙과 학문』 8권. 2003. 7~37쪽.
김명배. 「한국 개신교 사회 참여에 나타난 교회와 국가의 관계에 관한 연구: 1960년부터 1987년까지 민주화와 인권 운동을 중심으로」. 장로회신학대학교 박사학위 논문. 2007.
김명룡. 「한국 신학의 현황과 과제」.『한국기독교신학논총』3권. 1988. 103~111쪽.
김문환. 「21세기 문화 선교의 기본 방향」.『神學思想』98호. 1997. 145~168쪽.
김성건. 「'90년대 한국 사회 변화와 교회의 변천」.『종교와 사회』. 1997. 223~225쪽.
김성건.『한국 교회의 현실과 쟁점』. 프리칭아카데미. 2011.
김현준·이원석·정정훈(연구집단 카이로스). 「프란시스 쉐퍼, 기독 지성의 약인가, 독인가?: 쉐퍼, 진정한 '이성으로부터의 도피'」. 성서한국대회 '신앙과 학문 분과' 발표문. 2009.

류대영. 「1980년대 이후 보수 교회 사회 참여의 신학적 기반」. 『한국기독교와 역사』 제18호, 2003. 37~72쪽.
류대영. 「한국 기독교 뉴라이트의 이념과 세계관」. 『종교문화비평』 15. 2009. 43~71쪽.
박용규. 「한국 복음주의의 태동」. 『신학지남』 256호. 1998. 270~303쪽.
박창호. 「한국 보수적 이데올로기의 종교적 기원」. 한국사회학회 후기사회학대회 발표문 요약집. 1997. 227~232쪽.
성인경. 「세계관 전쟁」. KOSTA/USA 강의. 2003.
성인경. 「개종 신드롬: 기독교에서 타 종교로」. www.ekosta.org 칼럼. 2004. 10. 1.
성인경. 「구도의 철학: 진리가 가슴에 사무칠 때까지」. www.ekosta.org 칼럼. 2005. 2. 1.
성인경. 「기독교 세계관이란 무엇인가」. 『온전한 지성 DEW』, 5·6호, 2010.
신국원. 『신국원의 문화 이야기』. CUP. 2002.
신국원. 「포스트모던 시대의 악을 극복하는 영적 부흥의 비전」. 『목회와 신학』 11월호. 2003.
신재식. 「한국 개신교의 현재와 미래」. 『한국종교학회』 68. 2012. 87~113쪽.
손규태. 「한국 교회의 신보수주의의 사회적 효과들」. 『신학사상』 91호. 1995. 117~135쪽.
손봉호. 「교회와 시민운동」. 『현대사회와 기독교』, 생명의말씀사. 1994.
양승훈. 「한국 지성 사회에서 기독교 세계관 운동」. 『한국 사회의 발전과 기독교』. 예영커뮤니케이션. 2012. 153~177쪽.
양희송. 「'복음주의', 이해와 오해」. 미간행, 2005.
임성빈. 「한국 사회의 발전과 기독교의 역할」. 『신앙과 학문』 16(4), 2011. 165~194쪽.
이국운. 「복음주의를 자처하는 기독 지식 중산층의 위기」. 『기독교사상』 6월호(통권 제546호), 2004. 33~42쪽.
이국헌. 「강남 신자들의 신앙적 문법」. 『기독교사상』 11월호, 2008. 54~66쪽.
이원규. 「한국 교회의 성장과 그 둔화 요인에 대한 사회학적 고찰」. 『신학과 세계』 제34호, 1997. 145~186쪽.
이동인. 「종교 이데올로기와 사회 발전: 동아시아의 경우」. 『사회사 연구와 사회 이론』. 문학과지성사. 1991. 94쪽.
이승구. 『기독교 세계관이란 무엇인가』. SFC. 2005.

이국운. 「복음주의를 자처하는 기독 지식 중산층의 위기」. 『기독교사상』 6월호. 2004. 33~42쪽.
이나미. 「한국 보수주의 이념의 내용과 의미」. 『평화연구』 11-1. 2002.
이수인. 「1987년 이후 한국 시민 사회의 변동과 정치 사회적 태도」. 『경제와 사회』 56, 2002. 264~289쪽.
이승구. 「쉐퍼 읽기(3): 우리 시대에 강조해야 할 네 가지」. 『목회와 신학』 9월호. 2006.
이원규. 『한국 개신교에 대한 사회적 이해』. 서진. 1992.
이원규. 「한국 교회의 성장과 그 둔화 요인에 대한 사회학적 고찰」. 『신학과 세계』 34호, 1997. 145~186쪽.
이진구. 「근대 한국 개신교의 타 종교 이해: 비판의 논리를 중심으로」. 『한국기독교와 역사』 4, 1995. 131~160쪽.
이진구. 「개신교와 성장주의 이데올로기」. 『당대비평』 12, 2004. 225~240쪽.
이진구. 「한국 근대 개신교에 나타난 종교론: 박승명의 『종교변론』을 중심으로」. 『한국기독교역사연구소 소식』 75, 2006. 21~30쪽.
엄한진. 「우경화와 종교의 정치화: 2003년 '친미반북집회'를 중심으로」. 『경제와 사회』 62, 2004. 80~115쪽.
오토 마두로. 강인철 역. 『사회적 갈등과 종교』. 한국신학연구소. 1988.
정지영. 「87년형 복음주의 운동의 신학을 찾아서: 70~90년대 소비된 도서를 중심으로」. 『복음과 상황』 260호. 2012.
정재영. 「근대화와 한국 개신교」. 『동양사회사상』 제17집. 2008. 27~57쪽.
제임스 사이어. 『기독교 세계관과 현대사상』. IVP. 1985.
조정민. 「세상의 메시지」. 『온전한 지성』 3·4호(합본). 2009.
조창연. 「한국 사회의 변화에 따른 개신교의 변화와 그 이념적 분화」. 『신학과 사회』 5월호, 2009. 243~278쪽.
최종철. 「한국 기독교 교회들의 정치적 태도, 1972~1990」. 『경제와 사회』 가을호. 1992. 225~241쪽.
최치원. 「한국에서 보수주의의 의미에 대한 하나의 해석」. 『시대와 철학』 20(4). 2009. 231~266쪽.
피터 바레크. 김태수 역. 『보수주의란 무엇인가』. 태창문화사. 1981.
홍성태. 「보수주의의 이중적 변화와 일상적 보수주의의 등장」. 『황해문화』 봄. 2003. 66~79쪽.

웹사이트

『목회와 신학』 http://moksin.duranno.com/
『복음과 상황』 http://www.goscon.co.kr
코스타 국제본부 http://www.kosta.cc
eKOSTA http://www.ekosta.org
(사)기독교세계관학술동역회『월드뷰』 http://worldview.or.kr

2부
/
한국 교회와 타자 만들기

포스트-오이디푸스 시대
한국 교회의 아버지 담론과 신보수주의[*]

최근 한국 기독교의 아버지 담론에 대한 비판적 성찰

이숙진

아버지 살해 시대 이후의 풍경

우리의 굴곡진 근현대사는 식민지와 군부독재라는 '속악한 아버지'만 등장시켰을 뿐 사회적·정치적 차원에서 본받을 만한 '좋은 아버지'는 출연시키지 못했다. '나쁜 아버지'의 현존과 '좋은 아버지'의 부재가 한국 근현대사의 무대를 특징짓고 있다. 그런데 1987년 6월 기성 질서와 가치에 도전하면서 등장한 민주화 운동은 기존의 아버지상을 뒤흔드는 혁명적인 전환점이 되었다. 프랑스혁명에서 '자식들이 힘을 합쳐 아버지를 죽이고 먹은 제의적 사건'[1]을 떠올린 린 헌

---

[*] 이 글의 중심 아이디어는 '한국 사회 보수주의 형성과 그리스도교' 포럼의 예비적 연구기획인 제3시대그리스도교연구소의 '포스트민주화 시대 한국 교회의 주체 형성과 한국 보수주의' 워크숍(김진호, 유승태, 김민아, 문양효숙, 이숙진)에서 얻은 것이다. 「최근 한국 기독교의 아버지 담론에 대한 비판적 성찰」이란 제목으로 『종교문화비평』(2012)에 게재되었던 것을 약간 다듬어서 '한국 사회 보수주의 형성과 그리스도교' 포럼 원고로 포함했다.
1 린 헌트, 조한욱 옮김, 『프랑스혁명의 가족로망스』, 새물결, 2000.

트(Lynn Hunt, 1945~)의 상상력이 적용될 수 있는 계기를 제공한 것이다. 기존 질서에 대한 부정과 저항은 자신의 토대인 아버지에 대한 살해 행위이기 때문이다.

그런데 민주화 이후 광범위하게 확산되던 '아버지 살해'는 IMF 관리 시대를 기점으로 새로운 국면을 맞았다. 막강한 자원을 소유한 기존 권력, 국가의 통제권 밖에 있는 거대한 자본 세력, 그리고 무한 경쟁으로 내몰린 주체들의 다양한 욕망이 상호 충돌하면서 민주화 이후 시대의 위기를 초래한 것이다. 이는 새로운 권위를 갖고 등장한 민주화 진영이 국가권력을 비롯한 기존 권위의 해체에 몰두하는 동안, 사회안전망을 구축하지 못한 우리 사회가 전 지구적 자본주의의 파고에 휩쓸리면서 위기가 심화되었기 때문이다. 심각한 경제위기와 각종 병리적 현상은 권위주의 시대의 경제 성장과 국가의 보호에 대한 향수를 자극했고, 이는 과거의 질서를 복원하고자 하는 욕망으로 연결되었다. 마치 '거세불안(castration anxiety)'에 사로잡힌 아들이 아버지의 가치와 규범을 다시 이어받듯이, 불안과 위기를 견디지 못하고 '살해된 아버지'를 다시 호출한 것이다.

프로이트의 가족로망스는 아이와 아버지 사이에서 벌어졌던 심리적 불화와 화해에 관한 가족서사이다. 가족로망스를 꿈꾸는 아이에게 아버지는 제거 대상이 아닌 갈망 대상이 된다.[2] 가족이라는 은유를 교회, 사회, 국가에 확대 적용해 보면, 오늘날 유령처럼 떠돌고 있는 박정희 서사나 보수주의에 대한 향수가 자리 잡고 있는 심리적 맥락이 이해될 법도 하다. 카리스마에 대한 열망은 자율적 주체라는

---

2 나병철, 『가족로망스와 성장소설』, 문예출판사, 2004, 26~36쪽.

근대의 신체 프로젝트가 미완의 상태임을 반증한다. 그런데 다시 호출된 아버지는 과거와 동일한 방식으로 권위를 내세우는 아버지가 아니다. 아버지 살해의 시대를 거친 부성은 더 이상 모든 권력을 수렴하던 카리스마적 독재자로 돌아갈 수 없다. 그럼에도 불구하고 아버지 살해 이후 시대의 국가와 교회 그리고 사회는 '신화화된 아버지'를 구심점으로 성장한 이전 시대와 구조적 유사성을 지니고 있다.

 이 글은 권위주의 체제의 붕괴와 함께 해체된 '신화화된 아버지'가 어떠한 형식으로 재건되고 있는지 대한 물음에서 출발한다. 요컨대 아버지 살해 이후 시대에 다시 호출된 아버지 표상과 담론은 무엇이며, 권위주의 시대의 아버지 담론과 어떠한 구조적 유사성이 있는지를 밝히는 작업이 이 글의 목적이다. 이를 위해 한국 기독교[3]를 중심으로 진행되고 있는 '육친의 아버지' 재교육 프로그램을 주된 분석 대상으로 한다. 육친의 아버지는 '사회적 아버지'의 축소판이다. 당대의 문제를 수렴하고 있는 육친의 아버지는 한국 교회의 이데올로기적 특성과 교인들의 정체성을 조망하는 데 유용한 렌즈의 하나이다. 게다가 가족의 가치를 내세우면서 신보수주의 이데올로그 역할을 하는 교회의 가정사역(家庭使役) 프로그램은 풍부한 아버지 표상과 담론을 생산하는 장치이다. 특히, 아버지 재교육 프로그램의 아이콘이 된 '두란노아버지학교(이하 '아버지학교')'는 아버지 살해 이후 시대의 아버지 위기 담론을 유통시키면서 권위 회복을 꾀하는 대표적 공간이다. 따라서 이 글에서는 아버지학교에서 생산하는 아버지 표상과 담론을 추적하는 방식으로 아버지 권위의 복원 기획에 담

---

3 이 글에서 '기독교'는 '개신교'를 지칭하며, '교회'는 '개신교 교회'를 의미한다.

긴 정치적 의미와 주체의 성격을 규명한다.

시대의 유령: 아버지 위기 담론

프로이트의 말을 빌리자면, 아버지의 권위를 억압으로 인식하고 그 억압에서 벗어나 자기 자신도 권위를 만들고 싶은 무의식 차원의 욕망이 '오이디푸스 콤플렉스(Oedipus complex)'이다. 이러한 콤플렉스에 기초하여 가부장적 문화는 지금까지 이어져 오고 있다. 아버지는 신화와 의례, 문학과 심리학에 이르기까지 우리에게 원초적인 위력을 지닌 존재이다. 고향이나 뿌리로 인식되는 아버지는 든든한 보호망이면서도 가장 친숙한 지배자이다. 거의 모든 사회에서 발견되는 '신화화된 아버지' 표상은 권위주의적 특성이 강한 공동체일수록 통합과 통제의 구심점으로 기능한다. 교회 공간도 예외는 아니다. 아버지의 권위를 기반으로 형성된 가부장적 가족 제도는 교회가 오랫동안 '하느님의 질서' 혹은 '창조의 질서'로 이해해 온 가족 모델이다.

그런데 그 하느님 창조의 질서가 붕괴되고 있다는 위기 담론이 확산되고 있다. "아버지의 권위가 실추되었다." "남자들에 대한 대우가 예전 같지 않다."는 한탄은 "요새 아이들은 버릇이 없다."는 말만큼이나 오랫동안 모든 사회에서 되풀이되어 왔다. 남성우월의식을 품고 있는 이 탄식은 가부장주의가 종식되지 않는 한 잦아들지 않을 것 같다.

주지하다시피 1997년 말 경제위기 이후 IMF 관리 체제에서 행해진 전면적 구조조정은 대량 실업으로 이어졌다. 그동안 가족 부양의 책임을 맡았던 가부장들은 명예퇴직이나 비정규직화로 그 위치가 불안해지고, 그 과정에 자연스럽게 전업주부로 살아왔던 여성들이 가장의 역할을 하는 경우가 많아졌다. 이로 인해 일터는 남성, 가정은 여성이라는 산업화 시대의 전형적 가족 모델이 흔들리게 되었고, 이러한 현상에 대한 반동으로 언론, 기업의 이벤트, 드라마 등에서는 아버지에 대해 유례없는 관심을 보였다. 매스컴을 통해 유포된 아버지의 이미지는 실직의 강풍에 속수무책의 희생자인 동시에, 가정에서조차 도구화되고 소외된 존재이다. 40~50대의 스트레스 사망률 세계 1위, 자살률 1위, 이혼율 급증 등의 구체적 통계와 '오륙도', '사오정', '삼팔선' 등의 자조적 표현은 파국이 임박한 듯한 분위기를 자아냈다.[4] 아버지 위기 담론의 한편에는 '산업전사'로 충성한 아버지의 노고를 망각한 세태에 대한 분개와 비애가, 다른 한편에는 아버지의 연륜이 무용지물이 되어 버린 정보화 사회에서 여전히 권위의 상실을 용납할 수 없다는 남성우월주의가 스며 있다.

이러한 분위기에 힘입어 교회가 추진하는 가정 회복 운동은 폭발적인 반응을 얻고 있다. 사실 그동안 교회의 가정사역 프로그램에서는 아내만을 교육 대상으로 삼았다. 충실히 신앙생활을 하는 남자라 할지라도 부부 세미나 혹은 가정사역 세미나에 불참하는 것이 당연시되는 분위기였다. 가정사는 오롯이 어머니/아내의 몫이라는 뿌리

---

4   IMF 관리 체제 이후 산업사회의 특징이었던 안정된 가족 공동체와 평생직장의 개념이 급속히 해체되면서 '이태백(20대 태반이 백수)', '삼팔선(38세면 명예퇴직 선택결정)', '사오정(45세면 정년퇴직)', '오륙도(56세면 월급도둑)' 등과 같은 자조적 표현들이 등장했다.

깊은 공/사 이분법적 젠더 담론이 한국 교회에 팽배해 있었기 때문이다. 그러나 경제적 위기와 탈산업화 과정에서 여성 취업이 증가하면서 신화화된 아버지의 위상이 흔들리게 되자, '가정의 문제는 바로 아버지의 문제'라는 인식이 출현했다. 게다가 실추된 아버지의 권위 회복과 이상적인 아버지상 모색에 관심을 기울이면서 아버지의 문제는 가정사역의 핵심 의제가 된 것이다.

두란노아버지학교(온누리교회/두란노서원, 1995년 개설)를 필두로 영락아버지학교(영락교회, 2004년 개설), 아바러브스쿨(사랑의교회, 2007년 개설), 파더스드림(순복음교회, 2008년 개설) 등 각 교회들은 교파를 초월하여 아버지 재교육 프로그램을 개설했다. 특히, 아버지학교는 1995년 10월 개설 당시에는 미국의 아버지학교라고 할 수 있는 프라미스키퍼스(Promise Keepers) 운동[5]에 착안하여 온누리교회의 평신도를 중심으로 성령 운동의 차원에서 진행했으나, 1997년 제8기부터는 한국 현실에 맞게 수정된 프로그램을 제공하여 급속한 성장을 이루었다. 수정된 내용의 핵심은 그동안 잘못된 권위를 행사해 온 아버지들을 재교육을 통해 그들의 권위를 올바르게 세워 문제 해결을 도모하는 데 있었다. 이 프로그램은 2000년 5월 공중파 방송에 소개된 후, 때마침 전 국민적 운동으로 번진 '아버지 기 살리기' 신드롬에 편승하여 비기독교인(일반인) 지원자가 급증했다.[6] 이처럼 기독

---

5 '약속의 이행자(Promise Keepers)'라고 불리는 이 집단은 1991년 아일랜드계 가톨릭 교인이며 콜로라도 대학교의 미식축구 코치인 빌 매카트니(Bill McCartney)가 창립했으며, 제리 폴웰, 빌리 그레이엄 등 복음주의 진영의 지도자들이 이 단체의 회원으로 활동했다. 한국에서는 '믿는 아버지들의 모임'이란 명칭으로 활동하고 있는데 여기에서는 남성들이 가정에서 영적 지도자의 위치에 서서 올바른 역할을 하고 가정에 좀 더 충실하도록 이끈다.

6 교회의 아버지 재교육 프로그램은 〈추적60분〉(2000년 5월 방영)에서 처음 소개된

교 공간에서 생산된 아버지 담론은 교회를 넘어 전 사회적으로 확산되면서 하나의 대안적 사회 운동으로까지 부상했으며, 지금은 전국적 혹은 전 지구적 네트워크를 따라 끝없이 확장되고 있다.[7] 요컨대 대사회적으로 큰 호응을 얻고 있는 교회의 아버지 재교육 프로그램은 새로운 아버지 담론을 생산·유통하는 대표적인 공간이 되었다.

가정회복 프로그램이 '아버지'에 집중하는 이유는 온갖 사회 문제가 '가정'에서 비롯된다는 보수주의적 시각 때문이다.

> 우리는 정치, 경제, 사회, 문화, 교육, 심지어는 교회까지도 흔들리는 아픔을 겪고 있습니다. (……) 문제의 근원은 바로 가정의 붕괴에 있습니다. (……) 미국 사회를 보면 근래에 학교 폭력이 심각해져 총기를 난사하고, 많은 학생들이 희생되는 비극을 보고 있습니다. (……) 미국의 학교장들이 모여 대책 회의를 한 결과 그 원인을 '가정의 아버지 부재', '잘못된 아버지의 부정적

---

7   이래 〈아침마당〉 등 공중파와 각 언론매체를 통해 보도되었다. 2016년 12월 31일까지 국내 총 4,874회가 열려 27만 2,148명이 아버지학교를 수료했다.
    두란노아버지학교는 2000년 포틀랜드, 시애틀, 샌프란시스코를 시작으로 해외로 진출했다. 2016년까지 1,610회 개최되어 5만 8,880명이 수료했다.

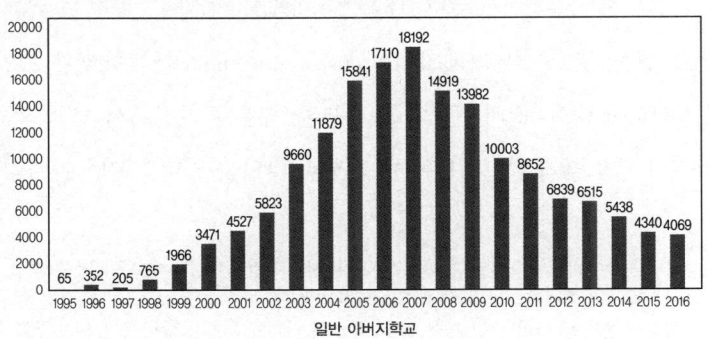
일반 아버지학교

영향력'으로 분석하고, '아버지를 가정으로 되돌려 보내야 한다', '아버지의 부정적 영향력을 바로 잡아야 한다'는 운동을 일으키고 있는 것입니다.

우리나라의 사회 현실은 어지럽기만 합니다. 혼돈과 공허 속에서 갈등으로 치닫고 있습니다. (……) 그래서 사회는 더욱 어려워졌습니다. 이제는 아버지가 일어서야 할 때입니다. 이러한 시대적 요청에 부응, 일어난 운동이 바로 아버지학교 운동입니다. (……) 주 무대는 가정입니다. 가정을 제대로 세워야 사회가 회복되고 나라가 강해진다는 철학입니다.[8]

마치 세계경제의 침체기에 정치권력을 장악한 영국과 미국의 신보수주의자들이, 급증하는 사회 문제의 근본 원인을 가족의 부양 기능 및 도덕적 통합력의 약화에서 찾았듯이, 한국 교회의 가정사역 프로그램에서도 동일한 진단을 내린다. 아버지학교 참가자들이 강좌 때마다 복창하는 "주님, 제가 아버지입니다." "아버지가 살아야 가정이 산다." 등의 구호는 가정, 학교와 교회, 나아가 사회와 나라가 '아버지'에 기초하고 있다는 믿음에 기반하고 있다.

이는 신보수주의 가족 이념을 전 세계적으로 확산시키고 있는 기독교 단체 '포커스온더패밀리(Focus on the Family)'의 창설자 제임스 돕슨(James Dobson)의 "한 나라의 생존 여부는 가정에서 남성, 즉 아버지의 지도력에 달려 있다."는 주장과 맞닿아 있다.[9] 뿐만 아니라 가

---

8 김성묵, 「아버지학교의 정체성, 그리고 비전」, 두란노아버지학교운동본부 엮음, 『아버지학교 10주년사』, 아버지학교, 2005, 100쪽.
9 제임스 돕슨은 제리 폴웰 사망 이후 미국 복음주의의 가장 영향력 있는 인물로 부상

족적 가치(family value)를 중시하여 동성애 반대 운동을 가장 활발하게 전개하고 있는 기독교 남성 단체 프라미스키퍼스를 연상시킨다.[10] 때문에 우리는 가족적 가치를 내세우며 전 지구적 네트워크 안에서 전파되고 있는 '미국제 복음주의' 신앙 운동과 한국 교회의 아버지 재교육 프로그램의 친연성을 발견할 수 있다.

사실 IMF 관리 시대 이후 급속히 진행된 가족의 변동과 해체 현상은 가정 문제가 근본적인 원인이라기보다는 민주화 열풍과 전 지구적 자본주의의 확산에 더 깊이 연동되어 있다. 요컨대 경제 영역의 시장화로 시작했으나 문화 영역 등에서 글로벌 스탠더드로 부상한 전 지구적 자본주의야말로 가족 문화의 전형성을 깨트린 주범이다. 경제적 세계화와 문화적 세계화의 결합은 친밀성 영역에도 영향을 끼쳐 새로운 가족 형태를 양산했기 때문이다. 일례로 새로이 등장한 '기러기 가족'은 세계화의 확산 과정에서 자녀의 성공을 위한

했으며, 2008년 미국 대선 당시 "오바마 의원이 자신의 세계관에 끼워 맞추기 위해 의도적으로 성경을 왜곡하고 있다."고 비난하면서 노골적으로 부시 후보를 지지하기도 했다.

10 무상급식 정책을 두고 서울시에서 제안한 주민투표에 두란노아버지학교와 연관된 교회에서 보낸 문자에는 미국제 가정 회복 프로그램을 연상시키는 내용이 들어 있다. 그 내용의 일부는 다음과 같다. "(온누리교회에서 온 문자 전달합니다) 급합니다! 서울시 곽노현 교육감의 '학생인권조례안' 통과되면—1) 미션스쿨에서 채플(예배)과 종교 교육이 대체과목에 의해 무력화되고 외부 종교행사 못함; 미션스쿨 설립 목적 무너지고, 2) 동성애 옹호: 초중고생 동성애자 급증하고 (······) 교회가 깨어 기도하고 일어나지 않으면 이 나라가 무너집니다. 하느님을 대적하는 곽노현 교육감의 '무상급식 전면 시행'을 이번 8.24 주민투표에서 막지 못하면 이 나라와 청소년들의 영혼을 망치는 '학생인권조례안'도 막을 수 없습니다. 8.24 꼭 투표해서 곽노현 교육감 물리칩시다. 이 메시지를 20명에게 꼭 전달해 주세요. 그러면 승리합니다." 권혁철·이재훈, 「황당 교회 문자메시지—무상급식 하면 동성애자 확산한다」, 『한겨레』, 2011. 8. 23.

교육 장소가 선진국으로 바뀌면서 등장한 부산물이다.[11] 새로운 가족이 만들어 내는 규범과 문화는 기존의 가족 문화와 충돌하면서, 부모의 자녀 양육자로서의 역할 상실, 부부관계의 불안정화, 둥지로서의 가정의 역할 감소 등의 특징을 보인다. 뿐만 아니라 핵가족 모델의 지지 기반인 중산층의 약화와 더불어 독신가구의 증가, 높은 이혼율, 저출산율은 전 지구적 자본주의 시대의 가족 변동을 알려주는 징후들이다.

중산층을 기반으로 하는 핵가족 모델의 붕괴와 다양한 가족 형태의 부상을 '위기'로 볼 것인지, 아니면 가족에 대한 '새로운 정의'가 필요한 것인지 대하여 활발한 논의가 진행되고 있다. 그런데 교회는 핵가족의 해체 현상을 '위기'로 파악한다. 핵가족 모델의 전형성이 깨어지자, 교회는 가족적 가치의 복원을 주요한 정치적 의제로 삼고 가족적 가치를 내세워 가정 회복/복원 담론을 생산하는 주요 장치가 되고 있다.

'착한 가부장의 복원' 기획과 아버지 표상

교회 공간이 생산한 아버지 표상은 다양한 층위를 드러낸다. 한 가족의 아버지, 즉 '육친의 아버지'만이 아니라 '교회의 아버지(목회자/교회 질서)', '국가의 아버지(통치자)', 그리고 '우주의 아버지(창조주)'와 같은 '유사 아버지들'이 그것이다. 이러한 다양한 층위의 아버지는

---

[11] 조은, 「신자유주의 세계화와 가족 정치의 지형」, 『한국여성학』 24, 2008, 5~37쪽.

서로 얽혀 있다. 그리고 교회가 생산하는 이러한 아버지 표상들은 교인의 주체화 장치로 기능한다. 아버지 표상과 담론을 소비하는 가운데 교인들의 신앙적·정치적 주체가 형성되는 것은 물론이고, 그 과정에서 젠더의 위계화가 내면화되기 때문이다. 그러하기에 아버지 표상과 담론에 대한 분석은 최근 한국 개신교의 성격 및 주체화의 특성을 파악하는 데 유용하다.

권위주의 시대의 아버지 표상과 서사는 '지엄하고 강한' 아버지로 요약되는 전형성을 가지고 있었다. 그런데 이러한 아버지의 표상이 변화하고 있다. 표상의 변화는 군사정부-권위주의-산업자본주의 사회로부터 민주정부-탈권위주의-소비자본주의 사회로의 변동과 맞물려 있다. 강한 카리스마 지도력을 구심점으로 한 산업화 시대의 총동원 체제에서는 '산업전사'와 '반공투사'가 이상적인 남성 주체였으나, 민주화와 함께 진행된 소비자본주의 체제에로의 전환기에는 다양한 욕망을 지닌 시민적 주체가 부상했다. 특히, 다품종 소량 생산의 소비자본주의 체제는 남성 주체 생산에도 영향을 끼쳐 '메트로섹슈얼(metrosexual)', '위버섹슈얼(ubersexual)', '크로스섹슈얼(cross sexual)', '꽃미남', '차도남' 그리고 '짐승남' 등 다양한 취향을 지닌 남성들을 호명하고 있다. 산업전사나 반공투사와 같은 강한 남성 주체들이 더 이상 의미를 상실한 시대로 접어들었음을 짐작할 수 있다.[12]

매스컴에서 유통되는 남성성 역시 같은 맥락에 서 있다. 최근의 드라마나 영화 속에 재현되는 아버지 서사는 결코 단일하지 않다.

---

12 이숙진, 「교회 남성은 어떻게 만들어져 왔는가」, 『기독교사상』, 2012. 6., 57-63쪽.

가정의 안정을 깨트리는 폭력적인 아버지나 사고뭉치의 '못난 아버지'에서부터 가족을 위해 희생·봉사하는 아버지나 가정의 분란에 중심을 잡아주는 심지 굳은 '잘난 아버지'에 이르기까지 복잡하고 다층적이다.

이렇듯 매스컴과 소비시장에서는 아버지/남성의 전형성이 깨어지고, 그 전통적 역할이 교란되고 있지만, 교회가 생산하는 아버지 서사와 표상은 비교적 일관된 모습을 유지하고 있다. 이는 '다정하지만 침범할 수 없는 권위의 소유자'로 요약 가능한데, 좀 더 구체적으로 살펴보자.

자상한 아버지 자질

아버지들이 왜 지금 위기에 처했는가? 아버지의 억압적 태도 때문이라는 것이 아버지 재교육 프로그램의 진단이다. 그리하여 아버지 살해 이후 시대의 기독교 공간에서 강조되는 아버지의 자질은 '부드러움과 자상함'이다. 아버지학교에서는 자녀 양육과 가사 노동에 참여하는 것뿐만 아니라 가족원에 대한 사랑을 적극적으로 표현하도록 유도함으로써 다정하고 부드러운 아버지를 주조한다. 기존의 억압적 이미지를 개선하기 위해 참가자 전원에게 매번 과제를 부여하기도 한다. 예를 들면, '아내/자녀와 데이트하기', '가족을 사랑하는 이유 20가지 쓰기', '아내/자녀와 허그하기', 그리고 매일 '사랑합니다'라는 말을 10회 이상 외치게 하는 등의 실천적 과제[13]는 가족에 대한 사랑을 반복적으로 실천하도록 유도함으로써 자상함의 행위 코드를

---

13 두란노아버지학교운동본부 엮음, 『아버지학교 10주년사』, 아버지학교, 2005, 43쪽.

몸에 각인시키는 효과를 낳는다. 뿐만 아니라 하느님이 주신 신성한 의무라는 교리와 모성 본능이란 생물학적 가설로 여성에게만 지워졌던 육아의 책임을 아버지들이 일정 정도 분담하도록 한다. 한 참가자가 아버지로서의 사명서를 쓴 것을 보자.

> 퇴근할 때는 항상 웃어 주고, 아내의 말에 귀 기울여 들어줄 줄 알며, 아내를 칭찬하고, 이부자리 정리, 설거지, 청소라도 도와주고, 짜증내지 않을 것이며, 성적인 순결을 지키고, 말로써 상처를 주지 않겠다. 자녀와 항상 놀아 줄 줄 알고, 칭찬하고 격려함으로 타이르고, 무슨 일을 시키든지 앞서 내가 본이 되도록 하여 딸에게 항상 지표가 되고, 자부심이 되는 아버지로 거듭나겠다.[14]

위의 다짐에서 우리는 여성의 고유한 역할과 자질로 여겨 왔던 것들이 이제 '착한 아버지'가 되기 위하여 필수적으로 지녀야 할 자질과 역할이 되고 있음을 알 수 있다.

최근 한국 교회에서는 '육친의 아버지'만이 변화의 대상이 된 것은 아니다. 신앙 공동체의 지도자, 즉 '교회의 아버지'도 변화의 대상이 되고 있다. 과거 권위주의적 신앙 공동체에서는 카리스마 리더십에 의해서 교회의 중요한 사안들이 일방적으로 결정되는 경향이 있었다. 이러한 구조에서는 외적 성장이 카리스마 리더십 능력의 지표로 인식되곤 했다. 이럴 경우 교회의 자원은 교인들에 대한 돌봄의

---

14 아버지학교의 한 참가자의 '인생사명서'이다.

목회보다 조직의 존립과 외형적 성장 자체를 위해 사용될 가능성이 높다. 뿐만 아니라 이러한 권위주의적 교회 운영 방식은 교인들의 가정생활의 모델이 되어 권위주의적 가족관계 형성에 절대적인 영향을 끼쳤다.

 그런데 민주화 열풍은 교회의 전통적 지도력에도 중요한 도전이 되었다. 교회, 교단, 교회 연합체를 막론하고 크고 작은 분쟁과 갈등이 끊이지 않는 오늘날 기독교 공동체의 상황은 아버지 살해 시대적 징후들로 볼 수 있다. 각종 분쟁으로 인해 위계적 권위에 기초한 교회 권력은 심각한 위기에 봉착한 것이다. 이러한 분위기 탓에 권위의 표상인 카리스마 리더십의 영향력도 예전 같지 않다. 비단 분위기만의 문제가 아니다. 아버지라는 권위에 도전하면서 신앙적 주체의 성격이 변화되었다. 교회의 아버지가 뿜어내는 카리스마 리더십에 순종적이었던 '영적 전사'들은 민주화의 세례를 받은 후 자율적 주체 의식을 가진 '시민적 성도'들로 재탄생했다.[15] 이들은 권위주의 체제를 유지해 오던 불투명한 교회 재정을 비롯한 비민주적 관행이나 목회지 세습을 통해 권력과 권위를 가족들에게 계승시키려는 카리스마 리더십의 결단에 더 이상 순종적이지 않다. 즉, 아버지 살해의 위험에 처한 상황에서 교회는 예배를 비롯한 다양한 교회 프로그램들을 새로이 개편한다. 각종 프로그램은 시민적 성도의 요구를 수용하는 방향으로 고안되었고, 강압적이고 일방향적인 교회 문화는 훨씬 완곡하고 부드러운 형태로 변하고 있다. '교회의 아버지'인 목회자의 이상형 역시 카리스마 리더십에서 '자상한 목회자'로 전환되

---

15 이숙진, 「교회 남성은 어떻게 만들어져 왔는가」, 『기독교사상』, 2012. 6., 60쪽.

고 있다.

아버지학교가 유포하고 있는 '부드러운 부성'은 '우주의 아버지'인 하느님에 대한 표상에도 스며 있다. 권위주의 시대의 성부 하느님이 무슨 일이든 할 수 있는 전능성과 심판하는 강제성을 지닌 전제 군주의 모습이었다면, 아버지학교에서 신앙하는 하느님은 병들고 소외된 자에게 사랑과 헌신으로 대했던 예수 그리스도이다.

「누가복음」에 나오는 돌아온 탕자, 그는 결국 인생의 막다른 골목에서 그를 그토록 사랑했던 아버지의 모습을 기억해 내고, "내가 하늘과 아버지께 죄를 얻었사오니." 하는 고백을 합니다. 사랑하는 아버지에 대한 기억은 깨어진 하느님과의 관계에도 선한 영향력을 미치고, 그는 다시 자신의 '삶의 원천'인 아버지 품으로 돌아가 새로운 삶을 시작하게 됩니다.[16]

이러한 무조건적으로 용서하는 아버지(prodigal father)와 돌아온 탕자(prodigal son)의 메타포는 교회의 아버지 재교육 프로그램이 이상적으로 제시하는 하느님과 아버지의 모습이다. 아버지의 역할은 사랑을 베푸는 봉사자로서 하느님의 본을 받아 가정을 다스려야 하며, 자녀들을 사랑하여 스스로를 존중하도록 도와줘야 하는 데 있다는 주장[17]에서 우리는 변화된 하느님의 표상을 감지할 수 있다.

---

16 아버지학교 3주차의 교육 주제인 '아버지의 사명'에 대한 강연 내용.
17 이의수, 「성경적인 남성상에 대한 이해」, 『남성학과 남성 운동』, 동문사, 2000, 404~405쪽.

가정의 제사장, 챔피언, 교회 지도자 표상

어떻게 가족이 유지되는가? 중심을 잡아 주는 아버지가 있기 때문이라는 것이 아버지 권위 복원 기획의 답변이다. 아버지 살해 이후 시대의 기독교 공간에서 재현되는 또 하나의 강력한 아버지 표상은 '가정의 머리됨, 가정의 제사장, 교회의 지도자'이다. 부부관계를 파트너십으로 인식하면서도 위계질서를 포기하지 않는다. 구성원 간의 서열적 수직 관계를 형성하는 위계의 정점에는 가부장으로서의 아버지가 있다.

아버지학교에서는, 특히 아버지의 '가정의 머리됨'을 강조한다. 머리됨의 은유는 절대 권력의 위치를 의미한다. 가족 구성원들은 머리됨의 권위 아래서 수직적 위계를 따를 것이 암묵적으로 전제되어 있다. 남자로서 최고의 자리는 하느님의 대리자인 아버지가 되는 것이라는 아버지학교의 주장은, "아내는 가정의 머리인 남편을 세워주고 신뢰하며……"라는 두란노어머니학교의 교육 내용과 일맥상통한다.[18] 하느님의 대리자로서의 아버지나 아버지의 머리됨의 비유는 기독교의 전통적 가르침 및 권위주의 시대의 아버지 모델과 동일하다.

오랫동안 가족은 가정의 머리(heads of households)로서의 남성의 지배를 영속화하고 여성과 아이들의 종속을 기반으로 하여 유지되어 왔다. 아버지 살해 이후 시대의 교회의 아버지 재교육 프로그램 역시 가부장적 문화적 배경에서 나온 "아내된 이 여러분, 남편에게 하기를 주님께 순종하듯 하십시오. 그리스도께서 몸의 구주이십니다. 교회가 그리스도께 순종하듯이, 아내들도 모든 일에 남편에게

---

18 두란노어머니학교의 비전 "두란노어머니학교는 이 땅의 모든 여성들이 이렇게 되기를 바랍니다." (http://www.mother.or.kr)

순종해야 합니다."(「에베소서」 5장 23~24절)라는 바울의 가르침에 기반하고 있다. 그리하여 가정에서 여자가 머리 구실을 하면 비정상적인 가정이 되고 더 나아가 '괴물'이 된다고 경고하고 있다.[19] 머리됨이라는 오래된 아버지 상징은 신적 질서에 따라 구현되었다는 신성화된 가부장적 가족 모델 속에서 여전히 위력을 발휘하고 있는 셈이다.

일제강점기에는 나약한 식민지인으로, 전쟁 직후에는 무기력한 실직자로, 산업화 시대에는 지친 노동자로 살았지만, 우리의 아버지들은 항상 가족의 머리이자 상징적 구심점이었다. 존재 그 자체로 권위를 보장받을 수 있었던 것이다. 그러나 아버지 살해의 시대를 거치면서 '고개 숙인 아버지' 표상이 등장하자, 교회는 아버지의 위상 변화를 가정 위기의 주범으로 지목한다. 그러면서 '아버지의 바로 서기'를 위기 극복의 출발점으로 내세운다. 총 5주차로 진행되는 아버지학교의 핵심 강연 중 2주차의 교육 주제인 '아버지의 남성'에서는 남성다움의 네 가지 요소, 곧 왕, 전사, 스승, 친구의 역할을 갖추었을 때 아버지의 바로서기가 가능하다고 말한다. '왕'으로서의 아버지란 통치자, 곧 다스리는 역할을 의미한다. 백성들의 필요를 공급하고 잘 이끄는 왕처럼, 가정의 왕인 아버지는 가족 구성원들을 인도하고 동기부여를 해주는 권위 있는 사람이다. 그리고 적들을 맞아 목숨 걸고 싸우는 '전사'와 같이 아버지는 가정을 지키는 책임을 져야만 한다. 그런데 밖으로는 가정을 지키기 위하여 전사처럼 강해야 하지만, 안으로는 따뜻한 부드러운 전사여야 한다. '스승'은 삶을 통해 모범을 보이고 양육하는 아버지의 역할을, '친구'는 삶을 나누며

---

19 옥한흠, 『예수 믿는 가정 무엇이 다른가』, 국제제자훈련원, 1991, 98~100쪽.

함께 걸어가는 사람을 표상한다.[20] 이러한 은유들은 아버지의 머리됨을 지극히 당연한 것으로 수용하도록 유도한다.

또한, 아버지는 가정의 제사장이자 영적 가장이며, 교회의 지도자라는 표상을 지닌다. 제사장은 중보자요, 화해자, 사역자, 사명자이다.[21] 제사장의 중요한 역할은 가정을 훼손시키는 유혹으로부터 가정을 지키고 대대손손에게 하느님의 축복의 통로가 되는 것이다.[22] 인류의 큰 대제사장을 예수로, 가정의 제사장을 아버지[23]로 나란히 둠으로써 아버지의 위상은 신적 차원으로까지 격상된다. 만일 우리가 하느님을 아버지라 호칭한다면 하느님을 남성으로 만드는 것이고, 만일 하느님이 남성이라면 남성이 곧 하느님이라는 미국의 대표적인 여성 신학자이자 급진적 페미니스트인 메리 데일리(Mary Daly, 1928~2010)의 경고를 기억할 필요가 있다. 마찬가지로 하느님의 은유가 아버지로 고정되고, 하느님과 인간의 관계가 아버지와 아들의 관계로 비유되면, 이는 가부장적 아버지 담론의 기초가 된다.

아버지의 머리됨과 가정의 제사장, 교회의 지도자의 표상은 나아가 가족 성원들이 아버지 권위에 순종함으로써 가정의 질서, 곧 영적 질서를 회복할 수 있다는 주장으로 이어진다.

부모의 권위에 도전하는 일을 행할 때는 단호하게 아버지의 권

---

20 박진기, 『두란노아버지학교 2008 학술대회 기념논문집』, 두란노아버지학교운동본부, 2008, 85~86쪽.
21 옥한흠, 『예수 믿는 가정 무엇이 다른가』, 국제제자훈련원, 1991, 39쪽.
22 박진기, 『두란노아버지학교 2008 학술대회 기념논문집』, 두란노아버지학교운동본부, 2008, 87쪽.
23 문병하, 『두란노아버지학교 2010 학술대회 기념논문집』, 두란노아버지학교운동본부, 2010, 37쪽.

위를 경험시켜야 한다. (……) 아이에게 가장 중요한 것은 순종에 대한 훈련이다. 그것은 권위에 대한 순종이다. 아버지의 권위에 순종할 수 있어야 하느님께도 순종할 수 있다.[24]

이러한 주장에서 우리는 종교 개혁가 마르틴 루터(Martin Luther, 1483~1546)의 가족관의 흔적을 발견할 수 있다. 루터는 이상적 가족을 사랑, 염려, 친절과 정서적 공간이자 세속적 권위의 원형으로서 아버지의 권위(parental authority)가 자연스레 작동하는 곳으로 보았다. '자발적 사랑'과 '엄격한 아버지의 권위'가 결합된 가족은 아이들이 '권위에 대한 복종'을 배우는 최초의 자리이자 올바른 자리라는 것이다. 가정에서 부모의 권위에 복종하는 것을 배우지 못한 사람은 올바른 사회생활을 할 수 없다는 루터의 가족관은 아버지 살해 이후의 시대 교회의 아버지 이해에서도 그대로 발견된다. 부드럽고 다정한 아빠 밑에서 자란 아이들이 사랑은 받지만 권위를 경험하지 못한다면 상습적으로 나쁜 행위를 하게 되고 자기중심적이 되어 반사회적 인물이 될 수 있다[25]는 진단이 그것이다. 그리고 "말씀에 순종하기만 하면 가정에서 빚어지는 갖가지 비극들이 치유되는 것을 자주 보았다. 하느님의 가정은 병들어 썩어가는 현대 가정의 방부제 역할을 할 수 있을 것이다."[26]라는 설교는 가부장적 질서를 가정뿐만 아니라 교회의 운영 원리로까지 확장시키고 있는 셈이다.

---

24 김성묵, 『좋은 아빠 되기 프로젝트』, 두란노서원, 2008, 196~197쪽.
25 김성묵, 『좋은 아빠 되기 프로젝트』, 두란노서원, 2008, 185쪽.
26 옥한흠, 『예수 믿는 가정 무엇이 다른가』, 국제제자훈련원, 1991, 327쪽.

착한 가부장 기획의 한계

이러한 교회가 마련한 아버지 재교육 프로그램은 아버지들이 가정에서 권위를 회복하고 행사하는 데에 효과적으로 기능하고 있다. 아버지학교 수료자들을 대상으로 조사한 내용에 의하면, 부부와 자녀 관계에 도움이 되었다고 응답한 숫자는 조사 대상자 전체의 60%, 가족 간의 대화 회복에 도움을 받은 경우는 74.2%로 나타났다.[27] 아버지학교를 통해 영적인 자존감을 회복하게 됨에 따라 아버지로서 정체감을 갖고 아버지의 역할을 능동적으로 수행하고 있으며, 가정생활 만족도 등에 탁월한 효과가 있다는 것이다. 뿐만 아니라 현대사회와 가정의 급격한 변화 속에서 자신이 물려받은 전통적 가부장 중심 가족관계와 현대의 가족관계 사이에서 역할과 지위에 대해 갈등하던 아버지들이 이 프로그램 참석한 후에 가족관계의 결속력이 생성되었고 한다.[28] 이러한 연구를 비추어 볼 때 아버지학교는 아버지의 권위 회복을 통한 행복한 가정의 회복이라는 목표를 달성하고 있는 것 같다.

이러한 긍정적인 반응에도 불구하고 여전히 간과할 수 없는 것은 교회가 제공하는 가족 판타지가 가족을 정서적, 물질적 요구를 충족시켜 주는 유일하고도 특별한 곳으로 부각시키고 있다는 점이다. 이러한 가족 판타지는 남성의 가장으로서의 권위와 여성의 주부, 아

---

27 박차실, 「아버지학교 프로그램이 중년 남성의 아버지 역할 증진과 자존감에 미치는 영향 연구」, 서울신학대 석사 논문, 1999. 이 연구는 아버지학교 프로그램을 집단상담 프로그램의 하나로 보고, 아버지학교를 수료한 380명을 대상으로 하고 있다.
28 노연실, 「가정해체 예방을 위한 두란노아버지학교 프로그램의 효과에 관한 연구」, 경기대학교 정치전문대학원 석사 논문, 2001.

내, 어머니로서의 역할을 고정시킬 위험이 있다. 사실 아버지학교는 다소 완화된 형태의 성별 분업을 전제하고 있다. 아버지학교와 쌍을 이루는 어머니학교의 일정이 이를 증명한다. 아버지학교가 매주 토요일 오후 4시 고정된 시간에 세미나를 진행하는 반면, 어머니학교는 매일 오전 10시부터 3시 30분까지 진행하는 것이 일반적이다.[29] 이러한 고정된 일정은 남성은 '일터', 여성은 '가정'이라는 근대적 핵가족의 도식을 반영한 것이다. 마찬가지로 부모의 사명에 대한 인식에도 성차별적 요소가 농후하다. 아버지의 4대 사명은 자녀의 정신적·물질적·영적 원천, 자녀의 지표, 자녀의 자부심, 자녀의 미래를 보장하는 아버지이다. 반면 어머니의 사명에 대한 세미나는 돕는 배필로서의 역할과 사명을 정립하는 데 목적을 둔다. 남성의 가장으로서의 권위와 여성의 돕는 배필의 역할이 고정되면, 이는 남편-아내뿐만 아니라 부모-자녀 관계를 형성하는 근간이 되고, 나아가 신-인간 사이의 관계에도 영향을 미칠 수밖에 없다.

성별 분업은 성별 권력관계의 표현이다. 교회는 남성의 권위에 대한 여성의 순종을 역할의 차이 혹은 기능의 차이로 해석하고 있다. 남녀의 역할 차이 중 하나가 순종하는 역할이라면, 이는 존재론적 차이로 보아야 한다. 여성이라는 존재 자체 때문에 그 역할이 결정된다는 것이다. 만약 인간이 신의 형상대로 창조된 존재(Imago Dei)라는 경전의 가르침을 받아들인다면, 즉 존재론적으로 여성과 남성이 동등하다는 것을 신앙한다면, 이러한 역할 구분은 허구가 된다. 성역할 구분에 작동하는 비가시적 권력은 부부간의 비대칭적 권

---

29 http://www.mother.or.kr, http://www.father.or.kr 홈페이지 참조. 직장인과 평일에 시간 내기 어려운 어머니들을 위해 토요일반과 저녁반도 진행할 수 있다고 한다.

력관계의 성격을 은폐하기도 하고, 성별 분업이 마치 가족 모두를 위한 합리적 선택이라는 허위의식을 조장하기도 한다. 성별 분업이 심하게 교란되고 있는 사회적 환경의 변화에도 불구하고 아버지에게 더 많은 권력이 주어지는 가부장권이 고수되어야 가정이 바로 선다는 한국 기독교의 발상은 가족 내 부정의한 상황을 초래할 수밖에 없다. 그런 의미에서 아버지 근본주의로 향하는 가부장제 이데올로기는 불온하고도 퇴행적인 이념이다.

그런데 아이러니하게도 각종 아버지 복원 기획에 가장 열렬히 호응하는 층은 가정의 여성들이다. 가족 변동에 아내들이 더 위기감을 느껴 교회로 찾아오는 경우가 많다는 목회자의 지적이나,[30] 아버지학교 참가자들의 대부분이 아내와 딸의 적극적인 권유로 신청하게 되었다는 고백은 이를 증명한다. 아버지의 머리됨을 주장하면서 가부장적 위계를 수호하고 남성의 권위 복원 기획에 왜 여성들은 적극적으로 지지를 보내는 것일까? 그 원인의 하나는 가정에 대한 여성들의 높은 의존도에서 찾을 수 있다.

오랫동안 여성들은 노동의 성별 분업으로 인해 가사 노동과 아이 양육의 책임을 할당받아 성가신 일상사에서 남성들을 해방시킴과 동시에 자신들이 그 일에 속박되어 왔다. 사색하고 글을 쓸 수 있는 여가 시간은 물론이고, 사회 변동에 민감하게 대처할 능력을 함양할 시간적·심리적 여유가 없었다. 그러면서도 생존 자원이 부족한 자신과 자식들의 살 방도를 위해 기댈 언덕을 찾아 최대한의 보호를 얻어내는 방법을 알아내야만 했던 존재였다. 이때 가부장을 중

---

30 옥한흠, 『예수 믿는 가정 무엇이 다른가』, 국제제자훈련원, 1991, 32쪽.

심으로 하는 가족은 험한 세상으로부터 든든한 보호막이 되곤 했다. 문제는 가장의 수입만으로 가계가 유지될 수 없는 경제구조의 변화로 인해 기혼 여성의 취업이 불가피해진 오늘날에도 가족 내 성역할 구분 의식은 크게 달라지지 않고 있다는 점이다. 취업 여성들은 직장일과 가사를 병행하는 이중 노동의 과중한 부담으로 인해 가족의 정서적 요구를 감당하기 어려운 것이 현실이다. 그럼에도 불구하고 아버지 재교육 프로그램은 아버지들에게 가사와 감정노동의 주 담당자인 여성을 도와주는 역할 정도만을 제안하고 있다. 한결 '착해졌지만' 이는 여전히 가족 내의 성별 분업의 이데올로기가 영향력을 발휘하고 있음을 단적으로 드러내고 있다.

게다가 노동시장의 강도 높은 재편을 가져온 신자유주의의 거센 파고로 인해 직장여성의 입지는 더욱 좁아졌다. IMF 관리 시대 이후 두드러진 고용불안과 극심한 취업난은 비단 여성만이 당면한 과제는 아니지만, 노동시장 안팎에서 작동하는 성차별적 장치로 인하여 여성은 이중의 고통을 겪고 있다. 여성 노동자의 비정규직화 급증 현상은 노동시장의 젠더화를 보여주는 대표적인 사례이다.[31] 노동시장에 온존하고 있는 구조적인 성적 불평등은 단시일 내에 극복될 수 없기에, 부실한 사회적 안전망을 대신해 온 가족에 대한 여성들의 의존도는 쉽게 나아질 것 같지 않다. 요컨대 성역할 구분의 오랜

---

31 이숙진, 「신자유주의 시대 한국 기독교의 자기 계발 담론: 여성 교인의 주체화 양식을 중심으로」, 『종교연구』 60, 2010, 131~132쪽. 통계청의 경제활동인구 조사를 보면, 취업자 중 여성 비율은 1996년의 38.6%에서 2008년에는 42.4%로 증가하고 있으나 노동시장에서 여성들의 양극화가 점차 강화되고 있는 추세이다. 전문 관리직의 경우는 11.7%(1996)에서 19.8%(2008)로 8% 정도 증가했으나 비정규직의 비율은 18.5%(여성 전문 관리직)와 66.3%(여성 미숙련 노동자군)로 압도적 증가 추세에 있다.

사회화로 인해 여성성으로 굳어져 온 수동성과 안정 추구적 심리적 특성, 나아가 경제활동에 있어 남성보다 훨씬 더 큰 제약 때문에 여성들은 기존 가족 형태의 변동에 깊은 공포를 느낄 수 있다. 더욱이 교인의 경우는 가장을 중심으로 한 핵가족 모델을 신적 질서로 믿어 왔기에 이 질서에 대한 도전은 절대자에 대한 불신앙으로 여겨지고 죄의식과 불안감을 가중시킬 수 있다.

여성사학자 게르다 러너(Gerda Lerner, 1920~2013)와 주디스 베넷(Judith Bennett, 1951~)은 가부장제의 뿌리 깊은 지속과 유지에는 여성들의 협력과 지지가 큰 몫을 담당했다고 주장했다.[32] 여성은 가부장제의 '수동적 희생자'가 아니라 가부장제와 협력하기도 하고, 그 토대를 침식하기도 하고, 때로는 그 속에서 목숨을 부지했던 '능동적 행위자'였다는 것이다. 아버지 살해 이후 시대의 가부장적 권위 복원 기획에 대한 여성들의 열렬한 호응과 적극적 지지는 삶이 위협받는 복합적인 상황에서 나온 생존 전략일 수 있다. 가장을 중심으로 한 가족관계가 유지되면서도 억압적이었던 가장의 태도가 완화된다면 이는 여성들에게는 최선의 선택으로 여겨지기 때문이다.

거시적으로 보면 '다정하지만 침범할 수 없는 권위의 아버지' 만들기 기획은 온정주의적 가부장주의의 그물망에 갇혀 있다. 기존의 젠더 역할 구분에서 한층 유연해진 아버지를 만날 수 있지만 그 한계가 뚜렷하기 때문이다. 아버지의 권위 회복 기획의 결정적 한계는 우리 사회가 빠른 속도로 맞벌이형 가족으로 이동하는 현실에 민

---

32 Judith Bennett, "Feminism and History", *Gender & History* Vol. 1, Issue 3(September 1989), 262~263쪽; 거다 러너, 김인성 옮김, 『역사 속의 페미니스트』, 평민사, 1998, 293~325쪽.

감하지 않다는 점이다. 이 기획에서는 이중 삼중의 노동의 중압감에 시달리는 직장인 아내가 여전히 가사와 육아 노동에 대한 전담자이고, '가정의 머리'인 남편은 기껏 가정일의 보조자 역할에 국한되어 있기 때문이다. 퇴근할 때 항상 웃어 주고 아내를 칭찬하고, 이부자리 정리, 설거지, 청소라도 도와주고 자녀와 항상 놀아 줄 줄 아는 온유한 '머리'의 역할만을 강조하는 한, 신보수주의가 우려하는 가정의 위기 상황은 해결될 수 없을 것이다.

앞서 살펴보았던 아버지학교는 머리됨, 제사장, 지도자, 챔피언 등의 메타포로 권위 있는 아버지를 호출함으로써 신보수주의가 지향하는 가족적 질서의 복원을 실현하는 장치로 기능하고 있다. 요컨대 오늘날 한국 교회는 불확실한 위험사회를 사는 불안한 존재들에게 가장 안전한 피난처가 되어 줄 곳은 바로 '머리되는' 아버지를 구심점으로 하는 '건강하고 정상적인' 가족과 신앙 공동체뿐이라는 판타지를 생산하고 유통시키는 핵심 공간이다.

그러나 이러한 가족 판타지는 종종 가부장적 가족과는 다른 형태의 가족을 배제하는 폭력적인 기능을 수행하기도 한다. 주지하다시피 우리 시대의 가족은 인종과 국가, 종교, 혈연, 성별의 경계를 넘나들면서 해체되고 재구성되고 있으며, 이전에는 상상하지 못했던 가족 형태가 등장하고 있다. 사회 변동과 더불어 진행되는 가족 지형의 변화는 신가부장주의 이데올로기로 포장된 가정사역 프로그램으로도 막을 수 없다. 앞으로는 보다 더 빠른 속도로 전형적 가족 형태를 벗어난 다양한 가족 형태가 늘어날 것이다. 이러한 가족의 다양성을 수용하기 위한 우선적 과제는 '정상적 가족'과 '비정상적 가족'이라는 이분법의 해체이다. 아버지학교가 유포하는 '이상적인 신양적 가족'이 되기 위해서는 남녀 부부와 한 명 이상의 자녀, 그리고 갖가지 위험과 재난을 스스로 극복할 만한 능력이 전제되어야 한다. 이처럼 아버지(어머니)학교, 부모교육, 결혼예비학교, 부부학교 등과 같은 가정사역 프로그램이 지배하는 한국 교회의 풍토 속에서 생애 독신과 만혼, 이혼자들은 신앙적 소속감을 느끼기 어렵다. 나아가 이러한 가족 모델은 한부모, 무자녀, 소년소녀가장, 이주민, 동성 가족은 물론이고, 빈민이나 실업 가족의 아이들에게도 비정상 혹은 건강하지 못하다는 굴레를 뒤집어씌우기 십상이다.

온정주의적 가부장주의를 넘어서

이상에서 권위주의 체제의 붕괴와 함께 해체된 신화화된 아버지는 아버지 위기 담론의 확산과 더불어 성장한 교회의 아버지 재교육 프로그램을 통해 한층 부드럽고 '착한' 아버지의 모습으로 재건되고 있음을 살펴보았다. 아버지 살해의 시대 이후 등장한 한국 교회의 아버지 복원 기획에는 예전의 권위를 회복할 수 있다면, 엄하고 무심했던 태도에 대해 회개하고 새로운 모습으로 거듭나겠다는 욕망이 내장되어 있다. 바꾸어 말하자면, 아버지 재교육 프로그램은 '돌봄', '양육', '섬김', '다정함' 등 흔히 여성성으로 인식되어 온 자질들을 함양하도록 남성들을 교육하지만, 실상은 성별 이분법적 젠더 질서에 근거한 온정주의적 가부장주의의 한계를 지니고 있다. 요컨대 '나쁜 가부장'이냐 '착한 가부장'이냐 하는 정도의 차이만 있을 뿐 머리됨의 표상이 말해 주듯 그 구심점과 영향력을 되찾고자 하는 남성

지배적 문법은 그대로 관철되고 있다. 바로 이러한 점은 권위주의 시대의 아버지 담론과 구조적으로 유사성을 보인다.

　이러한 온정주의적 가부장주의는 아버지의 권위 회복을 통해 각종 사회 문제의 원인으로 지목된 가정의 위기를 해결할 수 있다는 담론을 생산하고 있지만, 실제로는 국가 정책이나 자본주의 체제의 구조적 모순을 은폐하는 효과를 낳고 있다. 왜냐하면 높은 이혼율과 저하된 출산율 등 가족 위기의 징후들은 "쉴 곳은 포근한 가정밖에 없다."는 가족 판타지를 통해서는 극복될 수 없을 뿐더러, 경제 단위로서 가족이 남성으로 대표되는 한, 남성에 대한 여성의 의존은 지속될 수밖에 없기 때문이다. 더구나 아버지의 태도 변화를 촉구하는 가족 회복 기획은 자본주의의 변동 과정에서 발생하는 가부장적 가족의 위기를 아버지와 그 가족 구성원에게 해결의 책임을 전가하는 오류를 범하고 있다. 이는 마치 신실한 신앙인은 세상일보다는 영적 문제에만 집중해야 한다는 논리를 통해 신앙의 탈정치화를 야기했던 권위주의 시대 개신교 보수주의의 담론 전략과 유사한 모습을 보여줄 뿐이다.

　온정주의적 가부장주의를 넘어서기 위해서는 인식과 태도의 측면도 중요하지만, 제도적 차원의 대안 모색이 무엇보다도 중요하다. 성차별적 노동 분업과 여성에게 불리한 노동시장의 개선은 가족 내 불평등한 조건을 완화시키는 하나의 방법이다. 만약 생산과 재생산 노동에 남녀의 동등한 참여를 보장하는 정책과 제도를 수립할 수 있다면 성별 분업이 초래한 불평등의 조건은 극복될 수 있을 것이다. 또 역할 분업이 생물학적 운명이라는 이데올로기를 청산하기 위해서는 출산과 양육의 분리를 하나의 대안으로 내세울 수 있다. 출산은 여성이 하지만 양육은 부모 모두, 나아가 사회 공동의 책임이 된다면 성별 불평등은 해소될 것이기 때문이다. 전국적/전 지구적 네트워크를 가지고 있는 아버지학교의 막강한 영향력과 파급력으로 이러한 제도적 대안을 기획하고 실천한다면 개인적이고 감상적 차원에 머무는 한계를 넘어설 수 있다.

점차 확산되고 있는 핵가족 해체 현상은 부계 혈연 중심의 가족 제도가 더 이상 강고한 척도로 작동하지 않고 있으며, 가부장적 이념에 근거한 가족이 보편적이지도 않음을 보여주고 있다. 개인의 생존과 인간의 재생산을 담당하는 가족은 사회적·역사적 맥락에 따라 다양한 형태로 변화되어 왔으며, 앞으로도 그럴 것이다. 우리는 이 시대의 바람직한 가족 모델을 신보수주의적 아버지학교가 생산하는 가족이 아닌 예수가 제시한 '하느님의 가족'에서 발견할 수 있다. 예수의 거침없는 반가족적 발언[33]을 미루어 볼 때 그가 꿈꾸는 세상은 가족중심주의와는 상당한 거리가 있다. '부모 형제는 자기의 혈연 가족이 아니라 하느님의 뜻을 행하는 사람들'이라고 하면서, 혈연 가족보다는 그의 신앙과 실천의 공동체를 더 가치 있게 여겼다.[34] 가족 자체를 부정했다기보다는 자기 가족만 아는 이기적 삶을 넘어서기를 기대했던 것이다. 따라서 예수의 탈가족중심주의에 기대어 오늘날 가족 위기의 극복 방안을 모색한다면 완화된 공사 이분법보다는 오히려 공사 영역의 탈성별화가 하나의 새로운 해결 방향이 될 수

---

33 "평화가 아니라 아들이 제 아버지를, 딸이 제 어머니를, 며느리가 제 시어머니를 거슬러서 갈라서게 하러 왔다."(「마태복음」 10장 34-39절;「누가복음」 12장 49-53절)
34 「마태복음」 12장 46-50절; 19장 29-30절;「마가복음」 3장 31-35절; 10장 28-31절;「누가복음」 8장 9-21절; 11장 27-28절.

있다.

　기독교의 중추적 신앙은 성별, 인종, 세속적 지위나 경제력과 상관없이 모든 사람은 내적으로 자유롭고 영적으로 평등하다는 논리에 근거하고 있다. 따라서 예수의 삶이 말해 주듯이, 가족의 구심점을 향한 욕망 대신에 젠더 질서를 넘나들면서 실질적 평등을 지향하는 배려하고 돌볼 줄 아는 아버지, 내 가족 내 교회만이 아니라 사회 문제에도 적극적으로 관여하는 정의롭고 따뜻한 아버지야말로 아버지 살해 이후 시대에 새롭게 상상해야 할 아버지일 것이다.

한국 개신교 우파의 젠더화된 동성애 반대 운동*

개신교 우파의 '새로운 적'과 오래된 불안

김나미

들어가는 말

"반대합니다…… 저는 뭐…… 동성애 좋아하지 않습니다." 이 발언은 지난 봄, 대선 토론회에서 군대 내의 동성애가 '국방력 약화'로 이어진다고 주장하면서 "동성애를 반대하느냐?"는 자유한국당 후보의 질문에 대한 더불어민주당 문재인 대선 후보의 답변이다.[1] 이로부터 약 한 달 후인 5월 24일에 군형법 제92조 6항을 위반했다는 이유로 구속된 A 대위가 징역 6개월에 집행 유예 1년의 유죄 선고를 받았다. 성폭력이나 강제 추행이 아니라 합의하에 사적인 공간에서 동성

---

* 이 글은 '한국 사회 보수주의 형성과 그리스도교' 포럼(2013. 5. 27.)에서 「동성애 반대 운동을 통해 본 개신교 우파의 성(性)정치학」이라는 제목으로 발표되었고, 이를 수정·보완하고 제목도 「한국 개신교 우파의 젠더화된(gendered) 동성애 반대 운동」으로 바꾸어 격월간지 『말과활』 7(2015. 3.)에 게재하였으며, 이를 다시 다듬어 이 책에 수록했다.

1 "'동성애 반대합니까?'에 대한 문재인의 단호한 답변." Huffpost Korea (April 25, 2017). http://www.huffingtonpost.kr/2017/04/25/story_n_16228760.html

과 성관계를 맺었지만 A 대위는 범법자가 되었다. 이것은 구속된 A 대위의 성적 자기결정권 및 사생활의 자유가 침해된 것뿐만 아니라 그의 성정체성 자체가 문제가 되었다는 것을 의미한다. 다시 말해서, 피해자가 있는 것도 아니고, 불법적인 일을 저지른 것도 아니지만, A 대위는 그의 성정체성 때문에 범법자가 된 것이다. 그의 많은 정체성들 중 하나인 성정체성이 부정되면서 그의 행위뿐 아니라 존재 자체가 범죄시되었다. 존재가 부인된다는 것은, 곧 '사회적 죽음'을 의미한다.[2] 그런데 공교롭게도 A 대위가 유죄 선고를 받은 날, 대만의 헌법재판소는 아시아에서는 처음으로 동성 간 결혼을 인정한다는 판결을 내렸다.

더불어민주당 문재인 대선 후보의 동성애 관련 발언과 A 대위의 유죄 판결 사건은 어쩌다 생긴 일들이 아니라 개신교 우파와 사회의 여러 보수 단체들이 격렬하게 차별금지법 제정 반대 운동을 전개해 온 사회적 맥락 속에서 봐야 한다. 한국의 보수적 기독교인들이 차별금지법안을 반대하는 이유는 크게 두 가지다. 동성애를 조장한다는 것과 이슬람교가 퍼질 것이라는 것이다. 이 중에서도 동성애 반대가 차별금지법 제정의 가장 큰 걸림돌이 되어 왔다.

지속되는 보수 기독교계, 특별히 '개신교 우파(the Protestant Right)'의 동성애 반대 운동의 수위와 영역, 그리고 파장의 범위로 봤을 때, 그들의 동성애 반대는 한두 번의 반대 시위로 끝나는 것이 아닌, 조직적으로 계획되고 진행되는 '동성애 반대 운동(anti-LGBT movement)'

---

2 Lisa Marie Cacho, Social Death: Racialized Rightlessness and the Criminalization of the Unprotected (Nation of Nations) (NYU Press, Kindle Edition), p.6.

이라 할 수 있다.³ 여기서 개신교 우파란 보수적이고 근본주의적 신학과 사회 정치적 보수주의가 결합된 한국 개신교의 한 분파를 말한다.⁴ 동성애 혐오적(homophobic)인 수사어의 사용과 노골적인 동성애 반대는 한국 개신교회의 성장이 정체되기 시작한 1990년대 이후부터 시작되어 2000년도 들어서면서 한층 더 강화되었고, 현재까지도 지속되고 있다. 물론 개신교 우파만이 동성애를 비난하고 반대하는 것은 아니다. 보수적인 사회 단체들도 동성애⁵가 성적 변태이고, 청소년들에게 부정적인 영향을 끼치고, 에이즈(AIDS)를 퍼트리고, 가정을 파괴하며, 출산률을 낮추고, 심지어는 국가 안보까지 위협한다는 이유로 매도해 왔다. 이런 보수적인 단체들과 연대한 개신교 우파는 레즈비언 여성들, 게이 남성들, 양성애자들, 그리고 트랜스젠더 개개인과 커뮤니티를 향해서 언어적·심리적인 공격을 가해 왔고, 몇 차례 시도되었던 차별금지법안 통과 반대에 앞장섬으로써 법적·구조적인 차원에서 차별이 지속되는 것을 지지해 왔다.

    이 글은 개신교 우파의 동성애 반대 운동, 좀 더 구체적으로는 반게이(anti-gay) 운동이 반헤게모니적 남성성의 실천과 표현, 그리고 행동들로 인해 젠더의 위계질서와 관계에서 생기는 변화들에 대한 강한 반발로 시작되어 계속되는 현상을 검토하고 있다. 이를 위해서

3 'Anti-LGBT movement'를 '성소수자, 젠더소수자 반대 운동'이라고 번역하는 것이 더 정확하지만, 이 글에서는 '동성애 반대 운동'으로 쓰고 있다. LGBT는 '성/젠더소수자'로, '동성애자'는 인용한 글을 언급할 때 쓰고 있다.
4 강인철, 「수렴 혹은 헤게모니? 1990년대 이후 개신교 지형의 변화」, 『경제와 사회』 62, 2004. 여름.
5 개신교 우파와 보수적 사회 단체들은 '동성애자들(homosexuals)'이란 용어를 스스로 레즈비언, 게이, 양성애자, 또는 트랜스젠더로 규정하는 개개인들과, 스스로를 동성애자로 보지 않으면서 동성인 사람과 선택에 의해서든 강요에 의해서든 성행위를 하는 사람들 모두를 지칭해서 사용하고 있다.

먼저 개신교 우파의 동성애 반대 운동의 보편성과 특수성에 대해 살펴본 뒤, 동성애가 어떻게 헤게모니적 남성성을 위협하는 것으로 여겨지는지에 대해 논의를 할 것이다. 그런 다음에 개신교 우파의 동성애 이해를 살펴보고, 동성애 반대가 심하게 일어난 세 중심지(대중매체, 학교, 군대)에 대한 분석을 시도할 것이다.

이런 논의에서 한 가지 주의해야 하는 것은 개신교 우파의 동성애 반대 운동에 대해 비판적으로 대응하는 데 있어서 식민-제국주의적 논리(colonial-imperial logic)가 반복되어서는 안 된다는 것이다. 여기서 식민-제국주의적 논리란 '성/젠더소수자 인권' 또는 '게이 인권'을 문명화와 민주화의 증표인 것으로 내세워(homonationalism) 미국이나 일부 서구 국가들이 성/젠더소수자 인권이 보장되지 않는 나라를 후진적이고 비문명적이며, 따라서 감시와 계도가 필요하고, 심지어는 경제적·무력적 제재까지도 받을 수 있는 곳으로 규정하는 것을 말한다. 성/젠더소수자 인권과 문명화, 민주화를 이런 식으로 연계시킬 경우 한국이 다른 분야에서는 '그럭저럭 근대적'이지만 성/젠더소수자 인권과 관련해서는 불관용하고 후진적이며 비민주적이고 비문명적인 곳으로 규정되게 된다.[6] 이런 식민-제국주의적 논리를 전개하지 않으면서 개신교 우파의 동성애 반대 운동을 비판적으로 고찰하는 것이 필요하다. 동성애에 대한 다양한 시각들이 소위

---

6   Nami Kim's "From Seoul to Manila: Transnational Religious Protests against 'Born This Way'?"를 보라. (http://www.fsrinc.org/fromseoultomanila-transnational-religious-protests-against-born-way%c2%a0/) 그리고 Maya Mikdashi, "Gay Rights as Human Rights: Pinkwashing Homonationalism." *Jadaliyya* (December 16, 2011)도 참조. (http://www.jadaliyya.com/pages/index/3560/gay-rights-as-human-rights_pinkwashing-homonationa)

서구 사회들에서도 존재하듯이, 한국에도 여러 가지 입장들이 공존한다는 것을 유념할 필요가 있다. 비록 개신교 우파의 동성애 반대 입장이 보수 기독교인들이 받아들이는 지배적인 입장이긴 하지만, 여러 가지 입장들 중 한 가지라는 사실을 상기할 필요가 있다. 또한, 성/젠더소수자 인권이 빠른 속도로 신자유주의 소비 시장으로 흡수되고 제국적 군사주의의 공고화를 위해 사용되어지는 글로벌 현상들, 예를 들면 핑크워싱(pinkwashing)[7] 같은 현상들을 살펴보면서 한국에서도 성소수자 인권이 시장자본주의와 군사주의에 어떻게 이용될 수 있는지에 대해서도 비판적인 성찰이 시작되어야 한다.

개신교 우파의 동성애 반대 운동, 보편적인가 특수한 것인가?

한국의 개신교 우파는 1990년대 미국에서 동성애자들의 군복무를 금지해 왔던 법의 개정 가능성에 대해 격렬하게 반대했던 미국의 기독교 우파(Christian Right)와 가까운 관계를 유지해 왔다. 미국 기독교 우파는 성경에서 동성애를 하느님에 대한 죄로 규정한다는 확신에 바탕을 두고 있다. 사실 이것은 미국 기독교 우파뿐만이 아니라 전 세계의 보수적/근본주의 기독교인들도 공유하는 확신이다. 여기에 동성애가 에이즈를 확장시키고 사회의 기본이 되는 가정을 파괴한다는 이유가 덧붙여진다. 최근에는 몇몇 아프리카 국가들에서 동

---

7 핑크워싱은 국가나 기업을 '성소수자 인권'과 '젠더 평등'의 상징인 핑크빛으로 '세탁'한다는 뜻이다. 이스라엘이 '성소수자 인권 선진국'이라는 홍보를 통해서 이스라엘의 팔레스타인 점령 현실을 가리려는 시도가 핑크워싱의 한 가지 사례이다.

성애를 범죄로 규정하는 법을 제정하고 통과시키는 데 미국의 보수적/근본주의 기독교 세력들이 핵심적인 역할을 한 것으로 알려졌다. '게이를 죽이는 법안'이라고 불리는 우간다의 동성애 반대 법령이라든지, '레즈비어니즘(lesbianism)'과 동성결혼을 불법화하는 잔지바르(Zanzibar)의 법령, 그리고 나이지리아에서 연방정부가 동성결혼을 불법화하고 게이 인권 관련 활동을 형사처벌할 수 있는 법안을 통과시키려고 한 시도들이 미국의 보수/근본주의 기독교 세력과의 연관성을 보여주는 사례들이라고 볼 수 있다.[8]

한국의 개신교 우파 역시 이런 보수적/근본주의 기독교 집단들과 국경을 초월하는 신학적, 성서적 관점을 공유하고 있다. 한기총과 함께 동성애 반대 운동에 앞장서 왔던 '에스더기도운동'을 한 예로 살펴볼 수 있다. 에스더기도운동은 '거룩한 나라, 북한의 구원과 한국의 통일, 그리고 한국의 선교'[9]를 위해 기도하는 초교파적 기도운동으로서, 2007년 한국에서 3,000명의 기독교인들이 3일간 금식을 하면서 시작되었고, 미국의 캔자스시티(Kansas City)에 위치한 오순절 은사주의 계열의 보수적 복음주의 조직이며 동성애 반대로 잘 알려진 '국제기도의 집(International House of Prayer, IHOP)'과 관련이 있다. 에스더기도운동의 '예수 군대의 기도 전사들'이 매일 만나는 '24/365기도의 집'이 바로 '국제기도의 집' 개념에 근거하고 있다.[10]

---

8 Jessica Horn, "Re-righting the Sexual Body," *Feminist Africa: Subaltern Sexualities 6*(2006), pp. 7~19을 보라.
9 에스더기도운동 홈페이지 소개 글 참조. (http://www.pray24.net/board/view.do?iboardgroupseq=1&iboardmanagerseq=1)
10 Padre James Bhagwan, "The way of the prayer warrior." *The FijiTimes Online* (May 9, 2012). (http://www.fijitimes.com/story.aspx?id=200722). 우간다의 2009년 동성애 반대 캠페인을 주도한 것으로 알려진 또 다른 미국인 스콧 라이블리(Scott

'국제기도의 집'의 핵심 지도자인 루 엥글(Lou Engle) 목사는 2009년 우간다의 동성애 반대 법안을 적극 지지한 것으로 잘 알려져 있다. 우간다의 동성애 반대 법안은 동성인 성인들이 합의하에 맺은 성관계를 형사처벌하고, 심지어는 동성애자들에게 사형까지도 내릴 수 있도록 하는 냉혹한 처벌을 담고 있다. 비록 루 엥글 목사는 자신이 사형을 지지하지는 않았다고 했지만, 그가 우간다에 갔을 때 "그 법안을 장려한 그 나라의 '용기'와 '정의로움'을 치하했다."고 전해진다.[11]

보수/근본주의 기독교 그룹들 간의 초국가적 연계의 또 다른 예가 있다. 2009년 우간다에 동성애 반대 법안을 소개한 우간다의 국회의원 데이비드 바하티(David Bahati)는 '패밀리(The Family)'라고 알려진 펠로십 재단(Fellowship Foundation)과 관련이 있는 인물로 알려졌다. 패밀리는 '미국 내의 정치적·사회적·경제적 엘리트들에게 영향을 미치고, 또한 타국 지도자들에게도 영향력을 행사하는 데 중점을 두고 있는'[12] 미국의 비밀스러운 기독교 조직이다. 펠로십 재단은 1953년부터 워싱턴에서 국가조찬기도회를 열어왔다. 이 재단의 창시자인 감리교 목사 에이브러햄 베레이드(Abraham Vereide)는 '국제기독교지도자협의회(International Christian Leadership)'도 설립했는데,

Lively)와 함께 루 엥글은 아프리카의 동성애자들을 박해하는 데 관여한 미국 보수 복음주의 선교사들의 역할을 점검하는 2013년 다큐멘터리 영화 〈하느님은 우간다를 사랑하신다(God Loves Uganda)〉에 나온다.
11 Josh Kron, "In Uganda, Push to Curb Gays Draws U. S. Guest." *The New York Times* (May 2, 2010). (http://www.nytimes.com/2010/05/03/world/africa/03uganda.html?_r=0). 우간다의 동성애 반대 법안은 2014년에 위헌 판결을 받았다.
12 John Anderson, "Conservative Christianity, the Global South and the Battle over Sexual Orientation." *Third World Quarterly* 32/9(2011), pp. 1589~1605을 보라.

바로 이 단체에 속한 사람의 제안을 받아 한국대학생선교회(Campus Crusade for Christ in Korea, CCC)의 창시자인 김준곤 목사가 1966년에 한국에서 대통령조찬기도회를 시작했다. 국회조찬기도회는 그 전 해인 1965년에 시작되었고, 첫 번째 공식 대통령조찬기도회는 1968년에 열렸으며, 1976년에는 국가조찬기도회로 그 명칭이 바뀌었다. 국가조찬기도회는 처음부터 미국이 지원한 박정희 군사독재를 정당화하고 심지어 찬양했으며, 국가조찬기도회에 참석해 왔던 많은 개신교 목사들이 현재 한국 개신교 우파의 지도 세력이기도 하다.[13] 최근에는 한국과 아이티(Haiti)의 정계·교계 인사들이 '지구촌동성애저지국제연대'를 추진하기로 했는데, 국가조찬기도회 회장, 국회조찬기도회 회장, 국회선교위원회 대표, 그리고 개신교 우파 목사들이 관련되어 있다.[14]

이렇듯 한국 개신교 우파의 동성애 반대 운동이 세계 곳곳의 보수/근본주의 기독교인들의 동성애 반대 운동과 연결되어 있고, 그 반대의 이유들(성서적·신학적인 죄, 가정 파괴의 원인, 에이즈 확산의 근거)도 공유하고 있다. 하지만 개신교 우파의 동성애 반대 운동을 이러한 이유만으로 설명하기에는 뭔가 부족하다. 그렇게 설명할 경우, 한국 개신교 우파의 동성애 반대 운동이 미국의 기독교 우파의 동성애 반대 운동을 그저 따라하는 것이라거나, 그런 운동을 '수입'한 것으로만 인식될 수 있다. 그렇게 되면 한국의 상황에서 진행되는 동

---

13 국가조찬기도회에 관해서는 강인철, 『한국의 개신교와 반공주의』, 중심, 2007, 386~401쪽을 보라.
14 신태진, 「한국-아이티 교계, (가칭)'지구촌동성애저지국제연대' 추진」, 『크리스천투데이』, 2014. 2. 3. (http://www.christiantoday.co.kr/view.htm?id=269917)

성애 반대 운동의 특수성과 역사적 맥락과는 무관하게, 그저 미국에서의 운동 전략이나 담론을 수입한 것으로 간주될 수 있다. 물론 이것은 한국의 동성애 반대 운동이 세계의 다른 곳에서 일어나고 있는 동성애 반대 운동과 '같다/다르다' 아니면, '보편적이다/특수하다' 라고 이분법적으로 말하고자 하는 것이 아니다. 그보다는 한국의 개신교 우파가 초국가적 기독교 보수/근본주의 세력들과 공유하는 동성애 반대 운동의 논지들을 인지함과 동시에, 한국 개신교 우파의 동성애 반대 운동의 특수한 상황을 고려하는 것이 현재의 동성애 반대 운동을 더 잘 파악하는 데 도움이 될 것이다. 그렇게 함으로써 상황에 맞는 대응 전략을 잘 만들어 내고, 성/젠더소수자들의 인권과 더불어 보다 광범위한 젠더, 성적 정의(sexual justice)를 실현한다는 것이 무엇인지를 성찰하는 데도 도움이 될 수 있기 때문이다. 이 글이 주장하는 바는, 초국가적(transnational) 보수/근본주의 기독교 세력이 내세우는 동성애 반대 이유들과 더불어, 한국의 보수 개신교, 특히 개신교 우파가 1990년대 후반기에 시작해서 점점 과격해진 동성애 반대 운동이, 최근 '약화되어 가는 헤게모니적 남성성(weakening of hegemonic masculinity)'에 대한 반작용으로 볼 수 있다는 것이다. 여기서 헤게모니적 남성성의 약화는 '포스트-과잉남성적 개발주의(post-hypermasculine developmentalism)' 시대로 이행하는 최근의 사회적 변동과 관련이 있다.

'과잉남성적 개발주의(hypermasculine developmentalism)'는 1930년 군사정권하의 산업화와 도시화의 특징일 뿐만 아니라, 1970년대와 1980년대 한국 개신교의 빠른 성장의 특징이기도 하다. 그리하여 과잉남성적 개발주의가 쇠퇴하고 포스트-과잉남성적 개발주의 시대로 이행하는 과정에서 한국 개신교는 국내 교회 성장과 이에 따른 교회의 지위와 영향력 측면에서 큰 변화를 겪었으며, 자신들의 나아갈 방향과 전략을 재정비할 필요에 직면하게 되었다. 이런 가운데서 개신교 우파가 한국 사회의 강력한 정치·사회·문화·종교 권력으로 부상하게 되었다. 비록 신학적·정치적으로 보수적인 사상과 행동을 공유하지 않는 소수의 교회와 조직들이 있기는 하지만, 대다수의 개신교 교회와 교인들은 사회, 정치, 그리고 신학적으로 보수적인 개신교 우파의 입장을 공유한다고 해도 과언은 아닐 것이다. 동성애의 경우는 더욱 그러하다.

　1990년대 중반부터 심화된 경제 상황의 악화는 의도했든 아니든 헤게모니적 남성성을 약화시키는 데 일조했고, 같은 시기에 사회적으로 두각을 나타내기 시작한 성/젠더소수자 커뮤니티, 성/젠더소수자 인권 운동(이반 운동) 등도 헤게모니적 남성성에 대한 '급진적'인 저항으로 보일 수 있다. 헤게모니적 남성성에 대한 '급진적' 저항은 LGBT 개개인과 커뮤니티를 향한 개신교 우파의 강력한 공격을 설명하는 여러 요인 중의 하나가 될 수 있는데, 그것은 LGBT 개개인들과 커뮤니티, 특별히 게이 남성들이 헤게모니적 남성성을 약화시킨다고 간주되기 때문이다. 헤게모니적 남성성의 약화와 더불어 '공감되거나 동의된(emphasized or complied, 강조된 혹은 순응화된)' 여성성이 약해진다는 것은 한국 개신교를 지탱하는 기둥의 하나인 젠더의 위계질서가 교란될 수 있다는 것을 의미하고, 그것은 또한 이성애주의에 기반을 둔 젠더의 이분화와 젠더 역할 및 관계가 이완될 수 있다는 것을 뜻한다. 다시 말해서, 문자주의적 성경 해석과 그것에 근거한 보수/근본주의적 신학과 더불어, 약화되고 있는 헤게모니적 남성성에 대한 깊은 불안감이 한국 개신교 우파의 동성애 반대 운동을 형성하고 확장시키는 데 한몫했다고 볼 수 있는 것이다. 이것이 더욱 분명한 이유는 개신교 우파의 동성애 반대 운동이 집중된 장소들이 대중매체, 학교, 그리고 군대라는 점에 있다. 학교와 군대는 젠더 이분법에 근거한 성 역할과 관계들이 지속적으로 통제되고 실행되는 곳들인 반면에, 대중매체는 엄격한 젠더 역할과 관계들이 의문시되고 도전받을 수도 있고, 통제되거나 강화될 수도 있는 장소이다. 헤게모니적 남성성이 강화될 수도 있고, 도전받을 수도 있는 이런 장소들이 개신교 우파의 동성애 반대 운동의 중심지라는 것을 이해할 필요가 있다. 이렇듯 다양한 요인들을 살펴보는 것이 한국 보수 기독교 안에서 호모포비아(homophobia), 젠더 이분화, 이성애 가부장제, 민족주의, 그리고 뿌리 깊은 반공주의가 어떻게 복잡하게 얽혀 움직이고 있는지를 이해하는 데 도움이 될 것이다.

헤게모니적 남성성

사회학자 문승숙에 따르면, 한국 사회에서 계속되는 젠더의 위계질서를 이해하는 데 있어서 유교 전통에 대한 분석만으로는 젠더의 불평등을 충분히 설명하지 못한다. 문승숙은 사회학자 래윈 코넬(Raewyn Connell, 1944~)의 '헤게모니적 남성성(hegemonic masculinity)' 개념에 근거하여, 헤게모니적 남성성의 생산이 "지역의 군사화와 압축된 산업화라는 상황 속에서 젠더의 위계질서를 재구성하는 데 공헌했다."고 주장한다.[15] 헤게모니적 남성성이 "남성의 여성 지배를 정당화(혹은 자연스럽게 여김)하는 것은 물론이고 다양한 형태의 보상과 처벌을 통해서 개개의 남성들로부터 순응과 공모를 유도해 낸다."는 것이다.[16] 문승숙은 한국 사회에서 생산된 헤게모니적 남성성이 다음의 세 가지 구성 요소들을 가지고 있다고 한다. '①가족 부양 능력, ②군복무, 그리고 ③일상의 재생산 노동으로부터 거리두기'이다. 첫 번째 구성 요소는 남자를 가족의 생계비를 벌어 오는 존재로 보고, 그러한 능력이 '남자의 가정 내 권위와 지배'를 정당화시킨다는 것을 가리킨다.[17] 즉, 가족 부양자로서의 남자 역할이 '아버지와 남편으로서의 권위의 물질적 토대'를 유지시키는 것이며, 남자들의 돈 버는 능력이 '일반적으로 받아들여지는 남성성의 잣대'가 된다는 것이다.[18] 남자들을 가족 부양자로 보는 것은 상대적으로 '여성을 의존적인 가정주부로 규범화시키는 것', 또는 여성을 '부수적인 소득을 버는 존재'로 보는 것과도 연관이 있다.[19]

헤게모니적 남성성의 두 번째 요소인 '군복무' 역시 남자됨을 규정짓는 역할을 한다. 군복무가 헤게모니적 남성성의 요인으로 처음부터 자동적으로 받아들여진 것은 아니다. 그것은 군복무를 남성과

---

15 Seungsook Moon, "The Production and Subversion of Hegemonic Masculinity: Reconfiguring Gender Hierarchy in Contemporary South Korea" in Laurel Kendall (ed.), *Under Construction: The Gendering of Modernity, Class, and Consumption in the Republic of Korea* (Honolulu, Hawaii: University of Hawaii Press, 2002), p. 82.
16 Seungsook Moon, 같은 논문, p. 83. 한편 헤게모니적 남성성의 세 구성 요소에 대해 나의 글 "'Lord, I Am a Father!' The Transnational Evangelical Men's Movement and the Advent of 'Benevolent' Patriarchy," *Asian Journal of Women's Studies* 17/1(Spring 2011), pp. 100~131에서도 간략히 언급되어 있다.
17 Seungsook Moon, 같은 논문, 84쪽.
18 Seungsook Moon, 같은 논문, 86쪽.
19 Seungsook Moon, 같은 논문, 84쪽.

여성 모두가 남성 시민의 당연한 의무로 받아들여질 수 있도록 '군복무에 대한 대중의 태도를 바꾸려는' 국가의 의도적이고 조직화된 노력이 있었기 때문에 가능한 것이다.[20] 다시 말해서, 자격을 갖춘 모든 남성 시민의 의무로서의 군복무를 헤게모니적 남성성의 한 요소로 만드는 데는 국가의 잘 짜인 노력이 있었기에 가능했다. 문승숙은 한국의 군복무 의무제에서 주목할 것은 '군복무와 경제적 특권 교환의 광범위함과 명백함'[21]이라고 주장한다. 그는 또한 이런 현상의 일부는 '국가의 분단과 북한과의 군사적 대치의 결과, 즉 이런 상황들 속에서 경제 개발의 긴박한 필요성에 대한 결과물'[22]이라고 주장한다. 따라서 병역기피자들에 대한 국가의 처벌 조치는 그들로부터 경제적 기회를 얻는 것을 박탈하는 것이었다. 병역기피자를 고용하는 이들은 법적 처벌을 받았고, 사업체를 운영하는 데 필요한 국가의 허락을 받지 못했다. 병역기피자나 불명예제대자들은, 국가고시나 공기업 입사 시험에서 군복무를 마친 자들이 받았던 가산점을 받지 못했다. 한편 이러한 '군복무 가산제' 채택이 의무가 아니었던 사기업들도 많은 경우 이런 관행을 따르곤 했다. 문승숙이 주장하듯이, 군복무 제도는 국가의 징집 정책에 의해 취업에 있어서의 전제조건으로 제도화되었던 것이다.[23]

헤게모니적 남성성의 세 번째 요소는 '일상의 재생산 노동'으로부터 거리를 두는 것이다. 남성이 일상의 노동으로부터 분리되는 것

---

20 Seungsook Moon, 같은 논문, 91쪽.
21 Seungsook Moon, 같은 논문, 94쪽.
22 Seungsook Moon, 같은 논문, 93쪽.
23 Seungsook Moon, 같은 논문, 93쪽.

은 남성의 가족 부양자 역할과 맞물려 있다. 다시 말해서, 남자들의 일차적 노동 영역은 가사를 돌보는 영역이 아니라는 것이다. 남성이 가사 노동을 할 경우 그것은 남자답지 못한 것으로 간주된다. 문승숙은 이렇게 남성이 가사 행위로부터 멀어지게 된 근원을 조선 시대의 선비 남성성에서 찾고 있다. 선비란 어떤 육체노동도 하지 않고, '문(文)'을 수양하고 유교를 공부하는 유교의 학자-공직자 계층을 일컫는다.[24] 비록 선비 계층은 더 이상 존재하지 않지만, '선비 남성성'은 아직도 어느 정도 한국인의 이상적인 남성성으로 간주된다. 왜냐하면 '선비 남성성'을 '정중함, 진실성, 신의, 충성심, 그리고 문화적-학자적 달성'과 같은 전통적인 미덕이 몸에 밴 전형으로 보기 때문이다.[25] 무엇보다 '선비 남성성'은 일상의 가사 노동에 관여하지 않는 남성성이다. 임금노동을 하는 여성이 늘어났지만, 가정 내 노동의 성별 구분은 크게 바뀌지 않았다.[26] 남자들은 여전히 가사 노동에 대한 책임을 지지 않거나 적게 지고 있으며, 여자들은 가정 밖에서 임금노동을 하든 하지 않든 가사 노동을 자신들의 일과 책임으로 간주하고 있다. 하지만 헤게모니적 남성성의 요소들에 대해 자발적이든 비자발적이든 다양한 형태의 저항이나 반응들이 1990년대 시민 사회의 대두와 함께 나타나기 시작했고, 1997년 이후의 외환위기 동안에 더 강하게 나타난 뒤 여전히 지속되고 있다.

---

24 Seungsook Moon, 같은 논문, 99쪽.
25 Kyung-Sup Chang, "The Neo-Confucian Right and Family Politics in South Korea: The Nuclear Family as an Ideological Construct." *Economy and Society* 26/1(1997), p. 27.
26 Kyung-Sup Chang, "The Neo-Confucian Right and Family Politics in South Korea," p. 32.

헤게모니적 남성성에 대한 저항

포스트-과잉남성적 개발주의 시대의 시작과 1990년대 중반의 경제적 침체는 헤게모니적 남성성에 대한 여러 가지 반응과 저항을 생산해 냈다. 예를 들어서, 헤게모니적 남성성의 세 가지 요소들 중에서, 첫 번째 요소(경제 부양자로서의 남자)가 1997~1998년 IMF 위기를 계기로 가장 심각하게 도전을 받았다.[27] 두 번째 요소인 군복무는 기성 세대와 여러 가지로 다른 경험을 하며 살아온 젊은 세대의 남자들에게서 저항을 받았다.[28] 군가산점제도 역시 1999년에 위헌 결정이 내려져 폐지되었지만, 군가산점제 부활에 관한 논의는 아직도 곳곳에서 전개되고 있다. 세 번째 요소인 일상의 재생산 노동으로부터 거리두기 역시 도전을 받았지만 그것은 주로 비자발적이며 마지못해 생긴 반응들이었다. 왜냐면 이혼으로 인한 가정의 붕괴는 남자들로 하여금 어쩔 수 없이 재생산 노동 행위들에 참여하도록 했는데, 헤게모니적 남성성의 세 번째 요소인 일상의 재생산 노동으로부터 거리두기는 이렇듯이 종종 비자발적으로 도전을 받게 되었다.[29] 최근

---

27 Laurel Kendall (ed.), *Under Construction: The Gendering of Modernity, Class, and Consumption in the Republic of Korea* 참조.
28 예를 들어, 게이 전경인 유정민석은 "남성적이고 억압적인 군대 문화가 그에게 모욕적이었다고 주장하면서 2006년 한 달간의 휴가 뒤에 자대로 복귀하기를 거부했다." 2008년에는 전경인 이계덕 역시 "이성애 지배적인 문화가 계속 게이 병사들을 억압하기 때문에 소속 부대로부터 전출시켜 줄 것을 국방부에 요청했다." Ji-sook Bae, "Will homosexuality be accepted in barracks?" *The Korea Times* (June 6, 2010) (http://www.koreatimes.co.kr/www/news/nation/2010/07/117_67179.html)
29 Seungsook Moon, "The Production and Subversion of Hegemonic Masculinity," p. 100. 나의 다음 글에서도 이 문제가 간략히 언급되어 있다. "'Lord, I Am a Father!' The Transnational Evangelical Men's Movement and the Advent of 'Benevolent' Patriarchy," pp. 100~131.

OECD(Organization for Economic Cooperation and Development, 경제협력개발기구) 조사에 의하면, 한국 남자들이 임금을 받지 않는 노동(일반 가사 노동, 집안 식구 돌보기, 어린이 돌보기 등)에 하루 동안 쓰는 시간이 가장 짧은 45분으로 나타났다.[30] 앞에서도 말했지만, 헤게모니적 남성성은 대다수의 남성뿐 아니라 대다수의 여성들에게도 영향을 미친다. 집안의 가사 노동과 어린이와 노인을 돌보는 일에 관해서는 대부분의 남자뿐만 아니라 대부분의 여성도 여전히 여성의 책임이라고 생각하는 경향이 있다.[31] 하지만 점차 재생산 노동을 남녀가 분담하려는 변화가 사회 곳곳에서 감지되고 있다. 이런 변화는 불가피한 사정 때문에 나타나기도 하지만, 종종 의식적인 추구의 결과이기도 하다.

이 시기에 나타난 헤게모니적 남성성에 대한 소위 진보적인 반응과 저항은 성/젠더소수자 인권 운동, 혹은 이반 운동이라고도 불리는 운동을 주도했던 LGBT 조직들의 출현과 일치한다. 동인련(동성애자인권연대, 1997), 친구사이(1994), 끼리끼리(2005), 티지넷(TGNET, 1998), the Buddy Community(1997)가 그들이다. LGBT 개인들과 커뮤니티, 그들의 집단적인 목소리는 이성애 가부장제와 위계질서적인 젠더 역할과 관계를 견고하게 하고자 하는 헤게모니적 남성성에 대한 진보적인 저항이라고 볼 수 있다. 이런 상황에서 개신교 우파가 헤게모니적 남성성에 대한 진보적 저항에 격하게 반응한 것은

---

30 OECD, "Balancing paid work, unpaid work and leisure" (http://www.oecd.org/gender/data/balancingpaidworkunpaidworkandleisure.htm)
31 Kyung-Sup Chang, "The Neo-Confucian Right and Family Politics in South Korea," p. 32.

놀라운 일이 아니다. 개신교 우파의 동성애 비판이 '두려움을 조장하고' 자신들의 정치적 목적을 위해서 사람들을 '결집시키려는 것'뿐만이 아니라, 헤게모니적 남성성이 약화되고 해체되는 것에 대한 걱정과도 관련이 있다는 것이다. 왜냐하면 헤게모니적 남성성이 약화되거나 해체된다는 것은 곧 이성애 중심적인 젠더의 위계질서, 그 역할과 관계에 심각한 변화가 온다는 것을 의미하기 때문이다.

앞서 문승숙이 주장했듯이, 헤게모니적 남성성은 근현대 한국 사회에서 남성의 여성 지배를 정당화시킴으로써 젠더의 위계질서를 유지하는 데 주된 역할을 해왔다. 젠더의 불평등함이 지속되는 것은 이분법적 성별 체제 속에 전제되어 있는 이성애와 연관성이 있고, 젠더 정체성은 바로 그 이분법적 성별 체계를 따르는 것으로 여겨진다. 젠더의 불평등함은 젠더화된(gendered) 노동의 분할을 정당화시킬 뿐만 아니라, 이성애적 욕구를 규범화한다.[32] 젠더가 사회에서 의미 있는 범주로 존재하기 위해서는 젠더의 위계질서가 젠더의 분할을 선행해야 한다.[33] 따라서 위계적인 젠더 질서에 도전하는 것은 사회의 근원을 위협하는 것으로 여겨지고, 즉각적인 대응을 요구하게 된다. 따라서 여성성과 게이 남성들의 소외된 남성성(marginalized masculinity)에 대한 문화적 평가절하는 위계질서적 젠더 체계를 유지

---

32 Nami Kim and W. Anne Joh, "Gender and Sexuality in Asian and Pacific American Religious/Theological Studies," in Fumitaka Mastuoka and Jane Iwamura (eds.), *Asian & Oceanic American Religious Cultures Encyclopedia* (ABC-CLIO, forthcoming 2014)를 보라.
33 Stevi Jackson, "Heterosexuality and feminist theory" in Diane Richardson (ed.), *Theorising heterosexuality: Telling it straight* (Buckingham, Philadelphia: Open University Press, 1996, 1998), p. 28.

하는 데 필요하다.³⁴ 헤게모니적 남성성은 여성에게 억압적일 뿐 아니라, 다른 남성성들도 침묵시키고 소외시킨다.³⁵

"진정한 남자는 아름다운 여자와 굉장한 성관계를 맺는 남성이다."³⁶라는 구절에서도 나타나듯이 헤게모니적 남성성은 이성애와 연결이 된다. 따라서 게이 남성들은 남성의 여성에 대한 지배를 지지하는 사회의 가장자리에 서 있게 되고, 자신들이 종종 '남자라는 사회적 범주에서 소외되거나 제명되어지는 것'을 발견하게 된다.³⁷ 뿐만 아니라, 트랜스젠더와 트랜스젠더 행위들은 기존의 젠더 질서를 복잡하게 만든다. 남성성 연구자들인 래원 코넬과 제임스 메서슈미트(James Messerschmidt)는 퀴어 이론이 젠더 크로싱(gender-crossing)을 '젠더 질서의 전복, 아니면 최소한 그것의 취약성을 보여주는 것'이라고 인식한다.³⁸ 그러나 그들은 '여성에서 남성으로 성전환'한 남성의 삶 속에서 형성된 남성성이 본질적으로 반헤게모니적이라고 주장하지는 않는다. 왜냐하면 '스스로 만들어진 남자'들은 젠더의 평등을 추구할 수도 있고, 반대할 수도 있기 때문이다.³⁹ 반대로 남성에서 여성이 된 성전환자들의 삶에서 보인 젠더 크로싱은 헤게모니적

---

34 Kristen Schilt and Laurel Westbrook, "Doing Gender, Doing Heteronormativity: 'Gender Normals', Transgender People, and the Social Maintenance of Heterosexuality," *Gender & Society* 23/4 (August 2009), pp. 440~464을 보라.
35 Kopano Ratele, "Male Sexualities and masculinities" in Sylvia Tamale (ed.), African Sexualities: A Reader (Pambazuka Press, 2011), p. 422.
36 Kopano Ratele, "Male Sexualities and masculinities", pp. 399~400.
37 Kopano Ratele, "Male Sexualities and masculinities", p. 413.
38 R. W. Connell and James Messerschmidt, "Hegemonic Masculinity: Rethinking the Concept." *Gender and Society* 19/6 (December, 2005), p. 851.
39 R. W. Connell and James Messerschmidt, "Hegemonic Masculinity: Rethinking the Concept."

남성성에 대한 또 다른 도전이 될 수 있는데, 그것은 한국 사회에서 헤게모니적 남성성의 중요한 한 가지 요소가 바로 군복무의 의무이기 때문이다.

여성이 다른 여성을 성적으로 선호하는 것 또한 여성의 삶과 몸에 대한 남성의 통제가 약하다는 것을 시사할 수 있다. 남자들이 종속시킬 수 없는 존재로 간주되는 이런 여자들은 가부장적 권위와 헤게모니적 남성성에게는 '위험'한 존재들인 것이다.[40] 따라서 레즈비언 여성들은 종종 그 존재가 부정되거나 받아들여지지 않게 되고 용납될 수 없게 되는 것이다. 동성에게 성적으로 매력을 느끼고 성관계를 갖는 남자들과 여자들은 헤게모니적 남성성에 위협이 될 수 있는데, 그것은 헤게모니적 남성성이 바로 이성애적 남성성이기 때문이다. 그렇기에 게이 남성들은 관용의 대상이 되어서는 안 된다. 그들은 남자이지만, 가장으로서 아내와 아이들을 보호하고 이끌어 가야 한다는 남성의 젠더 역할을 강조하는 헤게모니적 남성성의 방해자가 될 수 있기 때문이다.[41] 이렇듯 동성애가 헤게모니적 남성성에 대한 위협으로 보이기 때문에, 호모포비아를 통해서 동성애는 비난받아야 하고 공격의 대상이 되는 것이다.[42] 학교와 군대는 '이성애 남성성을 형성하는 데 근본적인 역할'을 담당하는 호모포비아의 핵심

---

40 Ratele, "Male Sexualities and masculinities," p. 407.
41 Michael S. Kimmel, "Masculinity as Homophobia: Fear, Shame, and Silence in the Construction of Gender Identity" in Theodore F. Cohen (ed.), *Men and Masculinity: A Text Reader* (Wadsworth/Thomson Learning, 2001), p. 32.
42 Jon Swain, "Masculinities in Education" in Michael S. Kimmel, Jeff Hearn, and R. W. Connell (eds.), *Handbook of studies on Men and Masculinities* (London, New Delhi: SAGE Publications, 2005), p. 222.

적 장소이다.[43]

한국 개신교 우파의 동성애에 대한 이해

2007년 법무부가 차별금지법안을 제출했을 때, 개신교 우파는 그 법안이 동성애를 확산시키게 될 것이라는 이유로 거세게 반발했다. 2010년에 차별금지법안이 다시 발의되었을 때도 개신교 우파는 다른 보수 단체들과 함께 반대 캠페인을 펼쳤고, 결국 그 법안은 또다시 철회되었다. 2013년, 몇몇 국회의원들이 차별금지법안을 대표 발의했을 때도, 개신교 우파는 동성애를 조장하는 그 법안이 나라와 청소년들을 망칠 것이라며 격렬하게 반대 운동을 벌였다. 개신교 우파 및 보수 세력들의 압력으로 인해 결국 그 법안을 발의한 국회의원들은 법안을 철회했다. 개신교 우파의 차별금지법안 반대 이유 중 가장 핵심은 동성애이다. 이렇듯 강력한 차별금지법안 반대 운동을 포함한 개신교 우파의 동성애 반대 운동을 제대로 이해하려면 개신교 우파의 동성애에 대한 시각과 거기에 함축된 의미를 검토하는 것이 필요하다.

「이분법을 넘어서—동성애에 관한 여섯 가지 종교적 시각」이라는 글에서 던 문(Dawne Moon)은 미국 기독교와 유대교의 동성애에 관한 여섯 가지 시각에 대해 논의한다. 그녀에 따르면, 현재 가장 많이 이야기되는 두 가지 이분법적 시각('게이로 태어남' 또는 '죄스

---

43 Jon Swain, "Masculinities in Education" in Michael S. Kimmel, Jeff Hearn, and R. W. Connell (eds.), *Handbook of studies on Men and Masculinities*, p. 223.

러운 선택')은 그 각각의 카테고리의 다른 점들과 비슷한 점들을 다 포착하지 못하는 한계가 있다. 그런 이분법적 시각 대신에, 동성애에 관해서 아주 적대적인 시각부터 강한 우호적 시각까지 포괄하는 폭넓은 스펙트럼을 점검한다. 이런 극과 극의 시각들은 '동성애 부정적(homonegative)', '중도적(moderate)', 그리고 '동성애 긍정적(homopositive)'이라는 세 종류로 다시 크게 분류된다.[44]

'동성 부정적' 관점 안에는 두 가지의 시각이 존재한다. "하느님은 동성애자들을 미워한다."와 "죄인은 사랑하되, 죄는 미워하라."는 시각이 바로 그것이다. "하느님은 동성애자들을 미워한다."라는 시각은 동성애를 악으로 간주하고 종교 집단에서 받아들일 수 없는 것으로 여기는 입장이다. 반면 "죄인은 사랑하되, 죄는 미워하라."는 시각은 세 가지 관점으로 세분될 수 있다. 첫 번째는, 동성 간의 성적인 행위를 '모두에게 유혹이 될 수 있는 죄스러운 선택'으로 여기는 것이다. 두 번째는 동성 간의 성행위를 학대 행위에 의해 생긴 일종의 병리학적 결과 또는 아동기 때의 기능 장애의 결과로 보고 있다. 그리고 세 번째는 동성애가 '타고난 기질'이기 때문에 그 자체가 죄가 되지는 않지만, 동성 간의 성행위는 죄를 범하는 것이라고 보고 있다.[45]

---

44 Dawne Moon, "Beyond the Dichotomy: Six Religious Views of Homosexuality," *Journal of Homosexuality* 61/9(2014), p. 1218.
45 Dawne Moon, "Beyond the Dichotomy," pp. 1220~1222. 소위 좀 더 관용적인 한국 기독교인은 동성애를 '타고난 기질'로 보고 정죄하지 말 것을 주장한다. 그러나 그렇게 '타고난 기질'을 행위로 옮기는 것은 적절하지 못하다고 함으로써 결국은 LGBT 개인들을 그대로 인정하는 것이 아니라 조건적으로 받아들이는 모습을 보인다. 개신교 우파의 입장은 이와는 좀 다르지만, 이 글에서는 개신교 우파의 입장만을 살펴보고 있다.

개신교 우파의 동성애에 대한 시각도 던 문의 지형도에서 보이는 '동성애 부정적' 관점과 비슷하며, 그 관점 안에 두 가지의 입장, 즉 "하느님이 동성애자들을 심판하실 것이다."와 "죄는 미워하되, 죄인은 사랑하라."는 입장이 공존한다. '죄'와 그 '죄'를 저지른 사람 모두 하느님의 영원한 심판의 대상이 되는 것이다. "죄는 미워하되, 죄인은 사랑하라."는 입장에는 세 가지의 또 다른 이해가 있다. 즉, 동성애가 '죄의 본성' 때문이라는 이해와, '죄의 선택'이라는 이해, 그리고 '병의 결과'라는 이해가 그것이다. 비록 이 세 가지 이해가 동성애를 각각 다른 이유로 비난하고 있지만, 동성애자 개개인들에게는 "죄는 미워하되, 죄인은 사랑하라."를 논리로 관용을 베풀 것이 권고된다. 그런데 던 문의 유형 분류 체계에는 없는, 한국 개신교 우파의 독특한 점이 있는데, 그것은 동성애를 서구에서 수입된 것, 또는 서구화의 현상으로 보는 것이다. 이 시각이 함축하는 바는 한국에는 최근까지 동성애가 존재하지 않았는데 '서구' 문화의 영향을 받아 배운 행위라는 것이다. 이렇게 동성애를 서구화 문제로 보는 것은 동성애가 잘못된 '죄의 선택'이라는 점을 강조하면서, 바로 그렇기 때문에 고쳐야 한다는 것이다. 동성애 이해의 범주화(categorization)와 관련하여 한 가지 유념해야 할 것은 뭔가를 분류한다는 것이 늘 그렇듯이, 개신교 우파의 시각이 던 문의 범주화와 완전히 일치하지도 않고, 개신교 우파의 여러 가지 시각 역시 언제나 명확하게 구분되지도 않는다는 것이다. 또 "하느님이 동성애를 심판하실 것이다."와 "죄는 미워하되, 죄인은 사랑하라."는 시각이 개신교 우파의 동일한 조직 내에 공존하기도 한다.

"하느님이 동성애를 심판하실 것이다"

동성애에 관한 첫 번째 시각은 하느님이 심판하실 죄라는 것이다. 이것은 개신교 우파의 동성애 이해 중에서 가장 극단적인 것이지만 대표적인 시각이기도 하다. 예를 들어, 대형 교회 목사인 김홍도는 2005년 미국의 뉴올리언스(New Orleans)에서 허리케인 카트리나(Katrina)가 휩쓸고 간 뒤 다음과 같은 설교를 했다.

> 여러분 놀라지 마세요. 이번에 뉴올리언스에서 몰아닥친 카트리나 허리케인도, 수천 명이 죽고 백조 원 이상 재산 피해를 가져온 것도 바로 동성연애 호모섹스에 대한 심판이라고 합니다. 미국의 기독교 텔레비전으로 유명한 시비엔(CBN, The Christian Broadcasting Network)이 있습니다. 그 방송 사장이 팻 로버트슨이라고 하는 목사인데, 이 사람은 기도를 많이 한 사람입니다. 굉장히 영향력 있는 사람인데, 부시 대통령의 당선을 예언했는데, 당선됐어요. 그런데 이번에 뉴올리언스 대참사가 있기 전에 성행위 문란으로 말미암아 하나님의 심판이 곧 임한다(고 예언했어요). 그런데 심판이 곧 임했어요. (……) 이건 하나의 악령의 역사거든요. 그런 사람들은요 금식하면서라도 회개해야 돼요. 마귀를 내쫓아야 돼. 믿으시기 바랍니다.[46]

이 설교에서 김홍도 목사는 사실 '동성애'라는 단어를 쓰지 않고 있으며, '동성연애 호모섹스'라는 부적절한 용어를 쓰면서, 그것이

---

46 김홍도 목사의 설교(2005. 9. 11.)에서 발췌.

하느님의 심판 대상이라고 말한다. 이 상황에서 LGBT 개인들이 할 수 있는 선택은 회개하는 것과 그들의 몸에 들어와 있다고 간주되는 마귀나 악령을 쫓아내는 것뿐이다.

다른 설교에서 김홍도 목사는 동성애가 '공산주의보다 더 무섭고 이슬람보다 더 무서운 것'이라고 주장하면서, 동성애는 "영원한 지옥에 갈 죄이다."라고 한다. 그가 동성애를 죄로 보는 이유는 동성애가 '하나님의 창조 질서에 역행'하고, '하나님께서 미워하는 죄'이기 때문이라는 것이다.[47] 동성애를 죄로 보는 것과 관련해서 동성애가 하느님의 창조 질서에 반하는 것이라는 이해는 개신교 우파 안에서 가장 일반적인 견해이다. 한기총의 한 회원이 쓴 선언문이 이것을 잘 보여준다. 「동성애 사이트는 청소년 유해 매체이다」라는 제목의 글에서 박천일 목사는 동성애를 문제 삼는 이유를 세 가지로 말하고 있다. "① 동성애는 하나님의 창조 질서에 대한 도전이며, ② 20세기 흑사병이라 불리는 에이즈에 대한 문제와, ③ 한 사회의 틀을 이루는 가정에 대한 중대한 도전이며 결혼 제도의 붕괴 때문이다."[48]

동성애는 하느님의 창조 질서에 도전하기 때문에 하느님에 대한 죄이며 불복종이라고 비난받는다. 그 창조 질서는 젠더의 위계질서를 자연스럽게 여기는 이성애 가부장제에 견고하게 뿌리를 내리고 있다. 동성애를 죄로 비난하는 것이 옳다는 것을 '증명'하는 데 주로 쓰이는 성서 구절들은 「창세기」에 나오는 소돔과 고모라 이야기,

---

47 「동성애가 죄악인 이유」, 『미래한국』, 2009. 4. 4. (http://www.futurekorea.co.kr/news/articleView.html?idxno=18623)
48 박천일, 「동성애 사이트는 청소년 유해 매체이다」, 『크리스천투데이』, 2003. 4. 7. (http://www.christiantoday.co.kr/view.htm?id=150061)

「레위기」의 몇 구절들(18장 22절; 20장 13절), 「로마서」(1장 26~27절) 등이다. 국가인권위원회의 '동성애 관련 조항' 삭제 결정을 철회해 줄 것을 촉구하면서 한기총은 '동성애로 성문화가 타락했던 소돔과 고모라가 망했으며, 성경이 동성애를 엄격하게 금하고 있다는 사실'을, 그러한 결정을 철회해야 하는 이유로 들었다.[49] 창조 설화에 근거했다고 주장되는 가정의 위계적인 젠더 질서(가정의 머리가 되는 남자와 복종하는 여자)에 대한 믿음은 성경무오설(聖經無誤說)을 믿는 근본주의적 칼뱅주의 시각에 뿌리를 두고 있다. 개신교 우파는 이러한 근본주의적 칼뱅주의 시각을 수용하면서, 하느님에 의해 설계된 창조 질서는 성서적 진실이고, 따라서 자연스러운 것이라고 본다. 창조 질서에서 아담의 갈비뼈로 만들어졌다는 이브는 아담과 동등한 존재가 아니라, 아담에게 종속된 존재이다. 다시 말해서, 창조 질서에 내재되어 있다고 믿는 이브의 종속을 성서적 진리로 보고 그렇기 때문에 그런 질서가 자연적인 남녀의 질서라고 믿는 것이다. 창조 질서에서 이성애 가부장제는 젠더의 위계질서에 의해 자연적인 것이 된다. 그런 창조 질서를 왜곡하는 동성 간의 성적 욕구나 관계는 하느님의 창조 질서에 대치할 뿐만 아니라 하느님에 대한 직접적인 불복종이 되는 것이다. '세대주의(dispensationalist) 신학'처럼 다른 성들(sexes) 간의 관계를 규제하는 창조 질서에 대한 필요는 개신교 우파의 동성애 이해에 있어서 필수적인 것이다. 왜냐하면 질서에 대한 강조는 본질적인 '남성적 강인함과 여성적 약함'을 확인해 주면서 '가정과 교회에

---

49 백상현, 「한기총, '동성애 관련 조항' 삭제 결정 철회 촉구」, 『뉴스파워』, 2003. 4. 9. (http://newspower.co.kr/sub_read.html?section=sc4&uid=288)

서 남성적 리더십'을 신학적으로 타당하게 해주기 때문이다.[50]

동성애가 '악'의 결과로서 성경에서 심판받을 죄로 규정된다는 개신교 우파의 입장은 한기총이 2014년 미국 장로교(Presbyterian Church, USA)의 제221회 총회에서 결정된 동성결혼 인정을 강력하게 반대하는 것에서도 분명히 나타났다. 총회의 결정을 철회할 것을 촉구하면서, 한기총은 다음과 같은 성명서를 냈다. "한기총은 성경에 입각하여 동성애는 '죄'이며 극악의 결과라고 분명히 밝혔다. (……) 성경의 말씀을 더욱 굳게 지키고, 믿음의 삶으로 성도들을 이끌어야 할 미국 최대 장로교단이 오히려 성경의 권위를 무시하고 이에 반하는 결의를 한 것에 대해 도저히 용납할 수 없으며, 한기총은 '동성결혼 인정' 결의를 즉각 철회할 것을 강력히 촉구한다."고 밝혔다.[51] 미주 장로교단 한인 교회들도 한기총에서 제시한 이유를 들며 총회의 결정에 반대하는 성명서를 냈다. 한기총은 세계교회협의회(World Council of Church, WCC)가 종교다원주의(religious pluralism)와 용공주의를 지향하고, 동성애를 옹호한다는 이유로 제10차 총회가 부산에서 개최되는 것을 반대하기도 했다.

동성애를 하느님의 처벌 대상으로 보는 극단적 시각은 LGBT 개개인들을 완전히 거부하고 정죄하는 입장을 포함한다. 해서 교회 안에 있는 LGBT 기독교인들의 존재는 종종 부정되고 무시된다. 이성애 규범적인 전제들, 언어들, 아이디어들, 그리고 활동들로 조직되

---

50 Margaret Lamberts Bendroth, *Fundamentalism and Gender: 1875 to the Present* (New Haven, London: Yale University Press, 1993), p. 10.
51 유종환, 「한기총, 미국 장로교회의 동성결혼 인정 결의 즉각 철회 촉구」, 『기독교한국신문』, 2014. 6. 24. (http://www.cknews.co.kr/news/articleView.html?idxno=3852)

고 움직여지는 교회 공동체의 모든 측면을 통해서 LGBT 기독교인들은 존재하지 않는 교인들로 간주되고, 결국에는 완전히 소외되고 침묵 당하게 되는 것이다.

"죄는 미워하되, 죄인은 사랑하라"

개신교 우파의 또 다른 한 축을 이루는 동성애 이해는 동성애를 여전히 죄로 간주하지만, 동성애자들을 비난받거나 버려져야 하는 존재들이 아니라, 구원받아야 할 존재로 여기는 것이다. 동성애는 죄이지만, 동성애자들은 치유되고 구원받아야 하는 존재라는 것이다. 첫 번째 시각인 "하느님은 동성애를 심판하실 것이다."에 비해서 이 시각은 덜 극단적이고, 미움이나 차별보다는 동성애자 개개인들을 '치유'해야 하는 기독교인들의 노력을 강조한다.

이 입장 안에 공존하는 세 가지 접근들도 동성애를 '죄'로 이해하는 데 있어서는 차이를 보이고 있다. 동성애자 개인들은 여전히 '죄인'이라고 불리지만, 영원히 심판받을 존재들이 아니라, '사랑' 받을 수 있는 사람들이라는 것이다. 하지만 자신들의 성적인 성향이 죄의 본질이기 때문에 '치유'될 필요가 있음을 인정하거나, 자신들이 '배워서 익힌' 성적인 행위들을 '회개'하고 '고치'려 하고, 병에 걸렸을 때 치료가 필요하듯이 동성애도 병의 결과이므로 치료를 받으려 할 때에만 기독교인들의 관용과 사랑을 받을 자격이 있게 된다. 따라서 동성애자들을 향한 '사랑'은 무조건적이 아니라 다분히 조건적인 것이다.

동성애는 '죄의 본성'이다

개신교 우파는 동성애를 이해할 때 '본성(nature)'이라는 단어를 쓴다. 하지만 그들이 말하는 본성은 '죄에 물든' 또는 '타락한' 본성이다. 이것이 의미하는 바는 동성애는 하느님의 처음 창조 의도에는 존재하지 않았고, 하느님에 대한 불복종의 결과라는 것이다. 예를 들어서, 한기총의 멤버인 한 목사는 동성애에 대해 다음과 같이 말하고 있다.[52]

> 성 혁명의 대표적 운동으로 전개되는 동성애주의자는 동성애를 정당화하면서 법적 권리와 사회적 안정을 확보해 나가고 있다. 그들은 동성애가 태생적 성향이므로 불가피하며 본성에 순응한다고 항변하고 있으나 사실은 정상적 본성과 타락한 죄성을 혼돈하고 있다. 인간이 끌리는 대로 행동한다면 이 세상은 혼란과 파멸에 빠지고 말 것이다. (……) 필자는 목사로서 동성애자들도 선교의 대상이며 구원을 받아야 한다고 생각한다. 그들의 인권을 보호해 주고 그들을 인간답게 대해 주고 사랑하는 일에 교회가 앞장서야 한다. 그러나 그들을 사랑해야 하는 것은 바로 그들의 영적 갱신과 영혼의 구원을 위해서인 것이다. 따라서 그들의 잘못된 죄는 지적하고 회개해서 돌이키게 해야 할 것이다.[53]

52　박천일, 「동성애 사이트는 청소년 유해 매체이다」, 『크리스천투데이』, 2003. 4. 7. (http://www.christiantoday.co.kr/view.htm?id=150061)
53　박천일, 「동성애 사이트는 청소년 유해 매체이다」, 『크리스천투데이』, 2003. 4. 7. (http://www.christiantoday.co.kr/view.htm?id=150061)

동성애자들이 '태생적 성향'을 주장하는 것은 '혼돈'에 빠진 것이고, 동성애는 정상적 본성과는 다른 '죄의 본성(sinful nature)'이라는 것이다. 그럼에도 불구하고 동성애자들이 인간적인 대우를 받을 자격이 있고, 인권이 존중되어야 한다고 이야기한다. 동성애자들을 영원한 심판의 대상으로 볼 것이 아니라, 교회가 받아들이고 '사랑'해야 하는 대상으로 봐야 한다고 강조한다. 하지만 앞에서도 말했듯이, 교회의 '사랑'을 받으려면 한 가지 조건이 필요하다. 즉, 자신들의 '죄의 본성'을 먼저 '회개'해야 한다.

또 다른 한 예를 살펴보면 다음과 같다. 한국과 아이티의 정계, 교계 인사들과 함께 '지구촌동성애저지국제연대'를 추진하는 데 참여한 김영진 의회선교연합 상임대표는 다음과 같이 말하고 있다. "동성애 문제를 다룰 때 '죄는 미워하되, 사람은 미워하지 말라.'는 격언처럼 동성애의 잘못된 점은 단호하게 말하되, 동성애자들을 혐오하거나 미워하는 분노가 아니라 치유되고 회복되도록 그들의 고통과 아픔을 이해하고 지원하는 마음이 필요하다."[54] 결국 동성애자들은 있는 그대로 받아들일 수 없는, 치유되고 회복되어져야만 하는 존재들로 규정된다.

동성애는 '죄의 선택'이다
"죄는 미워하되, 사람은 미워하지 말라."는 동성애 이해의 두 번째 접근 방식은 동성애가 여전히 '죄'이기는 한데, '죄의 본질'이기 때문이 아니라 '죄의 선택(sinful choice)'이기 때문이라는 것이다. 그러한

---

54 류재광, 「동성애 대처, 근본은 '치유'다」, 『크리스천투데이』, 2010. 11. 16. (http://www.christiantoday.co.kr/mobile/view.html?section_code=oc&id=242388)

선택은 배움/습득을 통해서 이루어지는데, 그렇기 때문에 동성애는 고칠 수 있고, 동성애자들의 성행위와 행동들이 치유될 수 있다고 보는 입장이다. '배워서' 동성애자가 되었다면 그 '배움'을 정정해야 하고, 바로 고쳐야 하며, 포기해야 한다는 것이다. 동성애자들은 배우지 않아야 할 것을 배움으로써 가족과 교회, 그리고 사회를 망치는 사람으로 간주되지만, 동성애자들이 '커밍아웃' 했을 때, 자신들의 '죄의 선택'을 참회하고, 습득한 것을 고치고 치유를 받으면 된다고 보는 것이다. 2011년, 헌법재판소의 군형법 제92조의 합헌 결정을 환영하는 인터뷰를 하면서, 한기총, 에스더기도운동, '바른성문화를 위한국민연합'들과 다른 몇몇 시민 단체들은 다음과 같이 한목소리를 냈다. '한국 교회가 올바른 성경적 정의와 문화를 통해 동성애자들의 성적 유혹과 탈선을 막아야 한다. (……) 우리는 동성애자들이 단지 동성애자들이라는 이유만으로 직장에서 쫓겨나거나 신체적인 폭력을 당하는 등의 인권 유린을 당하는 것에 반대하며, 동성애자들의 인권 상담 및 치유를 위해 치유 회복 센터를 설치해 운영할 계획'이라고 밝혔다.[55] 이 성명서에 함축된 바는 동성애가 교회의 상담을 통해서 바로 잡힐 수 있고 치유될 수 있다는 것과, 동성애자들이 비인간적으로 대우받아서 안 되는 이유가 그들이 치유와 회복을 필요로 하기 때문이라는 것이다.

 개신교 우파는 이렇듯 동성애자들이 인권 유린을 당하는 것에 반대한다고 하고, 그들의 '치유'와 '회복'을 이야기하면서, 다른 한편으로는 보수적 사회 단체들과 더불어 차별금지법을 격렬하게 반대

---

55 유영대,「'군대 내 동성애 처벌 합헌' 관련 교계 '당연한 결정……치유에도 나설 것'」,『국민일보』, 2011. 3. 31. (http://blog.daum.net/kimys3209/5531242)

해 왔다. 반대의 주된 이유는 그 법이 통과되면 동성애자들이 급증할 것이고, 따라서 에이즈가 빠르게 확산되면서 국민의 심각한 건강 문제를 일으킬 것이기 때문이다. 이와 더불어 정부는 에이즈 치료를 위해서 국민의 세금을 쓸 것이며, 결국은 '세금 폭탄'으로 이어질 것이라는 터무니없는 주장으로 이어진다.[56] 차별금지법 통과를 저지하는 데 앞장서고 있는 단체들 중 하나인 에스더기도운동 대표인 이용희는 한국이 동성애가 없는 선진 국가가 되길 바란다고 하면서, "우리나라가 동성애가 없는 깨끗한 그릇이 되어 세계에 복음을 전하고 예수님의 재림을 준비하는 신부의 세대가 되길, 또 국민들이 그런 부르심을 감당하게 되길 바란다."라고 말했다.[57]

앞에서 살펴봤던 동성애가 성경에 기록된 하느님의 창조 질서에 대항하는 죄라는 시각과 관련하여 동성애는 또 다른 두 가지 이유로 비난을 받는다. 즉, 동성애가 에이즈의 근본 원인이라는 것과, 동성애가 가정과 결혼을 무너뜨리는 원인이라는 것이다. 에이즈가 '게이' 질병이라는 신화를 깨려는 노력이 지속되고 있음에도, 동성애, 구체적으로는 게이 남성들 간의 성관계가 에이즈의 근본 원인이고, 비정상적이고 자연스럽지 못한 성적 행동 등을 통해서 전염되고 있다고 주장한다. 과거에 알았던 사람들이 대부분 에이즈나 B형, C형 간염에 걸려 죽어 가고 있다고 증언하는 '한때 게이였던 사람(ex-gay)'을 가리키면서, 한기총은 '동성 행위(항문 성교)가 에이즈 감염의 첫 번째

56　에스더기도운동 게시판 참조. (http://www.pray24.net/board/view.do?iboardgroupseq=10&iboardmanagerseq=11&iboardseq=12714&irefamily=12714&ireseq=0)
57　「동성애 없는 선진국 되길」,『뉴스앤조이』, 2010. 6. 8. (http://blog.daum.net/cleanrich/8935139)

원인'이라고 주장하기도 한다.[58] 그들에게 레즈비언 여성들의 성행위는 관심 밖이기도 하지만, 에이즈가 얼마나 다양한 경로를 통해서 발생되고, 대부분의 감염자들이 시스젠더(cisgender)[59] 이성애자 여성이라는 사실을 간과하고 있다.

또한 개신교 우파는 동성애를 가정과 결혼 제도에 위협이 되고, 출산률을 낮추고 가정을 파괴하며 군대를 약화시킴으로써 국가에 큰 위협이 되는 것으로 간주한다. 개신교 우파가 이해하는 '가정'은 성/젠더소수자들이 나오기 전까지는 안정적이고 통합적이며 의지할 수 있고 역사를 초월해 존재하는 사회의 단위인 듯하다. 마치 기독교가 그 오랜 역사 동안 갈등이나 논쟁, 변화 없이 한 가지 형태의 '가정'을 유지하고 장려해 온 것처럼 여겨지고, 서구에 영향 받은 세속 문화가 무서운 기세로 침입해 들어오고 있지만 기독교인들은 하느님으로부터 선물로 받은 가정을 보호하고 지켜내야 한다고 여겨진다. 이성애 핵가족으로서의 가정에 대한 이해는 일반 사회 속에도 만연해 있다. 개신교 우파의 가정 이미지, 가정의 가치, 그리고 성 규범에 관한 강조를 생각해 본다면 개신교 우파의 활동 가운데 동성애 이슈가 놓여 있다는 것이 그리 놀랍지 않다.

동성애를 배운 행위로 보는 것은 동성애가 '서구 문화의 문제(세속적이고, 성적으로 문란하고, 도덕적으로 타락했다는 의미에서)'이고, 동성애자가 된다는 것은 '서구화(도덕적으로 타락한 서구의 영향을 받았다는 뜻에

---

58 「인권위는 軍(군)을 瓦解(와해)할 작정인가?」, 『한기총신문』, 2010. 10. 29. (http://ccnkorea.com/news/articleView.html?idxno=840)
59 시스젠더란 태어나면서 결정된 '신체적 성별(sex)'과 자신이 정체화하고 있는 '성별 정체성(gender identity)'이 일치한다고 여기는 사람.

서)'가 된 것이라는 시각과도 연결이 된다. 더욱이 '서구의 수입품'이라든가 서구 문화의 부정적인 현상으로 이해되는 동성애는 '전통적인' 한국 문화와 동성애를 혐오하는 국가적 정서를 존중하지 않는 현상으로 간주되기도 한다. 동성애를 서구 문화의 산물로 보면서 경멸하는 시각은 동성애자들에 대한 거부, 부인, 그리고 비난으로 이어진다.[60]

    동성애를 서구의 문제로 규정하는 데 있어서, 한국 사회는 역사적으로 동성애가 존재하지 않았던 곳으로 묘사가 된다. 다시 말해서, 동성애가 사회 문제가 된 경로는, 서구 문화의 영향 때문이고, 따라서 타락한 서구 문화 산물들(영화, 음악, 책, 잡지, 인터넷 사이트 등등)은 금지 조치되어져야 하는 것으로 연결되어진다. 또한, '서구화'된 사람들로 간주된 동성애자들은 심지어 반애국자로 간주되어진다. 예를 들어서, 개신교 우파는 2014년 서울에서 열린 제15회 퀴어문화축제에 참여한 미국 대사관을 '문화적 침탈'이고 '내정 간섭'이라고 비판하였다. 개신교 우파 그룹들은 프랑스와 독일 대사관도 같은 이유로 비판을 했다.[61]

    미 대사관의 퀴어문화축제 참여를 비난하는 과정에서 나타난 흥미로운 점은, 퀴어문화축제의 배후 세력은 반미 단체들인데, 미국이

---

60 나의 글 "Homosexuality and the Politics of Selectiveness in Conservative Korean Christianity." *Queer Koreans Alliance* 참조.
61 김다은, 「미국, 문화적 침탈 자행하려는가: 한국교회언론회, 제15회 퀴어문화축제에 대사관 참여 비판」, 『뉴스파워』, 2014. 6. 10. (http://www.newspower.co.kr/sub_read.html?uid=24983&section=sc4&section2)

퀴어문화축제를 옹호함으로써 반미 단체들과 연대를 맺게 되었다는 주장이다. 개신교 우파는 퀴어문화축제가 반한국적일 뿐만 아니라 미국과 한국 사이에 오랫동안 맺어온 우방국 관계에 위협이 된다고 주장한다. 이런 비난에 깔린 논조는 진정한 애국자는 친미주의자이고, 퀴어문화축제 참가자들은 반미 세력이라는 것이다. 반미주의자는 애국자가 아니라는 것이고, 따라서 동성애자들은 애국자가 아닌 것이 된다. 제15회 퀴어문화축제와 관련해서 개신교 우파는 또 다른 모순되고 터무니없는 주장들을 펼치기도 했다. 즉, 한국이 '동성애자, 동성혼자, 그 옹호자에 대하여 법적으로 어떠한 규제나 처벌도 하지 않는 동성애 자유 국가'이고, '동성애에 반대하는 우리나라 대다수의 정서를 무시하고, 동성애를 반대하는 국민의 인권을 침해하는 법제화를 요구한다면 이는 오히려 부자유, 불평등을 낳는 결과가 될 것'이라는 이야기이다.[62]

동성애를 서구의 문제로 보는 개신교 우파의 시각은 몇몇 포스트식민지 상황에서 일어나고 있는 현대판 '근본주의' 운동의 증상과 비슷하다. 현대의 근본주의 운동은 서구의 영향을 받은 것으로 보이는 것들에 대해 '선택적인 거부'를 한다. 여성학 연구자 우마 나라얀(Uma Narayan, 1958~)은 '서구화'라는 용어는 '수사적인 용어'이고, 근본주의자들에 의해 일관성 없이 사용된다고 한다.[63] 동성애가 '서구적' 문제이고, '서구화'의 증표라고 규정되면서, '서구적' 방식과 가치들을 적용한 것에 뿌리를 둔 '가짜 문화'의 한 가지가 되는 것이

---

62 "The Violation of Interference in the Domestic Affairs."
63 Uma Narayan, *Dislocating Cultures: Identities, Traditions, and Third World Feminism* (New York: Routledge, 1997), p. 22.

다.[64] 동성애를 묵살해 버리기 위한 수사적 장치로서 '서구화'라는 것을 이용함으로써, 개신교 우파는 성/젠더소수자들을 침묵시키고, 이성애 가부장제의 유지를 위해 필수 불가결한 젠더 이분법을 단속하고 성을 통제하려고 해왔다.

하지만 동성애가 서구 문화의 결과라고 비난하는 것과 달리, 기독교 신학자인 테드 제닝스(Ted Jennings)는 동성애가 아니라 호모포비아가 아시아와 그 외의 나라들에서 서구 식민지 세력의 영향으로 생긴 것이라고 주장한다. 제닝스는 이 법을 명분으로 삼아서 '영국의 식민 정부는 자신들의 식민 통치가 미개한 이들을 문명화시킨 것임을 정당화'했다고 주장한다. 20세기 초반에 미국 역시 영국을 따라 '다른 사람들의 성을 규제'하려는 시도를 했다. 제닝스는 그러한 시도들 가운데, 미국이 지배하려고 한 나라들에 개신교 도덕주의의 중요한 부분인 '근대 서구의 성도덕주의'가 도입되었다고 주장한다. 이것은 아시아에서 (동성애가 아니라) 호모포비아가 바로 '서구 지배의 산물'이라는 것이다.[65] 하지만 동성애는 서구화의 문제 또는 증상으로 비판받는 한편, 호모포비아의 도래에 대해서는 의문조차 제기되지 않고 있다.[66]

---

64 Uma Narayan, *Dislocating Cultures: Identities, Traditions, and Third World Feminism*, p. 20.
65 Ted Jennings, 「서구 문화의 지배로 인한 동성애 혐오」. (http://lgbtpride.tistory.com/139)
66 나의 글 "Homosexuality and the Politics of Selectiveness in Conservative Korean Christianity."

동성애는 '질병의 결과'이다

"죄는 미워하되, 사람은 미워하지 말라."는 동성애 이해의 세 번째 접근 방식은 동성애가 질병의 결과, 특별히 정신병의 일종이라는 것이다. 동성애가 질병이므로 치료되어야 한다는 시각이다. 이런 입장은 한기총의 대표였던 홍재철 목사에 의해서도 확인된다. 2013년 차별금지법안에 대한 한 신문사와의 인터뷰에서, 그는 다음과 같이 말하고 있다.

> 남녀가 만나 자식 낳고 행복한 가정 이루라는 게 하나님 말씀입니다. (……) 그들은 극소수입니다. 정신교육을 시켜서라도 올바르게 만들어 주는 게 국가가 할 일이에요. 동성애는 방종이고 타락이죠. 정신적인 질병이에요. 치료해야 됩니다. 약물로도 안 돼요. 정신을, 영성을 바꿔야 합니다. 교회에 나오면 됩니다.[67]

이런 시각에 함축된 것은 동성애는 자연적이지 못하고 비정상적이며, 무엇보다 동성애자 본인에게 해로울 수 있다는 것이다. 이런 시각에 의해서, 동성애자들은 치료받아야 하는 사람들로 간주되고, 또 제안된 치료 방법은 교회를 다니는 것이다. 어떤 약으로도 치료되지 않기 때문이라는 것이다. 2013년에 고등학교에서 사용될 교과서 중의 하나가 동성애를 더 이상 질병으로 보지 않는다고 하자, 개신교 우파는 그 교과서의 사용에 대해서 강한 반대를 표시했다.[68] 하

---

67 남종영·최우리, 「4월 중순부터 국회의원들 전화 불날 것」, 『한겨레』, 2013. 4. 12. (http://www.hani.co.kr/arti/society/society_general/582635.html)
68 남종영·최우리, 「4월 중순부터 국회의원들 전화 불날 것」, 『한겨레』, 2013. 4. 12.

지만 이미 알려졌듯이, 의학계에서 동성애는 더 이상 정신질환으로 정의되지 않는다. 미국정신학협회에서는 이미 1973년에 동성애를 정신질환 리스트에서 삭제했고, 세계보건기구(WHO)에서도 1990년에 동성애를 정신병 리스트에서 없앴다. 흔히 이야기되는 "죄는 미워하되, 죄인은 사랑하라."는 말을 통해서 나타나는 동성애자들에 대한 '관용'이나 '사랑'이라는 것이 사실은 다른 식으로 호모포비아를 유지시키고 이성애주의를 강화시키고 있다.

이렇듯이 두 가지 동성애 이해("동성애는 하느님에게 심판받을 것이다."와 "죄는 미워하되, 죄인은 미워하지 말라.")를 바탕으로 개신교 우파는 동성애 반대 운동을 가차 없이 전개해 왔다. 이런 개신교 우파의 반동성애 운동이 전개되는 세 중심지(대중매체, 학교, 군대)를 살펴보면 개신교 우파가 젠더 역할과 관계, 책임에서 일어날 수 있는 변화들을 통해서 젠더의 위계질서가 붕괴되는 것을 얼마나 걱정하고 있는지를 알 수 있다.

대중매체 속의 동성애와 개신교 우파의 반발

한국의 포스트-과잉남성적 개발주의 상황에서 약화되고 있는 헤게모니적 남성성을 가장 두드러지게 보여준 영역 중 한 곳이 대중매체이다. 대중매체에는 여러 형태가 있는데, 영화, 방송, 인터넷, 라디오, 잡지, 신문 등이 포함된다. 1990년대에 일어나기 시작한 동성

(http://www.hani.co.kr/arti/society/society_general/582635.html)

애 인권 운동(이반 운동)과 더불어 대중매체에도 주목할 만한 변화들이 있었다. 한국의 영화나 TV 드라마 속의 몇몇 남자 주인공들은 헤게모니적 남성성과 달라 보이는 여러 가지의 남성성들('부드럽고 중립적인 남성성'을 포함해서)을 보여주기 시작했다. 한국 남자들이 "최근 한국의 변화된 사회-문화적 상황 속에서 다른 남성적인 행동들을 하고 있다."라는 것을 보여준 것이다.[69] 또한 동성애 관계를 긍정적으로 보여주는 영화와 TV 드라마가 제작되었고, 몇몇 연예인들이 '커밍아웃'을 했다. 무지개라고 불리는 퀴어문화축제(Korean Queer Culture Festival)가 2000년에 처음 열렸고, 2001년에는 한국퀴어영화제(Korea Queer Film Festival)도 퀴어문화축제의 한 부분이 되었다. 그러나 이에 맞서는 저항 또한 만만치 않았다.

대중매체와 관련하여 개신교가 강력하게 반응한 이슈 중의 하나는 인터넷의 검열 문제이다. 예를 들어서, 한국에서 미디어 검열의 힘을 갖고 있는 정보통신윤리위원회가 동성애를 '외설 음란'으로 분류시켰고, 이에 따라 2001년에 정보통신부는 유명 동성애 웹사이트를 청소년에게 '유해가 되는 미디어'로 등급을 매겼다.[70] LGBT 인권 운동가들은 이런 부정적 규제들의 출발점에 1997년 발효된 청소년보호법이 있음을 주장한다.[71] LGBT 인권 그룹과 운동가들의 이러한 노력에 의해, 2003년 4월 3일 국가인권위원회는 청소년보호위원회

---

69 Sun Jung, *Korean Masculinities and Transcultural Consumption: Yonsama, Rain, Oldboy, K-Pop Idols* (Hongkong: Hong Kong University Press, 2011), pp. 29~30.
70 「Gay and Lesbian Life in Korea」, (http://www.utopia-asia.com/korlife1.htm) 또한 (http://cham2.jinbo.net/maybbs/view.php?db=nocensor&code=news&n=77&page=6)(accessed March 5, 2011) 참조.
71 http://www.utopia-asia.com/korlife1.htm.

에 청소년보호법의 동성애에 대한 '유해하고 외설적'이라는 구절을 삭제할 것을 권고했다.[72] 국가인권위원회의 결정은 그 전의 법이 동성애 인터넷 웹사이트의 검열을 정당화할 뿐 아니라 '헌법에 명시되어 있는 행복과 평등의 추구, 그리고 표현의 자유가 침해'될 수 있음을 고려했을 때 중요하다.[73] 이 사건은 퀴어 활동가 이후사 씨가 표현했듯이, '한국의 동성애 인권 운동에 있어서 중요한 전환점 중의 하나'[74]라고 볼 수 있는데, 이것은 동시에 개신교 우파의 공격 또한 본격화되었음을 의미한다.

그 예로서, 한기총의 유소년위원장인 최낙정 목사는 성명서에서 동성애 사이트의 청소년 유해 미디어 삭제 조치를 강력히 비판했다. 그는 그 기준의 삭제가 청소년들의 성정체성에 혼란을 일으킬 것이라고 주장했다.[75] 한기총 멤버인 박천일 목사 또한 국가인권위원회의 공식 권고에 대해 유감을 표명했다.[76]

동성애 관계를 긍정적으로 표현한 한 주류 TV 드라마도 보수적 사회 단체들과 연합한 개신교 우파의 공격 대상이 되었다. '바른성문화를위한국민연합'과 '참교육어머니전국모임'은 2010년 9월 29일자

---

72 "South Korea: Homosexuality Removed from Classification of 'Harmful and Obscene' in Youth Protection Law." *International Gay and Lesbian Human Rights Commission (IGLHRC)* (April 22, 2003). (http://www.iglhrc.org/cgi-bin/low/article/takeaction/globalactionalerts/566.html)
73 "South Korea: Homosexuality Removed from Classification of 'Harmful and Obscene' in Youth Protection Law."
74 「Gay and Lesbian Life in Korea」, (http://www.utopia-asia.com/korlife1.htm)
75 최낙중, 「나의 법을 잊지 말라」, 『국민일보』, 2003. 4. 11. (http://chingusai.net/xe/index.php?mid=news&document_srl=150899&order_type=desc&sort_index=readed_count&listStyle=viewer#)
76 박천일, 「동성애 사이트는 청소년 유해 매체이다」, 『크리스천투데이』, 2003. 4. 7. (http://www.christiantoday.co.kr/view.htm?id=150061)

일간지에 동성애 반대 캠페인 광고를 실었다. "〈인생은 아름다워〉 보고 게이 된 내 아들이 AIDS로 죽으면 SBS는 책임져라!"[77]라는 제목 아래 벌어진 그 캠페인은 SBS가 동성애를 다룬 〈인생은 아름다워〉라는 드라마를 방영한 것을 비판하고 있다. 그 캠페인은 또한 "동성애는 선천적인 것이 아니고 문화와 환경적 요인들에 의해 배워진 행동들로써 확산된다."고 주장하면서, "동성애자가 AIDS에 걸린 확률은 비동성애자에 비해 730배나 높다."라고 덧붙이고 있다.[78] 2012년에 레이디 가가가 공연을 위해 서울에 왔을 때 보수 기독교인들에게 비난 받은 이유 중 하나는 그녀의 2009년 첫 한국 방문 이후에 동성애를 긍정적으로 묘사한 TV 드라마가 방영되었다는 것이었다. 그 드라마가 바로 〈인생은 아름다워〉였고, 반동성애 캠페인의 중심에 놓이게 되었다.

〈인생은 아름다워〉와 관련된 동성애 반대 캠페인 광고가 실린 몇 주 후에 개신교 우파 세력을 포함한 '전국 동성애 차별금지법 반대연합'이 다른 일간지에 "교회가 침묵하면 동성애 차별금지법이 통과될 것이다."라는 제목으로 동성애 반대 캠페인을 또다시 펼쳤다.[79] 그 캠페인은 동성애 차별금지법이 통과될 경우 생길 수 있는 일들을 열거하면서 다음과 같이 캠페인에 교회들이 동참할 것을 요구하고 있다. "만약 교회에서 동성애를 죄라고 비난하면 당신은 2년의 감옥형과 천만 원의 벌금을 내게 될 것이다. 그리고 동성애자 목사들이 교회

77　정철운, 「'인생은 아름다워' 보고 게이 되면 책임져라?」, 『Pd Journal』, 2010. 9. 30. (http://www.pdjournal.com/news/articleView.html?idxno=29048)
78　정철운, 「'인생은 아름다워' 보고 게이 되면 책임져라?」, 『Pd Journal』, 2010. 9. 30. (http://www.pdjournal.com/news/articleView.html?idxno=29048)
79　http://yesu.net/133639

에서 설교를 할 수 있게 될 것이다. 그리고 이 나라의 많은 청소년들이 게이가 될 것이다." 이 세 가지 포인트에 더해서, 국가의 낮은 출산율이 뒤따를 것이라고 그 캠페인은 경고하고 있다. 2010년 10월 29일, '전국 동성애 차별금지법 반대연합'은 첫 번째 동성애 반대 포럼을 개최하고 열 가지 조항의 결의문을 채택했다.[80] 〈인생은 아름다워〉라는 드라마에 이어서 좀 더 최근에 방영된 〈시크릿 가든〉이라는 드라마도 '전국 동성애 차별금지법 반대연합'의 비판 대상이 되었다.

이와 같이 대중매체가 헤게모니적 남성성을 약화시키고 동성애 관계를 긍정적으로 묘사하는 프로그램들을 보여주는 한, 개신교 우파는 동성애 반대 투쟁의 맥락에서 대중매체를 예의 주시할 것이다. 그러나 여러 연구자들이 지적했던 것처럼, 이들 대중매체가 보여주는 인습적 섹슈얼리티에 대한 도발적 프로그램들을 이상화하거나 확대해석하는 것은 금물이다. 왜냐하면 헤게모니적 남성성은 쉽게 와해되지 않고 끈질기게 존속할 것이기 때문이다. 그리하여 '이성애주의와 호모포비아는 서로를 보강하여 (실질적이면서 동시에 상징적으로) 강력하게 지속'된다.[81] 하지만 그렇다 하더라도 대중매체는 헤게모니적 남성성과 이성애 규범성이 더 이상 자명한 것이 아닌, 논란거리로 여겨지게 함으로써, 당장은 잠재적이더라도 급진적인 역할을 하는 것으로 여겨질 수 있고, 그런 한 개신교 우파의 공격은 더욱 거세

---

80 홍진우, 「종교계, '동성애 차별금지법' 반대」, 『뉴스파워』, 2010. 10. 29. (http://www.newspower.co.kr/sub_read.html?uid=16516%C2%A7ion=sc4%C2%A7ion2=)

81 Jim McKay, Janine Mikosza, and Brett Hutchins, "'Gentlemen, the Lunchbox Has Landed': Representations of Masculinities and Men's Bodies in the Popular Media" in Michael S. Kimmel, Jeff Hearn, and R. W. Connell (eds.), *Handbook of studies on Men and Masculinities*, p. 284.

질 수 있다.

학교 내의 동성애와 개신교 우파의 반발

대중매체뿐 아니라 학교도 개신교 우파의 동성애 반대 운동의 또 하나의 표적이다. 학교가 개신교 우파의 반동성애 운동의 전략적 표적이 것은 학생인권보호조례를 둘러싼 논란과 관련이 있다. 학생인권보호조례는 학교에서 학생들의 인권을 확장시키고자 하는 것으로서, 교사에 의한 학생 체벌 금지, 동성애 학생들과 임신한 학생들에 대한 차별 금지, 교내에서 시위를 할 수 있는 권리, 그리고 학생들의 의복과 두발의 자유 등을 포함하고 있다. 경기도와 광주시(전라남도)에 이어, 서울이 2011년 서울시 교육청의 조례 승인을 받음으로써 그 조례를 통과시킨 세 번째 도시가 되었다. 조례 옹호자들은 학교에서 학생들의 인권이 오랫동안 무시되어 왔고, 그 결과로 학생들의 자살률이 높아졌다고 주장한다. 공익 변호사 그룹인 '공감'의 장서연 변호사는 "모든 인간은 표현할 권리가 있지만 일본 식민지에 이어 군사화된 문화 속에서 학생들은 엄격한 의복과 두발 규범을 강요당해 왔다. 학교가 군대인가?"[82]라고 말했다. 그러나 한기총을 비롯한 보수주의적 사회 단체들과 교육부는 조례가 통과되면 교사들이 권위를 잃을 것이며, 학생들은 자신의 행동에 책임지지 않을 것이고, 결국 학생에 대한 통제가 더욱 어렵게 될 것이라고 주장하면서 조례

---

82 "Is Seoul's Student Rights Ordinance Proper?" *The Korea Herald* (February 10, 2012). (http://view.koreaherald.com/kh/view.php?ud=20120220001190&cpv=0)

에 반대했다. 교육부는 조례 반대 세력을 지지하면서 서울시의 결정을 무효화하는 소송을 법원에 제출했다.[83]

개신교 우파 세력이 학생인권보호조례의 승인을 반대하는 이유들은 다음과 같다. "학교에서 동성애가 인정될 것이고, 십대의 임신을 조장하게 되며, 학생들이 정치화될 수 있고, 선생들의 권리가 약화되며, 종교계 학교들이 침해를 받게 될 것이다."[84] 심지어 서울에 있는 한 대형 교회는 다음과 같은 문자 메시지를 교인들에게 보내면서 조례 통과의 위험을 경고하기도 했다. "만약 학생인권보호조례가 통과되면, 초등학생, 중학생, 고등학생 동성애자들의 수가 급격히 증가할 것이다."[85] 한기총은 심지어 선생에게 가해진 한 학생의 폭력이 이 조례 때문이라고 말하기도 한다. 중학교에서 한 학생이 선생의 머리를 휘어잡은 채 끌고 간 사건을 가리키면서, 한기총의 한 멤버는 조례의 통과를 지지해 온 전교조가 사회주의 건설을 위해 학생들이 혁명의 군사가 되도록 학생들을 부추기고 있다고 비난한다. 학생 폭력을 전교조의 탓으로 돌리면서 다음과 같이 말하고 있다. "전교조는 교육, 학생, 선생한테는 관심이 없고, 오직 좌익 혁명에만 관심을 두고 있다. 전교조가 사라져야만 공교육이 육성되고 대한민국의 국가 정체성이 보존될 것이다."[86]

---

83 http://enjoyenglish.co.kr/edu_news/313516
84 임경래, 「학생인권조례안 결국 통과돼」, 『크리스챤연합신문』, 2011. 12. 20. (http://www.cupress.com/news/news_view.asp?idx=1719&sec=5)
85 권혁철·이재훈, 「황당 교회 문자메시지 "무상급식 하면 동성애자 확산한다"」, 『한겨레』, 2011. 8. 23. (http://www.hani.co.kr/arti/society/society_general/492949.html)
86 이계성, 「학생인권조례는 교사 무력화시켜 민중혁명이 목적」, 『한기총신문』, 2011. 11. 10. (http://ccnkorea.com/news/articleView.html?idxno=1097)

학교는 청소년의 젠더 정체성을 구성하는 데 중요한 역할을 하는 곳이다. 학교는 위계질서적이고 남성성의 형성에 지대한 영향을 미치는 훈육과 처벌의 권위주의적 체계에 의존한다.[87] 헤게모니적 남성성은 동성애를 그런 체계에 대한 위협으로 보는데, 그것은 '진짜' 남자는 이성애자여야 한다고 믿기 때문이다. 동성애는 호모포비아를 통해서 통제되고 비방된다. 학교 내에서의 남성성을 연구한 존 스웨인(Jon Swain)은 호모포비아가 '학교 내 동년배 문화의 항구적 요소이고, 게이라는 말이 아마도 가장 흔한 학대 용어'라고 한다.[88] 호모포비아가 '소년들의 일반적 행동과 그들의 성을 감시하고 통제하는 데' 쓰일 때, 동성애 학생들의 차별을 금지하는 조례는 성/젠더소수자 학생들에 대한 동성애 혐오적인 언어들과 행동들을 완전히 없애지는 못한다고 해도 줄일 수는 있다. 그러한 움직임이 개신교 우파와 보수주의 사회 단체들에게는 학생들 사이에서 동성애를 '퍼트릴' 수 있는 좋은 기회로 간주되므로, 그들의 입장에서 그런 조례는 어떻게 해서라도 통과되면 안 되는 것이다. 결국 '청소년들을 동성애자로 만들 것'이라는 염려가 개신교 우파의 학생인권보호조례에 대한 공격의 큰 이유라고 할 수 있는데, 개신교 우파는 한 발 더 나아가 조례의 통과를 '좌익 혁명'으로 연결시키는 억지 관계까지 만들고 있다. 그러나 개신교 우파의 군대 내 동성애에 대한 공격 양상을 본다면, 개신교 우파가 학생들의 인권을 지지하는 조례를 '좌익 혁명'과 연결시키는 것이 그다지 믿기 어려운 일이 아님을 알 수 있다.

---

87 Jon Swain, "Masculinities in Education," p. 216.
88 Jon Swain, "Masculinities in Education," p. 222.

군대 내의 동성애와 개신교 우파의 반발

앞에서 언급했듯이, 군복무는 북한과 1953년 이후로 휴전 체제에 있는 남한에서 헤게모니적 남성성을 이루는 세 요소 중 하나이다. 문승숙이 지적했듯이, 군복무 제도는 군대 복무를 의무로 만들려는 국가의 잘 계획된 노력을 필요로 했고, 그렇기에 가족 부양자로서의 남성이 되기 위해서 밟아야 할 꼭 필요한 과정으로 만들어졌다. 다시 말해서, 군복무는 대부분의 사람들에게 젊은 남자가 책임 있는 가족 부양자, 즉 '진짜' 남자가 되는 데 꼭 필요한 통과의례로 받아들여지게 된 것이다.

군대에서 동성애는 일탈적이고 군부대원들의 결속에 위협이 되는 것으로 간주된다. 게이 남성이 군복무에 맞지 않는다는 인식은 '이성애 규범적인 군대의 성격'을 잘 보여주는 것이다.[89] 최근의 군형법에 의하면, 동성애는 '정신병'으로 정의되어 있고, 따라서 동성애자임을 밝힐 경우에 정신병원으로 보내지거나 불명예제대를 하게 되어 있다. 퀴어 활동가인 정율은 그가 게이임을 밝혔을 때 군대에서 겪은 고초를 다음과 같이 회상한다. "저는 병원으로 보내졌고, 거기서 사람들은 저를 때리고 조롱하고, 또 저에게 다른 남자들을 괴롭히라고 하였습니다."[90] 군형법 제92조는 군대 내에서 동성 간 성행위를 하는 군인들을 처벌하도록 하는데, 합의된 성행위와 그렇지 않

---

89 Charlotte Hooper, *Manly States: Masculinities, International Relations, and Gender Politics* (New York: Columbia University Press, 2001), p. 55.
90 Ji-sook Bae, "Will homosexuality be accepted in barracks?" (http://www.koreatimes.co.kr/www/news/nation/2010/07/117_67179.html)

은 성행위를 구분하지 않고 일체의 동성 간 성행위를 '성추행 또는 항문 성교'의 범주로 묶어 버린다. 군복무가 남성의 경제 부양자로서의 역할과 밀접하게 연관되어 있고, 한국에서 헤게모니적 남성성의 주요 요소로 인식되는 상황에서 군대에서 동성애 관계로 인해 불명예제대를 하게 된 군인들은 심각한 불이익을 당할 수 있다. 군대에서 게이임을 밝힌 뒤 불명예제대한 남자들은 사회에서 일생에 걸쳐 여러 가지 불이익과 차별을 받게 되는 것이다. 동성애 인권 활동가들과 시민 단체들은 군형법 제92조를 헌법에 명시된 권리의 침해라며 폐지할 것을 주장하고 있다. 헤게모니적 남성성의 주된 요소로서의 군복무의 중요성을 생각해 보면, 개신교 우파의 군형법 제92조 폐지에 반대하는 캠페인이 놀랍지 않게 보인다.

한국의 헌법재판소는 2011년 이 군형법 조항에 대해 합헌 판결을 내렸다. 이 판결을 반기면서 한국교회언론회 대표 김성동은 성명서에서 다음과 같이 말한다. "군대는 같은 성(남성)을 가진 개인들로 이루어진 특별한 조직이다. 만약 동성애가 군대에서 허용된다면, 그런 계급 질서적인 조직에서 성폭력이 증가할 것이며, 군대의 기강을 약화시키게 되고, AIDS와 같은 심각한 질병에 [군대를] 노출시키게 될 것이다." 그는 또한 "우리의 군대 기강이 무너지면 좋아할 곳은 북한 정권 한 곳밖에 없다."고 덧붙였다.[91] 한기총은 군대 내 동성애가 일반 시민의 건강을 훼손하고 건강한 사회의 기풍을 무너뜨릴 뿐 아니라 "대한민국이라는 국가의 틀을 부수는 뇌관이 될지 모른다."

---

91 유영대, 「'군대 내 동성애 처벌 합헌' 관련 교계 '당연한 결정······치유에도 나설 것'」, 『국민일보』, 2011. 3. 31. (http://blog.daum.net/kimys3209/5531242)

라고 말하고 있다.[92]

개신교 우파는 이때에도 군대 내 게이 군인들을 향한 비난을 강화하면서 게이를 좌파와 연결시키는 전략을 쓰기 시작했다. 예를 들어, 한기총은 군대 내에서 동성애를 허락하는 것을 군대에 대해 비판적 성향을 가진 국내 좌파들의 입장(좀 더 구체적으로는 지난 2007년 대통령 선거 때 민주노동당이 내건 선거 조항들)이라고 단정했다. 즉, 군대 내 동성애 허락은 군복무 의무제를 부정적으로 보는 시각을 가져올 것이며 결국에는 지난 60년간 지속되었던 군복무 의무제를 파탄 낼 것이라고 주장하고 있다. 한기총은, "민노당은 2007년 대통령 선거 민주노동당 정책 공약을 통해 '국군을 60만 명에서 20만 명 수준으로 감군하고, 예비군 제도를 철폐하고, 모병제를 실시하는 것' 등과 함께 '교사 및 군 간부 대상 동성애자 교육 실시' 등을 주장했다."라고 한다.[93]

동성애는 국가에 큰 위협이 되는 공산주의와 비교되기도 하는데, 수사적 장치인 '반공주의'는 누구든 '적'으로 인식되는 사람들을 북한의 공산 정권의 위협으로부터 국가 안보를 지킨다는 명목하에 비판하고 감시하고 사회적으로 매장시켜 왔다. 개신교 우파는 자신들에게 반대하는 모든 사람들(LGBT 개인들을 포함해서)을 '종북', '반미'라고 보고 있다. 이러한 현상은 '공산주의라는 꼬리표'가 얼마나 '유연하고 광범위'[94]하게 사용되는지를 보여준다. 동성애가 국가에 대한

92 「인권위는 軍(군)을 瓦解(와해)할 작정인가?」, 『한기총신문』, 2010. 10. 29. (http://ccnkorea.com/news/articleView.html?idxno=840)
93 「인권위는 軍(군)을 瓦解(와해)할 작정인가?」, 『한기총신문』, 2010. 10. 29. (http://ccnkorea.com/news/articleView.html?idxno=840)
94 Jodi Kim, *Ends of Empire: Asian American Critique and the Cold War*

큰 '위협'이 된다고 여겨지는 이유는, 동성애가 청소년들을 동성애자로 만들고, 국가의 출산율을 낮추고, 죽음의 질병을 퍼뜨리고, 군대가 무너질 정도의 위기 상태가 되도록 군대의 기강을 약화시키기 때문이다. 군대의 기강이 약화되는 것을 가장 환영하는 곳은 북한과 그 정권의 지지자들이므로 동성애는 국가에 위협이 된다는 것이다. 개신교 우파가 동성애 반대 운동을 군대와 연결시키는 이론적 근거는 반게이가 곧 반공이라는 것인데 그것은 과잉남성성적인 성정체성과 역할을 수행하는 것이 기대되는 군대에서 게이 군인이 기강을 약화시킬 것이라는 이유 때문이다. 따라서 그러한 과잉남성성적인 성정체성과 표현, 그리고 역할을 거부하는 '동성애자들'은 엄격한 위계질서 속에서 남성이라는 정체성이 시험되고 확인되고 긍정적으로 받아들여지는 군대에 위협이 되는 것이다. 지난 2월 육군 참모총장이 동성애 군인 색출을 지시했다는 언론 보도와 관련하여 반동성애기독시민연대라는 단체는 동성애를 "비호-조장하지 말라"는 성명서를 내고 다음과 같이 말했다. "더 이상 군형법 제92조 6항 개정을 요구해 국론 분열과 군 전투력을 저하시키지 말고, 징병 거부 운동을 촉발시키지 말아야 할 것이다……. 엄정한 군기 유지는 강군(強軍)의 필수 불가결한 요소이며, 국가 안위의 초석이기 때문이다."[95]

    동성애와 관련해서 군대는 논쟁이 계속되는 장소로 남을 것이다. 최근 폭로된 군대 내의 심각한 인권 침해의 사례들이 게이 남성들을 포함한 일반 군인들의 군복무 조건들을 전반적으로 향상시키는 방향으로 이어질 수도 있다. 하지만 남한에서 군대의 중요성을 생각해

    (Minneapolis, London: University of Minnesota Press, 2010), p. 19.
95 「자식이 군대서 동성 추행-폭행 당할까 노심초사」, 『크리스천투데이』, 2017. 4. 15.

볼 때, 군대를 개선시킬 수 있는 의미 있는 변화들이 생긴다고 하더라도 그런 것들이 헤게모니적 남성성에 대한 도전이라고 여겨진다면, 개신교 우파를 포함해서 현상 유지를 꾀하는 사람들과 집단들로부터 저항을 받을 것이다. 그럼에도 군대 내 인권 침해 사례들과 군대의 부패를 계속 폭로하는 것은 동성애 반대 운동을 저지하는 데 도움이 될 것이다.

나가는 말

'창조 질서', '소돔', '동성애'에 관한 것으로 여겨지는 몇몇 성경 구절을 문자적으로 해석하고 근본주의적 신학으로 무장한 개신교 우파는 LGBT 개개인과 공동체들을 '죄인', '좌파', 심지어는 진정한 한국인이 아니라고 가차 없는 비난을 퍼부어 왔다. 동시에 그들을 치료와 전환이 필요한 사람들로 간주해 왔다. 그렇게 함으로써 개신교 우파는 자신들의 권력을 재집결시키고, 자신들의 정체성을 하느님의 창조 질서 수호자, 젊은 세대의 보호자, 그리고 국가의 진정한 애국자로 재정립해 왔다. 개신교 우파의 '새로운 적'은 LGBT 개개인들과 공동체들이지만, 이 '새로운 적'이 '옛 적', 즉 공산주의나 좌파를 대체하는 것은 아니다. 대신에 '새로운 적'은 '옛 적'과 연장선상에 있고, 그들은 '옛 적'과 마찬가지로 신앙심이 없는 반애국자로 낙인찍히는 것이다.

앞에서 살펴보았듯이, 개신교 우파의 동성애 반대 운동은 대중매체, 학교, 그리고 군대라는 세 장소를 중심으로 일어났다. 지구상에서 현재 유일하게 다른 이데올로기를 가진 두 영역으로 나뉘어져 있는 나라의 반쪽인 남한에서, 군대와 학교는 위계질서와 위계적인 관계를 엄격하게 규제하는 것을 통해 그 조직을 지속하는 것이 근본적으로 요구된다. 이 두 장소 모두 젠더의 이분법에 근거한 젠더 역할과 관계가 계속해서 강조되고 규제되며 행해진 곳들이다. 대중매체는 이 두 장소와 별 관련이 없어 보이지만, 사실 여기서 엄중한 위계질서, 경직화된 젠더의 이분화, 완고한 젠더 역할과 관계들이 의문시되고 도전되고 저항되며 심지어 변화될 수도 있다. 다시 말해서, 대중매체가 그 자체로서는 위계질서적인 것은 아니지만 그것을 통해서 헤게모니적이고 반헤게모니적인 담론들과 이미지들이 퍼져 나갈 수 있는 잠재적인 공간이며, 따라서 예측할 수 없었던 변화가 일어날 수 있고, 또 그런 변화를 주도할 수 있는 공간이기도 하다. 대중매체는 헤게모니적 남성성, 이성애주의와 이성애 규범성을 구태의연한 구시대의 유물로 만듦으로써 개신교 우파의 저항을 헛되게 하고 그 세력을 와해시킬 수 있는 잠재성이 있다. 이런 잠재적인 힘이 인지되었기 때문에 개신교 우파와 보수 단체들은 대중매체를 경직된 젠더 역할과 젠더 관계에 저항하는 것을 통해 위계질서가 붕괴될 수 있다고 판단되는 다른 두 장소와 함께 통제하는 것이 필요했던 것이고, 앞으로도 그럴 가능성이 크다.

    한국 사회에서 생산된 헤게모니적 남성성의 세 가지 요소들이 어느 정도까지 다양한 경로를 통해서 문제 제기가 되었고, 그 약세가 두드러진다면 헤게모니적 남성성을 지키고 유지시키려는 사회·종교 세력들의 노력이 여러 측면에서 앞으로도 계속될 것이다. 이것이 시사하는 바는 헤게모니적 남성성에 대한 저항은 그것이 아무리 미미하다 할지라도 한국 사회에 만연해 있는 젠더의 위계질서에 대한 도전을 암시하는 것이며, 이성애를 규범으로 전제하는 젠더의 이분화와 젠더 역할에 기반을 두지 않는 남성성과 여성성을 재구성해 볼 수 있는 가능성을 조금이라도 열어 놓는 것이기도 하다. 이런 상황에서 무엇보다 비판적으로 생각해야 하는 문제는 헤게모니적 남성성을 어떻게 재정의 내릴 수 있는가이다. 래원 코넬 등 여러 학자들이 주장했듯이, 남성성은 시대와 상황에 따라 변해 왔고, 헤게모니적 남성성도 예외가 아니다. 즉, 헤게모니적 남성성이란 사회에서 규범적으로 여겨지는 남성성이지만 사회가 변하면 그 또한 변화할 가능성은 항상 있는 것이다. 코넬과 메서슈미트는 헤게모니적 남성성을 개념화하는 데 있어서 그저 위계질서를 재생산하는 것의 가능성뿐만이 아니라 젠더 관계를 '민주화'시키고, '힘의 차이'를 없앨 수 있는 '가능성'을 분명히 인식해야 한다고 주장한다. 헤게모니적 남성성이 변하는 데 있어서 젠더 평등에 열려 있는 남성성을 '헤게모니적'인 것으로 받아들일 수 있도록 남성들 사이에서 설정하는 시도가 요구된다는 것이다. 그들은 헤게모니적 남성성을 '완전히 긍정적'인 것으로 정의 내릴 수 있는 것이 가능하다고 주장한다.[96] 코넬과 메서슈미트가 물론 언급하고 있지 않은 한국의 상황에서 '완전히 긍정적'인 헤게모니적 남성성이 어떤 모습을 지닐지에 대해서는 더 많은 사회적 대화와 검토, 그리고 상상력이 필요하다. 물론 '완전히 긍정적'인 헤게모닉 남성성이 과연 바람직한 것인지, 또 가능한지에 대한 논의와 더불어 헤게모니적 남성성의 세 가지 주요 요소인 가족의 생

---

96 Connell and Messerschmidt, "Hegemonic Masculinity," p. 853.

계를 책임지는 가장, 군대 복무, 그리고 가사 노동과 거리두기 등이 젠더 평등에 열려 있는 '완전히 긍정적'인 헤게모니적 남성성으로 어떻게 전환될 수 있을지에 대해서는 더 많은 토론과 실천이 병행되어야 할 것이다. 계속되는 논의와 실천 과정에서 꼭 유념해야 할 것은 헤게모니적 남성성이 이성애 남성성으로서 게이 남성들을 소외시켜 왔을 뿐만 아니라, 인종과 종교가 다른 이주자 남성들의 남성성도 종속시키면서 철저하게 소외시켜 왔다는 것이다. 이런 상황에서 '완전히 긍정적'인 헤게모니적 남성성은 젠더 평등에 열린 남성성이어야 함은 물론, 이성애주의와 민족주의, 인종주의도 넘어서는 남성성이어야 한다.

그대들의 '색(色)', '계(計)'[*]

차별금지법 반대 투쟁과 '종북 게이'의 탄생을 통해 본
기독교 우파의 타자 만들기

조민아

차별금지법과 기독교 우파의 악연은 깊고도 질기다.[1] 국가인권위원회가 출범하던 지난 2000년부터 논의되어 온 차별금지법은 2007년 10월 최초로 제정이 시도되었으나 여야 기독교인 의원들로 구성된 의회선교연합과 개신교 극우 단체들의 극렬한 반대로 무산되었다.[2] '차별금지법 특별분과위원' 출범과 더불어 제기되었던 2010년 4월

---

[*] 이 글은 '한국 사회 보수주의 형성과 그리스도교' 포럼(2013. 7. 29.)에서 발표한 원고를 수정·보완한 것이다.
[1] 차별금지법은 '헌법의 평등 이념에 따라, 성별, 장애, 병력, 나이, 출신 국가, 출신 민족, 인종, 피부색, 언어, 출신 지역, 용모 등 신체 조건, 혼인 여부, 임신 또는 출산, 가족 형태 및 가족 상황, 종교, 사상 또는 정치적 의견, 범죄 전력, 보호처분, 성적 지향, 학력, 사회적 신분 등을 이유로 한 정치적·경제적·사회적·문화적 생활의 모든 영역에 있어서 합리적인 이유 없는 차별을 금지하고, 불합리한 차별로 인한 피해자에 대한 구제 조치를 규정'하고자 제정 중인 대한민국의 기본법이다. 대한민국 법제처 법무부 공고 제2007-106호로 입법예고되었다. 차별금지법의 구체적인 내용과 입법예고에 관해서는 다음 대한민국 법제처 홈페이지 참조. (http://www.lawmaking.go.kr/lmSts/ogLmPp/6368)
[2] 기독교 단체 외에도 한국경영자총협회(경총)를 비롯한 재계와 보수 언론들 또한 '학력(學歷)', '병력(病歷)'에 의한 차별 금지 조항이 "자유로운 기업 활동을 막는다."는 이유로 반대 의견을 제시했다.

의 두 번째 제정 시도 또한 기독교 단체들을 포함한 보수 세력들의 눈치를 보던 법무부가 "원만한 사회적 합의 과정을 이루기 어렵다."는 이유로 제정을 포기했다. 2013년 2월 민주통합당의 김한길, 최원식 의원 등 51명이 발의한 제정 시도마저 주도한 의원 중 일부가 개신교 단체들의 조직적 파상 공세에 무릎을 꿇어 4월 24일 결국 발의를 철회했다.[3] 2016년 5월 9일, 차별금지법안은 결국 임기 만료로 폐기되었다. 기독교 우파들의 강경한 반대 입장은 2017년 19대 대통령 선거에도 영향을 끼쳤다. 문재인, 홍준표, 안철수, 유승민 후보 캠프 관계자들은 4월 20일 '8천만민족복음화대성회'와 '한국기독교공공정책협의회'가 주최한 대선 기독교 공공정책 발표회'에 참석해 "차별금지법 제정에 반대한다."고 입장을 밝혔다. 특히, 홍준표 후보는 YTN의 대선 관련 프로그램 인터뷰에서 성소수자 사안에 대해 "난 거 싫어요."라며 노골적인 혐오 발언을 하기도 했다.[4]

    기독교 우파 단체들이 차별금지법을 반대하는 입장은 확고하고 맹렬하며, 그들의 활동은 조직적이고 신속했다. 2013년을 예로 들어보자. 입법 발의에 관한 보도가 나오자, 개신교 우파 단체들은 홈페이지를 통해 즉각 '항의 메일 보내기, 의원실 전화하기, 입법예고 누리집에 글 올리기' 등의 공지 사항을 띄웠다. 곧이어 민주통합당 의원실은 폭언과 협박을 동반한 항의 메일과 항의 전화에 의해 업무가 마비되었으며, 국회 입법예고 누리집에는 차별금지법 관련 찬반 글

---

[3] 자세한 정보는 대한민국 국회 입법예고 홈페이지 참조. (http://pal.assembly.go.kr/main/mainView.do)
[4] YTN PLUS 대선 모바일 콘텐츠, 〈대선! 안드로메다〉, 2017. 4. 17 참조. (https://www.youtube.com/watch?v=EZAJg_wKp64)

이 10만 6,000건이 넘게 올라왔다.[5] 대부분 '목사님의 지령을 그대로 따른' 열혈 신자들이 벌인 일들이었다.

기독교 우파들은 차별금지법안 중 '정치적 성향, 전과, 성적 지향, 종교에 대한 차별 금지' 네 가지 항목을 문제 삼는다. 그중에서도 특히 문제가 되고 있는 것은 정치적 성향과 성적 지향이다. 정치적 성향에 관한 차별 금지 항목에 대해 그들은 '이 법이 제정되면 주체사상을 신봉하고 북한 체제를 지지하는 세력들이 국회와 주요 공직에서 자유롭게 적화 활동을 해나갈 것'이라고 주장한다. '성적 지향에 대한 차별 금지' 조항에 대해서는 "교회에서조차 성경대로 죄(동성애)를 죄라고 가르치지 못하게 된다."라고 주장한다.[6] 이 주장들의 저변에 흐르고 있는 것은 물론 반공·반북 이데올로기와 동성애 혐오다. 각각 다른 대상을 두고 따로따로 적용되던 이 두 이데올로기가 어느 순간 합체되면서 희한한 신조어가 하나 탄생한다. 바로 '종북 게이'라는 단어이다.

'종북 게이'란 과연 무슨 뜻일까? 동성애자들이 종북을 한다는 뜻인지, 종북을 하는 이들이 동성애자들이란 뜻인지, 의미조차 분명하지 않은 이 단어는 상식적인 이들에겐 코웃음을 불러일으킬 만큼 기이한 조합이지만, 이 안에는 분명 웃어넘기기 껄끄러운 이데올로기가 숨어 있다. 과거의 '빨갱이' 혐오라는 단선적인 우익 동원 이데

---

5 이주연, 「'종북 게이' 논란에 파묻힌 차별금지법 결국……」, 『오마이뉴스』, 2013. 4. 18. (http://www.ohmynews.com/NWS_Web/View/at_pg.aspx?CNTN_CD=A0001856482)

6 이주연, 「'종북 게이' 논란에 파묻힌 차별금지법 결국……」, 『오마이뉴스』, 2013. 4. 18. (http://www.ohmynews.com/NWS_Web/View/at_pg.aspx?CNTN_CD=A0001856482)

올로기가 다양한 보수 이데올로기들과 연합하여 진화하고 있는 한 단면을 보여주고 있는 것이다. 흥미로운 것은 '종북 게이' 현상이 한국 사회에는 새롭다 할 만한 것이지만, 매카시즘(McCarthyism)이 몰아치던 냉전 시기 미국에서는 이미 '라벤더 스케어(lavender scare)'란 이름으로 반공주의와 동성애 혐오의 조합이 존재했으며, 이로 인해 수많은 이들이 체포와 구금과 실직을 당했던 전례가 있다.[7] 미국의 기독교 우파들은 이 두 이데올로기의 조합을 유포하고 합리화시키는 과정에서 적지 않은 역할을 담당했으며, 심지어 오늘날까지도 근근이 과거의 망상을 되살리고 있다.

이 글은 바로 반공주의와 동성애 혐오를 둘러싼 기독교 우파들의 '색(色)'과 '계(計)'에 관한 내용이다. 반세기 이상의 끈끈한 공생 관계를 유지하고 있는 한국과 미국의 기독교 우파들이 공통적으로 두려워하는 색(色)—붉거나 연보라의 그 색(色)—그리고 그 색을 활용하는 그들의 '계(計)'에는 무엇이 숨어 있을까. 나는 우선 '종북 게이'라는 단어가 탄생하게 된 한국 사회의 현실과 기독교 우파의 활약상을 냉전 시기 미국의 라벤더 스케어 확산과 기독교 우파의 기득권 확보 배경과 함께 비교하여 양국의 기독교 우파들이 정치 집단으로 성장하는 과정에서 반공주의와 동성애 혐오가 어떻게 활용되었는지 살펴볼 예정이다. 아울러 이 두 이데올로기 확산이 양국의 기독교 우파들에게 가져다준 구체적인 효과들은 각각 무엇인지, 그들이 이

---

7 라벤더(연보라)색은 동성애자들을 상징하는 색이다. 1970년대 이후 동성애 운동이 분홍색 역삼각형을 상징으로 사용하기 시작하면서 분홍색을 동성애자들의 상징으로 인식하게 되었으나, 미국의 베이비붐 세대(제2차 세계대전 이후 산아 지원 정책 시기에 태어난 세대)들은 아직 라벤더색을 동성애자들의 색으로 인식한다.

를 통해 어떻게 자신들의 정체성을 형성해 왔는지, 또 어떻게 사회의 약자들을 주변화하고 타자의 범주로 묶어 왔는지 토론할 것이다. 이 글의 결론 부분에서는 차별금지법 반대 투쟁이 기독교 우파들에게 갖는 의미를 진단하며, 이 투쟁이 우리 사회의 다른 보수 이데올로기들과의 관계 속에서 갖는 시너지 효과에 대해 생각해 보고자 한다.

붉게 물들이다: '종북 게이' 탄생에 얽힌 이야기들

우선, 기발하고 창의적인 신조어, '종북 게이' 탄생의 뒷이야기부터 살펴보자. 반공주의와 동성애 혐오는 둘 다 유래가 깊은 보수 기독교 단체들의 슬로건들이지만, 이 둘이 각각 '종북'과 '게이'란 단어로 축약되고, 다시 '종북 게이'란 단어로 합체가 된 것은 주지하다시피 최근의 일이다. 합체를 둘러싼 일련의 배경을 살펴보기에 앞서 우선 '종북'과 '게이' 두 단어를 따로 떼어 각각의 진화 과정을 짚어 봐야 겠다.

'종북' 이데올로기의 부활과 점령

낡디낡은 '종북'이란 단어가 다시금 사회 전면으로 떠오르게 된 데는 아이러니하게도 소위 좌파 정치인들과 논객들의 공이 크다. 1980년대 사회 구성체 논쟁에서 사용되던, 종북과 유사한 의미이되 이념적 성향을 강조하던 '주체사상파(주사파)'라는 단어가 무조건적 체제 추종 성격을 강조하는 '종북'이라는 복고풍 옷을 찾아 입고 화려한 컴

백을 하게 된 계기는 2001년 12월 사회당 원용수 대표의 '민노당 권영길 대표의 통합 논의 제안에 즈음한 기자회견'을 통해서였다. 원 대표는 "민중의 요구보다 조선노동당의 외교 정책을 우위에 놓는 종북 세력과는 함께 당(활동)을 할 수 없다."고 밝힘으로써 재야 세력 내에 '친북'과 성격을 달리하는 '종북'이 있음을, 또한 이들 '종북' 세력들은 조선노동당의 사회관과 통일 정책을 추종하는 이들임을 분명히 했다.[8]

재야 정치인들 사이에서 지루하게 계속되던 '종북 논쟁'이 마침내 온 국민의 관심을 끌게 된 것은 2012년 총선을 앞두고 벌어졌던 통합진보당 경선 과정 때문이었다. 재야 정치의 치부를 낱낱이 드러내며 범야권을 들쑤신 이 사건 이후, 종북이란 단어는 원래의 의미보다 훨씬 광범위하게 종횡무진 자기 증식을 시작한다. 야권 내에서 꼬리 자르기의 일환으로 사용되던 단어가 이제 화살을 돌려 야권 전체를 겨냥하게 된 것이다. 4대강이나 제주해군기지 등 정부 정책을 비판하는 모든 이들이 '종북'이라는 낙인을 피해 갈 수 없게 되었으며, 종북으로 묶인 모든 이들의 최종적인 목적은 적화 통일로 간주되었다. 전교조와 민노당이 대표적인 종북 세력으로 지적되고, 심지어 과거로 소급해 광우병 촛불을 주도했던 한국진보연대까지 북한의 지령을 받아 순진한 국민들을 세뇌하고 선동한 '종북 세력'이 되었다. 이 과정을 거치며, '종북'은 기독교 우파들에게 가장 인기 있는 단어로 자리 잡게 되었다. 재야 정치와 진보 세력 내 복잡한 이념의 스펙트럼을 분별해 낼 능력도 관심도 없는 그들에게 '종북'이란 단어

---

8 이충원, 「從北세력과 黨 같이 안 해」, 『연합뉴스』, 2001. 12. 21. (http://news.naver.com/main/read.nhn?mode=LSD&mid=sec&sid1=100&oid=001&aid=0000121514)

는 손쉽게 아군과 적군을 구별하게 해주는 대표 단수의 기능을 하는 데다, 확장되어 가는 사회 보수화에 편승해 그간 실추되었던 자신들의 입지를 회복할 수 있도록 견인 역할까지 담당하고 있는 것이다.

동성애 혐오의 탄생과 확산

길고도 극적인 역사를 갖고 있는 종북 이데올로기에 비해 동성애 혐오는 20년 정도의 역사를 갖고 있는 비교적 신생 이데올로기이다. 이반 운동이 바야흐로 우리 사회의 수면 위로 부상한 시기는 1990년대 중반이다. 동성애를 주제로 한 영화와 문학작품들이 미디어를 통해 소개되고, 소수의 지식인들과 연예인들이 커밍아웃(coming-out)을 하고 활동하게 됨에 따라 우리 사회에서도 동성애가 사적 영역을 벗어나 공적 영역의 사안으로 떠오르게 되었다. 각 대학에 이반 단체들이 생겨나고, '동성애자인권연대(이하 '동인련')', 남성 이반 단체인 '친구사이', 여성 이반 단체인 '끼리끼리'를 비롯하여 시민운동 단체들이 공개적인 활동을 시작한 것도 이 시기이다. 1990년대 중반은 또한 대표적인 기독교 우파 단체인 한국기독교총연합회(이하 '한기총')가 극우적 성격을 강화하며 우리 사회 우익 세력의 선두주자로 성장했던 시기와 일치한다. 1970년대와 1980년대 개발독재 정권을 등에 업고 성공 가도를 달리던 한국의 개신교는 1990년대 들어 눈에 띌 만큼 성장 정체를 겪기 시작한다. 2011년 11월 통계청이 발표한 '2005년 인구주택총조사 전수 집계 결과'에 의하면, 1995년과 2005년 사이 가톨릭교회 신자 수는 4.3% 증가한 반면, 개신교는 1.4% 감소했다.[9] 가톨릭 신자 증가와 개신교 신자 감소 이면에는 통계 수치에 드러나지 않는 허와 실이 있지만, 한 가지 간과할 수 없는 사실은 1990년대 후반 이후 개신교는 다른 종교 집단들에 비해 한국 사회와 소통할 능력을 잃어버렸다는 것이다. 대화를 통해 건전한 사회 구성에 협력해야 할 책임을 가진 개신교 지도자들은 뇌물, 비리, 성 추문, 이단/사이비 논쟁, 타 종교와의 갈등 등 교계 내외의 각종 사건에 휘말려 대중의 신뢰를 잃어버린 데다 젊은 세대들을 중심으로 형성되던 안티 개신교 그룹까지 상대해야 하는 부담을 안게 되었다.

위기 돌파를 위한 대책을 강구하던 개신교 보수 그룹들이 선택한 진로는 오히려 전반적인 사회 분위기로부터 역행하는 보수 우익 이데올로기와 근본주의의 강화였다. 물론 우리나라 개신교 근본주의의 역사는 길다. 근본주의는 구한말 이 땅에 유입될 당시 미국의 사회복음 운동에 대항하던 청교도적 경건주의와 근본주의 신학을 신봉한 초기 선교사들의 영향을 받아 이 땅에 싹을 틔웠다. 그러나 근본주의가 조직적인 사회 운동의 성격을 띠고 정치 세력으로 성장하게 된 것은 1990년대 후반의 일이다. 사회 변화에 호응하지 못하고 과거의 지지 기반을 잃게 될 위험에 처한 기독교 우파들이 내적 결속과 응집을 강화하며 근본주의를 교조화하기에 이른 것이다.[10] 이는 결과적으로 개신교의 교세가 줄고 있는데도 불구하고, '기독교 뉴라이트'로 대변되는 개신교 우파의 정치적 영향력은 확대되고 있는 기

---

9 통계청 홈페이지 종교 인구 조사 참조. (http://kostat.go.kr/portal/korea/kor_nw/2/2/2/index.board?bmode=read&bSeq=&aSeq=358170&pageNo=1&rowNum=10&navCount=10&currPg=&sTarget=title&sTxt=)
10 최대광, 「한국과 미국의 기독교 근본주의에 대한 비판과 성찰」, 제3시대그리스도교연구소 132차 월례 포럼, 2010. 6. 28; 박정신, 「기독교 근본주의, 한국 지성사에 길을 묻다」, 『기독교사상』, 2010. 8., "특집: 한국 기독교 근본주의를 말한다."

형적인 현상을 초래했다. 극단적으로 보수화하고 있는 일부 개신교 세력들이 대사회적인 의사소통을 포기하는 대신, 정부의 정책 결정에 직접 압력을 넣는 방식으로 정치적 영향력을 넓혀 가고 있는 것이다.

개신교 우파 단체들이 반동성애를 자신들의 슬로건으로 내걸며 반동성애 캠페인의 대명사로 떠오른 것은 2000년에 시작되어 2004년에 마무리된 청소년보호법 개정 논의를 통해서이다.[11] 청소년 보호라는 명목하에 동성애를 수간(獸姦), 근친상간 등과 함께 변태 성행위로 규정하고, 인터넷 내용 등급제와 더불어 동성애 관련 인터넷 사이트들에 대해 무조건적 검열을 자행하려던 청소년보호법 시행령이 발표되자, 동인련을 비롯한 인권 단체들이 반기를 들고 일어섰다. 이들 단체들은 2001년 7월 '동성애자 차별반대 공동행동' 발족식을 갖고 정보통신윤리위원회의 폐지와 청소년보호법 개정을 요구하는 캠페인을 벌였으나, 한기총을 위시로 한 극우 단체들의 극렬한 반대에 부딪혔다. 4년간 계속된 이반인들과 한기총의 싸움은 2004년 4월 동성애 조항이 삭제된 청소년보호법 시행 개정령이 의결 통과됨으로써 이반인들의 승리로 일단락되었으나, 온라인·오프라인 매체들을 통한 기독교 우파들의 반동성애 캠페인은 그 이후로 오히려 확산되었다. 4년간의 긴 싸움을 통해 기독교 우파는 반동성애 연대를 강화했고, 동성애 혐오 유포를 위한 나름의 언어와 논리를 구축했으며, 반동성애 기치 아래 보수 세력들을 결집해 내는 알뜰한 결실을 얻어냈던 것이다. 개신교 우파는 반동성애 운동을 통해

---

11 청소년보호법(법률 10659호)에 관해서는 국가법령정보센터 홈페이지 참조. (http://www.law.go.kr/lsInfoP.do?lsiSeq=113198#0000)

이렇듯 한국 사회 내 보수적 가치를 옹호하고 수호하는 독보적인 그룹으로서 자신의 정체성을 확고하게 굳힐 수 있었다.

'종북'과 '동성애 혐오'의 합체

따로따로 성장해 온 반공주의와 동성애 혐오가 마침내 합체의 징후를 보이기 시작한 계기는 두 가지 사건으로 요약된다. 2010년 국가인권위원회가 군형법 제92조—"계간(鷄姦) 등 기타 추행을 한 자는 1년 이하의 징역에 처한다."—가 동성애자의 평등권과 성적 자기결정권을 침해하고 죄형법정주의[12] 등에 어긋나므로 위헌이라는 의견서를 작성하여 헌법재판소에 제출한 사건[13]과, 2011년 경기도와 서울시 교육청이 성적 지향 및 성별 정체성 차별 금지 조항을 포함한

---

12 "죄형법정주의는 형법상 처벌의 대상이 되는 범죄의 목적과 그에 상응하는 형법의 종류와 정도가, 해당 행위가 있기 이전에 법률로서 확정되어 있을 것을 요구한다. 단지 반사회적이라거나 법익 침해라는 등 처벌 필요성이 문제되는 행위라고 해서 벌하는 것이 아니라, 오로지 그 행위가 법률에 범죄구성요건으로 정해져 있는 경우에만 처벌할 수 있으며, 이때에도 임의적인 불이익을 주는 것이어서는 안 되고 반드시 형법전에 규정된 대로 처벌해야 한다." 홍영기, 「죄형법정주의의 근본적 의미」, 『형사법연구』 제24호, 2006. 겨울., 2쪽.

13 군형법 제92조(추행) 조항은 "鷄姦(계간) 기타 추행을 한 자는 1년 이하의 징역에 처한다."고 적고 있다. 국가인권위원회는 성소수자 인권 침해와 차별 시정을 요구한 시민 사회 단체들의 의견을 수렴하여 헌법재판소에 의견을 제출했다. 시민 단체들에 의하면, 군형법 제92조의 문제점은 아래와 같다. 첫째, 鷄姦(계간)은 특정 성행위, 특히 동성애를 동물에 빗대 비하한 측면이 있다. 둘째, 이성 간의 합의에 의한 성행위가 추행으로 평가되지 않는다. 고로 동성 간의 합의에 의한 성행위가 추행으로 평가되지 않아야 한다는 점이다. 인간은 누구나 성적 자기결정권을 갖고 있기 때문이다. 셋째, 조항 첫머리에 나오는 '계간 기타 추행'이란 문구는 아주 추상적인 문구이므로 적용할 수 있는 상황이 매우 다양하다. 행위 주체와 상대, 행위 종류, 행위가 일어난 장소, 합의 여부 등 판단 기준을 전혀 제시하지 못하고 있다. 김철관, 「동성애자=닭? 군형법 92조, 성적 자기결정권 침해 논란」, 『오마이뉴스』, 2009. 5. 11. (http://www.ohmynews.com/NWS_Web/View/at_pg.aspx?CNTN_CD=A0001129433)

학생인권조례를 발의한 사건이다.[14] 때마침 동성애자들과 그들 가족의 삶을 둘러싼 갈등과 화해를 담담하고도 진솔하게 그려낸 SBS 드라마 〈인생은 아름다워〉 방영을 통해 동성애에 대한 긍정적인 이미지가 사회 전반에 확산되자, 개신교 극우 단체들은 대대적으로 이반인들을 공격하며 군형법 제92조 개정 반대와 학생인권조례에 포함된 동성애 관련 조항의 삭제를 요청하는 여론 몰이에 나선 것이다.[15]

이 시기부터 기독교 우파들의 동성애 혐오 선동 레토릭은 진보적 주장들을 모두 '빨갱이, 좌파'로 몰아가는 반공주의 선동 레토릭과 결합하는 양상을 보이기 시작한다.[16] 이들은 '남북의 대치 상황에서 국가 안보에 어느 때보다 집중해야 하는 이때, 군대와 학교를 중심으로 동성애가 허용된다면 군 기강이 해이해지고, 교사의 권위가 실추될 것'이라는 점을 들어, 동성애는 '국가와 미래의 근간을 흔드는', '적화 세력들의 치밀한 전략'이라는 식으로, 반공주의와 동성애 혐오를 한 범주의 위협 세력으로 묶어 내기 시작한다. 아래의 글은 2010년 11월 11일에 발행된 『한기총신문』에서 발췌한 것이다.

> 국가인권위원회의 이번 결정은 군대 내에 동성애를 허용하자는 反軍(반군) 성향이 뚜렷한 국내 좌파 세력의 일관된 주장과 맥을

---

14 경기도와 서울특별시 학생인권조례 전문은 각 교육청 홈페이지 참조.
경기도 교육청: http://www.goe.go.kr/
서울특별시 교육청: http://www.sen.go.kr/main/services/index/index.action
15 기독교 보수주의 단체들은 여타 보수주의 단체들과 연합, '바른성문화를위한국민연합'을 조직하여 "며느리가 남자라니 동성애가 웬말이냐?", "내 아들이 게이 되어 에이즈 걸리면 SBS에서 책임져라!"라는 광고를 『조선일보』 등 보수 일간지에 게재했다.
16 토리(학생인권조례 성소수자 공동행동), 「저들에게 '악의 축'은 '빨갱이'와 '동성애'인가?」, 『프레시안』, 2011. 11. 29. (http://www.pressian.com/article/article.asp?article_num=20111129154839)

같이한다. 민노당은 2007년 대통령 선거 민주노동당 정책 공약을 통해 '◇국군을 60만 명에서 20만 명 수준으로 減軍(감군)하고, ◇무기 체계를 縮小(축소)·廢棄(폐기)하며, ◇예비군 제도를 撤廢(철폐)하고, ◇모병제를 실시하는 것' 등과 함께 '교사 및 軍(군) 간부 대상 동성애자 교육 실시' 등의 사실을 (내세우고 있다). 이는 우리의 우려가 결코 기우가 아님을 뒷받침해 주고 있다. 우리는 국가인권위원회의 이번 결정이 군대 내 동성애를 허용하여 군대의 기강을 무너뜨리고 국가의 미래를 뒤흔드는 일임을 직시하고 국가인권위원회 현병철 위원장이 사퇴하고 국가인권위원회는 해체할 것을 강력히 촉구한다.[17]

위의 기사가 주장하고 있는 것은 '남한 내 사회 혼란이 가동되면 언제든 북한이 도발적인 침략을 해올 것이며', 따라서 '빨갱이들이 아니고서는 이런 사회 불안을 조장할 이유가 없다는 것'이다.[18]

이즈음까지만 해도 징후로서만 포착되던 '빨갱이'와 '동성애'의 연결고리가 2013년 차별금지법 반대 투쟁을 통해 '종북 게이'라는 단어로 안착된다. 이어 개신교 극우 단체들이 주도하는 온라인·오프라인 게시물에는 '성적 지향, 성별 정체성을 포함하기에 동성애와 트랜스젠더(transgender)를 정상으로 공인하는 차별금지법의 입법을

---

17 바른性문화를위한국민연합, 「국가인권위원회는 군대 內 동성애를 인정하자는 것인가?」, 『한기총신문』, 2011. 11. 11. 전문은 한기총 웹사이트 참조. (http://www.ccnkorea.com/news/articleView.html?idxno=858)
18 한기총과 동성애 문제에 있어 행동을 같이해 온 '바른성문화를위한국민연합' 외 네 개의 단체가 발표한 성명서와 인터뷰는 이러한 보수 세력들의 주장을 잘 보여주고 있다. 「군 동성애 방임, 김정은만 좋은 격」, 『뉴스파워』, 2010. 11. 17. (http://www.newspower.co.kr/sub_read.html?uid=16607)

반대한다."는 선언과 함께 "모두 함께 빨갱이들과 싸우자."라는 선동 문구, 그리고 단체·개인별 행동 지침들이 게시되었다.[19] 발의를 주도했던 통합민주당의 김한길, 최원식 의원은 4월 17일 철회 요지서를 통해 '차별금지법안의 취지에 대해 오해를 넘어 지나친 왜곡과 곡해가 가해져 이성적인 토론이 어려운 상황'이라며, "주체사상 찬양법, 동성애 합법화법이라는 비방과 종북 게이 의원이라는 낙인찍기까지 횡행하고 있다."고 밝혔다.[20]

주목할 것은 '종북 게이'라는 단어의 용도가 명확함에도 불구하고 그 뜻은 모호하다는 것이다. 다시 말해, 종북 게이라는 단어는 남한 사회 내 불안을 조성하는 불순분자들에 대한 거부감을 압축적으로 표현하여 이를 명명하는 데 사용되는 단어이지만, 정작 종북 게이가 누구인지, 어떻게 사회 불안을 조성한다는 것인지, 어떻게 군기강을 흔든다는 것인지, 또 무슨 근거와 계기로 종북 분자들과 이반인들이 한 범주로 묶이는지에 대해서는 설명이 없다. 이는 차별금지법 반대 운동이 조직적·전방위적으로 이루어졌음에도 불구하고, 정작 반대 운동을 벌이던 반대자들은 차별금지법이 무엇인지 잘 모르고 있었다는 것과 맥락을 같이한다. 내용조차 제대로 인식하지 못하는 수많은 신자들을 결속시키고 움직이게 한 힘, 종북 게이라는 기이한 말로 형상화한 그 힘의 이면에는 차별금지법으로 보호를 받게 될 집단과 개인들에 대한 공포와 혐오가 존재한다.

---

19 강보현, 「'묻지마' 차별금지법 반대 운동이 만든 신조어 '종북 게이 의원'」, 『민중의 소리』, 2013. 4. 27. (http://www.vop.co.kr/A00000626164.html)
20 윤다정, 「민주당, '종북 게이' 주장에 무릎 꿇어」, 『미디어스』, 2013. 4. 19. (http://www.mediaus.co.kr/news/articleView.html?idxno=33589)

사회의 약한 고리들을 건드리며 두려움을 조장·확산하고, 약자들을 타자화함으로써 자신의 정체성을 강고하게 하는 것은 우익들이 공통적으로 채택하는 세력 확장 방식이다. 개신교 우파 또한 이를 충실하게 답습해 왔음은 물론이다. 따라서 개신교 우파들이 우리 사회에 가장 민감한 사안인 반공·반북주의와 동성애 운동 성장과 더불어 고개를 들던 동성애 혐오를 자신들의 이데올로기로 흡수한 것은 어쩌면 자연스러운 현상이다. 기독교 우파들에게 '종북'과 '게이'의 조합은 기이할지언정 전혀 생뚱맞은 것이 아니라는 것이다. 하지만 이 조합으로 인해 만들어지는 효과는 새롭고도 유익하다. '종북'이라는 단어와 '게이'라는 단어 뒤에 숨어 있는 각각 다른 대상을 향한 공포와 혐오는 이 두 단어가 합쳐질 때, 실체가 불분명해지는 만큼 더욱더 역겹고 불편하고 두려운 어떤 것으로 부풀려진다. 즉, '종북 게이'라는 단어를 통해 우파들은 '빨갱이, 좌파'에 대한 공포와 혐오를 동성애 혐오와 연결시키면서 두려움을 가중시키고, 각각 다른 차원에서 기존의 사회 질서에 변혁을 시도하는 진보 정치와 동성애를 한꺼번에 '적대세력'으로 몰아가며, 얼굴 없는 타자를 통해 사회 혼란에 대한 불안을 극대화하는 새로운 형태의 우익 동원 이데올로기를 선보이고 있는 것이다.[21]

---

21 토리(학생인권조례 성소수자 공동행동), 「저들에게 '악의 축'은 '빨갱이'와 '동성애'인가?」, 『프레시안』, 2011. 11. 29. (http://www.pressian.com/article/article.asp?article_num=20111129154839)

라벤더 스케어: 냉전 시기 미국, 붉은 혹은 연보라 '색'의 공포

서론에서 언급했듯, 우리 사회에 종북 게이라는 이름으로 등장한 레드콤플렉스(red complex)[22]와 동성애 혐오의 조합은 냉전 시기 미국에서 '라벤더 스케어'라는 이름으로 이미 실험되었던 전례가 있다. 미국의 기독교 우파가 라벤더 스케어에 관여한 방식은 우발성이 적고 보다 본질적이며 내재적이다. 라벤더 스케어의 연원을 살펴보기 위해서는 매카시즘과 레드 스케어에 먼저 주목해야 한다.

매카시즘과 라벤더 스케어의 탄생

1950년, 각종 비리를 저지르다 궁지에 몰린 미국 공화당 상원의원 조지프 매카시(Joseph McCarthy, 1908~1957)는 위기를 벗어나려는 궁여지책으로 공화당 당원 대회에서 "나는 미국에서 활동하는 공산주의자들의 명단을 가지고 있다."라는 폭탄성 발언을 던졌다. 이 발언은 순식간에 다른 공화당 의원들의 동조를 끌어냈고, 곧이어 자신들이 공산주의자가 아니라는 것을 증명해야 했던 민주당 의원들의 가세로 일파만파 미국 사회에 확대되었다. 수백 명을 수감시키고 1만여 명을 해직시킨 매카시즘은 대략 1947년부터 1957년까지 나타난 제2차 레드 스케어(red scare) 혹은 적색공포의 광기를 집약적으로 보여주는 사건이다.[23] 어느 누구도 안전할 수 없었던 레드 스케어, 낙

---

22 공산주의에 대해 극단적으로 거부감을 가지는 심리 상태.
23 제2차 레드 스케어는 제2차 세계대전(1939~1945) 이후, 소연방, 베를린 봉쇄(1948~1949), 국공내전(1946~1950), 한국전쟁(1950~1953) 등 일련의 국제전과 사건으로 인해 강화된 냉전의 분위기를 타고, 미국 내 공산당 스파이 활동에 대한 대중적인 공포가 확대되면서 생겨났다. Albert Fried, McCarthyism, *The Great American*

인을 찍지 않으면 찍히고 마는 이 공포정치가 어떠한 보호막도 없이 사회 주변을 표류하던 동성애자들에게 더욱 큰 위험으로 다가왔으리라는 것은 자명하다. 매카시를 포함한 의원들은 동성애자들을 공산주의자들의 '블랙메일(black mail)'[24] 위협에 쉽게 노출되어 국가 안보를 위협할 가능성이 있는 위험 인자들로 분류했다. 말하자면, 공직 기관에서 일하고 있는 동성애자들에게 공산주의자들이 접근하여 블랙메일로 성적 지향을 노출시키겠다는 위협을 하면, 동성애자들은 자신들의 정체성이 드러날까 두려워 공산주의자들에게 국가 기관의 기밀정보를 유출하며, 차츰 그들에게 세뇌되어 일부가 되어 버린다는 것이다.[25] 조악하기 짝이 없는 이 시나리오는 전후 미국 사회에 팽배해 있던 불안과 공포에 편승하여 설득력을 얻게 되었고, 결국 수많은 사람들이 성적 지향을 이유로 해직되고, 공적·사적 자리에서 괴롭힘을 당했다. 이렇듯 냉전의 광기를 타고 레드콤플렉스와 동성애 혐오가 동시에 동성애자들을 탄압하는 이데올로기로 성행했던 이 독특한 현상을 '라벤더 스케어'라 부른다.

하필 동성애자들이 레드 스케어의 표적이 되어 공산주의자들과 내통하고 있다는 혐의를 집중적으로 뒤집어쓰게 된 이유는 무엇일까? 냉전 시기 영향력 있는 작가 중 한 사람이었던 아서 슐레진

Red Scare: A Documentary History (New York: Oxford University Press), 1997.
24 공갈이나 협박하는 내용을 담은 편지.
25 David K. Johnson, *The Cold War Persecution of Gays and Lesbians in the Federal Government* (IL, Chicago: University of Chicago Press, 2006), 존슨의 책을 바탕으로 만든 조시 하워드(Josh Howard) 감독의 다큐멘터리 영화 〈더 라벤더 스케어(The Lavender Scare)〉가 곧 개봉될 예정이다. 영화 웹사이트 참조. (http://www.kickstarter.com/projects/lavenderscare/the-lavender-scare-a-documentary-film)

저 주니어(Arthur Schlesinger Jr., 1917~2007)는 『결정적 중심(The Vital Center)』(1949)이라는 책에서 공산주의가 세력을 확장하는 방식을 동성애자들의 하위문화와 비교하여 흥미로운 연관성을 끌어낸다. 슐레진저에 의하면, 당시 미국인들은 공산주의자들이 '비밀 요원'으로 훈련을 받고 사회를 혼란에 빠트려 전복시킬 임무를 띤 채 사회 곳곳에 흩어져 있다고 믿었다. 이들은 일반인들에게는 철저하게 자신의 신분을 감추는 한편, 서로가 서로를 알아챌 수 있는 그들만의 비밀 접속 방식을 갖고 연락을 주고받는데, 이는 마치 동성애자들이 파트너를 찾기 위해 교류하는 방식과 흡사하다.[26] 동성애자들이 소위 '게이더(gaydar)'를 통해 서로를 인식하고 사회의 그늘진 곳에서 접선을 시도하듯, 공산주의자들도 자신들만의 접선 방식을 통해 '은밀하게' 세력을 늘려 나간다는 것이다. 슐레진저가 소개하는 동성애자들과 공산주의자의 '생태'에 관한 비교 분석은 당시 미국인들이 동성애자들의 하위문화에 대해 품고 있던 음험하고 불쾌한 이미지를 반영하는 동시에 왜 이들이 정치적인 의심을 받게 되었는지 설명해 준다. 냉전 시기 미국인들에게 동성애자들은 공산주의의 유혹에 넘어가기 쉬운 연약하고 주체성이 없는 사회 인자들로, 따라서 '일반적인' 사회에 편입될 수 없을뿐더러 언제든 반사회적 세력으로 돌변할 가능성이 있는 존재들로 각인되어 있었던 것이다.

성정치학자 로버트 코버(Robert J. Corber)는 『국가 안보의 이름으로(In the Name of National Security)』라는 저서에서 1948년과 1953년에 발표된 『킨제이 보고서』 또한 냉전 시기 동성애자들에게 부정적

---

26 Arthur Schlesinger, Jr., *The Vital Center(1949): The Politics of Freedom* (Piscataway, NJ: Transaction, 1997; originally published in 1947), 127.

이고 위협적인 이미지를 입히는데 적지 않은 몫을 했다고 주장한다.²⁷ 물론 『킨제이 보고서』는 결과적으로 미국 사회의 견고한 이성애주의를 흔들어 1960년대 성 해방 운동을 촉발시키는데 큰 공헌을 하게 되지만, 발표 당시에는 달랐다. 예상을 훨씬 뛰어넘는 어마어마한 수의 미국인들이 동성애적 성향을 갖고 있으며, 그것도 연령과 사회적 지위와 직종과 지역적 특성에 무관하게 전 사회에 고루 퍼져 있다는 보고 결과는 미국인들에 거대한 충격을 던져 주며 동성애 혐오를 가중시켰다. 동성애자들이 미국 사회 저변에, 어쩌면 내 이웃에까지 퍼져 있다는 '사실', 어쩌면 나 자신까지도 동성애에 '감염'되어 있을지 모른다는 '사실'은 동성애자들이 공산주의자들과 손잡고 사회의 기본 질서를 흔들고 혼란에 빠트리려 한다는 음모론과 그럴듯하게 맞아떨어졌다.²⁸

라벤더 스케어와 미국 기독교 우파

일개 시나리오로 시작한 동성애자들과 공산주의의 연관성이 '생태적 유사성'을 통해 물적 근거를 얻고 라벤더 스케어라는 정치 이데올

---

27 미국의 알프레드 킨제이는 1949년에 『남성의 성생활(Sexual Behavior in the Human Male)』과 1953년에 출판된 『여성의 성생활(Sexual Behavior in the Human Female)』을 출판했다. 이 두 책을 합쳐 『킨제이 보고서』라 부르게 되었다. 이 보고서에서 킨제이는 미국 남성의 50%가 다른 남성에게 성적 흥분을 느낀 경험이 있으며, 37%가 다른 남성과의 성 경험이 있고, 4%가 동성애자라고 밝히고 있다.

28 Robert J. Corber, *In the Name of National Security: Hitchcock, Homophobia, and the Political Construction of Gender in Postwar America* (Durham, NC: Duke University Press, 1993), p. 62. 이 책에서 로버트 코버는 미국의 스릴러 거장 알프레드 히치콕의 영화를 분석하여 동성애 혐오가 냉전 시기 어떻게 사회에 위협적인 존재에서 더 나아가 공산주의자로 인식이 되었는지 그 연결고리를 흥미롭게 분석해 낸다.

로기로까지 부상하는데 큰 공헌을 한 것은 우익 정치 세력과 결탁한 미국의 기독교 우파들이다. 냉전 시기는 신화적·도덕적 모티프로 작용하던 미국의 기독교가 바야흐로 정치 이데올로기로 자리를 잡아가던 시기인데, 이 과정에서 공산주의와 동성애는 기독교가 추구하는 가치와 정면으로 충돌하는, 제거되어야 할 가치로 간주되었던 것이다.

여기서 잠시 냉전 시기 기독교 우파의 성장 과정을 살펴보자. 스티븐 위트필드(Stephen J. Whitfield)는 『냉전 시기의 문화(The Culture of the Cold War)』라는 책에서, 제2차 세계대전 이후 미국에서 기독교 우파가 지배 이데올로기로 부상하게 된 이유를 20세기 초반 미국 경제의 번영 및 쇠락과 연관지어 설명하고 있다. 제1차 세계대전이 끝난 1920년대 미국은 유럽을 제치고 서구 사회의 패권을 장악하며 눈부신 경제 성장을 이룩한다. 그러나 미국의 전성기는 오래 지속되지 못했고, 이내 1929년 대공황이라는 위기에 직면한다. 풍요에 관한 짜릿하고 짧은 기억은 비참한 공황 속에서 더욱 간절하게 미국인들을 지배했다. 이러한 극단적인 명암을 불과 10여 년 사이에 경험한 많은 미국인들의 가슴속에 추억이자 희망으로 아로새겨져 있었던 것은 미국의 건국신화, 즉 '미국은 신이 세운 나라'라는 믿음이었다. 종교학자 최대광이 스티브 브라우어(Steve Brouwer)의 책, 『미국식 복음의 수출(Exporting the American Gospel)』을 인용해 설명했듯, 노동과 부의 축적을 개인과 국가의 번영 지표로 삼는 칼뱅주의(Calvinisme)적 믿음은 초창기 미국의 건국신화에 깊숙하게 자리 잡고 있었다. 즉, 신이 국가와 각 개인들을 위해 세운 계획을 국력의 강화와 끊임없는 성장과 풍요에 대한 약속으로 이해한 미국의 근본주의는 미국 역사를 추진하는 동력이었다.[29] 공황 속에서 허덕이던 미국인들은 너 나 할 것 없이 건국신화로 회귀하여, 번영의 시기에 추구했던 물질적 향락과 세속적 가치에 대한 대대적인 반성을 시작한다. 공황기 가난과 비참을 번영기 자만에 빠져 신의 뜻을 저버린 것에 대한 징벌로 이해하게 된 것이다. 미국의 기독교 우파가 강력한 애국주의적 성격을 띠게 되는 맥락이다. 미국인들은 신앙으로 하나가 되는 것을 국력의 회복과 강화에 반드시 필요한 애국으로 이해했으며, 교회에 소속되어 신앙 활동에 적극적인 태도를 보이는 것을 이상적인 '미국식 라이프스타일'이며 가정과 국가에 대한 사랑을 증명하는 길이라 믿게 되었다.

전쟁 이전 이미 잔뜩 달구어져 있던 기독교 우파 이데올로기는 전쟁 이후 냉전의 도래와 더불어 공산주의라는 주적(主敵)을 발견하자 더욱 공격적인 태도로 발전한다. 우익 세력들은 안으로는 '미국적인' 것과 '기독교적인' 것을 동일화하여 미국의 가치를 신성화하는 한편, 밖으로는 온 국민이 총화 단결하여 맞서 싸워야 할 공공의 적으로 소연방을 비롯한 공산주의 세력을 겨냥한다. 그 자신 가톨릭 우파였던 매카시 상원의원이 1950년 웨스트버지니아에서 발표한 연설문을 살펴보자.

> 우리 서구 기독교 사회와 무신론자들의 공산주의 사회를 구분 짓는 가장 큰 차이는 정치적인 것이 아닙니다. 여러분, 그것은

---

29 Steve Brouwer and Others, *Exporting American Gospel* (London: Routledge, 1996), 23; 최대광, 「한국과 미국의 기독교 근본주의에 대한 비판과 성찰」, 제3시대그리스도교연구소 132차 월례 포럼, 2010. 6. 28.

도덕적인 것입니다. (……) 그들의 종교는 마르크스에 의해 창조되고 레닌과 스탈린에 의해 강화된 부도덕한 종교입니다. 만약 공산주의자들의 붉은 세상이 승리한다면, 이 부도덕한 종교는 어떠한 경제·정치 제도보다도 더 심각하게 인류를 위협할 것입니다. 카를 마르크스는 신을 사기꾼이라 칭하며 축출했고, 레닌과 스탈린은 신을 믿는 어떠한 국가도, 국민도 자신들과 함께할 수 없다고 선언함으로써 패악을 한층 더 분명하게 드러냈습니다. 마르크스는 사랑, 정의, 인류애와 도덕 등의 단어를 입에 올린 이들을 당으로부터 추방하기도 했습니다. 그는 이러한 소중한 가치들을 '영적인 허구', '값싼 감상주의'로 치부했습니다. 오늘날 우리는 공산주의적 무신론과 기독교의 최후의 전쟁에 돌입하고 있습니다. 공산주의자들은 이미 이 싸움을 선택했습니다. 여러분, 주사위는 이미 던져졌습니다. 전쟁은 시작되었습니다.[30]

연설문에서 드러나듯, 매카시는 미국을 기독교적 가치의 대변자로, 소연방을 무신론적 가치의 대변자로 인식하며 반공주의에 대한 전쟁을 미국이 수호해야 할 절체절명의 책임으로 선동하고 있다. 정치와 종교의 노골적인 결합은 냉전 시기 불안에 떨던 미국인들에게 상당한 설득력을 갖게 된다. 실제로 냉전 이전 미국의 기독교 인구

---

30 Joseph McCarthy, "Enemies from Within": Senator Joseph R. McCarthy's Accusations of Disloyalty, speech in Wheeling, West Virginia, February 9, 1950. James R. Arnold, Roberta Wiener 편집, *Cold War: The Essential Reference Guide* (Google ebook) 참조.

는 43%로 정체되어 있었지만, 냉전 시기를 거치며 69%까지 성장한다.[31]

매카시 본인이 가톨릭 신자였음에도 불구하고, 매카시즘이 고무시킨 '진정한 미국'의 가치는 향후 개신교 신자들에게 더욱더 큰 영향을 끼치게 되는데,[32] 그 이유는 매카시즘의 슬로건이 '이민자들의 종교'로 인식되던 가톨릭보다 미국의 적자로 인식되던 개신교 신자들, 특히 와스프(WASP)—백인(White), 앵글로색슨(Anglo-Saxon), 개신교 신자들(Protestant)—들과 만나 더 큰 화학작용을 일으켰기 때문이다. 또한 흩어져 있던 다양한 종류의 복음주의, 우파 신앙들을 하나로 흡수하며 빠르게 몸집을 키워 가던 개신교 우파가 가톨릭보다 훨씬 효과적으로 '미국적 가치'를 표방한 슬로건을 활용했기 때문이기도 하다.[33] 특히, 1978년에 설립되어 정치 참여를 적극적으로 표방하고 나선 '기독교인의 소리(Christian Voice)'[34]와 역시 1970년대 폭발적

---

31 Stephen J. Whitfield, *The Culture of the Cold War* (Baltimore, MD: the Johns Hopkins University Press, 1991), p. 83.
32 그렇다고 해서 냉전 시기 가톨릭 신자들이 이러한 근본주의자들의 경향에 동조하지 않고 독자적인 길을 걸었다는 것은 아니다. 개신교에 비해 영향이 적었을 뿐 가톨릭 근본주의 또한 냉전 시기 기독교 근본주의의 큰 축을 담당했으며, 심지어 오늘날까지 팻 뷰캐넌(Pat Buchanan)과 같은 가톨릭 근본주의자들에 의해 매카시는 신앙의 영웅으로 떠받들어지고 있다.
33 대표적으로, 19세기의 대각성 부흥회에 나타난 감성주의적 신앙과 세대주의의 특징인 문자주의적 성서 해석 방법론이 현대 기독교 근본주의에 흡수되어 그 성격 형성에 영향을 끼쳤다.
34 이하 미국 기독교 우파에 관한 정보는 Steve Bruce, Peter Kivisto and William H. Swatos, Jr 편집, *The Rapture of Politics: The Christian Right As the United States Approaches the Year 2000* (Piscataway, NJ: Transaction Publishers, 1994) 참조; 콜로넬 다너(Colonel V. Doner)에 의해 1978년에 창설된 '기독교인의 소리'는 우파들을 위한 정치 지도 그룹으로서, 1970년대와 1980년대 우후죽순처럼 등장한 대형 근본주의 기독교 단체들의 롤 모델이 된 단체이다. 복음주의 기독교인들을 훈련시켜 정치에 참여시킨다는 목표를 걸고 창설되었으며, 기독교인들의 유권자 등록 및 투표

으로 성장한 텔레-에반젤리즘(tele-evangelism)의 기수였던 제리 폴웰이 1979년에 설립한 도덕적 다수파(Moral Majority),[35] 그 뒤를 따라 1987년 설립된 팻 로버트슨(Pat Robertson)의 기독교연합(Christian Coalition)[36] 등 기독교 우파 단체들은 냉전의 불안과 공포 속에서 침울하게 가라앉아 있던 미국인들의 정서를 전투적이고 생생한 정치적 영향력으로 바꾸어 낸다.

기독교 우파들이 정치 세력화하는 과정에 적지 않은 공헌을 한 것이 동성애 혐오다. 냉전 시기 기독교 우파들이 지원한 정치적 주장은 낙태 반대, 동성애 반대, 학교 내 종교 교육 부활, 국방비 증액, 공화당 내 보수파의 경제 정책 지지, 사회복지 예산 증액 반대 등이었다. 그중에서도 낙태 반대와 동성애 금지는 기독교 우파들이 꾸준하게 진행해 온 대표적인 활동들이다.[37] 1960~1970년대 새로운 세대들의 등장과 함께 몰아친 자유와 해방의 물결은 기독교 우파들에게 큰 위협으로 다가왔다. 특히, 여성주의와 동성애 인권 운동은 그들이 기반하고 있었던 보수적 가치의 근간을 흔드는 것이었다. 기독교 우파들은 가정의 안정을 신의 창조 질서와 도덕적으로 올바른

참여를 독려해 왔다.
35 '도덕적 다수파'는 1970년대 후반부터 세계적으로 강화된 보수화 추세에 맞춰 조직된 기독교 근본주의 단체. 이들은 성서의 창조설을 굳게 믿고 진화론을 부정하는 원리주의(fundamentalism)를 강조하며, 정치적으로는 TV나 라디오를 통해서 공산주의와 반핵 운동, 낙태, 자유주의 성향의 의원을 반대하는 데 주력했다. 도덕적 다수파는 1980년 미국 대통령 선거에서 보수주의자인 레이건 대통령의 당선에 크게 공헌했다.
36 1987년 4월에 설립한 '기독교연합'은 1990년대 민주당 클린턴 행정부의 진보적 사회 정책에 반대하여 우파 기독교인들의 정치 참여를 강조해 왔다. 반이슬람과 반동성애 캠페인을 주도하고 지원하는 것으로 유명하다.
37 Ann Bathurst Gilson, *The Battle for America's Families: A Feminist Response to the Religious Right* (Cleveland, OH: United Church Press, 1999) 참조.

사회를 떠받치는 가장 기본적인 조건으로 간주하기 때문이다. 냉전 시기 기독교 우파들은 가족에 대해 양극단의 흑백논리로 접근했다. 즉, 인간에게는 교회가 인정하고 축복하는 전통적인 이성애 가족을 구성하여 자기희생과 충성을 최고의 덕목으로 삼아 자녀를 출산하고 양육하는 선택만이 허용된다. 전통적인 가족 제도를 따르지 않겠다면 선택은 하나뿐이다. 세속적인 쾌락주의에 빠져 자기만족과 도덕적 허무주의를 추구하며 죄의 길을 걷는 것이다. 이 양극단의 선택 외에는 다른 어떤 대안도 존재하지 않는다. 전통적인 가족 제도에 도전하는 여성주의와 동성애 운동은 그러므로 '악의 세력'이다. 더구나 동성애는 '신의 창조 질서를 거역'하고, '성서의 가르침을 부정'하며, 육체의 탐닉과 쾌락만을 절대 가치로 삼도록 유혹하는 '사탄의 징표'이다.

냉전 이후의 라벤더 스케어, 기독교 우파, '애국의 길'

냉전 시기 라벤더 스케어만큼 노골적이지는 않지만, 반공주의와 동성애 혐오의 조합은 기독교 우파들의 선동적 이데올로기에 아직도 꾸준하게 등장하고 있다. 1990년대 이후 기독교 우파들의 라벤더 스케어가 보여주는 특징은 동성애 운동을 주요 타격으로 하되, 여성 운동과 환경 운동 등 전통적 사회 인식을 흔드는 모든 움직임들을 폭넓게 묶어 사회 질서를 위협하는 악의 세력으로 간주하고 있다는 것이다. 이들이 상상하는 사회 진보 세력의 연대는 실제보다 훨씬 유기적이고 조직적이다. 기독교 근본주의자들은 종종 여성 운동가들과 여성 정치인들을 '레즈비언 군사들'이라고 부르며, 또 많은 환경 운동가들이 채식주의를 공유한다는 점을 지적, 이를 동성애자들의 라이프스타일로 간주하여 환경 운동가들을 '호모비건(Homo-Vegan)'이라 부른다. 결국 기독교 우파들에게 사회 진보 세력들은 겉보기에는 다양해 보여도 동일한 목표, 즉 미국 사회를 무너뜨리고 과거 소연방과 같이 소수 급진주의 엘리트 관료들이 지배하는 사회 건설을 지향하는 같은 세력들이다. 따라서 기독교 우파들에게 사회 진보 세력들은 모두 무질서와 쾌락을 탐닉하며 궁극적으로는 인류를 멸망의 길로 이끌 사탄의 충복들인 것이다. 사회 진보 세력들이 동성애를 '즐기고', '지원한다'는 사실은 동성애자들이 반기독교적이며 반인륜적이라는 사실을 명확하게 증명하고 있다. 간략하게 말하자면, 기독교 우파들에게 '동성애 정책은 마르크스·레닌주의 정책과 동일'하며, '동성애 운동은 오늘날 미국 사회에도 공산주의가 여전히 활발하게 살아남아 세력을 넓혀 가고 있다는 것을 보여주는 강력한 증거'이다.[38]

냉전 시기로부터 현재에 이르기까지, 미국의 기독교 우파들이 줄곧 동성애 혐오와 반공주의의 비이성적 조합에 집착하고 있는 이유는 무엇일까? 우선, 이들은 공산주의와 동성애를 둘 다 사회의 기본 질서를 흔드는 위험 요소로 이해하고 있다는 사실부터 짚어 보자. 저널리스트 바바라 엡스타인(Barbara Epstein, 1928~2006)은 「냉전 시기 미국의 반공주의, 동성애 혐오, 남성성의 형성」이란 논문을 통해, 소연방의 존재가 정치적 불안감으로 미국인들을 엄습했다면, 폭넓게 확산되어 있으나 정체를 파악하기 힘든 동성애자들의 존재, 나아가 본인과 가족 또한 동성애의 '위협'으로부터 자유로울 수 없다는

---

38 Didi Herman, *The Antigay Agenda: Orthodox Vision and the Christian Right* (IL and UK, Chicago and London: University of Chicago Press, 1997), pp. 87~88.

사실은 가장 안전하다고 여겨 왔던 가정과 침실을 장악하는 공포가 되어 미국인들을 압박했다고 설명한다. 전후 사회적 안정을 무엇보다 갈구했던 미국인들에게 공산주의는 공적 영역에서 전반적인 사회 질서를 도발하는 이념으로서, 동성애는 사적 영역, 특히 사회 안정의 가장 기본적 단위인 가족의 가치를 전복시킬 대체 이념으로서 인식되었던 것이다.[39] 따라서 기독교 우파들은 자신들의 세력 확장에 위협이 되는 이 두 가지 대표적인 요소들을 묶어 낼 논리적 연관성을 모색하게 되었던 것으로 보인다. 만약 레드콤플렉스와 동성애 혐오를 효과적으로 묶어 낼 수만 있다면, 이 둘을 한꺼번에 공공의 적으로 규명해 냄과 동시에 공적 영역과 사적 영역 모두에 자신들의 통제력을 넓힐 수 있는 절호의 기회가 될 것이라고 파악했을 것이다.

미국의 기독교 우파들이 이 두 이데올로기를 결합하기 위해 사용한 전략은 '비미국적인 것'을 '진짜 미국적인 것'으로부터 분리해 내는 것이었다. 냉전 당시 미국 사회에는 '강한 미국인', '강력한 국가'의 정체성을 재건하고자 하는 간절한 열망이 끓어오르고 있었다. 전쟁과 공황에 따른 사회적 불안과 더불어, 당시 루스벨트 대통령의 뉴딜정책(1933~1936)과 함께 성장하던 노동 운동, 여성, 소수민족 세력과 사회주의/공산주의 사상은 미국 보수 세력에게 일찍이 경험하지 못했던 공포였다. 보수 세력들은 이들 신생 사회 세력들을 '비미국적(un-American)'이라 규정하고 이 새로운 움직임에 동참하는 이들을 소연방의 지령을 받은 국내외 공산당원들의 스파이로 몰아갔

---

39 같은 책, 75쪽.

으며, 이들로부터 '진짜 미국인들(real Americans)'을 보호해야 한다고 주장하며 전 국민을 공포와 의심과 히스테리에 빠트렸다.[40] 냉전 시기에 형성된 '진짜 미국'의 가치와 기독교 우파의 가치를 동일시하며 '가짜 미국'을 분리하고 고립시키는 레토릭은 오늘날까지도 기독교 우파들이 가장 선호하는 레토릭이다. 라벤더 스케어는 이러한 기독교 우파들의 전략이 성공적으로 작용했던 대표적인 예라고 할 수 있다. 우파들은 공산주의와 동성애자들이라는 두 주변 세력들을 한꺼번에 묶어 냄으로써 이 두 그룹들이 갖고 있는 부정적인 이미지가 시너지 효과를 일으켜 '부자연스러운 것', '비미국적인 것'에서 더 나아가 '위험한 것'으로 각인될 수 있도록 만들었다. 우파들에 따르면, 동성애와 공산주의는 모두 '진정한 미국적 가치' 혹은 '진짜 미국인'의 라이프스타일과 동떨어진 것이다. 이들은 사회에 이질적인 존재, 사회 안정과 발전에 방해가 되는 존재들이기에 제거되는 것이 옳다. 또한 레드콤플렉스와 동성애 혐오가 합체되면서 발생한 시너지 효과는 사회주의/공산주의 이론과 한 인간으로서 동성애자들이 갖고 있는 존엄성에 대한 일말의 설득력마저 무효화시키며 이 두 그룹을 '정상적인' 사회적 영역에서 고립시켰다. 미국의 전형적인 우파 지식인들은 공산주의가 이념적 정당성을 갖고 대중을 흡수한다고는 전혀 생각하지 않는다. 공산주의자가 되는 원인은 오로지 심리적인 것이다. 슐레진저의 말을 다시 인용하자면, 미국 사회에는 "외롭고 답답한 이들, 기존 사회 질서 내에서 성취하지 못하는 사회적·지적,

---

40 Ellen Schrecker, *The Age of McCarthyism: A Brief History with Documents* (NY: Palgrave Macmillan, 2002); Larry Ceplair, *Anti-Communism in Twentieth-Century America: A Critical Theory* (Santa Barbara, CA: Praeger, 2011)

심지어 성적 요구를 충족시키고자 하는 사람들이 언제나 있다."[41] 이들에게 공산주의는 소속감과 패거리 의식을 제공하고, 그 대가로 충성심을 요구한다. 무기력과 욕구불만에 시달리던 이들에게 분노와 정복심은 삶의 동기를 부여하게 마련이다. 여기에는 어떠한 정치적 정당성도 부여될 수 없다. 동성애도 마찬가지다. 정상적인 성생활에서 만족을 느낄 수 없는 이들이 외로움을 덜고 비정상적인 만족을 추구하기 위해 끼리끼리 자행한 일탈일 뿐이다. 말하자면 미국의 우파들은 동성애와 공산주의를 싸잡아 사회 내 '루저'들의 '하위문화'로 이해한다. 그러나 이 루저들이 끼리끼리 모인다면 문제가 달라진다. 위험하다. '정상인'들, '진정한 미국인'들에 대한 증오와 복수심, 대항문화를 전염병처럼 확산시킬 것이기 때문이다.

기독교 우파들은 공산주의와 동성애가 대표적인 '비미국적인 현상'이라면, 이를 무효화할 수 있는 가장 미국적인 가치와 신념을 기독교가 제공하고 있다고 선전한다. 반공주의와 반동성애를 지침 삼아 '진정한 미국'을 뒷받침할 도덕적 가치와 기독교 신앙의 동일화를 확고하게 다지고 있는 것이다. 가정과 국가에 대한 충성을 강조하는 기독교 우파들의 레토릭에 길들여진 미국인들은 진보적·다원주의적 가치들을 주장하는 '세속' 지식인들, 특히 여성 운동과 동성애 인권 운동을 찬성하는 이들, 비기독교인들, 이민자들이 미국을 신의 축복으로부터 멀어지게 하는 비애국적·비미국적·비도덕적 가치를 선동하고 있다고 간주하기에 이른다. 기독교 우파들은 자신들의 이데올로기에 동조하는 보수적인 공화당 의원들에게 도덕적 정당성을

---

41 Arthur Schlesinger, Jr., *The Vital Center(1949): The Politics of Freedom* (Piscataway, NJ: Transaction, 1997; originally published in 1947), p. 104.

부여했으며, 이 과정에서 공화당과 정치적·경제적 유착 관계를 맺어 로널드 레이건(Ronald Reagan, 1911~2004)을 대통령으로 당선시키는 데 결정적인 역할을 하게 된다. 이로써 재력과 정치력을 손에 쥐고 무시할 수 없는 힘을 행사하는 미국 정치의 실세로 떠오르게 된 것이다.

냉전이 종식된 이후에도 이들의 영향력은 계속된다. 동구권 몰락 이후 미약해진 공산권 대신 '주적'의 자리를 채워 준 것은 이라크와 아프가니스탄을 위시한 소위 '이슬람 세력'들이었다. 2000년 이후에 다시 강력하게 득세한 근본주의자들은 냉전 시기와 마찬가지로 '진짜 미국인,' '미국적인 가치', '애국주의'를 기독교와 동일화하며 자신들의 위치를 미국의 가장 중심부에 설정한다. 특히, 9·11 사태는 기독교 우파들이 자신들의 세력을 재정비하는 데 결정적인 영향을 끼쳤다. 공공연하게 자신이 기독교 신앙의 수호자임을 밝히는 조지 W. 부시(George W. Bush, 1946~)는 9·11 이후 패닉 상태에 빠진 미국인들에게 다시금 미국의 건국신화를 상기시키며, '신의 선택으로 세워진 미국에 도전하는 세력은 악의 축'이라 규정한다. 미국의 특수성과 위대함을 강조하며 미국을 '세계평화의 수호자'로 신이 선택했다는 선민주의를 종교적으로 합리화했던 것이다.[42] 최근 미국의 근본주의는 문제적 인물 도널드 트럼프(Donald Trump, 1946~)의 대통령 당선으로 엄청난 저력을 증명했다. 트럼프의 대권 저변에는 바로 이 미국 중심주의가 있다. 트럼프가 반복적으로 강조하듯, 우파 세력은

---

42 9·11 이후 미국 기독교 우파의 행보에 관해서는 Mark Lewis Taylor, *Religion, Politics, and the Christian Right: Post-9/11 Powers in American Empire* (NY: Fortress Press, 2005) 참조.

이러한 '미국적인 것'에 동조를 하지 않는 이들은 애국심이 없는 테러 옹호자로 취급한다. 마치 냉전 시기 동성애자들을 비롯한 사회의 약자와 주변인들이 공산주의자와 내통하고 있는 것으로 혐의를 뒤집어씌웠듯 말이다.[43] 이렇듯 미국의 라벤더 스케어는 좀 더 다양한 가면과 레토릭으로 치장하여 오늘날에도 여전히 영향력을 발휘하고 있다.

'색'과 '계': '종북 게이'와 라벤더 스케어, 차별금지법 반대 투쟁, 그리고 어떤 징후

닮은 듯 다른 듯한 두 가지 버전의 반공주의와 동성애 혐오의 조합, '종북 게이'와 라벤더 스케어의 비교는 무엇을 시사할까? 한국의 기독교 우파는 종주국인 미국의 기독교 우파를 벤치마킹하며 이제껏 성장해 왔다. 최대광은 기독교 뉴라이트의 형성과 활동을 주목하며, 한국의 기독교 우파가 미국의 우파와 유사한 방식으로 우익적 정치 현상을 만들어 내고 정치 참여에 근거한 '근본주의' 기독교를 양산하고 있다고 말한다.[44] 따라서 미국 기독교 우파가 반공주의와 동성애 혐오를 지렛대 삼아 공포를 확산하여 대중의 심리를 장악하는 데 성공하는 것을 보고 배운 한국의 기독교 우파들이 자신들이 세력을 확

---

43 Didi Herman, *The Antigay Agenda: Orthodox Vision and the Christian Right* (Chicago, IL: University of Chicago, 1997), p. 26.
44 최대광, 「한국과 미국의 기독교 근본주의에 대한 비판과 성찰」, 제3시대그리스도교연구소 132차 월례 포럼, 2010. 6. 28 참조.

장하는 방식으로 이 기술을 활용했으리라는 것은 쉽게 짐작할 수 있다. 실제로 라벤더 스케어의 확산 과정과 종북 게이의 탄생 배경에는 많은 부분 유사점이 존재한다. 우선, 근거 없는 의혹 제기로 시작해 정치 이데올로기로 확대되었다는 점, 둘째, 사회의 신생 세력에 대한 견제, 또는 변화하는 사회에서 기득권을 잃을지 모른다는 두려움을 반영하고 있다는 점, 셋째, 사회의 변두리, 혹은 우파들이 생각하는 사회 전반의 이념에 반(反)하는 그룹들—동성애자, 여성주의자, 이민자(이주노동자), 타 종교인(이슬람교도)—을 주요 타깃으로 삼아 타자화하고 있다는 점 등이다.

종북 게이, 라벤더 스케어, 그리고 우리 사회의 '타자'

나는 '종북 게이'와 '라벤더 스케어'가 보여주는 유사성 가운데서, 특히 세 번째, 양국의 기독교 우파들이 타자의 범주를 만들고 공격하는 방식에 주목하고 싶다. 사회의 소위 '주류'에서 벗어나는 이들을 구분하고 범주화하고 고립시키는 기독교 우파들의 고전적인 전략들이 사회의 다른 이데올로기와 결합하여 성장하는 일종의 '진화'적 측면이 '종북 게이'라는 단어를 통해, 넓게는 차별금지법 반대 투쟁을 통해 드러나고 있기 때문이다. 라벤더 스케어를 통해 미국의 기독교 우파들이 미국 사회의 타자, 즉 동성애자들을 공산주의와 묶어 부자연스럽고 불쾌하고 비미국적인 것으로 이미지 메이킹하는 데 성공했던 전례는, 한국의 기독교 우파들의 차별금지법 반대 투쟁에서 답습되고 있다. 종북 게이라는 신조어가 압축적으로 표현하듯, 우파들은 차별금지법 반대 투쟁을 통해 자신들의 신념과 가치에 반하는 것을 부자연스러운 것으로, 불쾌한 것으로, 한국 사회에 이질적인 것으로 선동하고 있다. '라벤더 스케어' 현상과 '종북 게이'라는 단어는 양국의 기독교 우파들이 사회의 중심과 주변을 끊임없이 구분하며, 자신들이 생각하는 '미국적인 것', 혹은 '한국적인 것'의 가치와 라이프스타일을 끊임없이 주입함과 동시에 대안적 이념과 가치 체계를 무력화하려는, 그리하여 사회 여론이 형성되는 지점으로부터 도태시키려는 시도를 보여준다. 이들 우파들이 각각 '미국적인 것', '한국적인 것'으로 규정하고 있는 것은 그들의 뇌리에 각인되어 있는 과거의 영광이다. 미국의 우파들에게는 와스프(WASP)들이 정착하여 정복하고 약탈했던 건국신화에 대한 향수가, 한국의 우파들에게는 무서운 속도로 팽창하고 부흥하던 1970년대 산업화의 시대, 독재의 시대, 반공의 시대에 대한 향수가 아직도 살아남아 현실을 지배하고 있는 것이다. 물론 이 향수의 이면에는 자리 잡고 있는 것은 '욕망'이다. 고정된 과거로 회귀하여 과거의 가치를 복원함으로써 기득권을 회복하고자 하는 욕망, 자신들을 보수적인 사회 질서를 수호하도록 신의 소명을 받은 파수꾼으로 표현하여 보수 세력 내 입지를 확고히 하고자 하는 그 욕망이다.

 사실 타자를 배제하고 억압하는 방식으로 자신의 정체성을 형성하는 전략은 기독교 전통에 매우 익숙하다. 기독교는 탄생 초기부터 이단을 생산하고 배제하여 자신의 정통성을 규명해 왔다. 종북 게이는 이러한 '전통적인' 기독교의 타자 의식이 교회를 벗어나 사회로 확장되어 다른 보수 이데올로기들과 결합하는 예를 보여준다. 문제는 기독교 우파들의 이러한 습관적 타자화가 2017년 한국 사회에 어떤 영향을 불러일으킬 것인가이다. 한국 사회 전반적인 분위기와 화학작용을 일으킬 여지가 있는가 없는가의 여부에 따라 '종북 게이'가 보여주는 사례는 그저 해프닝이 될 수도, 혹은 사회 전반의 보수화와 시너지를 형성해 확산될 수도 있다. 유감스럽게도, 내게는 '종북 게이'의 탄생이 우발적인 사건으로 보이지 않는다. 더구나 차별금지법 반대 투쟁을 통해 노골적으로 드러나고 있다는 점에서 굉장한 징조라고 여겨진다. 말하자면, '종북 게이'라는 신조어는 얼마든지 다른 얼굴로 대체되어 좀비처럼 질기게 살아남아 사회 주변부의 다른 그룹들을 덮칠 수도 있다는 것, 아니 이미 시작되었다는 것이다.

2000년대 들어 빠르게 확산되고 있는 이슬람포비아(Islam phobia)와 이주민들에 대한 혐오를 예로 들 수 있다. 특히, 기독교 우파들의 차별금지법 반대 투쟁은 이슬람교에 대한 배척을 노골적으로 포함하고 있다. 이용희 에스더기도운동 대표(차별금지법 반대 범국민연대 공동대표)는 『뉴스앤조이』에 기고한 글에서 차별금지법이 통과되면 "이슬람교의 테러와 폭력, 여성 인권 유린(명예살인, 검은 베일을 온몸에 감고 다님, 한 남자가 네 명의 아내를 소유함)에 대해 부정적인 말을 할 경우, 처벌을 받을 수 있다."고 주장했다.[45] 기독교 우파들이 공식화하고 있는 '이슬람 선교 전략'들은 흥미롭게도 이슬람교에 대한 종교적 차원의 비판이 아니라 이슬람교가 어떻게 국가를 혼란시키고 패망에 이르게 하는가에 대한 일종의 시나리오들이 대부분이다. 이슬람포비아를 유포시키는 기독교 우파들에게 이미 기독교적 가치관과 국가의 가치관은 동일하게 인식되어 있는 것이다. 이슬람포비아는 한국인의 독특한, 그러나 근거 없는 '순혈주의'와 관련되어 있다는 점, 한국

---

45 김동수, 「차별금지법안……통과돼도 교회 안 망해」, 『오마이뉴스』, 2013. 4. 13. (http://m.ohmynews.com/NWS_Web/Mobile/at_pg.aspx?CNTN_CD=A0001854263#cb)

기독교 우파들의 종주국인 미국과 첨예한 긴장 관계를 갖고 있다는 점을 볼 때 동성애 혐오보다 어쩌면 더 폭력적인 파급력을 내재하고 있다. 또한 동남아 지역 국가에서 이주해 온 노동자들과 조선족 노동자들에게 대한 혐오 또한 이슬람포비아와는 다른 형태이지만 동일한 맥락에서 이해될 수 있다. 피부색, 언어, 종교, 문화가 다르다는 이유로 이들에게 자행되는 폭력은 우리 사회에 내재하는 '비한국적'인 것에 대한 타자화와 혐오를 단적으로 드러낸다. 기독교 우파들은 종종 강압적인 방식으로 이들에게 근본주의적 신앙을 주입하고 '개종'시킴으로써 이들을 '우리들', '형제자매들'의 범주에 포함시킨다. 이때 개종이란 복음을 받아들이고 기독교인이 된다는 것을 뛰어넘어, 자신들의 문화적·도덕적 가치를 완전히 포기하고 기독교와 한국의 문화와 도덕적 가치로 전향하여 새사람이 된다는 것, 따라서 근본주의자들이 믿는 진정한 '복음국가' 대한민국의 일원으로 다시 태어난다는 것을 의미한다. 이를 거부하는 이주민들은 주지하다시피 범죄자, 살인자, 사회 위협 세력으로 너무도 쉽게 낙인찍힌다.

타자화와 전체주의의 확산, 그리고 '종북'

더욱더 우려가 되는 것은 기독교 우파들이 유포시키고 있는 타자에 대한 습관적인 배척과 혐오가 종교적인 성격을 사상한 채 비기독교인 대중들이 갖고 있는 각기 다른 형태의 보수 이데올로기들과 결합하여 우리 사회의 전체주의적 성격을 강화하고 있다는 것이다. 정치 철학자 한나 아렌트(Hanna Arendt, 1906~1975)는 자신의 책『전체주의의 기원(The Origins of Totalitarianism)』(1951)에서 전체주의를 독재자에 의한 단순한 압제와 구분한다.[46] '독재'가 쿠데타 등의 방식을 통해 경쟁자를 무력으로 제압하고 군, 경, 언론 등 권력을 유지하는 데 필요한 기관과 제도를 장악하는 일종의 체제를 묘사하는 말이라면, 전체주의는 특정한 체제뿐 아니라 대중의 이데올로기를 장악하는 상황을 묘사하는 말이다. 물질적 기반과 정신적 지향을 상실하고 일탈 상태에 놓인 대중들은 자신이 어디에도 소속되어 있지 않으며 무능력할 뿐이라는 의식을 갖게 된다. 이를 방치할 경우에는 신체적·정신적 자살 충동으로 이어지게 되지만, 만약 그 모든 비참함의 원인이 외부에 있다고 지적하고 그를 극복할 해법까지 제시해 주는 특정한 이념과, 그 이념을 운동으로 전화하는 지도자가 등장할 경우, 특정한 목표를 향해 광적으로 질주하는 폭력적 대중으로 바뀐다. 아렌트의 분석은 이명박 정권에서 박근혜 정권으로 이어지며 가속화하고 있는 대중의 정치적 무관심, 상실감과 무기력증이 젊은 층들을 중심으로 '일베'를 비롯한 극우적 성향의 온라인 테러들로 바뀐 현상을 설명한다. 온라인에 머물던 이들 테러리스트들은 점차 오프라인으로 넘어와 실질적 폭력을 행사하고 있다.

    아렌트는 전체주의 사회를 지탱하고 유지하는 대중의 기본적인 사고방식에 대해서도 흥미로운 분석을 제시한다. 아렌트에 의하면, 전체주의 사회는 지도자를 중심으로 양파처럼 층위를 이루고 있다. 이러한 전체주의 사회의 각층을 지배하는 사고방식은 맹신과 냉소이다. 사회의 외곽으로 갈수록 무조건적 추종을 맹세하는 맹신이, 내부로 들어올수록 냉소가 확산된다. 내부, 즉 지도자의 측근들은 전체주의를 지탱하는 이념이 허구라는 것을 알고 있다. 그러나 정치

---

46 한나 아렌트, 이진우·박미애 역, 『전체주의의 기원』, 한길사, 2006.

란 원래 속고 속이는 것이 기본이라는 냉소주의를 공유하며 지도자의 거짓말에 편승한다. 맹신과 냉소를 통해 형성된 전체주의 사회에서는 경험적 사실이 뒷받침된 논리적·이성적 사고가 대안 이론으로 제시될 수 없는 까닭이 여기에 있다. 전체주의를 뒷받침하는 이념은 합리성을 요구하지 않는다. 짧고, 간결하고, 자극적이며 명쾌하여 쉽게 반복이 가능할수록 유리하다. 전체주의 문제는 사고의 내용이 아니라 사고의 부재, 즉 합리적 사유가 불필요하거나 방해가 된다는 인식이다.

이러한 전체주의 조직 혹은 사회의 결속을 강화하는 강력한 기제는 이념에 의해 규정된 '객관적 적(敵)', 요즈음 우리 사회로 말하자면 '종북'이다. 지도자의 이념에 반하는 이들, 혹은 완전히 배제되고 배척되어도 좋을 만한 범주에 속하는 이들은 모두 공공의 적으로 분류되어 테러의 대상이 된다. 우리 사회를 예로 들자면 이반인, 이슬람교도, 이주민 노동자, 계약직·일용직 노동자, 성매매 여성 등이 될 것이다. 우파들은 이들을 각기 다른 형태의 교집합들을 공유하는 사회 불안 세력, 혹은 사회의 근간과 도덕적 가치를 훼손하는 세력으로 분류하며, 이들에 대한 폭력을 사회적으로 용인하는 발언을 서슴지 않는다.

아렌트가 묘사한 전체주의 조직 혹은 사회의 특징은 작게는 개신교와 가톨릭을 포함한 기독교 내부와, 크게는 이명박-박근혜 정부로 이어졌던 대한민국 사회 전체와 징그러울 정도로 닮아 있다. 특히, 박근혜 정부는 지지율을 뒷받침했던 맹신적 추종 세력은 뿌리 깊은 한국 사회의 한 단면을 보여준다. 비록 박근혜 정부의 몰락으로 지금은 그 저력을 잃었지만, 한국 사회의 전체주의적 성격은 반공주의와 군국주의, 그리고 '종북' 이데올로기를 바탕으로 부활할 수 있다. 꾸준히 인기를 얻고 있는 군대 관련 TV 예능과 영화 등은 이 보수주의가 얼마나 감각 있게, 여유 있게 그리고 설득력 있게 자신들의 이데올로기를 유지하고 있는가를 보여준다. 이제 대중에게 군사문화는 친화력 있고 신뢰감 있고 강하고 재미있기까지 한 트렌드다. 물론 이 이면에는 군사문화가 표방하는 가치에 위배되는 모든 집단과 가치들은 불편한, 불필요한, 복잡한, 위협적인 이적성을 가진 것들로 확고하게 각인되고 있다는 것을 잊지 말아야 할 것이다.

이러한 한국 사회의 전체주의 강화에 기독교 우파는 사회 내부와 주변을 분주하게 오가며 타자들을 색출하고, 그들에 대한 배척을 정당화하는 역할을 충실하게 수행하고 있다. 이 과정에서 그들이 보여주고 있는 다른 보수 이데올로기들과의 연합은 너무도 자연스럽다. 예를 들어, 일베 현상으로 대변되는 전위적 보수층과 기독교 우파는 분명 동상이몽을 하고 있지만, 큰 무리 없이 잠정적 연대 관계를 형성하며 한국 사회 보수주의와 전체주의 강화에 공통으로 기여하고 있다. 이들 서로 다른 우파 집단들이 형성하는 시너지를 통해 한국 사회 보수 이데올로기는 효과적이고 광범위하고 신속하게 사회 각계각층의 대중들에게 꾸준한 영향력을 행사하고 있다. 차별금지법 반대 투쟁은 바로 기독교 우파와 다른 보수 이데올로기들의 연합이 어떻게 영향력을 넓히고 상호 협조하는가를 보여준다. 따라서 차별금지법 반대 투쟁을 그들이 늘 해오던 행각일 뿐이라, 시대착오적 퇴행일 뿐이라 간과한다면 기독교 우파들의 행보와 향후를 분석할 기회를 놓치게 될지도 모른다. 내 생각에 기독교 우파들은 내용적으로 퇴행하고 있으나 형식적으로는 진화하고 있다. 이제껏 기독교 우파들이 독보적으로 우파의 대변인 노릇을 해왔다면, 이후에는 다른 보수 이데올로기들과 연대하고 그들을 견인하고 그들에게 도덕적 정당화를 부여하는 큰형님의 역할을 하게 될지도 모른다. 그 과정에서 기독교 우파들은 또 수많은 이들을 '타자화'의 잣대에 놓고 심판할 것이며, 이익 여부에 따라 그들을 '우리'로 포섭할지 '적들'로 밀어낼지 나름의 신학적 논리를 고민할 것이다. 때로는 공격적으로, 때로는 부드럽고 감각적으로 타자들에게 '색'을 입히고 '색'을 어떻게 이용할지 '계'를 구상하면서 말이다.

그 많던 '부랑아'는 다 어디로 갔을까?[*][1]

잔여주의[2]적 복지 체제 형성과 기독교 외원 단체의 연관성 탐구

유승태

들어가며

우리의 기억 속에는 특정한 시기에만 존재했던 인물들이 있다. 우리는 그를 떠올리며 과거에 대한 아련한 향수를 느끼기도 하고, 때로는 그 인물과 관계된 일이 지금은 반복되고 있지 않다는 사실에 안도하기도 한다. 이처럼 과거의 인물이 현재로 호출될 때 그는 무미건조한 '객관적 실체'가 아니라 기억하는 이의 감정이나 정서와 결코

---

[*] 이 글은 '한국 사회 보수주의 형성과 그리스도교' 포럼(2011. 5. 30.)에서 「그 많던 '부랑아'는 다 어디로 갔을까?—한국 사회의 형성과 기독교 복지의 연관성에 대한 시론」이라는 제목으로 발표되었던 원고를 부제를 바꾼 후 그에 맞춰 대폭 수정·보완한 것이다.

[1] 소설가 박완서는 『그 많던 싱아는 누가 다 먹었을까』라는 제목의 소설에서 자신의 과거를 회상하는 형식을 빌려 한국 현대사에 대한 스케치를 담아냈다. 이 소설의 '기억하기' 방식에 착안해 이 글의 제목을 붙이게 되었음을 밝힌다.

[2] 사회복지 혜택을 받을 수 있는 대상자를 빈민이나 저소득층으로 제한해야 한다는 주장. 국가의 개입과 역할을 최소 수준으로 제한하는 대신에 가족과 공동체, 시장의 역할을 강조한다. 시장 중심의 시혜적 조치를 옹호하는 입장이다.(편집자 주)

분리할 수 없는 주관적이고 특별한 인물로 기억 속에 등장한다. 그런데 때로는 이 기억 속 인물이 자신만의 고유한 이름을 갖고 있는 것이 아니라 어떤 집단 또는 이름 없는 어떤 이를 가리키는 '보통명사'로 불리기도 한다.

이 글에서 관심을 두고 있는 '부랑아'라는 대상이 바로 그런 경우라 할 수 있다. 기독교 복지에 대한 관심 때문에 기록을 찾던 중 부랑아라 불린 존재가 특정한 시기에 여러 공식 기록에 범람했다가 점차 사라져 갔다는 사실을 알게 되었다. 그리고 이들을 일컫는 다른 호칭은 '고아'였다는 점에서 나의 국민학교(지금의 '초등학교') 시절 아련한 기억을 떠올리게 되었다. 그때만 해도 같은 반에 고아원 출신 아이들이 한두 명씩은 꼭 있었기 때문이다. 또한 이 부랑아들이 넘쳐 났던 시기와 이들의 연령을 근거로 추론해 보면 이들은 지금 70~80세 할머니, 할아버지에 해당된다. 그렇다면 이들은 나의 아버지와 비슷한 시기 또는 그 이후에 출생한 이들이라는 것인데, 이 사실을 알고 나니 이들에 대한 흔적을 찾는 과정은 과거에 아버지가 쓴 국민학교 시절 일기장을 우연히 발견했을 때처럼 나를 들뜨게 만들기도 했다.

그런데 부랑아의 또 다른 이름이 고아였다는 점은 고아원과 이를 운영하던 '목사님'에 대한 기억을 떠올리게 했다. (비교적 매우 최근까지) 과거에는 고아원을 비롯한 아동복지 시설 중 직간접적으로 기독교(특히 개신교) 배경을 가지고 있던 곳이 많았고, 이러한 사실을 근거로 내 기억이 형성되었기 때문일 듯하다. '고아-고아원-목사님'을 한 통속으로 기억하는 방식은 나와 비슷한 세대, 또는 그 이전 세대에게는 상당히 익숙하지 않을까 생각한다.

바꿔 말하면, '복지'와 '기독교'를 연결 짓는 사고방식이 사회적 통념에 가까웠다는 것이다. 실제로 한국전쟁 이후 가장 중요한 사회문제는 전쟁고아 문제였다고 해도 과언이 아닌데, 당시 기독교 배경을 가진 외국 민간 원조 단체(이하 '외원 단체')의 원조와 구호 활동은 국가복지가 거의 영에 가까운 시기에 존재하던 유일한 구제 방편이었다. 이때 '고아'란 부모와 사별했다는 문자적인 의미에서의 고아만이 아니라 붕괴된 가정 밖으로 내몰린 모든 아동·청소년을 아우르는 용어였다는 점을 돌이켜 본다면, 고아 구제를 위해 활동한 기독교 배경의 외원 단체는 한국전쟁 이후 한국 사회의 유일한 복지 공급자였다고도 볼 수 있다. 이러한 조건이 아동복지 분야에서 타 종교 또는 종교적 배경이 없는 시설에 비해 기독교 배경의 시설이 월등히 많게 된 '역사적 경로'를 형성해 왔다. 그러니 우리의 흔한 기억 속에서 기독교와 아동복지 시설이 자연스럽게 연결되는 것은 지극히 당연한 일이다.[3]

그런데 부랑아와 고아가 같은 역사적 실체를 지칭하고 있다 할지라도 이 실체를 기억하는 이가 누구인가에 따라 선택하는 용어가 달라진다는 것을 알 수 있었다. 예를 들어, 1922년에 출생한 필자의 할

3   이혜경(「경제 성장과 아동복지」, 『신학논단』 20, 1992, 277쪽, 〈표15〉)에 따르면, 1991년 당시 139개의 아동복지 시설 중 21.6%가 1950년대 이전, 56.1%가 1950년대, 17.3%가 1960년대에 설립되었다. 이를 통해 아동복지 시설의 73.3%가 1950~1960년대에 설립되었음을 알 수 있다. 그리고 최원규(「외국 민간 원조 단체의 활동과 한국 사회사업 발전에 미친 영향」, 서울대학교 박사 논문, 1996, 59쪽)에 따르면, 해방과 한국전쟁 이후 내한한 외원 단체의 76.9%가 기독교 배경(개신교 49.7%, 가톨릭 27.2%)을 갖고 활동했다. 본론에서 더 상세히 다루어지겠지만, 1950~1960년대 외원 단체의 주요한 활동은 시설 구호에 집중되었으며, 이들이 지원했던 시설의 90%가량은 아동복지 시설이다. 이 두 연구에서 밝힌 통계를 연결해 본다면, 한국 사회에서 기독교와 아동복지시설이 자연스럽게 연결되어 이해되는 이유를 쉽게 알 수 있을 것이다.

머니에게 부랑아에 대한 기억이 있는지 물었을 때, 할머니는 그 용어의 의미를 이해하지 못하셨다. 그래서 용어를 바꿔서 "당시 길거리에 나이 어린 거지가 많았나요?"라고 묻자, 필자가 알고 있는 부랑아에 대한 정보와 일치하는 이야기를 들을 수 있었다.

짐작컨대, 필자의 할머니와 같은 대다수의 평범한 사람들에게 당시 범람했던 부랑아와 고아는 그저 '어린 거지'로만 인식되었을 듯하다. 그렇다면 당시 부랑아나 고아라는 보통명사는 누구의 용어였으며, 그 용어에서 우리는 당대의 어떤 정서를 읽어 낼 수 있을까? 그리고 여기에 담긴 주체의 '시선'은 이들 아동들에게 어떤 현실적 효과로 다가왔을까? 이 질문에 대한 답은 부랑아가 '불량아'와 동일시되면서 사회 문제로 등장했던 과정을 추적하며 찾을 수 있을 것이다. 그리고 부랑아라는 용어가 사용된 맥락을 추적함으로써 잔여주의(殘餘主義)적 복지 체제의 형성을 가능케 했던 정부–사회 관계의 양상을 포착할 수 있을 것이다. 이어지는 네 개의 절에서는 이 과정을 살펴보고자 한다.

그리고 기독교 배경의 외원 단체는 전후 사회 문제에 개입하는 과정에서 돌봄이 필요한 아동·청소년을 부랑아가 아닌 고아로 명명하는 담론 전략을 펼쳤다. 당연히 자신들이 구호하는 아동·청소년과 대면해야 하는데, 당시 '예비 범죄자'를 뜻하던 '부랑아'라는 부정적인 이름으로 이들을 부를 수는 없었을 것이다. 그러나 고아라는 호명은 단순히 부정적 이름 짓기를 회피한 것만이 아니라 기독교 배경의 복지 공급자들이 구호가 필요한 아동·청소년에게 제공했던 복지 서비스의 방향을 담고 있다. 부랑아들은 외원 단체의 구호 활동 속에서 '떠돌이(vagrant)'에서 '부모 없는 아이(orphan)'로 전환되어야만 구호를 받을 수 있었다. 이 글의 후반부에서는 전후 사회 문제에 대한 가장 중요한 해결자 역할을 담당했던 기독교 외원 단체의 활동을 추적하고, 이들은 어떤 구조적 조건 속에서 활동했으며, 이들의 활동은 부랑아 문제의 해결에 어떤 효과를 발휘했는지 탐색하고자 한다.

'부랑아'라는 사회 문제의 등장

1930년대부터 1970년 초까지 한국 사회는 0~14세의 유년인구가 인구의 절반 가까이를 차지하던 시기였다. 길에서 볼 수 있는 사람의 둘 중 하나는 아이였다는 것이다. 유년인구 비율은 〈표1〉과 같이, 일제강점기부터 한국전쟁을 거쳐 군사정권에 의한 공업화 시기에 이르기까지 우리가 흔히 한국 현대사에서 가장 험난했던 때로 기억하는 약 40년 동안 40%를 넘어서는 가장 높은 수치를 기록하고 있다. 그런데 전쟁이 끝나고 1955년부터 베이비붐 현상이 나타났다는 통설을 염두에 두고 본다면, 다소 의아한 수치가 아닐 수 없다. 〈표1〉의 'A-B 격차' 항목에서 마이너스(-) 값은 유년인구의 증가율이 전체 인구증가율을 넘어서는 것을 의미하는데, 한국전쟁 이전에 이미 마이너스 값을 보이고 있기 때문이다. 이는 일제강점기에 이미 유년인구의 급격한 증가가 시작되었다는 것을 뜻한다.

그리고 1949년과 1955년에는 전체 인구가 크게 감소했음에도 유년인구의 비율이 여전히 41%를 넘는 것으로 나타난다. 이 수치가 가리키는 당시의 사회상은 무엇일까? 통계만으로는 명확히 드러나지

〈표1〉 연도별 유년인구 추이

연도	총인구		유년인구수(0~14세)		유년인구 비율	A-B 격차
	(단위: 1,000명)	증가율(A)	(단위: 1,000명)	증가율(B)		
1930	20,438		8,160		39.93%	
1935	22,208	8.66%	9,090	11.40%	40.93%	-0.03
1940	23,457	5.62%	9,856	8.43%	42.02%	-0.03
1944	25,120	7.09%	10,850	10.09%	43.19%	-0.03
1949	20,167	-19.72%	8,392	-22.65%	41.61%	0.03
1955	21,502	6.62%	8,865	5.64%	41.23%	0.01
1960	24,989	16.22%	10,717	20.89%	42.89%	-0.05
1966	29,160	16.69%	12,683	18.34%	43.49%	-0.02
1970	31,435	7.80%	13,241	4.40%	42.12%	0.03
1975	34,681	10.33%	13,285	0.33%	38.31%	0.10

자료: 경제기획원 조사통계국, 『한국의 사회지표』, 1979, 39쪽, 6. 총부양비 항목의 인구수를 근거로 재구성함.[4]

않지만, 한국전쟁 직후의 사회상에 대해 약간의 지식만 있다면 그 답은 쉽게 알 수 있다. 전쟁 전에 증가한 평범한 아이들이 전후에는 '고아', '미아', '기아' 등 특수한 신분으로 바뀌어 한국 사회에 범람하게 되었던 것이 이 통계의 실상이다. 그리고 이들은 가정이라는 보호막 밖으로 떠밀려나와 주로 거리를 떠돌며 '부랑아'로 불렸다. 통계에는 14세 이하의 유년인구만 나타나 있지만, 18세 이하 청소년까지 포함한다면 전후 길거리 풍경은 '길에서 만나는 둘 중 하나가 아이'라는 데 더해, 이들 중 상당수가 부랑아였을 것이라는 추측이 가

---

[4] 1949년 이전 통계가 한반도 전체 인구를 집계한 것인지, 남한만을 집계한 것인지는 확인할 수 없었다. 한편, 2008년 당시 유년인구의 비율이 전체 인구의 17.4%인 것과 크게 대조된다.

능하다. 그렇다면 이들 부랑아는 전후 한국 사회를 이해하는 데 필수적인 중요 행위자들이었다고 말하는 것도 가능하지 않을까? 아니, 반드시 그랬어야 하는 것이 아닐까?

그러나 수적 우위에도 불구하고 이들은 사회적으로 중요한 발언권자나 능동적 주체가 될 수는 없었다. 부랑아는 권력의 시선에 의해 '사회 문제'로 포착된 존재였다. 이들에 대한 부정적 호명이 동반되는 한 이들은 정상적인 사회 구성원으로서의 자격을 애초에 상실한 대상으로 취급될 수밖에 없었다. 그렇다면 이들 부랑아에 대한 부정적 인식은 어떻게 형성되었으며, 그 현실적 효과는 무엇이었을까?

사실 부랑아라는 대상이 한국전쟁 이후에 처음 등장한 것은 아니다. 거리를 떠도는 아동들이 급격히 증가하며 '사회 문제'로 부각되기 시작한 것은 일제강점기였던 1920년대부터이다. 부랑아가 급격히 증가한 요인으로 먼저 일제강점기의 사회 경제적 구조 변동에 따른 지리적 이동을 들 수 있다. 1910년대 토지조사사업과 1920년대 산미증식계획의 실시로 농가의 위기가 발생하면서 이농인구가 급증했는데, 이들은 서울을 비롯한 대도시로 몰려들어 도시 빈민화되면서 사회적 위협으로 인식되기 시작했다.[5] 그런데 이때 증가한 도시 인구의 연령층은 유년인구에 집중되어 있다는 특징이 있다. 가령, 1915~1935년까지 증가한 경성부 인구의 연령층은 10~14세에 집중되어 있다.[6] 때문에 성인층 이농인구의 빈곤과 실업, 부랑뿐만이

---

5 김경일, 「일제하 도시 빈민층의 형성―경성부의 이른바 토막민을 중심으로」, 『사회와 역사』 3, 1986, 203~257쪽.
6 소현숙, 「경계에 선 고아들―고아 문제를 통해 본 일제 시기 사회사업」, 『사회와 역

아니라 거리를 떠도는 부랑아들이 중요한 사회 문제로 부각되기 시작했다.

부랑아 증가의 두 번째 주요 요인으로 전통적 복지 공급자의 축소를 들 수 있다. '요(要)보호아동'의 구호를 담당하던 국가, 친족, 마을 공동체 등 전통적인 가족 중심적 복지 체계의 주체들이 일제강점기를 거치면서 해체되거나 제 기능을 할 수 없게 되었다. 그리고 보호자가 없는 아동을 누가, 어떻게 '보호'하고, '선도'할 것인가가 사회 문제로 떠오른 것이 근대적 사회사업의 출발점이 되었다고 할 수 있다.[7]

한편, '부랑자' 또는 '떠돌이'라는 존재 방식에 거부감을 느끼며 타자화하는 '사회적 시선'이 등장하게 된 것도 일제강점기였다고 볼 수 있다. 한 연구에 따르면,[8] 이러한 사회적 시선의 등장은 초기 식민 정부가 구지배층을 해체하고 조선인의 집단적 저항 가능성을 원천적으로 차단하고자 했던 담론 전략과 관련이 있다. 식민화 초기의 부랑자 표상은 주로 구지배층 청년기 자제들의 방탕함을 공격하기 위한 것이었는데, 이때 '심약함', '무절제', '부도덕', '위험함', '신뢰할 수 없음' 등의 부랑자 표상이 형성되었다는 것이다. 그리고 이 표상은 1920년대에 범람한 빈곤층 부랑아의 '불법성' 표상과 결합하면서 지금의 의미로 정착되었다고 한다.

또한 부랑아를 비롯한 사회적 약자들에 대한 '잔여주의적 시각'

사』 73, 2007, 107~141쪽.
7 소현숙, 「경계에 선 고아들—고아 문제를 통해 본 일제 시기 사회사업」, 『사회와 역사』 73, 2007, 108쪽.
8 유선영, 「식민지의 스티그마 정치—식민화 초기 부랑자 표상의 현실 효과」, 『사회와 역사』 89, 2011, 41~84쪽.

이나 '추방과 격리'라는 처분 방식의 원형이 형성된 시기 역시 일제강점기이다.

일제가 1944년에 제정한 공공부조제도인 조선구호령은 보호 대상을 '65세 이상 노인, 13세 미만 아동, 6세 이하 자녀를 부양하고 있는 여자, 난치병 환자, 분만개조(分娩介助)를 필요로 하는 임산부, 정신적·육체적 결함이 있는 장애자'로 매우 편협하게 설정하고 있다. 조선구호령은 일본에서 1932년 1월 1일부터 실시되었던 구호법의 전문(32조)을 가져와 1944년 3월 1일 조선에서 그대로 공포한 것이다. 이 제도는 빈곤과 실업 문제가 20년 넘게 지속된 이후 뒤늦게 도입된 것인데다, 일제가 곧 패망하면서 실제로 시행되지도 못했다.[9]

그러나 보호 대상 기준을 극도로 제한한 이 공공부조제도는, 빈곤과 실업 등의 사회 문제로 인해 보호 대상의 범위와 필요한 보호 규모가 과거에 비해 확대되었는데도 이를 '일부' 경제적 무능력자의 문제로 처리하려 했던 일제의 입장을 일관되게 보여주고 있다. 이와 같은 기준과 입장은 1961년 군사정부에 의해 제정된 생활보호법에서 거의 차이가 없이 수용되면서 일제강점기에 형성된 사회적 약자에 대한 잔여주의적 정책 경향성을 지속하게 된다.[10] 그리고 1961년 12월 30일에 아동복리법을 제정하면서 아동을 보호하기 위한 독립된 법률이 처음으로 생겼지만, 그 기본 관점이 '요보호아동'만을 위한 잔여주의적 입장을 유지하고 있다는 점에서 조선구호령을 그대

---

9 김정현, 「한국 영·유아 보육행정의 인식과 대응—2004년 영유아보육법 전문 개정을 중심으로」, 『복지행정논총』 14/2, 2004, 4쪽.
10 생활보호법의 보호 대상(제3조)은 65세 이상의 노쇠자, 18세 미만의 아동, 임산부, 불구, 폐질, 상이 기타 정신 또는 신체의 장애로 인하여 근로 능력이 없는 자, 기타 보호 기관이 인정하는 자가 해당되었다.

로 계승하고 있다고 볼 수 있다.

일제강점기 사회적 타자들에 대한 더 일반적인 처분 방식은 보호 대상자에 대해 물리적 경계를 설정함으로써 이들을 사회 밖으로 내모는 것이었다. 일제는 나병환자를 수용 시설에 강제 수용하는 '절대적 격리 방식'을 써서 도시 밖으로 밀어냈다.[11] 도시 빈민인 '토막민(土幕民)'도 주거지가 강제 철거되고 도시 외곽의 수용지로 강제 이주당했다.[12] 부랑아 역시 도시 밖으로 추방당하는 행정처분을 받거나 감화원[13]과 같은 시설에 격리·수용되었다. 부랑아가 사회 문제로 부각되면서 독지가나 선교사들이 설립한 고아원 등의 민간 수용 시설이 증가하기도 했으나, 이들을 모두 수용하기에는 그 수가 절대적으로 부족했다. 또한 일제강점기 말로 갈수록 일제의 적극적인 개입으로 민간이 설립한 고아원도 '불량 아동'을 사회로부터 격리·수용하던 감화원과 유사한 기능을 하게 되었다.[14]

---

11 정근식, 「한국에서의 근대적 나(癩) 구료의 형성」, 『보건과 사회과학』 1/1, 1997, 14~19쪽.
12 한귀영, 「'근대적 사회사업'과 권력의 시선」, 『근대 주체와 식민지 규율 권력』, 문화과학사, 1997, 334~337쪽.
13 일제는 1923년 9월 3일 조선감화령을 공포했는데, 여기서 밝힌 감화원 수용 대상은 다음과 같다. ① 연령 8세 이상 18세 미만의 불량 행위를 하고 또는 불량 행위를 할 우려가 있으며 적당히 친권을 행할 자가 없는 자, ② 18세 미만이며 친권자 또는 후견자가 입원을 출원한 자, ③ 재판소의 허가를 경유해 징계장에 들어갈 자(「조선감화령—3일부 공포」, 『동아일보』, 1923. 9. 2.). 감화원은 해방 후 사회부 소속 기관으로 편성되어 운영되었다. 해방 후에는 조선감화령의 수용 대상 ①에 해당하는 아동·청소년을 수용했다. 김원규, 「감화원의 당면과제」, 『국회보』 22, 1958, 132쪽.
14 소현숙, 「경계에 선 고아들—고아 문제를 통해 본 일제 시기 사회사업」, 『사회와 역사』 73, 2007, 134~135쪽.

한국전쟁~1960년: 부랑아, 거리에서 시설로 수용되다

이와 같은 부랑아 정책의 전사(前史)에 이어, 한국전쟁이 발발하면서 수많은 전쟁고아가 발생했다. 이때 '고아'는 부모와 사별한 아동을 포함해 전쟁 중 부모를 잃어버린 아동, 생활고로 부모가 버린 아동, 버림받은 '혼혈아' 등을 아우르는 말이다. 이 시기 사회사업은 아동 구호가 전부였다고 해도 과언이 아닐 만큼 아동 구호에 집중되어 있었다. 〈표1〉에서와 같이, 전쟁으로 인해 성인 인구가 줄고 아동 인구가 급증했을 뿐만 아니라, 빈곤이 심화되고 가정이 파괴되어 생활이 곤란해지면서 아동에 대한 긴급구호의 필요성이 더 부각되었다.

정부는 1953년 5월 23일 당시 전국 328개의 시설에 수용된 아동 4만 172명과 노인 1,469명을 대상으로 1인당 하루 3홉[15]씩의 잡곡(백미 약간)과 3환씩의 부식비를 배당하고 있었다.[16] 부식비 보조액은 1956년 19환, 1957년 30환으로 인상되었는데, 1957년 시설 아동 부식비 보조액의 합계는 보건사회부 일반예산액의 43%에 이르렀다.[17] 이 밖에도 1950년대에는 국가의 구호 예산 대부분이 아동 긴급구호를 위해 투입되었으며, 주로 시설 아동을 위한 지원에 집중되었다. 그 결과 아래의 〈표2〉와 같이 정부가 집계한 후생 복지 시설 현황에는 아동 시설의 비중이 절대적으로 높게 나타나게 된다.

그러나 이러한 시설 수 증가가 곧 한국 정부에 의한 복지 확대라고 보기는 어렵다. 한국전쟁을 계기로 미국의 잉여농산물이 구호양

---

15 1홉 = 180.39ml
16 「사만 명이 영양실조—예산 없는 구호사업에 적신호!」, 『동아일보』, 1953. 5. 26.
17 이혜경, 「경제 성장과 아동복지」, 『신학논단』 20, 1992, 250쪽.

〈표2〉 후생 복지 시설 수 현황(1956~1960)

연도	합계	모자원	영아원	육아원	감화원	허약아갱생원	육아·직업보도 시설	양로원
1956	563	62	32	396	28	1	7	37
1957	568	64	32	398	26	1	7	40
1958	573	68	58	392	7	2	8	38
1959	597	66	36	426	1	-	31	37
1960	591	63	42	430	1	5	11	39

자료: 보건사회부, 『보건사회통계연보』, 1960, 386쪽, 〈표104〉 후생 및 복지 시설 분포 현황표에서 발췌.

곡으로 대거 도입되어 각 시설에 배분되었는데, 양곡의 배분 권한은 유엔(UN)에 있었고, 정부는 유엔의 계획을 전적으로 따라야 했다. 한국전쟁 기간에 한국을 방문한 외원 단체들은 맥아더 사령부로부터 방한 허가를 받아야 했으며, 국제연합군 소속 교통편을 이용해 부산으로 입국했고, 구호물자 도입을 위해서 UNCACK(국제연합주한민사원조처)에 의무적으로 등록해야 했다.[18] 휴전 이후 UNCACK는 KCAC(한국민사원조처)로 명칭을 바꾸고 구호물자 통제권을 이어받았다. 그리고 이 권한은 1955년에 KCAC가 OEC(주한미경제조정관실)와 통합되면서 OEC에 이양된다.[19]

또한 내한 외원 단체들은 KAVA(외국민간원조단체협의회)를 결성해 활동을 전개했다. 1952년에 결성된 KAVA는 외원 단체 간 정보 교환과 자원 이전을 중개하는 역할을 했다. 1950년대 KAVA의 활동 범

---

18 최원규, 「외국 민간 원조 단체의 활동과 한국 사회사업 발전에 미친 영향」, 서울대학교 박사 논문, 1996, 117~118쪽.
19 허은, 「1950년대 전반 미국의 '생체 정치'와 한국 사회 헤게모니 구축」, 『한국사연구』 133, 2006, 195~196쪽.

위와 예산 규모는 당시 복지 정책을 전담하던 보건사회부를 웃돌 정도였고, 넓은 영향력으로 인해 '제2의 보사부'라는 별명을 갖기도 했다.[20] 이승만 대통령은 1957년의 정례 국무회의에서 "나병환자 및 결식 아동들의 구호를 좀 더 적극적으로 하라."고 언명하면서 "많은 외국 선교사들이 빈민 구호에 이바지한 공로를 치하하고 앞으로 KAVA와 협력하여 한층 더 빈민 구호 사업을 강화하라."고 언급할 정도로 원조 물자 배분 과정에서 KAVA가 끼치는 영향력은 컸다.[21]

그렇다면 이처럼 아동복지 시설이 증가하고 외원 단체가 아동을 위한 구호 활동에 집중한 결과, 가정이 붕괴되었거나 붕괴될 위기에 처한 아동·청소년들의 삶은 나아졌을까?

이 시기에는 긴급구호 대상이 너무 많아 이들을 위한 구호사업마저도 충분한 예산과 시설을 확보할 수 없었다. 때문에 고아 구제에 집중된 잔여주의적 복지 정책과 시설 중심의 사회사업을 넘어 보편적 아동복지에 대한 정책 구상을 기대하기는 어려웠다. 뿐만 아니라, 많은 사회적 자원이 시설 중심의 아동 구호 사업에 집중되면서 자연히 지원금이나 구호품을 바라고 설립되는 아동시설의 수가 증가했고, 효율적이지 못한 분배 체계로 인해 지원을 받지 못하고 폐쇄 위기에 처하는 시설이 다수 발생했다. 이 과정에서 수용 시설의 아동·청소년 다수가 빈곤 상태에 방치되거나 비인간적인 대우를 받아야 했다.[22]

20 최원규,「한국 사회복지의 변천과 외원 기관의 역할」, 남세진 엮음,『한국 사회복지의 선택』, 나남, 1995, 99~101쪽.
21 「사회악 제거에 힘쓰라—이 대통령 28일 국무회의에 지시」,『경향신문』, 1957. 11. 27.
22 1953~1960년 신문 기사에서 정부나 지자체가 시설 아동에게 지원해야 할 양곡과 부식비를 여러 달 지연해서 지급한 것에 대한 고발을 다수 발견할 수 있다. 정부 지원이

또한 1954년 당시 6만여 명의 고아 중 371개 고아원 및 보호수용소 등에 약 5만 명이 수용되어 있었고, 수용 능력을 초과한 약 1만여 명의 고아는 부랑아로서 도시를 방황해야 했다.[23] 그리고 수용소의 부랑아들은 강압적인 수용소 분위기와 섬에 있는 수용소에서의 감금 생활에 대해 공포를 느끼고 있었다.[24] 그래서 1950년대 말에서 1960년까지 빈곤 문제 해결을 요구하는 시위가 급증하면서 부랑아도 시위 행렬에 참여하게 되는데, 기사에 따르면 부랑아들은 고아원장의 착복, 직업보도가 뒷받침되지 않는 무분별한 취체(=단속), 단속 과정과 수용 시설에서의 비인간적인 처우 등의 개선을 요구하는 것을 볼 수 있다.[25]

이처럼 전후 1950년대에는 가정 밖으로 내몰린 아동·청소년을 수용하기 위한 복지 시설이 증가하고 있었지만, 다수의 아동·청소년은 시설에 수용될 수 없었고, 시설에서도 강압적인 생활을 견디지 못해 도망쳐 나와 다시 부랑아로 되돌아가는 사례가 많았다. 그리고 부랑아들이 임시적으로 할 수 있는 노동은 구두닦이, 담배팔이, 행

지연되면서, 고아원, 양로원, 모자보호 시설 등 취약 계층을 위한 시설들은 경영난에 허덕였다. 한편, 외원 단체의 정기적 원조를 받는 시설들은 다른 시설에 비해 비교적 안정적으로 운영될 수 있었다. 김아람, 「5·16군정기 사회 정책」, 『역사와 현실』 82, 2011, 339~340쪽.
23 「부랑아 전부 수용」, 『경향신문』, 1954. 3. 8.
24 「말뿐인 부랑아 단속」, 『경향신문』, 1954. 3. 30.
25 ""부랑아도 국민이다"—200여 어린 젚시들이 데모」, 『경향신문』, 1960. 11. 25. 아래는 이 기사 전문이다. "[대구] 굶주림과 추위를 덜어 달라는 부랑아와 걸인들의 색다른 데모가 23일 상오 11시 계성중고등학교 옆 광장에서 일어났다. 시내 5개소(남대문시장, 경대교, 수송교, 대명동)에 있는 약 2백여 명의 부랑 걸인들은 먼저 구호 단체인 '메노나이트'(경북지구사무소 동산병원 소재) 재단에 구호를 호소하고 이들은 '부랑아도 대한의 아들딸이다'. '부랑아 왜 생겼냐' 등의 플래카드를 들고 '자립할 수 있는 직업보도를 하라', '뒷받침 없는 취체를 하지 말라'는 등의 구호를 외치면서 서문 도청 한은지점을 거쳐 수성교 밑에서 해산하였다."

상, 신문팔이, 넝마주이, 펨푸(밀매음 소개업) 등이었으며, 대부분의 아동은 이런 '직업'마저 갖지 못해 궁핍과 불안정한 생활을 이어가야 했다.[26] 때문에 이 시기 돌봐 줄 가정이 없는 아동·청소년들이 부랑 외에 선택할 수 있는 길은 없었다고 봐도 지나치지 않다. 그리고 거리의 아이들은 개인으로서 생존을 도모하기가 어려웠기 때문에 부랑아 집단에 소속되어야 했고, 그 결과 '부랑아=불량아'라는 사회적 낙인은 더욱더 강해져 갔다.

1960년대 사회사업의 풍경1: 시설에서 가정으로

1961년, 박정희 군부 세력은 혁명 공약 4항의 '절망과 기아선상에서 허덕이는 민생고를 시급히 해결'하겠다는 약속 이후 다양한 사회보장 법률을 제정했다. 그러나 박정희 세력이 집권 후 가장 먼저 수행했던 사회 정책은 취약 계층인 부랑아들을 일상 공간과 단절된 '보호시설'에 격리·수용하는 것이었다. 대대적인 경찰 단속으로 검거된 부랑아들은 부랑아 보호시설에 수용되었다. 한 예로, 군부가 쿠데타에 성공한 직후인 5월 26일 서울시경은 부랑아를 집중 단속해 768명을 시립 아동보호소에 수용했다.[27] 서울시가 1961년 한 해 동안 단속·수용한 인원인 6,130명의 10분의 1을 넘는 숫자가 단 하루 만에 수용된 것이다. 박정희 정권 하에서 이루어진 대대적인 부랑아

---

26 김순실, 「부랑아의 사회적 동태와 그 대책」, 이화여자대학교 석사 논문, 1960, 77~79쪽.
27 「거리의 부랑아 768명 수용」, 『경향신문』, 1961. 5. 27.

단속은 도시를 정화하겠다는 명목으로 부랑아들을 도시 밖으로 추방하는 정책이나 다름없었으며, 일제강점기부터 유지되어 온 부랑아 정책의 기조를 이어받은 것이었다.

그러나 박정희 정권 이후 과거와 동일한 부랑아 정책이 수행되었던 것만은 아니다. 부랑아 정책의 변화는 부랑아와 관련된 통계의 변화에서 확인할 수 있다.

보건사회부에서 발행한 『보건사회통계연보』에서는 1962년부터 '부랑아 단속 및 조치 상황표'라는 항목이 신설되었다. 1961년까지 부랑아와 관련된 항목의 이름은 '부랑아 수용 보호 상황표'였으나, 군사정권이 들어서면서 '부랑아 단속 및 조치 상황표'가 신설되어 '부랑아 수용 보호 상황표'와 함께 수록되다, 1964년부터는 '부랑아 단속 및 조치 상황표'만 남는 것을 볼 수 있다.[28] 이는 박정희 정권 이후 아동복지의 초점이 '시설 구호'에서 '거택 구호' 방식으로 변경되면서 나타난 현상이다.

부연하면, 정부는 1962년 1월 경제개발 5개년 계획과 함께 사회사업 5개년 계획을 발표했다. 여기에는 '시설 구호'에서 '거택 구호'로 사회사업의 방향을 변경해 시설에 수용된 아동의 가정 복귀를 추진한다는 내용이 포함되어 있다.[29] 다음은 정부가 '입양 위탁 및 거택

---

28 이 항목은 1974년까지 존재하고 1976년 통계부터는 사라지며 이후에는 보건사회부가 아니라 내무부의 부랑자 통계에 합산되었다. 이것은 1974년 이후 부랑아 통계 자체가 사라졌다는 것을 의미하지는 않는다. 1964년 이전뿐만 아니라 1974년 이후에도 『보건사회통계연보』에는 '아동복리시설 현황' 항목에서 부랑아 통계를 집계하고 있었다. 1950~1960년대에는 사회적 중요성 때문에 독립된 항목으로 수록되던 부랑아 통계가 1970년대에는 그 중요성이 줄어들면서 독립된 통계 항목으로 분류되지 않고 사라진 것으로 추측된다.
29 「가을엔 이민 단행─보사부 새해 사업계획」, 『경향신문』, 1962. 1. 18.

구호 사업'을 도입하게 된 배경을 설명하는 내용이다.

원래 아동은 가정에서 자기 부모의 사랑을 받으며 육성되어야 건전한 정서를 가진 올바른 인격이 구성되므로 보호자로부터 유실, 유기 또는 이탈되었거나 양육할 수 없는 아동들에 대해서는 자기 가정에 대신하는 가정을 마련해 주어야 할 것이나 과거에는 시설에만 집중하는 폐단이 있어 이들의 개성이 말살되고 장성한 후에는 건전한 사회인으로 생활할 수 없을 뿐만 아니라 이들을 구호하기 위한 시설에의 투자는 누증되고 시설 아동 수에 비례하여 증가 일로에 있었으니 국가 재정 면으로 보아도 획기적인 정책이 필요하게 되었다.[30]

정부는 이러한 취지하에 부랑아의 가정 복귀를 위한 구체적 방법으로 무료 위탁 보호, 유료 위탁 보호, 고용 위탁 보호, 입양 보호, 거택 구호, 귀가 조치 등을 도입했다.[31] 또한 동시에 수용 시설 설립 및 운영에 대한 평가 기준을 높여 신규 시설의 설립을 억제하고 미인가 시설과 부실한 시설을 퇴출하고자 했다.[32]

이처럼 부랑아 정책의 목표가 시설 수용이 아닌 가정 복귀로 변경되면서, 정책 대상으로 포착되는 부랑아의 수가 급증하게 된다.

30 한국군사혁명사편찬위원회 엮음, 『한국군사혁명사, 제1집(상·하)』, 국가재건최고회의, 1963, 1302쪽.
31 한국군사혁명사편찬위원회 엮음, 『한국군사혁명사, 제1집(상·하)』, 국가재건최고회의, 1963, 1302~1304쪽.
32 고아의 후견 직무에 관한 법률(1961), 아동복리시설 설치 기준령(1963), 재단법인 설립 허가 기준령(1963) 등이 수용 시설 제재를 위해 마련된 법령이었다.

과거에는 단속 후 시설에 수용된 아동·청소년만을 부랑아 통계로 집계했다면, 이후로는 시설에 수용될 수 없으나 단속된 모든 부랑아를 집계했기 때문이다. 시설에 수용된 부랑아 수를 집계하는 방식은 그 수가 증가함에 따라 수용 시설의 확대를 모색해야 한다는 정책적 함의를 갖는다. 이는 정부의 재정 지출 증가를 의미했다. 그러나 정부가 가정 복귀를 부랑아 정책의 목표로 삼는 한, 신설된 통계 항목에서는 부랑아 수가 증가하더라도 그것이 곧 시설 확대로 이어질 필요는 없었다. 따라서 아동복지 초점이 시설 구호에서 가정 복귀로 변경된 것이 군사정권의 홍보처럼 국가의 복지 의지 확대와 동일시되기는 어렵다.

한편, 박정희 정권은 가정 복귀라는 방편 외에도 부랑아를 비롯한 사회 취약 계층을 '생산적 주체' 또는 '산업전사'로 창출하고자 시도했다.[33] 군사정권은 집권 후 취약 계층을 미개간지에 이주시켜 개간 사업을 펼치고자 했다. '가정 복귀'가 국가의 복지 지출 회피를 위한 수동적 정책이었다면, 경제개발에 필요한 생산적 노동력 양산을 위해 사회 취약 계층을 재주체화하고자 한 시도는 매우 능동적 정책이라고 볼 수 있다. 그러나 동시에 이 사업은 부랑아, 고아, 나병환자와 같이 '돌아갈 집'이 없는 취약 계층에게 자립 자활을 통해 스스로 정착할 '터전(땅, 집, 가정)'을 마련하도록 한 것이라는 점에서 앞서 살펴본 거택 구호를 통한 탈시설화 정책과 동일선상에 있다고 볼 수 있다. 취약 계층을 생산적 주체나 산업전사로 재탄생시키고자 했던

---

33 이상록, 「경제 제일주의의 사회적 구성과 '생산적 주체' 만들기」, 『역사문제연구』 25, 2011, 115~158쪽; 김아람, 「5·16군정기 사회 정책」, 『역사와 현실』 82, 2011, 329~365쪽 참조.

군사정권의 주체화 기획은 아래와 같이 표현되고 있다.

> 5·16혁명 이전 각종 사회악의 근원이 되어 오던 수많은 부랑인, 연장고아, 나음성자 등 무의무탁한 자에 대하여 혁명정부는 획기적인 시책으로서 그들이 영농을 통한 자립 자활의 터전을 마련하도록 하게 하기 위하여 전국 미개간지에 집단 정착시켜 개간을 목적으로 한 각종 정착 사업을 실시하여 온 바 그 실적은 다음과 같다.[34]

그런데 취약 계층을 미개간지에 이주·정착시키려는 시도는 정부 수립 후 사회부에 의해 이미 시도된 바 있다. 사회부는 해방 후 귀국한 동포와 북한으로부터 월남한 21만여 명에 달하는 농업 실업자를 미개간지 개발에 동원하고자 했다.[35] 또한 군부 세력이 쿠데타를 일으키기 전인 1961년 4월 30일 동부개척단이 발족되어 5월 3일에 강원도 평창으로 떠났으며,[36] 5월 1일에는 한국합심자활개척단이 결성되어 강원도 대관령으로 향했다.[37] 이들 개척단에는 부랑아를 비롯한 음성 나환자, 장애인 등이 포함되어 있었다.

5월 쿠데타를 통해 집권한 군사정권은 이러한 정책을 더욱 확대하고자 한 것이다. 앞서 언급한 5월 26일 단속된 인원들 중 20세 이상의 노동 능력이 있는 사람은 정부가 선정한 개간 사업지로 보내

34　한국군사혁명사편찬위원회 엮음, 『한국군사혁명사, 제1집(상·하)』, 국가재건최고회의, 1963, 1290쪽.
35　「개간에 실업자 동원—흙에 갱생할 사만팔천호」, 『동아일보』, 1949. 5. 9.
36　「산악을 농토로—동부개척단 발족」, 『경향신문』, 1961. 4. 30.
37　「자활하는 부랑아」, 『경향신문』, 1961. 5. 1.

정착하도록 했다.[38] 집권 후 벌인 첫 번째 대대적인 단속에 붙들려 온 부랑아들을 바로 개간지로 보내기로 발표한 것이다. 이후 군사정권은 경남 창원, 충남 서산, 전남 장흥 등의 유휴지에 사회악으로 간주되던 취약 계층을 개척단으로 구성해 파견하고 개간을 통한 정착과 자활을 유도했다. 이를 위해 정부는 초기 이주 정착비와 양곡을 지원하겠다고 밝히고 정착지에 작업장을 신설하기도 했다.

그러나 부랑아의 가정 복귀 추진이나 개간지 정착 사업과 같은 정책들로는 부랑아가 서울을 비롯한 대도시로 몰려드는 것을 막을 수 없었다. 서울로 몰려오는 부랑아 문제를 해결하기 위해 지방으로의 분산 수용이 대대적으로 시도되었음에도,[39] 서울에서 단속된 부랑아 수는 1962년 5,842명이었으며, 이후 단속 인원은 줄어들지 않고 1963년 5,679명, 1964년 7,027명, 1965년 5,377명을 기록했다.[40]

그리고 〈표3〉을 보면, 1962년부터 1970년대 초반까지 전국 단위의 부랑아 단속 인원과 귀가 및 연고지 이송 인원이 거의 감소하지 않는 것을 볼 수 있다. 쉽게 예상할 수 있는 것은 귀가 및 연고지 이송 조치된 부랑아가 가출과 부랑을 반복했으리라는 것이다. 부랑아의 계속적인 양산과 대대적인 단속은 1970년대 초까지 반복되는 현상이었다. 때문에 부랑아를 가정으로 돌려보내고 거택 구호를 강화함으로써 부랑아 발생을 근원적으로 막겠다던 군사정권의 공언은 진정성이 매우 희박하다고밖에 볼 수 없다.

뿐만 아니라 부랑아를 정착지로 보내 생산적 주체로 재주체화하

---

38 「20세 이상 개간 사업지로」, 『경향신문』, 1961. 5. 28.
39 「지방 분산 수용 서울 부랑아 사백 명」, 『동아일보』, 1961. 10. 24.
40 김영수, 「부랑아의 실태와 사회의 무관심」, 『동광』 10/1, 1966, 11쪽.

〈표3〉 부랑아 단속 및 조치 현황(1962~1974)

연도	단속인원	귀가 및 연고지 이송	부랑아 보호소 수용	일반시설 전원	특수시설 전원	직업보도시설 전원	교화소 이송	정착지	입양위탁	고용위탁	도망	사망	기타
1962	18,323	3,126	12,761	1,478	478	-	-	229	42	-	-	-	209
1963	19,451	4,864	12,259	907	306	-	35	675	17	-	-	-	388
1964	29,652	11,223	14,571	1,409	856	-	-	416	59	-	-	-	1,118
1965	25,599	10,647	11,791	1,630	732	-	27	56	95	-	-	-	621
1966	21,612	12,636	6,726	923	361	-	73	73	90	-	-	-	730
1967	19,267	12,138	5,686	798	78	-	111	7	76	-	-	-	373
1968	16,498	10,599	4,748	480	110	-	-	7	60	-	-	-	494
1969	19,883	11,896	6,519	537	49	-	15	37	85	-	-	-	745
1970	21,187	12,127	6,801	898	236	-	47	34	100	-	-	-	944
1971	20,592	12,085	6,143	1,224	202	-	9	72	91	-	-	-	766
1972	19,367	13,157	4,713	530	66	-	28	40	58	-	-	-	775
1973	13,344	5,520	3,640	560	87	-	15	36	45	-	-	-	3,441
1974	9,997	2,192	4,903	1,170	95	36	-	13	55	39	885	59	550

자료: 보건사회부, 『보건사회통계연보』(1964, 1974)에서 발췌·정리함. 직업보도 시설 전원, 고용 위탁, 도망, 사망 항목은 1974년에 신설됨.

겠다는 기획 역시 실효를 거두지 못했다. 〈표3〉의 정착지 항목에서 보는 것처럼, 정착지로 파견된 인원은 1964년을 끝으로 급감한다. 정부가 취약 계층으로 개척단을 구성해 개간지에 정착시키려던 사업을 포기했다는 공식적인 기록을 찾을 수는 없었지만, 여러 기록들은 정부가 이와 같은 방식의 개간지 정착 사업을 포기했거나, 개간지로 떠나보낸 이들을 재주체화하기 위해 재원을 지출할 의지가 애초에 없었음을 방증한다. 정부가 개척단을 파견하며 강조한 자립 자활의 이면에는 정책 의지의 부재와 재원 미비가 놓여 있었던 것이다. 개척단에 대한 정부 지원은 계획된 예산에 미치지 못했고, 이를 대신해 기독교세계봉사회나 지역 독지가 등의 후원이 그 부족분을 메웠던 것으로 보인다.[41] 또한 황무지를 개간하고 땅을 분배받기로 했던 파견단이 정부의 방치 속에 빈곤을 견디다 못해 빈손으로 정착지를 떠나거나, 파견단의 노동력을 무임으로 착취하려다 적발된 사례가 보고되기도 했다.[42]

1960년대 사회사업의 풍경2: 치안 확보와 스펙터클의 정치

그렇다면 이러한 대규모 사회사업의 '실패'는 어떤 사회적 결과를 낳았을까? 군사정권이 혁명 공약에서 '절망과 기아선상에서 허덕이는 민생고를 시급히 해결'하겠다고 공언한 것은 빈곤이 당시의 긴급한 사회 문제였음을 의미한다. 그리고 빈곤으로 인해 가정이 붕괴되고 부랑아가 양산되는 현상은 분명 군사정권에게 중요한 과제로 인식되었다. 때문에 군사정권이 들어서고 실시된 대대적인 사회사업이 이처럼 실패로 돌아갔던 것에 대해 사회적 저항이 발생할 가능성도 있었다. 그러나 이러한 정책 실패에 대한 사회적 저항은 발견되지 않았다. 이 현상은 어떻게 이해해야 할까?

이 질문의 답을 찾기 위해서는 정책의 '실패'를 어떻게 정의할 것인가부터 먼저 물어야 할 것이다. 군사정권이 복지 입법이나 부랑아

41　김아람, 「5·16군정기 사회 정책」, 『역사와 현실』 82, 2011, 354쪽.
42　김아람, 「5·16군정기 사회 정책」, 『역사와 현실』 82, 2011, 359~360쪽.

정책을 수행하며 내걸었던 공식적 목적은 복지 제도 수립을 통한 빈곤의 해소였다. 보통 군사정권의 복지 입법은 정당성 확보의 필요성에 따른 것이었다고 여겨진다.[43] 이러한 설명대로라면 군사정권은 복지 입법을 통해 사회 문제의 해결 가능성을 보임으로써 정치적 정당성을 확보할 수 있었어야 한다.

그러나 〈표4〉에서 보는 것과 같이 군사정권이 들어선 이후 복지비 지출은 오히려 더 감소했으며, 2%대의 낮은 복지비 지출 추이는 1960년대 말까지 이어졌다. 이처럼 정부의 총지출에서 사회 지출이 차지하는 비중이 낮게 나타나는 경향은 1980년대까지도 이어졌으며, 같은 시기 남미 신흥공업국(아르헨티나, 브라질, 멕시코)의 사회 지출과 비교했을 때 5분의 1에서 3분의 1에도 미치지 못하는 현저히 낮은 수치를 보였다.[44] 즉, 군사정권은 공언과는 달리 빈곤 등의 사회 문제 해결을 위해 사용되어야 할 복지 재정의 지출을 대폭 축소했던 것이다. 때문에 군사정권이 부랑아를 대상으로 취했던 가정 복귀 정책은 정부 지출을 최소화하고 부랑아 구호를 위한 비용을 사회에 전가하기 위한 것에 불과했다고 평가할 수 있다.

또한 쿠데타 이후 약 1년 4개월 동안 박정희 정권은 1,531건의 법령을 새롭게 제정했는데, 이 중 복지 관련 법률은 23건에 불과해 복지 제도 형성이 군사정권의 우선적인 정책 목표였다고 보기는 어렵다. 그리고 23건의 법령 중 13개가 군인 및 군사 원호 관련 법률

---

43 김연희, 「우리나라 사회복지 발달 유형에 관한 연구」, 이화여자대학교 석사 논문, 1982.
44 윤동호, 「한국의 발전 전략과 사회 정책: 60~70년대 수출 지향적 산업화 전략과 초기 사회 정책의 형성을 중심으로」, 고려대학교 석사 논문, 2006, 59쪽.

〈표4〉 정부 총예산 대비 보사부 예산의 연도별 추이

연도	정부 총예산(A) (100만 원)	보사부 예산(100만 원)		B/A(%)	C/A(%)
		합계(B)	사회복지비(C)		
1957	35,003	1,536	1,158	4.39	3.31
1958	41,097	1,706	1,278	4.15	3.11
1959	40,022	1,517	1,081	3.79	2.70
1960	41,995	2,000	1,588	4.76	3.78
1961	57,153	1,468	892	2.57	1.56
1962	88,393	2,021	1,236	2.29	1.40
1963	72,839	2,904	2,117	3.99	2.91
1964	75,180	2,722	1,760	3.62	2.34
1965	94,692	3,168	2,282	3.35	2.41
1966	141,629	4,342	2,911	3.07	2.06
1967	182,076	5,394	3,631	2.96	1.99

자료: 한국사회복지협의회, 『한국사회복지연감』, 1972, 387~390쪽.[45]

로 전체의 56.5%에 이르며, 시행령과 시행규칙을 갖추는 기간도 일반 복지 법률은 평균 126일인 데 반해 원호 관련 법률은 평균 65일로 두 배 가까이 빠른 것으로 나타난다. 이에 대해 남찬섭은 1960년대 초의 복지 제도 재편이 원호 제도를 중심으로 이루어졌으며, 이는 반공 태세 정비 담론에 기반을 둔 국가 형성 과정을 반영한다고 주장했다.[46] 바꿔 말하면, 군사정권에 의해 도입된 복지 제도는 박정희식 반공주의적 '국가 재건(nation-building)' 기획과의 연관 속에서

---

45 남찬섭, 「한국의 60년대 초반 복지 제도 재편에 관한 연구―1950년대와의 관련성을 중심으로」, 『사회복지연구』 27, 2005, 55쪽, 〈표6〉에서 재인용 및 발췌·정리.
46 남찬섭, 「한국의 60년대 초반 복지 제도 재편에 관한 연구―1950년대와의 관련성을 중심으로」, 『사회복지연구』 27, 2005, 62~68쪽.

만 효과를 발휘할 수 있었으며, 복지 제도 도입 자체가 군사정권의 우선순위는 아니었다는 의미이다.

이런 측면에서 봤을 때, 군사정권이 취했던 부랑아 정책은 실질적인 정책 목표가 복지 확충에 있지 않았음을 유추할 수 있다. 정부의 부랑아 대책은 복지 정책이었다기보다는 치안 유지 정책이었다. 4·19혁명 이후 그동안 억압되어 왔던 목소리들이 데모라는 형태로 사회적으로 분출되기 시작했고, '빈곤 해결'이 가장 주요한 사회적 요구로 등장했다. 그러나 이러한 사회적 요구의 '직접적 분출'은 대의제 민주주의를 위협하는 것으로 받아들여지면서 치안 유지와 사회 안정을 위해 데모를 규제해야 한다는 주장도 비등하게 된다.[47]

이처럼 빈곤 문제 해결과 치안 확보를 동시에 요구하는 사회적 목소리 앞에 군부 세력이 등장해 자신들을 '사회 정화'에 앞장서는 주체로 선전할 수 있었던 것이다. 이 과정에서 군부 세력은 부랑아, 연장고아(年長孤兒),[48] 나환자 등과 빈곤을 표상하는 이들을 사회악으로 지목하고 이들을 희생양으로 삼아 정부의 치안 정책이 성공적으로 수행되고 있음을 과시했다. 때문에 역 주변이나 대로변, 지하상가 등 공적 공간에서 일상적으로 볼 수 있었던 부랑아라는 존재와 그들에 대한 반복되는 대대적인 단속은 대중의 치안 확보 욕구를 충족시키는 스펙터클(spectacle)[49]의 역할을 했으리라 짐작할 수 있다.

---

47 이상록, 「경제 제일주의의 사회적 구성과 '생산적 주체' 만들기」, 『역사문제연구』 25, 2011, 130~133쪽.
48 '연장고아'란 '고아' 보육시설의 수용 상한 연령인 만 18세에 도달해 퇴소한 청소년들을 가리킨다. 이들의 사회 적응과 자립을 지원하기 위한 정책과 제도가 없었기 때문에 퇴소한 연장고아들은 생계를 위해 범죄의 길에 들어서는 경우가 잦았다. 이들 시설 퇴소 청소년들은 부랑아와 마찬가지로 불량한 청소년으로 인식되었다.
49 '스펙터클'이란 관객이 극적 체험을 하게 만드는 '시각적 상'을 가리키는 연극 용어.

또한 군부 세력은 이들 '사회악'을 한데 모아 개척단으로 파견함으로써 정부의 산업화를 향한 총동원 체제 구축 의지를 과시할 수 있었다. 그리고 전쟁과 빈곤이 초래한 삶의 안보(security) 위기로 인해 부랑의 길로 내몰린 구호 대상 아동·청소년들은 치안(security) 확보를 요구하는 사회적 목소리에 의해 희생양이 되어 갔다.

1950~1960년대 냉전 구조와 기독교 외원 단체의 선택

그런데 군사정권이 '가정으로의 복귀'를 외치며 복지비 지출을 줄이고 아동복지 시설 지원을 줄일 때 국가를 대신해 복지 시설의 운영 재원을 공급한 것은 외원 단체였다. 1959년부터 아동복리 시설의 운영 재원 중 정부 지원이 차지하는 비중이 감소하고 외원 단체의 지원이 크게 증가했다. 〈표5〉에서 보는 것처럼, 아동복지 시설의 재원은 외원 단체의 지원에 높은 의존도를 보이고 있으며, 그 비중은 계속 높아져 1965년에는 64%를 기록하기도 했다. 또한 군사정권이 시설 구호를 지양하고 거택 구호를 유도하는 탈시설화 정책을 펼쳤음에도 시설 수는 1960년대 중반까지 계속 증가했고, 1967년에는 시설 보호 아동의 수가 6만 5,000명으로 같은 해 탈시설 보호 아동수 2만 6,630명의 두 배를 넘어섰다.[50] 이처럼 정부의 지향과 달리 1960년대에도 여전히 (90% 이상이 아동복지 시설인) 시설 중심의 복지가 이루어졌다.

50 이혜경, 「경제 성장과 아동복지」, 『신학논단』 20, 1992, 255~256쪽.

그런데 〈표5〉에서 볼 수 있는 것처럼, 군사정권이 들어서기 이전인 1959년에 이미 국고보조가 감소하기 시작했다. 정부의 구호 예산에서 절대적인 비중을 차지하고 있었던 것은 미국에서 도입된 잉여 농산물 원조였다. 그런데 1958년 한국의 전후 복구가 끝났다고 평가되면서 정부 대 정부 방식의 무상원조가 대폭 감소했으며, 원조의 일부는 장기 차관 형태로 전환되었다.[51] 이와 함께 정부의 시설 보조는 구호 재원이 감소함에 따라 자연히 줄어들 수밖에 없었다. 즉, 1960년대 군사정권에 의한 복지 축소는 냉전 구조와 미국의 대외정책 변화에 따른 정부의 대응이었으며, 이는 1950년대 말과 연속성을 갖는다.

〈표5〉 연도별 아동복리 시설 운영 재원 추이

연도	수입			
	국고보조	외원	자체	기타
1957	26.8	32.8	19.6	20.8
1958	28.3	36.5	22.3	12.9
1959	22.9	41.5	21.5	14.1
1961	21.1	53.3	20.4	5.2
1962	20.2	56.0	18.0	6.0
1965	15.5	64.0	13.2	7.3
1966	17.4	53.3	18.7	10.6
1967	19.8	50.4	20.7	9.2
1968	22.2	52.5	16.8	8.5
1969	26.2	51.0	15.8	7.0

자료: 한국사회복지협의회, 『한국사회복지연감』, 1972.[52]

51 박태균, 「1950년대 말 미국의 대한 경제 정책 변화와 로스토우의 근대화론」, 『한국사론』 37, 1997, 298쪽.

이와 같은 대외적 조건의 변화로 인해 정부의 공공부조가 축소된 것은 민간 원조의 역할이 더 두드러지는 기회 구조로 작용했고, 기독교 배경의 외원 단체들은 이때 한국에서의 활동 범위와 규모를 더 넓힐 수 있었다. 때문에 외원 단체의 방문 및 구호 활동은 미국의 동북아시아 정책과 밀접한 관계를 갖는다. 외원 단체의 주요한 재원을 보더라도 해방 이전에 방문한 단체들은 외원 단체(선교 단체) 본부의 지원이 거의 유일한 재원이었다면, 해방 이후에는 외원 단체에 대한 본국(주로 미국)의 직접 지원이 자원의 주요한 원천이었다.[53] 해방 후 미군정기 및 한국전쟁 시기에는 GARIOA(피점령지역구호원조)를 통해, 1955년부터는 PL(미 공법) 제480호와 MSA(미 상호안전보장법) 제402조에 근거해 미국의 잉여농산물이 구호양곡으로 대거 유입되었고, 이 구호양곡은 외원 단체를 통해 배분되었다.

그렇다면 미국의 원조는 어떤 성격을 가지며, 1960년대 중반까지 원조 금품을 배분하는 가장 중요한 행위자였던 기독교 외원 단체들은 이러한 원조의 성격과 어떤 관련을 갖는 것일까?

신용옥에 따르면,[54] 한국전쟁 이후 1960년까지 당시 국민 경제력의 수준에 비춰 볼 때 한국은 자국의 재원만으로는 운용이 불가능한 규모의 군대를 보유하고 있었다. 당시 국방비로 전용된 국내 재원의 32%가 적자재정 재원에 의존하고 있었는데, 그것이 가능했던 이

---

52 이혜경, 「경제 성장과 아동복지」, 『신학논단』 20, 1992, 274쪽, 〈표9〉 재인용.
53 최원규, 「외국 민간 원조 단체의 활동과 한국 사회사업 발전에 미친 영향」, 서울대학교 박사 논문, 1996, 70쪽.
54 신용옥, 「국방비 분석으로 본 대충자금 및 미국 대한 원조의 성격(1954~1960)」, 『한국사학보』 3·4, 1998, 275~278쪽.

유는 1953년부터 1964년까지 대충자금(counterpart fund)[55]의 약 40%가 국방비로 사용되었기 때문이라는 것이다. 이 사실로부터 그는 미국이 한국을 아시아의 반공 전초 기지로 위치 짓고 있었으며, 미국의 원조는 이러한 정치·군사적 이해를 반영하고 있다고 주장했다. 아울러 그는 이승만 정부의 적자재정 지출은 사회적 총자본의 재생산 과정을 유지·확대하는 기능을 할 수 있었는데, 그것이 사회복지비 지출이 아닌 군수품 구매로 이어졌음을 지적한다. 바꿔 말하면, 냉전이라는 구조적 조건이 정부로 하여금 사회복지 지출을 늘려 빈곤을 해결하기보다는 군사비를 과다 지출하게 만든 동기(incentive)로 작용했다는 것이다.

냉전이라는 구조적 조건과 복지 지출 축소라는 이승만 정부의 선택이 1950년대 말 외원 단체 활동의 증가를 가능하게 했다. 앞서 언급한 것과 같이, 1958년 미국은 한국에 대한 (주로 곡물 등의 현물 증여로 이루어지고 있던) 무상원조의 규모를 축소하기 시작한다. 이에 따라 한국 정부는 대충자금이 축소될 수밖에 없었고, 비대해진 군 조직을 유지하기 위해서는 복지비를 축소할 수밖에 없었던 것이다. 〈표5〉에서 아동복리시설에 대한 국고보조가 줄고 외원의 비중이 증대한 것은 이러한 상황을 반영하고 있다. 전쟁과 냉전이 만든 한국의 복지 부재의 상황에 대해 미국은 제3세계 국가를 우방으로 만들고자 하는 대미 우호적 국가발전 전략(nation-building)의 방편으로 대규모 잉여

---

55 대충자금이란, 제2차 세계대전 이후 미국에 의해 제공된 대외원조 도입액을 운용할 때 피원조국 정부가 원조의 증여분에 상당하는 달러액을 같은 액수의 자국 통화로 특별 계정에 적립한 자금을 말한다. 이 자금 대부분은 원조국의 동의하에 개발 재원이나 국방비로 전용되었다. 한국에서 대충자금은 대부분 구호양곡으로 유입된 미국의 잉여농산물 구입비에 상당하는 금액으로 채워졌다.

농산물을 한국에 도입했고, 외원 단체는 이를 주요한 재원으로 한국에서 활동할 수 있었다.

때문에 미국의 대한 원조 정책의 성격 변화는 외원 단체의 활동에도 변화를 초래할 수밖에 없었다. 1958년부터 이루어진 무상원조의 축소는 미국의 제3세계 국가 지원의 방향이 변경되면서 나타났다. 미국은 1957년 DLF(개발차관기금)를 설립하고, 1959년부터 무상원조를 줄이는 대신 경제개발계획에 대한 지원을 확대하기 시작했다. 또한 PL 제480호에 잉여농산물을 미국 달러로 장기 외상 판매하는 조항을 신설했다.[56]

한편, 5단계 경제 도약(take-off) 모델에 근거한 근대화론으로 1960년대 미국의 대한 정책 변화에 큰 영향을 끼친 월트 로스토(Walt W. Rostow, 1916~2003)는 1950년대의 군사원조에 기반을 둔 인플레 억제 중심의 대아시아 원조를 비판하고 차관을 통한 원조로 수원국(受援國)의 경제개발계획을 지원해야 한다고 주장했다. 그런데 이때 그가 강조한 수원국의 태도는 '자조의 능력과 의지'였다.[57] 로스토의 주장은 수원국의 자발적 경제개발계획 수립을 촉구하는 것이었다.

---

56 PL 제480호는 잉여농산물 처분 방식을 다음의 네 가지로 규정하고 있다. ① 수입국 통화에 의해서 매각하는 방식, ② 기아 구제·긴급사태를 위한 긴급 원조로 빈궁한 국민에게 상품금융공사 보유 잉여농산물을 증여하는 방식, ③ 상품금융공사 보유 잉여농산물을 미국 내 및 해외로 증여하거나 전략물자와 교환하는 방식, ④ 후진국 경제 개발을 위해 잉여농산물을 미국 달러로 장기 외상 판매하는 방식. 미국 정부의 직접 지원은 주로 ①의 방식을 통해 이루어졌고, 외원 단체는 주로 ③의 방식을 통해 유입된 농산물을 배분하는 역할을 했다. 1954년부터 1962년까지 이 법에 의해 배정된 원조 협정액 187억 7,000만 달러 중 ①관 68.7%, ②관 7.7%, ③관 23.6%, ④관 0.6%의 분포를 보였다. 장종익, 「1950년대 미국 잉여농산물 원조가 한국 농산에 미친 영향에 관한 연구」, 『원우론집』 16, 1989, 184쪽.

57 박태균, 「1950년대 말 미국의 대한 경제 정책 변화와 로스토우의 근대화론」, 『한국사론』 37, 1997, 275~279쪽.

군사정부는 USAID(미 국제개발처)와의 협력 하에 PL 제480호(②관)로 도입된 구호양곡을 연차적 계획을 통해 국토 개발 사업에 연계함으로써 미국의 변화된 대외원조 정책에 부응하고자 했다. 군사정부는 1964년을 자조근로사업 시범 연도로 정하고 토지개간, 치수 및 사방 사업(沙防事業)[58]을 연내에 완료할 수 있는 사업장에 구호양곡을 분배하기로 했다.[59]

정부는 과거 외원 단체가 배분할 구호양곡의 수송만 책임지던 것에서 벗어나 자조근로사업을 통해 원조 물자를 직접 배분할 수 있는 권한을 갖게 되었다. 이러한 변화는 중앙정부뿐만 아니라 자조근로사업의 운영권자인 시장, 군수, 민간업자 그리고 정치인들에게도 이권 배분에 개입할 수 있는 기회로 받아들여지면서 인기를 얻게 되었다. 이 사업에는 영세민과 실업자가 동원되어 일반 노임의 절반 수준을 현금이 아닌 양곡으로 지급받으며 노동했는데, 개발 사업을 추진하기 위해 필요한 예산이 부족한 상황에서 외원 양곡에 거의 전적으로 의존하고 있었기 때문에 영세민의 소득 보장이나 자활책으로서는 제 역할을 할 수 없었다.[60] 그럼에도 무상원조를 줄이고 수원국의 경제개발계획 의지를 강조하는 등 미국의 대외정책이 변화한 것은 원조 물자의 배분 과정에서 큰 영향력을 발휘하던 외원 단체에게 제약으로 작용했을 것으로 예상된다.

---

58 황폐지를 복구하거나 산, 강가, 바닷가 등에서 흙이 비바람에 유실되거나 붕괴되는 것을 막기 위해서 시설하는 사업.(편집자 주)
59 김영순·권순미, 「공공부조제도」, 『한국의 복지 정책 결정 과정—역사와 자료』, 나남, 2008, 215쪽.
60 김영순·권순미, 「공공부조제도」, 『한국의 복지 정책 결정 과정—역사와 자료』, 나남, 2008, 216~217쪽.

이러한 제약, 즉 PL 제480호를 통해 미국 정부가 외원 단체에 지원하던 구호양곡이 감소한 것은 외원 단체가 수용 시설 지원에 집중하던 방식에서 벗어나 사업의 다각화를 추구하는 계기로 작용했다. 1966년에 이르면, 외원 단체는 거택 보호나 탁아사업 등 탈시설 보호 분야로 사업을 다원화하기 시작하며, 1968년을 정점으로 시설의 수도 점차 감소하는 양상이 나타난다.[61] 군사정권이 1961년부터 표방했던 거택 구호 중심의 탈시설화 정책이 가장 주요한 복지 공급자였던 외원 단체에게 수용되어 실질적으로 수행되기 시작한 것은 1960년대 후반부터인 것이다.

그렇다고 1960년대 후반 이전에 외원 단체가 펼쳤던 시설 구호 중심의 활동이 정부의 지향과 대척점에 있었던 것은 아니다. 오히려 외원 단체와 정부는 근본적으로 유사한 시각을 공유하고 있거나 서로의 필요에 의해 활동의 접점을 찾는 경우가 대부분이었다.

외원 단체는 구호 대상 아동·청소년을 고아로 명명함으로써 이들을 원조 대상으로 부각시켰다. 이때 '고아'란 앞에서 논했던 것과 같이 가정 밖으로 내몰려 적절한 보호를 받을 수 없는 아동·청소년을 의미했다. 이러한 이름 짓기는 당시 고아, 부랑아, 거지, 혼혈아 등의 용어가 한국 사회에서 눈엣가시가 된 모든 구호 대상 아동·청소년을 가리키며 혼용되고 있는 상황에서 이들로부터 '불법성'의 이미지를 탈각시키기 위한 담론 전략으로 볼 수 있다. 이 담론 전략을

---

61 물론 이런 변화가 외원 단체의 시설 지원 중단을 의미하지는 않는다. 1969년부터 아동시설의 수는 감소하는 경향을 보이지만, 외원 단체의 시설 지원액은 1970년대 초까지 지속적으로 증가했다. 최종도, 「아동복리사업의 방향」, 『동광』 67, 1974, 14쪽; 이혜경, 「경제 성장과 아동복지」, 『신학논단』 20, 1992, 274쪽의 〈표10〉 참조.

통해 부랑아는 통제 불가능한 떠돌이가 아니라 '보호와 선도'의 대상인 고아로 거듭났다. 1950~1960년대 부랑아를 '치안'의 관점으로만 보았던 정부로부터 환호와 찬사를 받으며 외원 단체가 구호 활동을 펼 수 있었던 것은 이러한 담론 전략이 예비 범죄자였던 부랑아를 보호와 선도가 가능한 유순한 아동·청소년으로 거듭나게 할 수 있다는 기대 때문이었다.

또한 1950~1960년대에 외원 단체가 펼친 활동은 시설 구호와 함께 입양을 통해 고아에게 새로운 가정을 마련해 주는 사업에도 집중되어 있었다. 1950~1960년대 입양 사업을 주도한 주요 기독교 외원 단체로는 가톨릭구제위원회, 홀트아동복지회, 캐나다유니테리언봉사회가 있다.[62] 이들은 주로 미군과 한국인 여성 사이에서 태어난 혼혈아를 미국으로 입양시키는 사업을 통해, 한국이 아니라 서구 선진국에서 돌봄을 제공할 가정을 찾아 혼혈아와 연결시키고자 했다. 이러한 해외 입양 사업은 한국에서 가정의 보호를 받을 수 없는 구호 대상 아동에게 외국의 대안 가정을 마련해 주기 위한 시도였다.

그러나 김아람에 따르면,[63] 1950년대의 해외 입양은 순혈주의와 부계 혈통주의에 기반을 둔 국적법에 의해 비국민으로 취급되던 혼혈아에 대한 구호를 정부가 포기한 상황에서 종교적 신념에 바탕을 둔 외원 단체에 의해 추진되었다. 이승만 정부는 '대리 입양' 제도를

---

62 최원규, 「외국 민간 원조 단체의 활동과 한국 사회사업 발전에 미친 영향」, 서울대학교 박사 논문, 1996, 175쪽.
63 김아람, 「1950~1960년대 전반 한국의 혼혈인 문제—입양과 교육을 중심으로」, 이화여자대학교 석사 논문, 2009.

허용함으로써 외원 단체가 손쉽게 '비국민'을 해외로 내보낼 수 있도록 도왔다. 또한 1960년대에는 '국가 체면' 문제로 해외 입양이 지양되기도 했으나, 혼혈아의 현실이나 국내 조건을 고려하지 않고 추진된 군사정부의 '혼혈아동 국민화' 기획(국내 입양, 통합 교육)이 실패함에 따라 해외 입양 외에는 다른 대안이 없다는 결론으로 회귀했고, 그 역할은 외원 단체가 이어받게 되었다. 이런 측면에서 보면, 1950~1960년대 기독교 외원 단체의 입양 사업 역시 한국 정부의 복지 실패나 책임 회피에서 '기회'를 발견한 경우라 할 수 있다.

기독교 외원 단체는 무엇을 남겼는가?

그렇다면 외원 단체들의 구호 활동은 어떤 성격을 갖고 있었을까? 최원규[64]는 외원 단체들의 표방된 목적(stated goal), 운영 목적(operational goal), 이행 목적(transitive goal, 단체가 의도했던 한국 사회의 변화) 등을 종합해 외원 단체의 50~75%가 선교 단체의 성격을 갖는다고 주장했다. 때문에 이들 단체들의 절대적인 자원은 본국 정부의 지원이었지만, 선교 목적을 갖고 있던 기독교 외원 단체들은 본국 교회로부터도 많은 물적 지원을 받을 수 있었다. 예를 들면, 1950년 6월부터 1954년 6월까지 미국 장로교 해외 선교부가 한국 교회를 위해 모금한 금액은 180만 달러였으며, 1950년 가을부터 미국 감리교 해외구제위원회는 매년 10만 달러 이상을 보내왔고, 1954년 6월

---

64 최원규, 「외국 민간 원조 단체의 활동과 한국 사회사업 발전에 미친 영향」, 서울대학교 박사 논문, 1996, 93쪽.

에는 한국 교회 및 사회 복구를 위한 '감독 호소 기금' 160만 달러를 모금했다. 그러나 미국 교회에 의한 현금 도입액 대부분은 교역자들의 생활수당, 유가족비, 교역자 자녀 교육비 등에 사용되었다.[65]

그런데 1950년대는 이미 알려진 것처럼 한국에서 교파·교단 분열이 극에 달했던 때이다. 한국의 교파 분열은 일제강점기를 통해 심화된 미국 교회에 대한 한국 교회의 의존성이 미국 내 교파 분열 상황마저 한국에 이식되면서 초래되었다는 특징이 있다.[66] 외원 단체는 선교 단체의 성격이 강했고 구호 활동을 하는 데 직간접적으로 한국 교회와 연계되어 있었다. 때문에 외원 단체를 통해 도입된 미국 교회의 물자와 현금이 한국 교회와 관련을 맺을 때 이러한 교파 분열 상황과 무관할 수 없었다. 미국 정부에 의해 도입되어 외원 단체가 배분을 맡았던 구호양곡처럼 종교적 배경이 없는 물자마저도 구호품을 배분하는 단체의 기독교적 배경이 기독교인에게 구호물자가 더 많이 배분되게 하는 효과를 발휘했다.[67] 하물며 지원 물품의 교단 배경이 분명하고 선교 목적을 띤 미국 교회의 구호물자와 자금이 교회 복구와 교회 재건을 위해 주로 사용되면서 교단색을 띠지 않고 교단 간의 협조 속에 배분되었으리라고 기대하기는 어렵다. 1950년대 후반 한국 정부로부터의 시설 지원이 감소하는 시점과 한국에서의 교파 분열이 극에 달한 현상이 겹치는 것을 우연이라 볼 수 없는 것은 바로 이 때문이다. 정부로부터의 지원이 줄면서 미국 교회 지

---

65 김흥수, 『한국전쟁과 기복신앙 확산 연구』, 한국기독교역사연구소, 1999, 91~92쪽.
66 강인철, 「한국 개신교 교회의 정치사회적 성격에 관한 연구: 1945-1960」, 서울대학교 박사 논문, 1994, 230~231쪽.
67 김흥수, 「한국전쟁 시기 기독교 외원 단체의 구호 활동」, 『한국기독교와 역사』 23, 2005, 110쪽.

원에 대한 의존이 더 커졌고, 미국 교회의 지원을 둘러싼 한국 교회의 교파 간 경쟁이 더욱 치열해졌을 것이라 예상된다.

또한 외원 단체가 지원한 고아원들은 기독교 색채가 나는 단어들을 고아원 이름에 사용함으로써 자신들의 기독교적 배경을 드러내려 했다. 뿐만 아니라, 원생들을 위한 종교 교육 프로그램이 비중 있게 존재했으며, 보육 교사 양성 과정에 기독교 교육이 과목으로 편성되어 있었다.[68] 교회와 기독교 배경을 갖는 아동·청소년 보호시설은 미국으로부터 도입된 구호물자의 최종 도착지이자 최종 분배자였기 때문에 '교회/기독교 범주 내부(in church/christianity)'를 곧 복지 수혜와 동일시하는 사회적 통념이 형성되었을 가능성이 높다. 때문에 대미 의존성이 강한 한국 교회는 한국 신자들의 친미주의를 극적으로 증폭시키는 창구가 되었으며,[69] 동시에 미국을 모델 사회(model society)로 받아들이고 있던 한국 사회에서 기독교는 '미국으로의 통로'처럼 여겨져 급격한 교회 성장을 이루는 수혜를 누렸다.[70]

그런데 이러한 교회와 복지 시설의 높은 '대미 의존성'은 교회와 기독교 배경의 복지 시설이 1950~1960년대 한국 사회에서 가장 중요한 복지 공급자로서의 위치를 차지하게 만들기도 했지만, 동시에 장래의 한국 교회와 사회복지가 유기적 결합 관계를 이룰 가능성을 원천적으로 차단하는 역할도 했다.

---

68 최원규, 「외국 민간 원조 단체의 활동과 한국 사회사업 발전에 미친 영향」, 서울대학교 박사 논문, 1996, 142~143쪽.
69 강인철, 「한국 개신교 교회의 정치사회적 성격에 관한 연구: 1945~1960」, 서울대학교 박사 논문, 1994, 230쪽.
70 강인철, 「해방 이후 4·19까지의 한국 교회와 과거 청산 문제」, 『한국기독교와 역사』 24, 2006, 80~81쪽.

물론 외원 단체의 기독교적 배경은 기독교의 장 안에서 사회복지 서비스와 관련을 맺고 있는 개인 및 조직에게 긍정적인 영향을 끼쳤던 것은 분명하다. 김흥수가 지적하는 바와 같이,[71] 한국전쟁 시기(뿐만 아니라 그 이후도) 기독교 외원 단체의 구호 활동은 기독교인 출신의 사회사업 전문가가 양성되는 기회를 제공하거나 기독교인들이 구호 및 사회봉사의 중요성을 체험하는 계기가 되었다.

그러나 기독교 외원 단체는 개별 아동복리 기관과 한국 교회 사이에서 재원 구조나 활동의 유기적 결합을 모색한 적이 없었다. 때문에 외원의 감소나 외원 단체의 철수는 교회와 개별 복지 시설을 모호하게 연결하던 가교를 상실하게 했고, 개별 복지 시설은 기독교 배경을 갖는다는 것 외에는 교회나 교단과 무관한 조직으로 남겨지게 되었다. 비전문적이고 시혜적 성격이 강했던 교회의 구호 활동은 '절기' 때만 복지 시설에 구호품을 전달하는 관행을 형성했을 뿐 '기독교 복지 체계'에 대한 구상으로 이어지지는 않았던 것이다.[72]

---

71 김흥수, 「한국전쟁 시기 기독교 외원 단체의 구호 활동」, 『한국기독교와 역사』 23, 2005, 120쪽.
72 기독교 외원 단체의 활동과 지원 규모가 컸다고 해서 곧 '기독교 복지 체계'가 들어서야 하는 것은 물론 아닐 것이다. 그러나 이승만 정권기의 한국은 '기독교 국가'로 봐도 무리가 없을 만큼 기독교(개신교)에 매우 편향된 기회와 이익이 제공되었으며(강인철, 「대한민국 초대 정부의 기독교적 성격」, 『한국기독교와 역사』 30, 2009, 91~129쪽), KAVA와 같은 협의체의 위상은 보사부와 거의 대등할 정도였다. 그렇다면 독일의 경우처럼 국가와 협상할 수 있고, 전국 기독교 복지 시설의 조정자 역할을 할 수 있는 통합 기구의 형성, 그리고 이러한 통합 기구가 정부의 복지 정책 결정 과정에서 중요한 파트너의 역할을 하는 기독교 복지 체계의 형성이 불가능하지만은 않았을 것이다. 그러나 그것을 가로막았던 것은 외원 단체에 대한 절대적 의존 구조와 교파 분열이 아니었을까 짐작해 본다. 그리고 기독교 배경을 갖는 복지 활동들이 기독교 복지 체계로 발전하지 못한 결과, 기독교(뿐만 아니라 모든 종교 배경의) 복지 주체가 정부와 수평적 관계를 가질 가능성을 박탈당하게 된다. 외원 단체의 철수가 완료되는 1970년대 중반에 이르면, 외원에 의존하던 개별 복지 시설들은 재원이 끊겨 폐쇄

1960년대 중반 이후 외원이 감소하고 있을 때, 급속한 신도 증가를 경험하고 있던 교회는 예배당 신축 등 교회의 유지·확장에 몰입했고, 교회와 사회복지의 관계는 '점점 소원해'져 갔다.[73]

나가며

이 연구는 부랑아를 통해 한국 사회(특히, 복지 영역)의 보수성이 어떻게 형성되어 갔는가를 탐색하고자 하는 의도에서 시작되었다. 그리고 외원 단체의 활동을 통해 기독교는 한국 보수주의 형성에 어떻게 관여했는가를 밝히고자 했다. 한국의 잔여주의적 복지 체제의 형성을 둘러싸고 국가, 사회, 외원 단체, 한국 교회가 보였던 권력의 관계망에 대해 반복해 이야기할 필요는 없을 듯하다. 여기서는 결론을 대신해 이들 여러 주체들이 전후 한국 사회의 복구와 재건에 참여하는 과정에 부랑아가 관여되었던 양상을 보며 생각하게 된 두 가지 '기억하기'에 대해 짧게 이야기하고자 한다.

첫째는 한국 교회의 '자기 기억'에 대한 것이다. 근 수년간 각종 사회 서비스 분야에서 기독교 배경을 가진 주체들이 큰 비중을 차지하고 있음을 강조하며 기독교의 신뢰를 회복하기 위해서는 이러한

위기를 호소하게 되고, 이때부터 민간이 설립한 시설에 정부가 운영 재원을 보조하는 '민간 위탁(또는 조치 위탁)' 형태의 복지 서비스 공급 방식이 일반화되기 시작했는데, 이때부터 정부와 민간 복지 공급자의 관계는 수평적 관계가 아닌 위계적 관계로 고착되어 갔기 때문이다.

73 노치준, 「제5장. 사회복지를 향한 개신교의 사회봉사」, 『기독교와 한국 사회』 7, 2000, 168쪽.

실태를 한국 사회에 '적절히' 드러내는 것이 필요하다는 주장이 교계에 유행하고 있다. 가장 대표적인 예를 기독교윤리실천운동(기윤실)이 발간한 한 자료집에서 발견할 수 있다. 기윤실은 2009년에 실시한 조사를 통해 '사회적 섬김'에서 한국 교회가 기여하고 있는 현황을 밝히고자 했다.[74] 자료집은 주로 사회 서비스 분야에서 기독교가 차지하는 비중이 얼마나 큰가를 강조하는 데 목적이 있지만, 필자에게는 그 목적과는 상관없이 한 통계와 짧게 언급된 문구가 눈에 들어왔다. 전체 지역아동센터 3,013개 중 '개신교 운영 지역아동센터'가 53.13%인 1,601개인데, 교단의 재정적 지원을 받고 있는 기관은 6.6%에 불과해 '각 교단의 관심과 지원이 매우 저조'하다고 지적한 것이 그것이다.[75]

지역아동센터의 뿌리는 1950년대부터 시작된 야학과 공부방에서 찾을 수 있다. 정규교육을 받기 힘든 빈곤 계층 아동·청소년을 위해 운영되었던 야학과 공부방은 교회로부터 인적·물적 자원을 오랫동안 지원받아 왔다. 외원 단체의 안정적인 재정 지원을 받을 수 있었던 영·육아원 등의 '시설'과 달리 공부방은 교회 공간을 나누어 사용했고, 교회 청년들이나 목회자의 자원봉사에 의해 운영되는 열악한(혹은 소박한) 조건 속에 늘 처해 있었다. 그리고 많은 공부방이 애초부터 개별 교회가 운영 주체가 되어 급식, 교육, 보호 등을 제공하는 경우가 많았기 때문에 '교단의 관심과 지원이 저조'한 것은 어찌 보면 너무 당연한 일이었다.

---

74 기독교윤리실천운동, 「2009년 한국 교회의 사회적 섬김 보고서」, 2010. 기윤실 홈페이지 자료실(http://www.cemk.org) 참조.
75 기독교윤리실천운동, 「2009년 한국 교회의 사회적 섬김 보고서」, 2010, 10~12쪽.

그러던 것이 2004년 아동복지법이 개정됨에 따라 미신고 시설이었던 공부방이 신고 시설인 지역아동센터로 전환되고, 법 개정 전인 2003년에 244개였던 공부방의 수가 2010년 6월 기준으로 3,585개소의 지역아동센터로 급증했다.[76] 기윤실 보고서가 인용한 원자료를 보면 센터의 '운영 시작 연도' 통계를 볼 수 있는데, 설문에 응한 452개소 중 73.9%인 334개소가 2003년 이후 개설되었으며, 센터의 94.2%가 정부로부터 운영비 보조를 받고 있다.[77] 이런 맥락에서 봤을 때 기윤실 보고서가 의도한 것은 아니겠지만, '교단의 관심과 지원이 저조'한 상황은 교단과 중대형 교회들이 교회 성장에 열을 올린 반면에, 가난한 아동·청소년들의 복지에는 무관심했음을 고발하는 의미로도 읽히고, 기독교 복지가 과도하게 정부 지원에 의존하면서 자율적인 목소리를 낼 여지가 그만큼 없다는 것을 반증하는 것으로도 해석된다. 따라서 어느 쪽이든 기독교가 사회사업에 많은 기여를 하고 있다는 그들의 주장을 지지해 줄 만한 것은 아니다. "사람들이 몰라서 그렇지 기독교의 사회봉사 기여는 절대적이다."라는 기독교인들의 자의식은 어쩌면 이런 상황들에 대한 체계적인 은폐를 통해 성립하는 것은 아닐까? 한국 기독교가 사회적 신뢰를 회복하고 복지 현실에 건강하게 기여하고자 한다면 이런 상황들에 대한 직시가 선행되어야 한다.

둘째는 한국 사회의 '가족/가정'에 대한 집단적 감수성에 대한 것

---

[76] 이태수, 「지역아동센터, 빅딜(big deal)이 필요하다」, 『월간 복지동향』 143, 2010, 11쪽.
[77] 한국교회봉사단, 「2009 기독교 지역아동센터 실태조사 발표 및 토론회 자료집」, 2009, 22쪽·36쪽 참조. 한국교회봉사단 홈페이지 자료실(http://www.servekorea.org/)

이다. 근래 수년 간 가장 주목받고 있는 사회적 이슈는 '복지'라고 해도 지나치지 않다. 높은 사회적 관심이 복지 문제에 집중된 데에는 총선, 대선 등 선거라는 상황적 요인이 크게 작용했을 것이다. 그럼에도 이 현상을 선거 때마다 중요 사회 문제가 정치 쟁점화되는 현상, 즉 선거 국면의 지극히 일반적인 현상으로 치부할 수만은 없다. 한국 사회에는 소득의 양극화, 시민 전반의 삶의 질 하락, 인구의 고령화 등 중요한 사회 문제가 산적해 있지만, 이 문제들은 사회적 차원의 광범위한 관심과 선거 쟁점으로 이어지는 데 그다지 성공적이지 못했기 때문이다. 그런데 근래에 부상한 무상급식이나 보육료·양육 수당과 같은 '아동복지' 의제는 다른 사회 문제와 달리 쉽게 정치 쟁점화되어 정책 영역으로 진입하고 있는 듯하다.

이처럼 아동복지 의제가 더 쉽게 정치 쟁점화될 수 있었던 원인은 이 의제가 '내 자녀'의 문제로, 또는 '우리 가족'의 문제로 해석되면서 한국 사회의 집단적 감수성을 자극했기 때문이 아닐까 추측해 본다. '보편적 복지 대 선별적 복지' 논쟁이 무상급식 등 일상적·구체적 이슈와 함께 정치적 의제로 본격적으로 등장하기 시작한 2007~2008년 즈음을 회상해 보면, '보편적 복지 대 선별적 복지' 논쟁에서 '선별적 복지(실제적 의미는 '잔여주의적 복지')'를 지지했던 정당이 총선에서 승리하고 그 정당의 후보가 대통령에 당선되었음에도 이 정당(당시 한나라당)과 대통령이 제시했던 복지 정책은 진보와 보수 양 진영으로부터 '복지 포퓰리즘'이라는 비난을 받을 만큼 복지 수혜자 기준이 비선별적이었다. 때문에 이들 정당이 내걸었던 '맞춤형 복지'라는 구호는 선별적 복지 이념을 구현했다기보다는, '시민 일반'의 가족주의 감수성을 정치공학적으로 번역한 것일 뿐이라고 보는 게 옳을 것이다. 요약하면, 근래 10여 년간의 상황은 보편주의적 복지 정책이 확대되어 가는 것으로 보이지만, 그것은 표면적인 변화일 뿐 실제로는 사회적 위기의 증대와 이에 대한 사회적 안전망의 부재로 인해 전통적 안전장치인 '가족'이 향수의 대상이 되고 있는 것으로 보인다.

그런데 본론에서 살펴본 바와 같이, 사회안전망으로서의 가족이나 가정이 정부나 외원 단체 등에 의해 호출되어 나올 때 그것은 소위 시민 일반의 안전과 질서를 위해 구호 대상 아동·청소년을 침묵하게 만들고 이들을 상상적 질서 공간으로 퇴출시키는 효과를 발휘했다. 1950~1960년대 범람했던 부랑아가 공식적 기록 속에서 사라져 간 것은 이러한 배제와 침묵하게 만들기 효과였음을 기억해야 할 것이다.

성시화, 템플스테이, 땅밟기*

최근 한국 불교와 보수 개신교의 갈등

이진구

스님들이 거리로 나선 이유는?

2008년 여름, 승려 1만여 명을 포함한 불교도 20여만 명(경찰 추산 6만 명)이 참여한 불교도 대회가 서울시청 앞 광장에서 열렸다. 대회의 공식 명칭은 '헌법파괴 종교차별 이명박 정부 규탄을 위한 범불교도대회(이하 '범불교도대회')'였으며 '종교차별금지법' 제정을 핵심 요구 사항으로 내걸었다.[1] 이명박 정부가 불교계의 요구에 미온적으로 대응하고 있는 동안, 보수 개신교 진영을 대변하는 한국기독교총연합회(한기총)가 종교차별금지법 제정에 반대하는 성명을 발표했다.

---

* 이 글은 '한국 사회 보수주의 형성과 그리스도교' 포럼(2013. 8. 26.)에서 「민주화 이후 '종교 자유 전쟁'과 개신교 보수 진영의 대응 전략」으로 발표한 것을 수정·보완하여 『종교문화비평』 28(2015)에 「최근 한국 불교와 보수 개신교의 갈등」이라는 제목으로 게재했던 것을 새로 다듬은 것이다.

1 이 대회에서는 한국기독교교회협의회를 대표하여 성공회 김광준 신부가 "불교계의 종교 편향 지적에 공감한다."라는 연대사를 발표하기도 했다. 정웅기, 「범불교도대회의 배경과 성격」, 『불교와 국가권력: 갈등과 상생』, 조계종출판사, 2010, 311~353쪽.

종교차별금지법 제정이 '종교 자유'를 침해할 수 있다는 것이 반대의 근거였다. 불교와 보수 개신교 진영의 논란이 가속화되는 가운데 정부가 특별법 제정 대신 기존의 '공무원법'을 일부 개정하는 선에서 사태가 수습되었다. 그러나 불교계는 개정 공무원법이 '처벌 조항'을 지니고 있지 않아 실효성이 없다고 불만을 제기한 반면, 보수 개신교 진영은 개정 공무원법으로 인해 공직자의 종교 자유가 위축되었다고 불평을 토로했다. 이처럼 종교 차별 문제에 대한 해법을 둘러싸고 불교계와 보수 개신교계는 상반된 인식과 태도를 보였다.

양측의 논쟁에서 핵심 쟁점으로 떠오른 것은 공직자의 종교 차별이다. 불교 측의 주장에 의하면, 개신교 공직자들이 지위와 권력을 이용하여 불교를 홀대하고 개신교를 우대하고 있는데 이러한 종교 차별 행위는 헌법에 규정된 정교분리 원칙에 위배된다. 이에 대해 보수 개신교 진영은 공직자들의 종교 활동은 헌법이 보장하는 종교 자유의 권리에 속한다고 응수했다. 이처럼 공직자들의 언행을 둘러싼 양측의 대립에는 정교분리와 종교 자유라는 헌법적 개념이 주요 무기로 등장하고 있다.

이러한 논쟁의 와중에 보수 개신교 진영은 템플스테이(temple stay) 문제를 끌어들이면서 불교계를 공격했다. 템플스테이에 대한 정부의 재정 지원이야말로 불교를 우대하는 종교 차별이라고 공격한 것이다. 이에 대해 불교계는 템플스테이 지원은 종교 활동 지원이 아니라 민족(전통)문화의 보존을 위한 재정 지원이므로 종교 차별과는 관련이 없다고 응수했다. 논란이 가속화되는 가운데 정부가 템플스테이 관장 부서를 문화체육관광부 종무실에서 문화체육관광부 관광국으로 이관하면서 양측의 갈등은 해소된 듯 보이지만 논쟁의 불씨가 완전히 사라진 것은 아니다.

공직자의 종교 차별과 템플스테이 문제를 둘러싸고 불교와 보수 개신교 진영이 갈등을 빚고 있는 동안 이른바 '땅밟기' 사태가 일어났다. 일부 개신교도들이 봉은사를 비롯한 몇몇 사찰에 들어가 불교를 폄하하고 모욕하는 장면이 동영상으로 유포되면서 개신교의 '무례한' 선교에 대한 논란이 일어난 것이다. 불교계는 사태의 재발 방지를 위해 '종교평화법' 제정을 촉구한 반면, 보수 개신교 진영은 선교 자유의 침해 가능성을 이유로 법 제정에 반대했다.

이처럼 공직자의 종교 차별, 템플스테이, '땅밟기' 논쟁으로 이어지는 일련의 사태는 최근 한국 사회의 종교 갈등을 보여주는 대표적인 사례다. 이 세 사안은 종교적 측면에서는 불교와 보수 개신교의 대립을 배경으로 하고 있으며 법적 차원에서는 종교 차별(금지), 정교분리, 종교 자유라고 하는 헌법 규정과 관련되어 있다. 따라서 최근 한국 사회의 종교 갈등 양상을 파악하기 위해서는 이러한 법적 개념들이 불교와 보수 개신교 진영에 의해 어떻게 전유되고 있는지 살펴보는 작업이 필요하다.

주지하다시피 종교 차별 금지, 정교분리, 종교 자유라고 하는 세 개념은 모두 헌법의 기본권 조항에 속한다. 종교 차별 금지는 평등권을 규정한 헌법 제11조 1항("누구든지 종교 등에 의해 차별을 받지 않는다.")에 근거하며,[2] 성차별, 장애인 차별, 연령 차별과 함께 차별 금지 조항의 대표적인 영역이다. 문자적으로 해석하면 종교에 따른 우

---

2   대한민국 헌법 제11조 1항의 전문은 다음과 같다. "모든 국민은 법 앞에 평등하다. 누구든지 성별·종교 또는 사회적 신분에 의하여 정치적·경제적·사회적·문화적 생활의 모든 영역에 있어서 차별을 받지 아니한다."

대 혹은 홀대의 금지를 의미하며 윤리적 범주의 성격이 강한 '종교 편향'과 물리적 탄압을 연상시키는 '종교 탄압'의 중간 범주에 속한다고 볼 수 있다. 종교 자유와 정교분리는 헌법 제20조 1항과 2항에 각각 명기되어 있는 개념이다.[3] 종교 자유는 양심의 자유와 함께 자유권 혹은 시민권으로 불리기도 하는 기본권의 하나로서 인권의 역사에서 핵심적 위치를 지니고 있다. 일반적으로 신앙의 자유, 예배의 자유, 선교의 자유, 종교 교육의 자유 등이 종교 자유에 포함되지만 '종교로부터의 자유'도 종교 자유에 포함된다. 정교분리는 문자적으로는 정치와 종교의 분리를 의미하지만 그 의미는 매우 모호하다. 정치와 종교 개념 자체가 추상적일 뿐만 아니라 국가와 종교 집단은 구체적 현실 속에서 어떠한 방식으로든지 관계를 맺을 수밖에 없기 때문이다. 따라서 정교분리는 국가의 종교적 중립성(neutrality)으로 표현되기도 하지만, 정치와 종교의 관계는 '정교분리의 원칙'을 표방하면서 언제든지 '정교 유착의 현실'로 귀착될 수 있다.

이처럼 세 개념의 법적 의미를 간략히 언급해 보았지만 구체적 현실 속에서는 이 개념들의 의미를 둘러싸고 치열한 해석 투쟁이 전개된다. 더구나 세 개념은 독립적으로 존재하는 것이 아니라 서로 밀접한 관련을 맺고 있다. 어떤 사회에서 '종교 차별'이 발생하면 차별을 받는 사람은 사실상 '이등 시민'이 되기 때문에 그 사람의 '종교 자유'가 침해될 수 있다. '정교분리'가 시행되지 않는 국교 제도 하에서는 비국교도가 종교 차별을 받으면서 그들의 종교 자유가 억압될 수 있다. 이러한 면에서 보면 정교분리는 종교 차별 금지와 종교 자

---

3 대한민국 헌법 제20조 1항과 2항은 다음과 같다. "① 모든 국민은 종교의 자유를 가진다. ② 국교는 인정되지 아니하며, 종교와 정치는 분리된다."

유의 확보를 위해 필수적인 조건으로 보인다. 그러나 정교분리와 종교 자유가 충돌하는 경우도 있다. 정교분리를 극단적으로 내세워 공적 영역에서 종교 활동을 배제하면 시민들의 종교 자유가 침해될 수 있기 때문이다. 심지어 종교 차별 금지와 종교 자유가 충돌할 수도 있다. 종교 차별 금지(종교 평등)가 극단화되면 타 종교에 대한 비판이 금지되면서 종교(비판)의 자유가 침해될 수 있기 때문이다. 종교차별금지법 제정이 종교 자유를 침해한다는 보수 개신교의 주장은 이러한 논리에 근거한 것이다.

이처럼 종교 차별 금지, 종교 자유, 정교분리라고 하는 세 가지의 헌법적 가치는 상호 수렴의 방향을 취할 수도 있지만 상호 충돌할 수도 있다. 따라서 세 개념의 의미와 상호 관계는 선험적으로 규정하기보다는 구체적 현실 속에서 파악되어야 한다. 여기서는 공직자의 종교 차별, 템플스테이, 땅밟기 논쟁에서 이 개념들이 불교와 보수 개신교 혹은 국가(정부, 정치권, 법원)와 같은 주체들에 의해 어떻게 전유되고 있는가에 주목한다. 그러면 먼저 최근 한국 사회 종교 갈등의 등장 배경을 살펴보도록 하자.

개신교의 성시화 운동과 불교의 반성시화 운동

2008년 8월, 불교계가 국가권력을 상대로 공개 시위를 한 '범불교도대회'는 한국 불교사에서 유례를 찾기 힘든 사건으로 간주된다. 그 이전까지 한국 불교는 국가권력과 대결하기보다는 정권에 대한 지지나 종속을 통해 종단의 유지와 안정을 도모해 왔기 때문이다. 따라서 범불교도대회에 나타난 불교계의 새로운 국가 인식과 태도를 이해하기 위해서는 근현대 한국 불교사에 대한 간략한 스케치가 필요하다.

개항 이후 한국 사회에 '종교(religion)' 개념이 형성되고 개신교가 종교의 모델로 등장하면서 '다종교 지형'이 형성되었다. 당시 불교는 서구 기독교와 일본 불교의 근대성을 나름대로 수용하면서 근대적 종교성을 갖춰 갔지만 식민지하에서는 '사찰령'에 의해 주지 임면과 재산 관리가 통제되어 종단의 자율성을 발휘하기 어려웠다. 해방 이후 이승만 정권하에서는 '비구(比丘)-대처(帶妻) 논쟁'[4]으로 내분에 휩싸여 대(對)사회적 차원의 활동을 할 여력이 없었다. 반면 이 시기의 개신교는 국가권력으로부터 받은 다양한 특혜에 힘입어 교세 확장에 매우 유리한 제도적 기반을 마련할 수 있었다.

군사정권 시기에 접어들면서 불교는 군대나 교도소와 같은 국가기관으로 진출할 수 있게 되고, 석탄일이 공휴일로 제정되는 등 그동안 기독교가 독점적으로 누렸던 제도적 특권을 상당 정도 나누어 가질 수 있게 되었다. 그러나 이 시기에 일부 개신교인들에 의한 불교 폄하와 불상 훼손, 사찰 방화 등의 사건이 자주 일어났다. 이 사건들은 대부분 은밀하게 일어나서 범인이 잡히지 않거나 정신이상자의 소행으로 간주되어 법적 구속이 이루어지지 않았다. 따라서 언론의 주목을 받지 못했을 뿐만 아니라 불교계에서도 일부 광신도의 소행으로 간주하여 '자비와 인내'를 강조할 뿐 종단 차원에서 크게 문제 삼지 않았다.

---

4 '비구'는 출가하여 구족계를 받고 독신으로 불도를 닦는 승려를 가리키고, '대처'는 살림을 차려 아내와 자식을 거느린 승려를 가리키는 말이다.

1990년대 초 '문민정부'가 들어서면서 불교의 상황 인식은 크게 달라지기 시작했다. 개신교 장로인 김영삼 대통령 재임 시 국방부 법당 차별 사건을 비롯하여, 군부대의 훼불 행위, 특수부대 법당 오물 투기 사건 등이 연이어 발생했는데 이는 공권력에 의한 불교 탄압으로 비쳤다. 일요일에 공무원 시험을 치르지 않겠다는 총무처 장관의 발언이나 부활절이라는 이유로 정부가 이미 정해 놓은 시험 일자를 변경한 사건 등은 국가권력에 의한 기독교 우대 정책으로 보였다. 따라서 불교계 일각에서는 공권력에 의한 불교 탄압을 극복하기 위한 방안의 하나로 '권리에 대한 각성'을 강조하고, '교권수호협의회'나 '불교수호위원회'와 같은 조직을 만들어 불교 권익에 대한 항시적인 감시와 수호 운동을 해야 한다는 주장이 등장했다. 이는 불교가 자신의 권리와 권익에 새롭게 눈뜨고 있음을 보여주는 몸짓이라고 할 수 있다.

1994년 출범한 '개혁종단'은 불교의 대국가 인식에서 분기점 역할을 했다. 서의현 총무원장 3선 연임 저지 운동을 계기로 탄생한 '개혁종단'은 불교의 자주성을 강조하면서 국가를 상대로 나름의 목소리를 외칠 수 있는 기반을 마련했다. 이 무렵부터 불교계에서는 '종교 편향'이라는 용어가 등장하기 시작했으며 불교에 대한 폄하나 불상 훼손에 관한 사례를 체계적으로 수집하기 시작했다. 이는 조계종 산하 '종교편향대책위원회'의 결성(1998)과 『종교편향백서』(2000)의 발간으로 구체화되었다.

이처럼 불교가 종단의 권익 수호와 대사회적 차원의 관심을 확장시켜 가고 있을 때 보수 개신교 진영에서는 성시화 운동이 확산되고 있었다. 1970년대 초 김준곤 목사에 의해 시작된 것으로 알려진 성시화 운동은 한동안 침체 상태에 있다가 1990년대 들어와 활성화되기 시작했다. 1990년대 초 평신도 법조인들이 춘천을 거점으로 본격적인 운동을 시작하면서 점차 다른 도시로 확산되었다.

성시화 운동은 기관장 중심의 '성경 공부' 모임을 근간으로 했는데 이는 각 도시에서 기관장이 차지하는 위상을 고려한 전도 전략이었다.[5] 나중에는 목회자도 참여하여 현재 성시화 운동은 평신도 중심의 '홀리클럽(holy club)'과 목회자 중심의 '성시화운동본부'로 구성되어 있다. 성시화운동본부 측 자료에 의하면, 홀리클럽은 '7성(七聖) 운동'을 목표로 하는데 개인[聖民], 가정[聖家], 교회[聖會], 직장[聖職], 사회[聖社], 국가[聖國], 세계[聖世]로 이어지는 일곱 개 영역을 거룩하게 하는 '회개와 실천 운동'이다. 반면에 성시화운동본부는 '3전(三全) 운동', 즉 '전(全) 교회가, 전(全) 복음을, 전(全) 시민에게' 전하는 것을 목표로 하는 '전도 운동'이다.[6] 이처럼 홀리클럽과 성시화운동본부는 별도의 목표와 조직을 지니고 있지만, 성시화라는 공동 목표를 위해 연대 관계를 맺고 있다. 현재 서울을 비롯한 대부분의 도시에 성시화운동본부가 설립되어 있고, 해외에도 여러 지역에 성시화운동본부가 설립되어 있다.

성시화 운동은 문자적으로 보면 도시의 성시화를 의미하지만, 실제적으로는 '민족 복음화' 운동의 흐름 속에 자리 잡고 있다. 즉, 도

---

5   전용태 장로는 이렇게 말한다. "기관장 한 명을 변화시키면 일당백(一當百)을 감당해 낸다. 도시마다 이런 영적 자원을 활용해 이 사람들을 깨우면 도시마다 놀라운 변화가 일어나게 되면서 민족 복음화를 효과적으로 일으키고 하나님 나라를 성취할 수 있다." 김철영, 「우리, 성시화 운동에 전심전력합시다」, 『뉴스파워』, 2005. 8. 29.

6   서울홀리클럽 홈페이지 자료실(http://holycitym.com/index.php?document_srl=2460) 참조.

시를 거점으로 한 '국가 복음화' 운동이다. 따라서 성시화 운동은 도시의 기독교화를 넘어 국가의 기독교화를 목표로 하며 궁극적으로는 세계의 기독교화를 목적으로 한다. 이는 개신교 복음주의 진영에서 흔히 나타나는 정복주의적 선교 논리로서 새로울 것이 없지만, 기관장과 같은 공직자들이 주도적 역할을 한다는 점에 특징이 있다.

불교계가 두려워하고 경계하는 것이 바로 이 측면이다. 불교계는 성시화 운동을 개신교 공직자들에 의해 행해지는 종교 차별의 배후 세력으로 간주할 뿐만 아니라 정치와 종교의 분리를 명시한 대한민국 헌법을 전면 부정하는 선교 운동으로 간주한다. 이러한 맥락에서 『성시화운동편람』에 나와 있는 다음 구절을 상기시킨다.

> 시민은 신자가 되느냐 이주하느냐 양자택일을 하게 될 것이다. 학교는 주일학교화되고 교사는 주일학교 교사화되고, 학교는 곧 교구가 되며, 춘천에 있는 모든 것들이 예수와 성경과 성령에 의해 다스려진다. (……) 성시특별보호법안 같은 것이 국회에 통과되어 시정은 장로급 인사가 영도하는 시민회의에서 다스려지고 관공리의 수가 반감될 것이다. 시 예산의 십일조는 민족 복음화와 세계 복음화에 쓰여질 것이다.[7]

이것은 성시화 운동이 첫 번째 성시(聖市)의 대상으로 삼은 춘천시의 미래상으로서 불교도의 입장에서는 두려운 세상이다. 따라서 성시화 운동의 실체를 제대로 파악하고 대처하지 않는다면 '새로운

---

7 김준곤 엮음, 『성시화운동편람』, 순출판사, 2006, 42쪽.

공포정치'와 마주치게 될지 모른다거나,⁸ 신정 일치 사회를 저지하지 못하면 한반도에서 불교가 1,700년의 역사를 마감하게 될지도 모를 것이라고 경고하고 있다.⁹

불교계는, 특히 홀리클럽을 개신교라는 '배타적 연줄망'으로 이루어진 일종의 '권력 카르텔'로 보고 조선말의 붕당(朋黨)과 같은 엄청난 사회적 폐해를 초래할 수 있는 조직으로 간주한다.¹⁰ 조계종에서 펴낸 『종교평화 대응 핸드북—종교차별을 넘어, 평화와 공존으로』에 의하면, 성시화 운동이나 홀리클럽의 본질은 시장근본주의와 종교근본주의의 결합이다.¹¹ 나아가 성시화 운동이 "바다를 따라 종으로 성시화 벨트를 형성하고 이를 다시 횡으로 묶음으로써 대한민국을 거미줄처럼 엮어 가고 있다."고 두려워하고 있다.¹² 불교계의 입장에서 보면 거리 청소나 불우이웃돕기 등과 같은 봉사활동도 성시화 운동이 가진 종교적 목적을 은폐하기 위한 전략에 불과하고, 이를 통해 궁극적으로 얻고자 하는 것은 행정 조직을 선교해서 하나님의 나라를 건설하는 것이다.¹³

---

8 배병태, 「왜곡된 전도 선언, 기독교 성시화 운동의 실체」, 『격월간 참여불교 웹블로그』, 2008. 7.
9 유철주, 「종교 차별, 정부 복음화를 위한 계획된 시나리오」. (http://cafe.daum.net/budvoice/Lhbp/18)
10 정웅기, 「범불교도대회의 배경과 성격」, 『불교와 국가권력, 갈등과 상생』, 조계종출판사, 2010, 337쪽.
11 대한불교조계종 자성과쇄신결사추진본부 종교평화위원회, 『종교평화 대응 핸드북—종교차별을 넘어, 평화와 공존으로』, 대한불교조계종 자성과쇄신결사추진본부 종교평화위원회, 2012, 25쪽.
12 유철주, 「종교 차별, 정부 복음화를 위한 계획된 시나리오」. (http://cafe.daum.net/budvoice/Lhbp/18)
13 유철주, 「종교 차별, 정부 복음화를 위한 계획된 시나리오」. (http://cafe.daum.net/budvoice/Lhbp/18)

이처럼 1990년대부터 대사회적 차원에서 '종교 편향' 담론을 생산하고 '권익의 정치'를 모색하던 불교가 성시화 운동이라는 '거대한 타자'와 만나는 지점에서 공직자의 종교 편향을 둘러싼 일대 논쟁이 일어난 것이다. 즉, 1990년대 이전이었으면 인내와 자비로 대했을 불교계가 '정법수호'의 기치 아래 공직자들의 종교 차별적 언행을 방조하는 이명박 정부와 정면 대결하기 위해 거리로 뛰쳐나간 사건이 2008년 여름의 '범불교도대회'였던 것이다.[14]

불교계의 대규모 시위에 당황한 정부 여당은 종교 차별 행위 금지와 처벌 조항을 담은 국가공무원법과 지방공무원법 개정안을 발의했다.[15] 얼마 후 이명박 대통령도 국무회의 석상에서 유감을 표명하고 공무원의 종교 편향 활동 금지 조항 신설을 골자로 하는 '공무원 복무 규정' 개정안을 안건으로 상정·처리했다. 이와 함께 문화체육관광부 안에 '공직자종교 차별신고센터'를 설립했다. 문화체육관광부는 학계의 자문을 얻어 종교 차별에 관한 국내외 사례 수집, 종교 차별의 가이드라인 제시 및 공직자종교차별예방교육 지침 등을 제시했다.

그러면 이제부터 최근 한국 사회의 대표적인 종교 갈등으로 비화된 공직자의 종교 차별, 템플스테이, '땅밟기' 사례를 중심으로 불교와 보수 개신교 진영에서 종교 차별, 종교 자유, 정교분리 등의 개념

---

14 대회의 자세한 경과 및 전개 과정은 정웅기, 「범불교도대회의 배경과 성격」, 『불교와 국가권력, 갈등과 상생』, 조계종출판사, 2010, 309~353쪽 참조.
15 국회를 통과한 최종 법안에서는 처벌 조항이 삭제되었기 때문에 개정된 국가공무원법의 해당 내용은 다음과 같다. 제51조의 2(종교 중립의 의무) ① 공무원은 종교에 따른 차별 없이 직무를 수행하여야 한다. ② 공무원은 소속 상관이 제1항에 위배되는 직무상 명령을 한 경우에는 이를 따르지 않을 수 있다.

이 어떻게 활용되는가를 살펴보자.

공직자의 종교 자유, 그 경계선은?

불교계가 펴낸 『대한민국 종교차별사례집 1945~2011』에 의하면, 공직자의 종교 차별 사례는 청와대에서부터 국회, 행정부, 법원, 군대, 경찰에 이르기까지 거의 모든 공공 영역에서 발생하고 있다.[16] 대통령의 청와대 예배 및 국가조찬기도회 참석, '모든 정부 부처 복음화가 나의 꿈'이라는 청와대 경호실 차장의 발언, 촛불집회 참여자들을 '사탄의 무리'라고 표현한 청와대 홍보수석의 발언, "기독교 정치학교를 만들어야 한다."고 주장한 여당 의원과 "신정정치를 통해서만 국민의 신뢰를 얻을 수 있다."고 말한 야당 의원, 근무시간에 통성기도하고 공용 전산망을 이용하여 기도회 참석을 홍보한 서울시 교육감, 복도에 기독교 문구가 적힌 액자를 전시한 지방법원, 예비군훈련 중 개신교 찬양 일색의 영상을 상영한 군부대, 경찰 워크숍 시간에 모든 직원을 대상으로 기도문을 낭독하고 기도문을 메일로 발송한 경찰서장에 이르기까지 실로 다양하다.[17]

불교계가 수집한 공직자의 종교 차별 사례를 모두 다룰 수는 없기 때문에 대표성을 지닌 것으로 보이는 두 사례를 중심으로 분석한

---

16 대한불교조계종 자성과쇄신결사추진본부 종교평화위원회, 『대한민국 종교차별사례집 1945~2011』, 대한불교조계종 자성과쇄신결사추진본부 종교평화위원회, 2012, 63~154쪽; 이 자료집에 포함된 종교 차별 사례는 총 500여 개에 이른다.
17 같은 책, 63~154쪽.

다. 이 두 사례는 이명박 정부 출범 이전에 발생한 사건들이지만 성시화 운동과 관련되어 있고 사회적으로도 많은 관심을 끌었다. 하나는 이명박 전 서울시장의 '서울시 봉헌 사건'이고, 다른 하나는 정장식 포항시장의 '포항시 예산 1% 성시화 운동에 전용 계획 사건'이다.

2004년 5월 31일, 이명박 시장은 어느 개신교 청년 단체가 개최한 행사에서 '서울을 하나님께 봉헌'이라는 제목을 지닌 아래의 봉헌서를 직접 낭독했다.

> 대한민국 수도 서울은 하나님이 다스리는 거룩한 도시이며, 서울의 시민들은 하나님의 백성이며, 서울의 교회와 기독교인들은 수도 서울을 지키는 영적 파수꾼임을 선포한다. 서울의 회복과 부흥을 꿈꾸고 기도하는 서울기독청년들의 마음과 정성을 담아 수도 서울을 하나님께 봉헌한다.[18]

봉헌문에 등장하는 '거룩한 도시'나 '하나님의 백성', '수도 서울을 하나님께 봉헌'과 같은 표현들은 성시화 운동의 모티프를 연상시킨다. 이명박 시장의 서울시 봉헌 사실이 알려지자 120여 사찰 및 단체로 구성된 '이명박 서울시 봉헌 관련 범불교 단체 대표자 연석회의'가 조계사에서 열렸다. 이 회의는 이명박 시장의 봉헌 행위가 정교분리의 헌법 정신을 유린한 행위라고 선언하면서 공개 사과를 요청하는 결의문을 발표했다.[19] 이명박 시장이 나름의 사과를 했

18　조호진·신미희, 「이명박 시장 '수도 서울을 하나님께 봉헌'」, 『오마이뉴스』, 2004. 7. 2.
19　범불교대책위원회, 「결의문: 이명박 시장 '서울시 봉헌' 규탄」, 『미디어조게사』, 2004. 7. 12.

지만, 사과 내용에 진정성이 없다고 판단한 서울 시민과 불교 신자 108명은 위자료 청구 소송을 제기했다. 소송의 근거로 제시된 것은 ① 국가권력이 종교 선전 또는 종교 활동에 개입한 반헌법적인 행위, ② 서울 시민 전체의 봉사자로 성실히 직무를 수행해야 할 의무의 위반, ③ 공무원의 종교적 중립성을 훼손하는 등 공무원의 품위유지의무 위반, ④ 특정 종교를 믿지 아니하는 서울시 주민에게 서울 시민으로서의 존엄과 가치를 존중받으면서 살아갈 수 있는 모든 국민의 당위적이고 이상적인 삶과 지표인 행복을 추구할 권리 침해, ⑤ 다른 시·도 및 나라 사람들로 하여금 서울 시민을 모두 기독교 신자로 오인케 할 수 있음 등이다.[20]

이 소송 사건에 대해 보수 개신교 진영을 대변하는 한국교회언론회(한교언)는 이명박 시장이 자신의 신앙 공동체에서 발언한 것을 종교 편향으로 비판하는 것은 문제라고 주장했다. 개신교 공직자가 기독 학생 모임에 참여해서 발언한 것은 종교에 대한 경의 표시와 개인의 신앙고백과 같은 것인데 이를 문제시하는 것은 과잉 반응이며, 그 모임에서 사용한 '하나님께 바친다'는 표현도 '우리 시대의 타락하고 범죄가 많은 것을 하나님께 의뢰하여 깨끗하고 살기 좋은 도시로 바꾸고 싶다는 의미'로 해석할 수 있다는 것이다.[21] 후에 이와 비슷한 사건들이 발생했을 때도 비슷한 논조로 평했다.

    대통령이나 정부 관리들은 과거나 현재에도 개인적인 종교 신념에 따라, 자신이 섬기는 종교 모임에서조차도 신앙적인 발언

---

20 신미희, 「시민·불자 108명, '서울 봉헌' 집단소송」, 『오마이뉴스』, 2004. 7. 27.
21 한국교회언론회 논평, 「이명박 서울시장의 발언 문제 제기에 대하여」, 2004. 7. 5.

은 절대 해서는 안 된다고 하는 것인가? 이는 헌법에 보장된 개인의 '종교의 자유'도 침해하는 초헌법적인 발상이라고 보여 염려된다. (……) 종교의 자유는 헌법에 명시된 인간의 기본권이다. (……) 신앙 공동체 안에서 자신의 종교적 신앙 표현을 종교 편향으로 몰아간다면, 이것은 지나친 억지가 아니겠는가?[22]

이처럼 보수 개신교계는 공직자의 언행을 개인의 종교 자유의 표현으로 해석해야 한다고 일관되게 주장한다. 그러나 불교계는 이명박 시장이 개신교인 모임에 참여한 것 자체를 문제 삼은 것이 아니라 '서울시장의 직함과 휘장'이라는 공적 자원을 사적 용도로 사용한 것이 정교분리 위반, 즉 공직자의 종교적 중립성의 의무 위반이라고 주장했다.

재판부는 피고의 언행은 고위 공직자로서 '부적절한 점'은 인정되지만 원고들이 금전으로 위무되어야 할 정도의 심대한 정신적 고통을 입었다고 보기는 어렵다고 판시했다. 이 시장의 행위가 도덕적·윤리적인 비난 가능성을 넘어 헌법상 정교분리의 원칙, 종교 평등의 원칙, 공무원의 직무전념의무, 품위유지의무에 위배되는 것이라거나, 원고들의 행복추구권을 침해하고 명예를 훼손한 것이라고는 볼 수 없다고 설명했다.[23] 요컨대 '윤리적' 측면에서는 문제가 될 수 있지만 '법적' 제재를 가할 수는 없다는 입장이다.

지금까지 살펴보았듯이, 서울시 봉헌 사건을 보는 시각은 크게

---

22 한국교회언론회 논평, 「종교 편향 주장에 대하여」, 2008. 12. 11.
23 정성윤, 「대법원, '서울 봉헌' 발언한 이명박 前서울시장 손배소……기각」, 『법률신문』, 2006. 9. 25.

셋으로 나뉜다. 불교계(시민 사회 일부 포함)에 의하면, 이명박 시장의 행위는 정교분리 원칙 위반이고, 보수 개신교 진영에 의하면, 사적 개인의 종교 자유 행사이고, 국가(사법부)에 의하면, 정교분리 원칙 위반은 아니지만 윤리적 차원에서는 부적절한 행위이다. 이처럼 동일한 사건에 대해 불교와 보수 개신교는 정교분리와 종교 자유라는 헌법적 규정을 각각 주요 무기로 삼아 공격과 방어를 하고 있음을 알 수 있다.

'서울시 봉헌' 사건과 거의 같은 무렵 포항시에서 '제1회 성시화 운동 세계대회'가 열렸다. 당시 정장식 포항시장이 이 대회에서 핵심적인 역할을 맡고 있을 뿐만 아니라 대회의 준비기획안에 "포항시 예산 1%를 성시화 운동에 사용한다."는 내용이 들어 있다는 소문이 돌았다. 이 소식을 접한 불교계는 포항 시민 단체 및 천주교와 연대하여 대규모 규탄 대회를 열고 포항시의 해명을 요구했다. 불교계는 '기관장 홀리클럽'이라는 조직이 이번 사태의 배후라고 판단하고 정시장의 홀리클럽 탈퇴를 요구했다. 논란 끝에 포항 기관장 홀리클럽이 해체 선언을 발표하면서 양측 사이의 갈등이 일단 봉합되었다.

양측이 논란을 벌이는 과정에서 각기 주장했던 핵심 사항을 정리하면 다음과 같다.[24] 첫째, 포항불교사암연합회 종교편향대책위원회(이하 '대책위')는 정장식 포항시장이 '포항 기관장 홀리클럽'의 창립을 주도하고 중심적인 활동을 해왔는데 이는 공무원법상 직무전념의

---

24 한국홀리클럽연합회가 발표한 「종교편향대책위원회의 정장식 포항시장에 대한 '포항 기관장 홀리클럽' 탈퇴 및 종교 편향 정책에 대한 사과 주장에 대한 반박」, 2004. 12. 14에 근거하여 재정리한 것이다. 이 반박문은 한국교회언론회 홈페이지 자료실에 게재되어 있다.

의무 및 공직자로서의 품위유지의무를 어긴 행위라고 주장했다. 이에 대해 홀리클럽 측은 정 시장이 시장 자격이 아니라 '개인 자격'으로 '근무 외 시간'에 신앙 활동에 참여한 것이므로 문제가 없다고 반론을 폈다.

둘째, 대책위는 정 시장이 대회 기간 동안 신앙 간증을 통해 "포항을 기독교 도시로 만들겠다."는 발언을 하여 국가의 종교적 중립성과 정교분리의 원칙을 위반했다고 주장했다. 이에 대해 홀리클럽 측은 정 시장의 신앙 간증은 어디까지나 '개인적 차원의 신앙 활동'이므로 국가의 종교적 중립이나 정교분리 원칙에 위배되지 않는다고 반박했다. 오히려 특정 종교가 기관장의 개인적인 신앙생활까지 문제 삼는 것 자체가 '종교의 자유'를 침해하는 것이라고 반박했다.

셋째, 대책위는 정 시장이 포항시의 재정 1%를 성시화 운동을 위해 사용하려고 기획했다고 하면서 이는 명백한 직권남용이자 공금을 유용하려 한 위법행위라고 주장했다. 이에 대해 홀리클럽 측은 이는 '사실 왜곡'이며 특정 종교 단체가 구체적 사실관계도 확인하지 않은 채 인터넷 홈페이지 상에 잘못 기재된 내용을 근거로 공무원에게 직권남용 내지 공금유용 운운하는 것 자체가 '종교의 정치화' 내지 '종교의 자유'에 대한 명백한 침해라고 주장했다.

넷째, 대책위는 정 시장이 직무와 관련하여 소속 공무원들이나 시민들에게 선교 활동을 했다고 주장했다. 그러나 홀리클럽 측은 개인적 신앙에 따라 '개인적 종교 활동'을 한 것일 뿐 직무와 관련하여 소속 공무원이나 시민들에게 특정 종교를 옹호하거나 배척한 사실이 없다고 응수했다.

큰 틀에서 보면 양측의 논리는 이명박 전 서울시장 소송 사건에서 등장한 것과 비슷하다. '포항시의 기독교 도시화' 발언은 '하나님께 서울시 봉헌' 발언과 유사한 의미를 지니는데 개인의 신앙 언어(종교 자유)로 볼 것인지 공직자의 종교적 중립성(정교분리) 위반으로 볼 것인지가 쟁점이다. 정 시장의 기관장 홀리클럽 활동 및 전도 활동 역시 개인의 종교 자유와 공직자의 종교 중립성 준수 의무 사이에서 논란이 되는 사안이다. 포항시 재정을 성시화 운동에 사용하려 했다는 계획안은 사실 확인 과정에서 오류가 있었던 것으로 보인다. 이처럼 이 논쟁에서도 불교 측은 공직자의 정교분리(종교적 중립성)의 의무를 강조한 반면, 개신교 보수 진영은 공직자 개인의 종교 자유를 강조하고 있다.

두 사례를 통해 살펴본 것처럼, 불교계는 성시화 운동과 관련한 공직자들의 언행을 정교분리 위반이라고 공격하는 반면, 보수 개신교계는 공직자 개인의 종교 자유 행사라고 정당화하고 있다. 불교 측이 공공영역에서 종교적 중립성의 원칙을 강조하는 반면, 보수 개신교 진영은 공공영역일지라도 개인의 종교 자유가 침해되어서는 안 된다는 입장을 지니고 있음을 알 수 있다.

이처럼 공직자의 종교 차별 논쟁의 경우에는 불교가 공격수이고 보수 개신교가 수비수의 역할을 하고 있다. 그런데 서로의 위치가 바뀌는 상황이 일어나기도 한다. 보수 개신교의 전위 역할을 하는 한교언에 의하면, 대한민국은 불교계에 의해 주창된 '종교 편향'이라는 말 때문에 '종교의 자유'와 '의사 표현의 자유'가 크게 위축되고 사회 전반에서 불교계의 눈치나 보는 '종교 기형적인' 나라가 되었다.[25] 종교 편향 문제는 기독교가 일으킨 사안이 아니라 불교가 정부와 공직자들을 압박하기 위해 이명박 정부 들어서 시작한 기이한 현상으로서 정부의 굴복으로 인해 기독교만 막대한 피해를 입었다는 것이다.[26] 그러면서 공격 목표로 설정한 것이 템플스테이인데 장을 달리 해서 이에 대해 자세히 살펴보겠다.

템플스테이, 전통문화인가 포교 행위인가?

2010년 7월, 한국기독교지도자협의회 등 보수 개신교 진영에 속한 다섯 개 단체는 "종교계는 국민 혈세로 종단 운영 행위를 중단하라."는 제목의 신문광고를 내고 정부가 국민의 혈세를 원칙 없고, 무분별하게 재정 지원함으로써 오히려 종교계를 병들게 하고 있다고 하면서 템플스테이를 대표적인 사업으로 꼽았다. 광고 문안의 일부는 다음과 같다.

> 왜 정부는 국민 혈세로 불교 포교에 앞장서는가? '템플스테이', 즉 '사찰 체험'은 그 명목이 외국 관광객 유치를 표방하고 있는데 순수한 외국 관광객이 몇 명이나 참석했는가? 결국 정부가 내국인 사찰 체험에 국민 혈세를 사용한 결과가 되어 불교 포교에 앞장서고 있는 것이 아닌가? 이 같은 심각한 종교 편향적인 지원을 즉시 중단하라.[27]

---

25 한국교회언론회 논평, 「기독교가 설립한 교도소 직원 채용에 종교 표시가 '종교 편향' 이다」, 2012. 3. 9.
26 한국교회언론회 논평, 「종교 편향 주장으로 차별당하는 기독교」, 2009. 11. 6.
27 한국기독교지도자협의회, 한국장로회총연합회, 한국교회언론회, 한국교회평신도단체협의회, 민족복음화부흥협의회의 광고, 『문화일보』, 2010. 7. 14-15.

템플스테이 사업은 외국인 관광객 유치를 표방하지만 실제로는 불교의 포교 활동이므로 정부의 재정 지원을 즉각 중지하라는 요구이다. 한교언도 템플스테이를 '문화를 빙자한 종교 사업'이라고 하면서 정부의 재정 지원 중지를 요구했다. 보수 개신교 진영에 의하면, 템플스테이는 관광·문화적 프로그램으로 포장되어 있지만 실제 내용을 보면, 불상(佛像) 앞에서 아침과 저녁에 예불 올리는 순서와 공양, 발우, 불교식 요가, 선무도 등을 포함하므로 포교 활동과 관계가 있다.[28]

보수 개신교계의 이러한 주장이 힘을 발휘하여 2011년 국회에서는 템플스테이 예산을 대폭 삭감했다. 그러자 조계종은 '템플스테이 지원금 전면 거부'를 외치면서 강하게 반발했다. 정부가 템플스테이 사업 담당 부서를 '종무실'에서 '관광국'으로 이관함으로써 양측의 논쟁을 일단 잠재웠다.

그러면 왜 정부는 템플스테이 담당 부서를 이관한 것인가? 담당 부서 이관을 기독교 단체의 비난을 피하기 위한 '편법'이자 '꼼수'라고 비판한 관점도 있지만,[29] 정부는 다음과 같이 대답했다. "템플스테이는 종교 행위를 목적으로 하는 사업이라기보다는 현대인들이 일상생활을 떠나 전통 사찰에 머물면서 여가와 관광을 즐길 수 있는 전통 체험 문화 프로그램 사업이므로 2012년부터 관광국으로 사

---

28 한국교회언론회 논평, 「지금 우리 국민들은 정종 유착의 폐해를 보고 있다」, 2010. 12. 15.
29 황평우, 「정교분리 정책과 종교 예산 책정 문제에 관한 연구」, 『정부의 종교 문화재 예산 지원 어디까지 해야 하나?: 2014 종자연 연구용역 결과 발표 및 학술토론회 자료집』, 2014, 31~32쪽.

업이 이관되어 추진 중입니다."³⁰ 템플스테이 예산이 '전통문화 체험 지원 예산' 명목으로 바뀌게 된 이유에 대해서도 다음과 같이 대답했다.

동 사업의 목적은 특정한 종교 활동에 대한 지원이 아니라 한국의 전통문화인 불교와 유교를 관광 자원으로 개발, 우리나라의 대표적인 문화관광 상품으로 정착시키기 위한 것입니다. 이와 관련 템플스테이 체험 및 서원·향교 체험 등 '전통문화'의 범위를 확대하고, 국내외 관광객들에게 다양한 체험 프로그램을 제공하기 위해 당초 사업명인 '템플스테이'를 '전통문화 체험 지원'으로 확대·변경하여 추진 중입니다.³¹

요컨대 정부는 템플스테이 사업을 종교 지원 프로그램이 아니라 전통문화 체험 프로그램으로 간주하고 재정 지원을 한다는 입장을 보였다. 불교계 역시 템플스테이를 문화관광 자원이자 문화 체험 프로그램으로 규정한다. 불교 측의 주장에 의하면, 종교적 포교 목적을 위해서는 설법, 교육, 수계식 등이 반드시 포함되어야 하는데, 템플스테이에는 그러한 절차가 없다. 단지, 사찰의 일상인 사찰 의식이 포함되어 있을 뿐이고, 의식 참여는 참가자의 자율에 맡긴다는 것이다.³²

이처럼 세 주체는 템플스테이의 성격에 대해 서로 다른 입장을

30 같은 책, 31쪽.
31 같은 책, 31쪽.
32 같은 책, 165~166쪽.

표명하고 있다. 정부와 불교계는 템플스테이를 '문화'의 범주에 포함시키는 반면, 보수 개신교는 '종교(포교)'의 범주에 포함시킨다. 그러면 이들 사이의 템플스테이 논쟁은 법적 차원에서는 어떠한 모습으로 나타나는가? 보수 개신교에 의하면, 템플스테이 지원은 국가에 의한 특정 종교 지원 사업으로서 종교적 중립성을 위반한 종교 차별인 동시에 정교분리 위반 행위이다. 반면 불교의 입장에서 보면, 템플스테이를 종교 사업으로 해석하면서 정부에 압박을 가해 재정 지원 중지를 요구하는 보수 개신교 진영의 행위는 정치에 대한 부당한 간섭으로서 정교분리 위반이다. 한편 정치권은 '상황 논리'를 따르고 있다. 처음에는 보수 개신교 진영의 힘에 밀려 템플스테이 예산을 대폭 삭감했다가 불교의 강력한 반발에 부딪히자 담당 부서를 바꿔 예산을 증액하는 방식을 취하는 데서 정치권 특유의 '실용주의(pragmatism)'가 잘 나타나고 있다. 정치권의 입장에서는 종교 차별이나 정교분리의 의미에 대한 고민과 성찰보다는 종교계의 '표'가 더 중요한 변수로 작용하고 있음을 알 수 있다.

이처럼 템플스테이 사업을 둘러싸고 불교계와 대립하던 보수 개신교 진영은 일간신문에 아래와 같은 광고를 실었다.

> 정치권력과 종교의 부적절한 만남은 국가를 위태롭게 하고, 망하게 한다. 중세 로마 권력과 로마교회의 결탁은 국력을 약화시켰으며, 우리나라에서는 고려불교로 인하여 고려왕조가 멸망했음을 역사는 증명하고 있다. 지금 우리나라에서는 종교계가 국가 정책에 압력을 행사하고, 한편으로는 국민 세금으로 종교 행사를 하는 것을 아무렇지도 않게 여기고 있다. 그런가 하면 '종

교 편향'이라며 정부를 몰아세우고, 한편으로는 국가의 예산을
더 많이 받아내기 위해서 버젓이 '로비'까지 하는 형편이다. 그
러나 종교와 정치권력의 밀착은 서로에게 불행이 된다는 역사
의 교훈을 잊지 말라.[33]

요컨대 불교에 의한 공직자 종교 차별 시비와 템플스테이 지원금 수령을 종교와 정치권력의 밀착으로 규정하면서 비판하고 있다. 그리고 중세 로마가톨릭교회와 정치권력의 유착 및 고려불교와 정치권력의 유착이 나라를 망하게 한 것처럼 현재의 불교와 국가권력의 유착이 양자의 불행을 초래할 수 있다고 경고하고 있다. 그런데 얼마 안 있어 보수 개신교 진영을 당혹스럽게 만든 사태가 발생했다.

땅밟기와 종교평화법

2010년 말부터 봉은사와 동화사를 비롯한 사찰들에서 일부 개신교인에 의한 '땅밟기' 사태가 일어났다. 개신교인들이 불교 사찰에 들어가 '중보기도(仲保祈禱)'[34]나 찬송과 같은 기독교 의식을 행하는 것은 일종의 '영적 전쟁'으로서 성시화 운동의 범주에 속한다고 볼 수 있다. 그러나 앞서 다룬 공직자들의 종교 차별 언행과는 달리 땅밟기는 공권력과 직접 관련되어 있지는 않다. 따라서 『대한민국 종교

---

33 한국기독교지도자협의회, 한국장로회총연합회, 한국교회언론회, 한국교회평신도단체협의회, 민족복음화부흥협의회의 광고, 『문화일보』, 2010. 7. 14-15.
34 다른 사람을 위하여 하는 기도.

차별사례집 1945~2011』에서도 땅밟기는 정교분리 위배나 종교 자유 침해의 영역이 아니라 '훼불'의 범주에 포함되어 있다.

그렇지만 땅밟기 사태와 관련하여 종교평화법 제정 논의가 등장하면서 종교 자유나 정교분리와 같은 법적 개념들이 중요한 의미를 지니고 다시 등장했다. 땅밟기 사태가 일어난 직후 한국불교종단협의회는 '(가칭)종교평화윤리법' 제정을 요청하는 성명서를 발표했다.

> 일부 개신교계의 불교 폄하와 훼불 행위는 어제오늘의 일은 아니었습니다. (……) 한동안 뜸하던 각종 훼불 사건들이 현 이명박 정부 들어서 또다시 빈번해지고 불교 폄하와 훼불 사건의 강도가 도를 넘고 있는 것에 국민들은 우려하고 있습니다. 그것은 현 정부의 중립적이지 못한 종교적 시각에 기인한다고 생각하고 있습니다. 봉은사 땅밟기, 동화사 땅밟기 (……) 공개적으로 수천 명이 모여서 "사찰이 무너져라." 기도하고. (……) 개신교계의 상식을 넘어선 행동은 헤아릴 수 없이 많습니다.[35]

한국불교종단협의회는 땅밟기를 비롯한 훼불 사태가 이명박 정부의 종교 편향적 시각과 관련되어 있다고 주장하면서 종교계 지도자들에게는 '종교인 평화 선언과 종교인 윤리규범'을 마련할 것을 촉구하고, 정부와 국회에 대해서는 국민 분열과 사회 갈등을 조장하는 일부 종교인의 행위를 법으로 제한하는 '(가칭)종교평화윤리법' 제정을 요구했다. 대선이 다가오고 있는 시기였으므로 당시 불교계는 대

---

35 「(사)한국불교종단협의회 성명서」, 2010. 11. 2.

선 후보들에게 종교평화법 제정을 요구했고, 여야 후보 모두 종교평화법 제정에 호의적인 태도를 보였다.

이와 달리 보수 개신교계는 종교평화법 제정 움직임에 강하게 반대했다. 한교언은 논평을 통해 종교평화법은 종교 간의 갈등을 해결하기 위한 종교적·신학적·윤리적 방법이 아니라 법과 제도로 종교 활동을 규제하는 것이라고 주장했다. 이 법은 헌법에 보장된 종교의 선택과 비판, 선교와 포교를 제한하여 '종교의 자유'를 침해하는 것이고, 정부가 법률로써 종교 활동에 제재를 가하는 것은 '정교분리 원칙'에도 위배된다고 주장했다. 나아가 불교계가 집요함을 보이는 '종교평화법'은 대선을 앞두고 표가 다급한 대선 주자들에게 청구서를 내민 것이며, 종교 평화를 가장하여 다른 종교에 '족쇄'를 채우고 '재갈'을 물리려는 속셈이라고 비판했다.[36]

한교언 소속 변호사도 종교평화법이 종교 자유의 일환으로 보장되는 선교의 자유를 제한하거나 제재한다면 이는 명백히 국가권력에 의한 종교 간섭이며 '이 법을 통해서 특정 종교를 우대 또는 차별 대우하기 위한 정책 수립 내지 정치 활동으로밖에 해석이 되지 않기 때문에 위헌적인 법'이라고 주장했다. 나아가 종교평화법은 종교 자유 및 양심의 자유의 본질적 내용 침해, 평등의 원칙 위배, 종교의 자정 기능 상실 및 특정 종교의 세력 확보 수단의 변질이라고 말한다.[37] 보수 개신교의 잡지 『교회와 신앙』도 '종교평화법은 불교의 기독교 견제의 절정'이고 '기독교가 포교를 하지 못하도록 아예 못을

---

36 한국교회언론회 논평, 「'종교평화법'이 과연 필요한가?」, 2012. 11. 22.
37 고영일, 「'종교평화법', 과연 필요한가?」, 한국교회언론회 주관 포럼, 2012. 12. 7.

박아 버리는 의도가 담긴 악법'이라고 비판했다.[38]

불교계에서는 종교 평화를 위해 종교의 자유(선교)가 어느 정도 제한될 수 있다는 분위기가 엿보이는 반면, 보수 개신교 진영은 선교 활동을 법으로 규제하는 것은 종교 자유 침해, 정교분리 위반, 나아가 특정 종교를 위한 종교 차별에 해당한다고 주장한다. 그에 따라 보수 개신교 진영은 종교평화법 제정에 결사반대하는 태도를 취했다.

정치권은 역시 종교계의 동향과 요구에 민감한 태도를 보였다. 그러다 보니 종교계 관련 공약에서 상충되는 요구를 동시에 수용하는 모습이 나타나기도 했다. 당시 여당은 불교계의 '종교 편향' 부문 정책 제안에서는 공직자의 종교 편향에 대한 징계 및 처벌을 약속한 반면, 한국기독교공공정책협의회가 제안한 기독교 정책에서는 공직자의 종교 자유 보장을 약속했다. 선거에 도움이 된다면 어떤 공약도 할 수 있는 것이 오늘날 한국 정치권의 풍경인 셈이다. 정치권에서 중요한 것은 종교 자유, 정교분리, 종교 차별 금지와 같은 헌법적 가치 그 자체가 아니라 종교계의 '표'다. 따라서 종교 차별 논쟁에서 등장하는 정치권의 태도는 '정치 논리'의 특성을 고려하면서 관찰할 필요가 있다.

38　양봉식, 「불교의 종교평화법은 기독교 고립 전략」, 『교회와 신앙』, 2012. 12. 12.

종교 자유, 종교 차별, 정교분리

지금까지 한국 사회의 양대 종교인 불교와 보수 개신교가 최근에 보여준 갈등 관계를 세 이슈를 중심으로 살펴보았다. 공직자의 종교 차별, 템플스테이 사업, 땅밟기 사태가 그것이다. 이 사안들과 관련하여 두 종교가 전개한 논쟁은 추상적인 교리 논쟁도 아니고 폭력을 동반한 종교 전쟁도 아니다. 양 진영의 논쟁은 종교 차별 금지(종교 평등), 정교분리의 원칙, 종교 자유의 권리라는 법적 규범을 내세운 담론 투쟁의 성격을 지니고 있다.

공직자의 종교 차별을 둘러싼 논쟁의 경우 공직자들의 종교 편향적 언행이 종교 차별에 해당하는가 하는 것이 쟁점이다. 불교는 자신들이 수집한 대부분의 사례가 종교 차별에 해당한다고 주장한 반면, 보수 개신교는 대부분의 사례가 종교 차별이 아니라고 주장한다. 그러한 판단을 내리는 과정에서 불교는 공직자가 준수해야 하는 정교분리 원칙의 의무를 강조하는 반면, 보수 개신교 진영은 공직자 개인이 누려야 할 종교 자유의 권리를 강조한다. 이러한 상반된 판단은 성시화 운동에 대한 태도와 관련되어 있다. 성시화 운동의 자장 속에 있는 보수 개신교 진영은 공직자의 종교 자유를 '복음 전파'의 확산을 위한 주요 통로로 활용하려는 욕망이 강하기 때문에 대부분의 종교 편향 사례를 종교 차별의 범주에서 제외시키려고 한 반면, 불교계는 '신정국가 만들기'를 시도하는 것으로 보이는 성시화 운동의 확산을 저지하기 위해 공직자들의 종교 편향 사례들을 종교 차별로 규정한 것이다.

템플스테이 논쟁의 경우 템플스테이에 대한 국가의 재정 지원이 종교 차별인가 하는 것이 쟁점이다. 불교는 템플스테이 지원이 종교 차별이 아니라고 주장하는 반면, 보수 개신교는 종교 차별에 해당한다고 주장한다. 이러한 판단의 차이는 템플스테이를 전통문화 사업으로 볼 것인가, 포교 사업으로 볼 것인가에 의해 결정된다. 불교는 템플스테이를 '문화'의 범주에 배치한 반면, 보수 개신교는 '종교'의 범주에 배치했다. 그런데 어떤 프로그램을 종교 혹은 문화의 범주에 포함시키는 고정불변의 객관적 기준은 존재하지 않는다. 그 기준은 관련 주체들의 합의에 의해 잠정적으로 결정되고, 지속적인 협상 과정에 놓일 뿐이다. 이 지점에서 주목할 것은 템플스테이 사업이 처음 등장했을 때 보수 개신교는 템플스테이를 종교의 범주에 배치하지도 않았고 국가의 재정 지원을 반대하지도 않았다는 사실이다. 보수 개신교가 템플스테이를 포교 사업으로 간주하고 국가의 재정 지원을 종교 차별이라고 주장하기 시작한 것은 개신교 공직자들에 의한 성시화 운동에 대해 불교계가 종교 차별이라고 시비를 걸면서부터이다. 여기서 우리는 종교 차별과 같은 법적 개념들이 자명한 본질을 갖고 있는 것이 아니라 구체적인 현실 속에서 이해당사자들의 협상에 의해 그때그때 내용이 채워진다는 사실을 다시 한 번 확인할 수 있다.

땅밟기 논쟁의 경우는 그 자체가 중요한 것이 아니라 그 이슈가 종교평화법 제정을 둘러싼 논쟁을 촉발시켰다는 점이 중요하다. 땅밟기 사건이 터졌을 때 불교계는 종교평화법 제정을 촉구했고, 보수 개신교 진영은 법 제정에 강력하게 반대했다. 불교계는 '무례한' 선교를 막기 위해서는 종교평화법 제정이 필요하다는 입장이고, 보수 개신교는 종교평화법 제정이 선교 활동을 위축시킨다는 입장이다.

즉, 불교계는 선교의 자유보다는 종교 평화가 우선이므로 종교평화법 제정이 필요하다고 주장하는 반면, 보수 개신교는 법을 통해 선교 활동을 금지하는 것은 '기독교의 본질'을 부정하는 것이므로 종교평화법 제정에 반대하는 것이다.

이처럼 최근 한국 보수 개신교와 불교는 종교 자유, 종교 차별, 정교분리와 같은 헌법적 규범에 대한 해석을 둘러싸고 치열한 논쟁과 갈등을 보여주었다. 그런데 종교 자유나 종교 차별, 정교분리와 관련된 논쟁은 일반적으로 국가권력과 종교 집단 사이, 혹은 국가권력과 개인 사이에서 일어난다. 현대사회에서 막강한 공권력을 지닌 국가가 특정 종교 집단이나 개인의 종교 자유를 억압하거나 침해할 때 종교 집단이나 개인이 헌법에 보장된 종교 자유권이나 종교 차별 금지 조항을 내세워 법적 소송을 전개하는 것이 일반적인 모습이다. 그런데 지금까지 살펴보았듯이, 최근 한국 사회에서 나타난 종교 관련 갈등은 국가권력과 종교 집단 사이의 대립이라기보다는 종교 집단과 종교 집단의 대립이다. 좀 더 정확하게 말하자면, 보수 개신교와 불교가 국가권력을 매개로 대립하고 있는 형국이다. 두 거대한 종교권력의 대립 구도 속에서 국가권력이 종교계의 '표'를 의식하면서 눈치를 보고 있는 형국이라고도 할 수 있다. 따라서 지금까지 살펴본 종교 자유, 종교 차별, 정교분리와 같은 헌법적 가치와 규범은 우리 사회의 이러한 독특한 종교-정치 지형을 염두에 두면서 새롭게 성찰할 필요가 있다.

필자 소개

김나미

미국의 스펠맨 대학교(Spelman College)에서 종교학을 가르치고 있다. 저서로는 『The Gendered Politics of the Korean Protestant Right: Hegemonic Masculinity』(Palgrave Macmillan, 2016)와 원희 앤 조(Wonhee Anne Joh) 교수와 공동 편집한 『Critical Theology against U. S. Militarism in Asia: Decolonization and Deimperialization』(Palgrave Macmillan, 2016)이 있다. 최근에는 한국의 '단일민족주의'와 기독교 담론의 상관관계가 다양한 종류의 차별(여성 차별, 인종 차별, 성소수자 차별, 장애인 차별)의 생산과 재생산에 어떠한 영향을 미치고 있는가에 관한 연구를 진행하고 있다.

김진호

민중신학의 재야 연구단체인 '제3시대그리스도교연구소' 연구실장으로 일하고 있다. 민중신학을 지향하는 교회로 안병무가 설립한 한백교회의 담임목사를 지냈고, 인문사회 비평지인 계간 『당대비평』의 주간을 역임했다. 『경향신문』, 『주간경향』, 『한겨레』, 『한겨레21』 등에 칼럼을 써왔고, 여러 월간지, 계간지, 학술지 등에 글을 쓰고 있다. 저서로 『반신학의 미소』, 『예수 역사학』, 『리부팅 바울』, 『급진적 자유주의자들: 요한복음』, 『시민 K, 교회를 나가다』 등이 있다.

김현준

서강대학교 사회학과 박사과정을 수료했고 한국사회과학(SSK) 종교와사회진보 연구팀(경희대) 및 미국 남가주대(USC) 종교와시민문화연구소(CRCC) 방문

연구원을 역임했다. 대학과 학술 기관에서 사회과학방법론, 지식사회학, 종교사회학, 문화 이론 등을 강의하고 있다. 2009년부터 연구집단 카이로스 동료들과 함께 한국 사회와 종교에 관한 학제적 연구를 수행하면서 기독교사회실천연구소 프락시스에서 상임튜터로도 활동하고 있다.

김흥수

목원대학교 한국 기독교사 명예교수이다. 저서로는 『해방 후 북한 교회사』, 『한국전쟁과 기복신앙 확산 연구』, 『북한 종교의 새로운 이해』(공저), 『WCC 도서관 소장 한국교회사자료집』, 『김관석 목사 평전』 등이 있다. 현재 한국기독교역사연구소의 북한기독교사전 프로젝트의 집필위원장을 맡고 있다.

박설희

스물넷, 학생 선교사로 파송되었던 1년간의 시간이 오히려 큰 질문을 던지는 계기가 될 줄은 몰랐다. 대학원에 들어가 학교 안팎에서 동료들을 만나고 공부하면서 또 다른 지평 위에 서게 되었다. 중앙대학교 문화연구학과 석사과정을 졸업하고 녹색당과 NPO단체에서 활동가와 실무자 사이를 줄타기하며 여러 세대와 함께 일하는 법을 배우고 있다. 요즘에는 (사)무위당사람들 사업팀장으로 일하면서 '전환'과 '사회적 노동', '지역 조직 활동'을 화두로 물려받은 언어와 조건 속에서 지역 청년들이 자기 전망을 만들고 좋은 삶을 구체적으로 살아내는 것과 관련한 이야기를 나누며 활동하고 있다.

양권석

한신대학교 대학원에서 신학석사 학위, 영국 버밍엄 대학교에서 성서해석학으로 신학박사 학위를 받았다. 대한성공회 사제로서 1997년부터 성공회대학교 교수로 재직하며 성서해석학, 선교 신학, 문화 신학 등을 연구하고 강의해왔으며, 성공회대학교의 부총장과 총장을 역임했다. 현재 제3시대그리스도교연구소 소장을 맡고 있다. 역서로 『성공회 신앙의 길』이 있다.

유승태

한신대학교 신학대학원에서 기독교 윤리 석사과정을 수료, 한신대학교 사회혁신대학원에서 사회적 경제 석사과정을 이수했다. 학교 밖 청소년의 사회적 배제(노동 배제) 해결 방안에 대한 연구와 런던의 이주민 지역 사회적기업 비즈니스 모델에 대한 연구를 수행한 바 있으며, 이 연구들을 통해 지역 사회 문제에 대한 사회자본의 영향력을 규명하려 했다. 현재는 사회자본이 지역 사회의 호혜성을 증대시키고 공공성을 형성하는 데 기여할 수 있다는 기대와 함께 경기도 성남의 한 사회적 경제 조직에서 현장 활동을 하고 있다. 저서로는 『비즈니스 모델로 본 영국 사회적기업』(공저), 역서로는 『21세기 민중신학』(공역)이 있다.

이숙진

이화여자대학교 초빙교수이다. 근현대사를 넘나들며 한국 기독교, 근대성, 여성 주체, 젠더 담론, 주체 형성 장치, 종교 공간의 자기계발 문화 등에 관심이 있다. 저서로는 『한국 기독교와 여성 정체성』, 『종교는 돈을 어떻게 가르치는가?』(공저), 『미디어와 여성 신학』(공저), 『21세기 자본주의와 대안적 세계화』(공저), 『민족과 여성 신학』(공저) 등이 있다. 최근 논문으로는 「깨끗한 부와 거룩한 부: 후기 자본주의 시대 한국 교회의 '돈' 담론」, 「자기계발이라는 이름의 종교」, 「신자유주의 시대 한국 기독교의 자기 계발 담론: 여성 교인의 주체화 양식을 중심으로」, 「최근 한국 불교 수행 공간에 나타난 자기 테크놀로지」, 「교회 남성은 어떻게 만들어졌는가」 등이 있다.

이진구

한국종교문화연구소 연구원 및 서울대학교 강사이다. 한국 개신교를 중심으로 한국 근현대 종교 문화에 대한 연구를 하고 있다. 현재 한국 개신교의 자타 인식에 관한 저서와 한국 근현대사에 나타난 종교 자유 담론에 관한 저서를 준비하고 있다.

정용택

한신대학교 신학과 박사과정에서 기독교사회윤리학을 전공했으며, 현재 제3시대그리스도교연구소 상임연구원이다. 사회 이론과 신학 담론 간의 대화를 추구하는 가운데 사회적 고통, 사회적인 것의 병리학, 사회 신학과 정치 신학, 이데올로기와 물신 숭배 등의 주제에 관심을 가지고 연구를 진행하고 있다.

조민아

조지아 주 애틀랜타 에모리 대학에서 구성 신학·영성 신학 박사 학위를 받았다. 2011~2015년 미네소타 주 세인트폴 세인트 캐서린대학에서 조교수로 신학과 영성을 가르쳤으며, 2015년 성심수녀회 미국·캐나다 관구에 입회하여 봉헌 생활자의 길을 걷고 있다. 영성 신학, 성사 신학, 신비주의, 여성 신학, 한인·재미 한국인 영성과 정치, 종교 관련 논문을 다수 출판했다.

찾아보기

ㄱ

가부장적 질서 251
가정사역 235, 237~240, 257, 258
가정으로의 복귀 378
가정의 머리됨 248
가족 판타지 16, 252, 257, 259
가톨릭구제위원회 385
감람나무 63, 70, 79
감리교 58, 78
감화원 362, 364
강남 대형 교회 331
강남 중산층 34
강북 대형 교회 33, 35
강영안 211, 216, 226
강인철 162, 163, 186, 192, 196, 197, 198, 199, 206, 207, 208, 226, 228, 265, 270, 387, 388
강증산 70, 71
개신교 보수주의(~진영) 195, 197, 259, 322, 395, 412
개신교 우파 7~21, 263~336
개척단 371~374, 378
게르다 러너(Gerda Lerner) 256
경제개발계획 368, 370, 382, 383
고아 354~368
고아원 354
공격적 선교 205

과잉남성적 개발주의 15, 271, 277, 299
관상 기도 170
광림교회 41
광주대단지 사건 154~158, 186
교회 중심주의 48, 49
교회성장연구소 26, 187, 188
교회성장학 101, 102, 118
『교회와 신앙』 419, 420
교회의 아버지 242, 245, 246
구미정 33, 35
구별 짓기 193
구해근 150, 151, 186
국가 재건 376
국가보위법 156, 157
『국가 안보의 이름으로』 331
국가인권위원회 287, 300, 301, 315, 324~326
국가조찬기도회 269, 270, 406
국제기도의 집 268, 269
국제기독교연합회 한국지부(ICCCK) 162
국제기독교지도자협의회(ICL) 269
군대 내의 동성애 263~292, 306~311, 325, 326
군복무 가산제 275
군사원조 302
군사정권 15, 243, 271, 357, 361, 368, 370~379, 383~386, 420
군형법 제92조 263, 292, 307~310, 324, 325
권위주의적 총동원 체제 27, 30
권혁번 200, 226

그로테스크한 민중 21, 55
극우파(극우 프레임) 30
근본주의(~개신교, ~기독교, ~세계관, ~신학) 9, 10, 13, 16, 18, 52, 89, 90, 97, 111, 119, 129, 130, 191~229, 265, 267~271, 296, 311, 322, 333, 336~348, 404
긍정적 사고 52, 53
기도원 운동 39, 63, 78
『기독교 근본원리』 65, 68, 69
기독교 뉴라이트 11, 14, 20, 217, 227, 322, 344
기독교 문화관 194, 196, 202~209, 221
기독교 세계관 193~228
기독교 외원 단체 8, 353~389
기독교 우파 7, 18, 19, 34, 217, 267, 270, 315~352
기독교대한하나님의성회(기하성) 128
기독교박해지수 115
『기독교 세계관과 현대사상』 219, 228
기독교세계관학술동역회 203, 204, 205, 221, 229
기독교연합 75
기독교윤리실천운동(기윤실) 183, 186, 202, 203, 216, 391, 392
기독교의 목소리 215
기러기 가족 121, 241
길선주 60
김경래 77
김교성 136, 183, 186
김나미 8, 12, 15, 18, 263, 424

김대중(~정권, ~정부) 1333~138, 181, 187
김명배 195, 203, 226
김백문 61~69, 81, 82
김선도 41
김선일 피살 사건 87, 110, 221
김성건 202, 221, 222, 226
김성도 60, 61, 65, 66, 70, 81, 82
김성동 308
김성묵 240, 251
김아람 366, 370, 374, 385
김연종 217, 226
김영삼 95, 401
김영진 291
김은섭 164, 178, 186
김익두 60
김종엽 180, 182, 186
김준곤 270, 401, 403
김진호 8, 10, 11, 13, 17, 21, 25, 28, 31, 35, 42, 52, 55, 100, 167, 172, 186, 203, 233, 424
김현준 8, 13, 16, 191, 215, 226, 424
김홍도 285, 286
김홍수 9, 39, 41, 57, 60, 74, 79, 387, 389, 425
끼리끼리 278, 321, 342

ㄴ

나운몽 39, 57, 59, 63~79, 83
남찬섭 187, 376
낮은울타리 221, 222
냉전 시기 318, 329~344

네비게이토선교회 50
노동 운동 153, 156, 187, 340
노동의 사회화 153~160
노무현(~정권, ~정부, 참여정부) 30, 137
뉴라이트 담론 8, 11, 14, 17, 20, 30, 31, 45, 217, 227, 344
뉴에이지 204, 221
『뉴스앤조이』 48, 110, 293, 347

ㄷ

단군(~신화) 72, 73, 199
대미 의존성 388
대중매체 속의 동성애 299
『대중문화, 더 이상 침묵할 수 없다』 216, 226
대통령조찬기도회 270
대학생선교회(CCC) 167, 270
대학생성경읽기선교회(UBF) 50, 128
『대한민국 종교차별사례집 1945~2011』 406, 418
대한불교조계종(조계종) 404, 406, 414
대한예수교오순절성결회 68
대한예수교장로회(~고려) 78
대한예수교장로회(~예장합동) 128
대한예수교장로회총회 57, 76
대형 교회(mega church) 8, 25~55, 102, 103, 183, 201~203, 285, 305, 392
던 문(Dawne Moon) 282, 284
데이비드 바하티(David Bahati) 269
도널드 트럼프(Donald Trump) 343

도덕적 다수파 215, 337
도덕적 해이(moral hazard) 29
도시 교회 133
도시 빈민 159, 166, 359, 362
도시산업선교회 158, 164
동성애 반대운동 8, 12, 241, 263~314, 337
동성애자 차별반대 공동행동 323
동성애자인권연대(동인련) 273, 321, 323
동학 75
두란노서원 52, 238, 251
두란노아버지학교 235, 238~260
두란노어머니학교 248
땅밟기 9, 51, 87, 395~399, 405, 417~418, 421, 422
떠돌이 356, 360, 385

ㄹ

라벤더 스케어 318, 329~346
래윈 코넬(Raewyn Connell) 273, 280, 313
레이디 가가 302
레이크우드 교회 52
로널드 레이건(Ronald Reagan) 215, 337, 343
로버트 슐러(Robert Schulle) 52
로버트 코버(Robert J. Corber) 331, 322
로잔언약 101, 192, 193, 195, 207
로컬처치(local-church) 39
루 엥글(Lou Engle) 269
류대영 101, 200, 215~218, 228

류석춘 177, 187, 188
리처드 미들턴(Richard Middleton) 205, 218
린 헌트(Lynn Hunt) 233

ㅁ

마르크스주의 177, 217
마르틴 루터(Martin Luther) 251
매리언 B. 스톡스(Marion B. Stokes) 60
매카시즘 318, 329, 336
메리 데일리(Mary Daly) 250
명수대교회 65
『목회와 신학』 204, 206, 226, 229
몽학선생 72, 79
무례한 기독교 42
『무례한 복음』 100
『무례한 자들의 크리스마스』 42
문병주 140, 141, 144, 151, 152, 187
문상희 80
문선명 57, 62~83
문승숙 273, 274, 275, 279, 307
문재인 263, 264, 316
문화 목회 203
문화 선교 202, 203, 206, 216, 221
문화적 선진화 25, 55
미국 감리교 386
미국 기독교 우파 215, 217, 267, 282, 332~336, 343, 344
미국 신복음주의 195
미국 장로교 386
『미국식 복음의 수출』 333
미국적 가치 336, 341

미륵불 74
미주 한인 교회 123, 126
민족 복음화 101, 119, 120, 402, 403
민족복음화부흥협의회 413, 417
민주화 11, 12, 15, 16, 17, 27~35, 40~43, 50~53, 141, 158, 159, 182, 188, 193, 197, 226, 233, 234, 241, 243, 246, 260~313, 345
민중신학 55, 139, 424
밀란 쿤데라(Milan Kundera) 47

ㅂ

바라봄(~기도) 170, 171
바른성문화를위한국민연합 292, 301, 325, 326
바바라 엡스타인(Barbara Epstein) 339
박근혜 대통령 탄핵 기각을 위한 국민총궐기 운동본부(탄기국) 85
박근혜 정권(~정부) 31, 85, 137, 349, 350
박명수 170, 172, 187
박사모 85
박상훈 96
박설희 8, 13, 16, 85, 425
박세경 177, 187
박세일 1, 45
박용규 90, 200, 201, 227
박재봉 65
박정희(~정권) 8, 133, 138~188, 234, 270, 367~370, 375
박종현 169, 170, 187
박차실 252

박천일 286, 290, 301
박태선 57, 63~70, 77~79, 83
반공주의 15, 17, 18, 36, 38, 55, 120, 270, 273, 309, 310, 317, 318, 319, 325, 328, 335, 338, 339, 342, 344, 350, 376
반지성주의 200, 205
발전주의 35, 43, 140~145, 163~169, 174, 180
발전주의 복지체제 8, 139, 141, 163, 165, 180, 181
방언 64~69, 75~77
배타성 10, 18, 50, 53, 54, 88
백남주 60, 61, 81
백소영 35
백시응 78
백찬홍 42
범불교도대회 395, 399, 400, 404, 405
변계단 67
병역기피자들 275
보보스형(~삶의 양식, ~신귀족주의) 45, 48, 49
보수 개신교 8~18, 86~88, 182, 191~201, 205~209, 220, 224, 271, 395~423
보편주의적 복지정책 180~184, 394
보호시설 367, 388
『복음과 상황』 26, 101, 203, 228, 229
복음주의 신학 111, 193
복음주의 지성 191~229
복음주의 지식 담론 8, 13, 16, 191~225,

복지 요구 159~181
복지 욕구 143~184
복지 욕망 153~171
복지국가 133~188
부랑아 8, 353, 394
부흥 운동 57, 75~77, 118, 167
부흥회 39, 60, 64, 66, 67, 336
브라이언 월시(Brian Walsh) 205, 218
블랙메일 330
비국민 385, 386
빌리 그레이엄(Billy Graham) 33, 167, 238
『빛과 소금』 206

ㅅ

사이비(~집단) 58, 76, 80, 81, 322
사회 정화 377
사회복음 59, 322
사회자본 165, 172, 173~189, 426
산업재해 142, 148~152
삼박자 구원론 39, 168~171
삼위일체론 73, 80
상품화 17, 147~160
생산주의적 복지체제론 140
서남동 81
서울선언 101
서울시 봉헌 사건 407~410
선교 강국(선교 대국) 90, 96, 127
선교 동원 담론 8, 13, 16, 85~112
선교한국 85, 93~100, 105~110, 119~126
선다 싱(Sundar Singh) 59, 60

선진화 담론 31, 32
성/젠더소수자 인권 265~267, 271, 272, 278
성결교 58, 78
성경무오설 83, 111, 287
성공 지상주의 36, 41, 42, 49, 103
성별 분업 16, 253, 254, 255, 259
성시화 9, 395, 399, 401, 422
성시화운동본부 402
『성시화운동편람』 403
『성신신학』 65, 66, 69
성육신의 신학 71, 211
성인경 209, 210, 220, 227
성장주의 8, 17, 36, 38, 43, 103, 118, 130, 141, 143, 168, 171, 182, 228
성조기 85, 86, 87
성주교회 61, 65
세계교회협의회(WCC) 101, 288
세계선교지도 113~115, 122
세대주의 287, 336
세속적 휴머니즘 216
세속주의 191, 216
소망교회 17, 25, 46~53
소비사회 15, 28, 34, 35, 44~48, 203
속도의 사회 44, 47, 53
손봉호 203, 204, 221, 227
송천성(C. S. Song) 71
순복음교회(여의도 ~) 36, 38~43, 48, 128, 172, 173, 178, 187, 238
순복음 신앙 36, 40
스티브 브라우어(Steve Brouwer) 333
스티븐 위트필드(Stephen J. Whitfield)
333
승리주의(정복주의) 205, 209, 403
『시민 K, 교회를 나가다』 38, 39, 186, 424
시민윤리 운동 202
시민적 성도 246
시스젠더 294
시장주의적 민주화 42
신광영 96, 186
신국원 204, 216, 226, 227
신도안 80
신령파 그룹 60~66, 81, 82
신본 종교 214
신비 체험 57~64, 68
신사훈 77
신상언 221
『신앙계』 172, 187
신앙의 미학화 47, 52, 54
신앙의 오의 65
신앙의 지성화 205
신앙촌 69, 70, 77, 82
신유(神癒) 64, 77
신자유주의 11, 30, 45, 181, 182, 186, 242, 255, 267, 426
신재식 198, 227
신정국가 406, 421
신태진 270
『신지(神智)와 신애(神愛)』 60
『신학사상』 80, 81, 227
『신학지남』 80, 90, 227
신화화된 아버지 235, 236, 238, 258
신흥종교 70, 71, 80

신흥종교문제연구소 80
심판주(審判主) 63

ㅇ

아마르티아 센(Amartya Sen) 112, 129
아버지 담론 233, 250, 259
아버지의 권위 236, 238, 251, 256, 259
아버지 재교육 프로그램 238, 241, 247, 248, 258
아서 슐레진저 주니어(Arthur Schlesinger Jr.) 330, 331, 341
아프가니스탄 피랍 사건 87, 110, 221
안병무 424
안찰기도 67, 68, 82
애덤 셰보르스키(Adam Prezewolski) 27, 28
애천교회 80
야소교이스라엘수도원 61, 65
양권석 7, 425
양승훈 200, 218, 221, 227
양재진 141, 143, 187
양화진외국인선교사묘원 108, 109
양희송 195, 201, 227
에든버러 세계선교의 97
에마누엘 스베덴보리(Emanuel Swedenborg) 59, 60
에스더기도운동 268, 292, 293, 347
에스핑-안데르센(G. Esping-Andersen) 134, 135, 136, 139, 147
에이브러햄 베레이드(Abraham Vereide) 269
엑스플로 '74 101, 167

연결망 복지 166, 175~184
연세대 사건 76
영적 전쟁 40, 41, 118, 215, 218, 220~222, 417
예수교회 61, 65
예언 65, 68, 77
예언자 220
오순절교회 67, 187, 195, 268
오이디푸스 콤플렉스 236
오중축복 168, 169
오클로스적 민중 55
오픈도어선교회 115, 119
옥한흠 50, 249, 250, 251, 254
온누리교회 17, 25, 48~53, 205, 238, 241
『온전한 지성』 221, 227, 228
온정주의적 가부장주의 256, 258, 259
옷 로비 사건 199
왕혜숙 187
외국민간원조단체협의회(KAVA) 364
용문산기도원 9, 39, 57, 59, 63~71, 75~84
용서하는 아버지 247
우마 나라얀(Uma Narayan) 296
우주의 아버지 242, 247
『원리강론』 66, 74, 80, 81
원리연구회 80
『원리원본』 65
원산파 60, 63
『월드뷰』 203, 221, 229
월터 라우센부시(Walter Rauschenbush) 59

월트 로스토(Walt W. Rostow) 382
웰빙 담론 8, 17, 32, 44, 45
웰빙 우파 13, 17, 20, 21, 25, 27, 54, 55
윌리엄 캐리(William Carey) 116
유명화 60, 70
유승태 8, 10, 223, 353, 426
유효원 65, 80
육친의 아버지 235, 242
윤진호 148, 149, 150, 156, 160, 187
의회선교연합 291, 315
이국운 196, 199, 227, 228
이농자들의 성도화 37
이단 9, 57, 58, 76~83, 109, 322, 346
이마골로지(imagology) 47
이명박(MB) (~정권, ~정부) 30, 31, 137, 349, 350, 395, 405~412, 418
이수인 101, 196, 201, 202, 203, 228
이숙진 8, 10, 12, 13, 16, 233, 243, 246, 255, 426
이스라엘 국가 85, 86, 87
이슬람포비아 221, 347, 348
이승만 186, 365, 381, 385, 389, 400
이용도 60, 61, 62
이용희 347
이원규 198, 202, 227, 228, 362
이원론(이중적 신앙) 205, 206
이원석 215, 226
이종성 81, 94
이진구 9, 74, 79, 199, 214, 228, 395, 426
이호빈 60, 65

이화여대 사건 76
인본 종교 214
〈인생은 아름다워〉 302, 303, 325
인터콥 107, 109, 110, 128, 129, 221
임성빈 203, 205, 206, 227
입신 60, 64, 67, 68, 77

ㅈ

자력 신앙 213, 214
자상한 목회자 246
자유주의 83, 86, 111, 112, 134, 182, 187, 188, 191, 215, 337, 424
잔여주의적 복지체제 353, 356, 365, 390, 393
장정호 178, 188
재림주 61, 70, 74
전도관(한국예수교전도관부흥협회) 9, 39, 57~84
『전체주의의 기원』 348, 349
전태일 155, 158
『정감록(鄭鑑錄)』 71
정광용 85
정교분리 99, 200, 396~423
정득은 62, 63
정명석 80
정민영 130
정보통신윤리위원회 300, 323
정상적 가족 257
정연택 177, 188
정완진 117
정율 307
정용택 8, 10, 133, 427

정재영 178, 188, 195, 228
정정훈 215, 226
정체성 정치 85, 88, 104
『정체성과 폭력』 129
제리 폴웰(Jerry Falwell) 215, 238, 240, 337
제임스 돕슨(James Dobson) 240
제임스 메서슈미트(James Messerschmidt) 280, 313
제임스 사이어(James W. Sire) 218, 219, 228
제자훈련 프로그램 50, 51, 52, 196
젠더 위계질서 12, 15, 16, 265, 272, 273, 279, 286, 287, 299, 313
젠더 크로싱 280
조민아 8, 13, 15, 18, 315, 427
조선구호령 361
조엘 오스틴(Joel Osteen) 52
조용기 38, 39, 52, 169~172, 187, 188, 269
조지 W. 부시(George W. Bush) 92, 241, 285, 343
조지프 매카시(Joseph McCarthy) 329, 330, 334~336
조창연 198, 199, 228
존 스웨인(Jon Swain) 306
종교 엘리트들 192, 196, 199, 201, 224, 225
종교다원주의 204, 288
종교차별금지법 395, 396
종교평화윤리법 397, 417~423
종북 15, 309~351

종북 게이 14, 15, 315~347
죄의 본성 284, 290, 291
죄의 선택 284, 291, 292
주디스 베넷(Judith Bennett) 256
중보기도 417
중산층 대형 교회 33, 34, 35
증산교 71, 75
지교회(支敎會) 48, 49, 96, 127
지구촌동성애저지국제연대 270, 291
지대 추구 행위 29
지상천국론 75
진동 77

ㅊ

차별금지법안 264, 265, 282, 292~303, 315~327, 344, 351
차옥연 164, 165, 188
참교육어머니전국모임 301
『천계와 지옥』 60
천년성(千年城) 69
철산파 63
청소년보호법 301, 323
청소년보호위원회 300
체례(體禮) 68, 69
초대형 교회(giga church) 261
최낙정 301
최대광 322, 333, 334, 344
최소란 202
최영준 135, 137, 143, 145, 152, 188
최원규 355, 364, 365, 380, 385, 386, 388
최인기 166, 188

최자실 40
최종렬 188
최종철 198, 228
최중현 58, 60, 61, 62
최형묵 42, 100
추방과 격리 361
치유목회 41
친구사이 278, 321

ㅋ

카를 마르크스 59, 335
카리스마적 리더십 25, 26, 40, 234, 235, 243~246
칼뱅주의 194, 195, 196, 209, 219, 220, 224, 287, 333
캐나다유니테리언봉사회 385
커밍아웃 292, 321
퀴어 이론 280
퀴어문화축제 295, 296, 300
크리스천 아카데미 80
크리스토퍼 피어슨(Christopher Pierson) 136, 137, 188
『킨제이 보고서』 331, 332

ㅌ

타력 신앙 213, 214
타자 만들기(타자화) 9, 12~16, 20, 75, 82, 105, 114, 128, 328, 346, 348, 352, 360
탁명환 80
탈상품화 147, 182
테드 제닝스(Ted Jennings) 297

텔레-에반젤리즘 337
템플스테이 9, 395~399, 405, 413~422
『토라, 구약성서 법전의 신학과 사회사』 29
통일교(세계기독교통일신령협회) 9, 57~84
트랜스젠더 265, 280, 326
티지넷(TGNET) 278

ㅍ

파라처치(para-church) 39, 50
팻 로버트슨(Pat Robertson) 285, 337
팻 뷰캐넌(Pat Buchanan) 336
펠로십 재단 269
포스트-과잉남성적 개발주의 271, 277, 299
포스트모더니즘 206, 219, 221, 227
포스트민주화 29, 30, 31, 42, 53, 233
포스트-오이디푸스 시대 293
포커스온더패밀리(Focus on the Family) 240
포항시 성시화 운동 세계대회 410, 411, 412
풀러신학교 101
프라미스키퍼스(Promise Keepers) 238, 241
프랜시스 쉐퍼(Francis A. Schaeffer) 205, 215, 226
피가름(성혈 전수) 58, 62, 63, 68, 69, 71, 77, 82
핑크워싱 267

ㅎ

하나님 나라 100, 402
하도균 167, 188
학교 내의 동성애 304
학생인권보호조례 241, 304, 305, 306, 325, 328
『한국 복지국가 성격논쟁』 133, 134, 186, 187
한국 복지 체제 134, 138, 145, 182
한국 불교 74, 395, 399
한국교회언론회(한교언) 295, 308, 408, 410, 412, 413, 414, 417, 419
한국교회연합 85
한국기독교교회협의회(KNCC) 75, 80, 162, 188, 395
한국기독교연합회 75~77, 80, 83, 162
한국기독교총연합회(한기총) 26, 85, 90, 183, 268, 286~309, 323, 326, 395
한국기독학생회(IVF) 200
한국기독학생회출판부(IVP) 200
한국대학생선교회(CCC) 167, 270
한국불교종단협의회 418
한국세계선교협의회 128, 129
한국신학연구소 29, 71, 228
한국예수교협의회(KCCC) 162
한국적 기독교 57
한국형 선교(~담론) 8, 13, 16, 17, 89~131
『한기총 신문』 294, 305, 309, 325, 326
한나 아렌트(Hanna Arendt) 348, 349, 350

한민족(한인) 디아스포라 120~126
한반도선진화재단 31
한정국 128, 129
한준명 60, 61
한철호 110, 121, 122, 124, 125
해외 입양 사업 385, 386
헤게모니적 남성성 266~314
현승건 211
호모비젼 339
호모포비아(동성애혐오) 15, 273, 281, 297, 299, 303, 306
혼종성 94
혼합계층 대형 교회 33, 35
홀리클럽 402, 404, 410, 411, 412
홀트아동복지회 385
홍경준 176, 181, 188
홍재철 298
홍준표 316
홍현미라 177, 189
환인(桓因) 73
황국주 61, 70
황병주 155, 182, 189
훼불 401, 418

기타

100주년기념교회 108
3·1만세 운동 구국기도회 85
4차원 영성론 170, 171, 188
77민족 복음화성회 167
G. H. 존스(George Heber Jones) 72
H. B. 헐버트(Homer Bezaleel Hulbert) 72, 73

H. G. 언더우드(Horace Grant Underwood) 72, 73, 74
IMF(~경제위기, ~관리 체제, ~외환위기) 137, 182, 234, 236, 237, 241, 255, 277
J. S. 게일(James Scarth Gale) 74
LGBT 264, 265, 272, 278, 283, 286, 288, 300, 309
the Buddy Community 278
W. N. 블레어(W. N. Blair) 60